刘乃忠　崔学森　主编

中国近代法制史料

刘乃忠　崔学森　编

第四册

中华书局

目　　录

整理者按：第四册与第五册前半部分,收录的文官考试应用科系列图书是清末高等文官考试的参考用书,共 18 卷,由北京公益法学社编辑,线装石印本,没有注明出版发行日期。因《大清刑律总则》于 1911 年 1 月 10 日(宣统二年十二月十日)经资政院通过,《分则》于同年 1 月 25 日(宣统二年十二月二十五日)与总则一道以上谕的形式公布,故推定该套资料可能刊行于 1911 年 1 月 25 日之后。除法律条文汇编及经济学、财政学等内容外,法律讲义或由日本法学者讲述,或以日本法律为依据撰写,可见日本法学与法学家对近代中国法制建设之深刻影响。据整理者所见,该套资料目前仅存于日本庆应义塾大学图书馆。

具体构成如下:

第一卷 大清宪法(宪政编查馆奏定)

第二卷 宪法(日本法学博士、帝国大学教授、北京法律学堂教习冈田朝太郎述)

第三卷 大清行政法(日本法学博士织田万述)

第四卷 行政法(冈田朝太郎述)

第五卷 大清刑律总则(宪政编查馆起草、资政院核定)

第六卷 大清刑律分则(宪政编查馆核定)

第七卷 大清刑律分则(宪政编查馆核定)

第八卷 刑法总则(冈田朝太郎述)

第九卷 刑法分则(冈田朝太郎述)

第十卷 刑法分则(冈田朝太郎述)

第十一卷 民法讲义(注明以日本民法为依据,但不知由何人所讲)

第十二卷 平时国际法(日本法学博士中村进午述)

第十三卷 战时国际法(日本法学博士中村进午述)

第十四卷 经济学讲义

第十五卷 财政学讲义

第十六卷 财政学讲义

第十七卷 各国宪法(钦命考察宪政大臣李达鉴定)

第十八卷 各国宪法(钦命考察宪政大臣李达鉴定)

其中第一卷大清宪法所收内容为:①宪法大纲(君上大权、臣民权利义务、议院法要领、选举法要领、议院未开以前逐年筹备事宜),②资政院章程,③咨议局章程,④咨议局议员选举章程,⑤府厅州县地方自治章程,⑥城乡镇地方自治章程,⑦府厅州县地方自治选举章程,⑧城乡镇地方自治选举章程;均为清政府所颁之大纲及章程,早已为学界所熟知,故本资料未加收录。另因第五卷至第七卷为大清新刑律总则及分则的所有条文,第十四至十六卷为与法律无关的经济学和财政学之讲义,考虑到篇幅和主题所限,故本资料集均未收录。

本资料集将《宪法》《行政法》《大清行政法》《刑法总则》《刑法分则》和《民法》收于第四册,将《平时国际公法》《战时国际公法》和《各国宪法》(外国宪法条文的汉译)收录于第五册。

值得一提的是,因冈田朝太郎(1868—1936)作为清政府聘请的法律顾问,亲身经历了清末法典编纂的全过程,故在本资料中,冈田的讲义有诸多围绕立法细节的争论,及冈田本人的见解。不仅如此,冈田本人作为刑法学家为人所熟知,其晚年从中国归国后虽撰写了宪法讲义,但也仅停留在了草稿阶段。本资料中所收冈田讲述的《宪法讲义》和《行政法讲义》,展现了冈田朝太郎对宪法与行政法的认知。

另外,织田万(1868—1945)作为日本有名的行政法学家,研究生时师从穗积八束学习行政法理论,曾因作《日本行政法论》受明治元老西园寺公望的赏识,并被推荐至欧洲留学四年。归国后,先后历任立命馆大学教头和关西大学校长等职。1905 年,织田受时任台湾总督府长官后藤新平的邀请,以临时台湾旧惯调查委员会委员的身份,参与对日占时期台湾法制与经济社会的调查研究。同时,在台湾总督府的协助下,织田在 1903 年至 1915 年间编撰完成了总计七卷(正文六卷及索引一卷)的《清国行政法》,系统地研究了清朝的行政法和行政制度。可以说,织田万堪称日本法学界中国行政法研究领域的翘楚。本资料中收录的《大清行政法》,可谓其《清国行政法》研究著作的有益补充。

国际法方面,作为东京帝大法科大学首席毕业生的中村进午(1870—1939),盛名远播。中村曾赴德、法、英等国研习国际法与外交史,归国后,历任学习院大学教授、东京商科大学教授、早稻田大学教授、拓殖大学学监等职。此外,中村还在海军大学校、庆应义塾大学、中央大学、上智大学、法政大学等日本知名学府登坛授课,著有《国际公法论》等十余部著作,足见其在国际法领域之建树。本资料集所收《平时国际法》与《战时国际法》的讲义,与其在日本各大学授课内容相近,从中可以管窥国际法领域日本法学界对中国的影响。

目前,因本套资料深藏阁中,研究甚少,据整理者所见,仅吴迪在其论文《近代中国的法制整备和冈田朝太郎》(载《法学政治学论究(庆应义塾大学)》2017 年第 114 号)中使用。本套资料所收冈田的《刑法讲义》,对冈田刑法思想的进行了全景图式的研究。

宪　　法

[日]冈田朝太郎　述

绪论

第一章　宪法之定义及其种类

第一节　宪法之定义

宪法者,定主权之主体、客体及规定统治机关之组织与统治作用之大纲之国法也。

（述）宪法定义,学者不一其词。然文字虽人人言异,而意义则不甚相远。各国宪法定义之文,皆含有组织之意,诚以宪法为国家组织法也。本编所主张者,意义亦与是略同。第就本编分析言之,则宪法者,定主权之主体及客体之国法也。主权者,主宰一国之权力也。主宰一国之权力者,即为主体。易言之,即权力之带有者。而客体者,即受此权力支配之人是。然有主体必欲实行,欲实行必有机关之作用,此机关名曰统治机关。故又曰宪法者,规定统治机关之组织之国法也。有机关必有作用,无作用与无机关等法律中,皆含有作用之性质,宪法上不能一一列举。故又曰:宪法者,规定统治作用之大纲之国法也。宪法定义,此三者已得其大概,试再举例以譬之。例如,火车之所有者为主体,乘火车之人与载火车之物为客体,此主权之主体、客体之说也。火车开行全恃驾驭火车之人运动机关,此统治机关组织之说也。铁路章程规定必条分缕析,而火车之载货及客必有简明之规则,此统治作用之大纲之说也。

第二节　宪法之种类

宪法之种类有四,列举于左:

其一、成文宪法、不成文宪法

成文宪法者,由一种或数种典章成立者是。各国现行成文宪法,其制定年次如左。

（述）宪法为国家之基础法。制定之初,较他法律特为慎重,必与其国特别历史种种方面相合,而后成立。有由一种典章而成立者,如德意志之例,编一法典是也,日本仿之。有由数种典章而成立者,欧美各国兼有其例。而以一种典章而成立者为最多。

亚美利加　　一七八七年(乾隆五十二年)

荷兰　　　　一八一五年(嘉庆二十年)

葡萄牙　　　一八二六年(道光六年)

比利时　　　一八三一年(道光十一年)

普鲁士　　　一八五零年(道光三十年)

意大利　　　一八五四年(咸丰四年)

奥地利　　　一八六七年(同治六年)

德意志　　　一八七一年(同治十年)

法兰西　　　一八七五年(光绪元年)

日本　　　　一八八九年(明治二十二年、光绪十五年)

俄罗斯　　　一九零五年(光绪三十一年)

(述)以上按各国制定宪法之年之次序排定,而法兰西制定宪法最早。表中所列后于美百余年者,指现行之宪法而言,非指从前之宪法而言也。考法国历史,其中经累次变迁,而成今日之宪法。法本为帝国,自路易十四世时之革命起,易帝政为共和。其时即组织共和宪法之第一次。至一八七五年所制定之宪法,为第二次组织之共和宪法(现行宪法)。在昔拿破仑三世,以共和政体不如帝政之有利于己,久存破共和、复帝政之心,一日特召两院(元老院、下议院)议员,宴于宫中,后伏武士,密谕武士之出,以己视时计之时。宴将毕,遂起时计,两院议员,犹拘旧有之惯习,疑视时计为逐客之举,咸相诧异,不知其视时,乃密号缚议员也。议员就缚次日,发易共和为帝政之命。又疑民有异言,于是单骑游行巴黎市中,以视民心之向背。市民见之,皆欢呼万岁。于是废共和而易帝政。迨后普法战争围攻巴黎,食物既尽,至掘鼠食。英雄末路,良可慨已。然成第二次共和宪法之组织,实因此次之败亡也。但其中不可不注意者,法国宪法胚胎于天赋人权之说,不曰民权而曰人权者。曰民权,则有君权以相压制。曰人权,则人类同享有一切之权利,无君民之分。此说虽略见于古哲学家之著述,而《人权宣言》实自法始。当十八世纪之末,法慕美国宪法之成立,人权思想及于全国,本人权以相要求有自由、人道、友爱之三事。而宪法亦以此为根据,首曰《人权宣言》,次曰自由、曰人道、曰友爱,为欧初制定之最新一格式。而其国孟德斯鸠之三权分立说,亦同此人权风行于斯时矣。日本之宪法,制定于明治二年,其实元年已有豫备立宪之诏,而立宪之诏又根据于五条誓文。遂颁布之。一、广兴会议,万机决于公论;二、上下一心,盛行经论;三、官民一途,以至庶民各遂其志,勿使人心倦怠;四、破旧来之陋习,基天地之公道;五、求智识于世界以丕振皇基。据此五条誓旨,豫备二十二年之中,无一事不以誓旨为根据。誓旨固日本宪法之起源也。俄国宪法制定于一九零五年,是各国制定宪法之最近者。中国今在豫备立宪之期,欲国民臻立宪之程度,当鼓励立宪之精神,或者有制定宪法之一日也。试观环球大势,专制已不容于二十世纪。俄为世界最大专制国,以日本战败之结果,亦毅然宣布立宪。中国尚以俄为殷鉴耶。

不成文宪法者,其宪法之全部,大半惯习判决例、条理、协约等而成立者。英国、清国之宪法属焉。

(述)有国家必有宪法。无论立宪、专制,未有无宪法之国家。昧此义者,以宪法有无为立宪国与非立宪国之区别,不知立宪国指政体而言,统治作用有司法、立法、行政之三机关分立不相侵让者为立宪国。反之,虽宪法完备,而统治作用之机关未分立者,仍为非立宪国。若以宪法有无为区别之点,则宪法何无之。即观中国之大清会典及惯习所主之事,实皆宪法之足为根据者,而人固未尝以立宪国相视也。故立宪与非立宪之异,在政体,于宪法之有无无关。而宪法亦无有无之别,不过成文、不成文之同。中国及英均有宪法,而未经编辑者,是之谓不成文。

其二、钦定宪法、民定宪法

钦定宪法,即君主所制定之宪法也。如普鲁士、墺大利及日本各国之宪法是。民定宪法,即国民所制定之宪法也。如法兰西、比利时、亚美利加等国之宪法是。

(述)宪法于制定时,有钦定、民定之分。后定以力,则具同一之效力。

其三、协定宪法、独断宪法

协定宪法,有关系于国民之合意而成立者。如法、比等国之宪法是;有关系于国家之合意而成立者,如德、美等国之宪法是。独断宪法,则不待合意而成立者之谓。凡钦定宪法,皆独断宪法也。

(述)此项似与前同,然协定宪法中,不〈仅〉民定之一种。独逸之宪法,协于各联邦。美之宪法,协于各州,其成立非关系于国民之合意,皆关系于国家之合意者也。独断宪法,即未经国民之会议而钦定者。而宪法可以独断之理由有二。一国家之制定宪法,为国民之便利起见。虽不一一议自国民,于国民究无不便利者。此自事实上观之,不必待国民之合意,而可以断定也。一国家之制定宪法,原期成立,以国民之众一一参议成立,即难速期。此自法律上观之,不能待国民之合意而可以断定也。

其四、柔性宪法、坚性宪法

柔性宪法,亦名可动宪法。据普通法律同一之手续,或相似之手续,即得以改正之之谓也,如英国之宪法是。坚性宪法,一名固定宪法。其改正手法,非较普通法律之改正时更为严密,不得改正之之谓也,如日本之宪法是。

(述)手续系日本俗语,后用为法学上之名词。中国译为办法,即办事之次序之意。凡宪法可用简单之方法改正者,曰柔性宪法。不能用简单之方法改正者,曰坚性宪法。

按,柔性宪法,其弊在易使国政趋于纷乱。然其长处,则能随时势之变迁而适得其宜。至坚性宪法之缺点,在不能因时制宜,然不至引起政治上之变动。二者利弊相反,其间利害得失,是不可不深察者耳。

(述)坚性宪法之所长者,即柔性宪法之所短。柔性宪法之所短者,亦坚性宪法之所长。二者相较,与其用柔性宪法,不如用坚性宪法之为愈。盖宪法者,国家政治之大纲之国法。换言之,亦国家之基础法。坚〔柔〕性宪法之改正无常,基础累动,国家未有不受其影响者。用柔〔坚〕性宪法,则改正匪易,自可免基础累动之虞也。但取其所长而其所短者,不可不有以补之。补之之方法,即以政治大纲规定宪法之中,使处于固定之地位。其他细目列之普通法律,使可随加改正,以收因时制宜之效。如此则有得而无失,有利而无弊矣。

第二章　　日本宪法之改正手续

日本宪法为坚性宪法之一,其改正手续如左:

一、发案权之限制

改正宪法,必由敕令将议案饬帝国议会议之(日宪七三条上)。天皇外无有发案权者。

（述）普通法律其议案，可由政府或议院提出之（日宪三八条）。至改正宪法之发案权，惟属之天皇一人。就事实上观之，一般舆论及学者往往于宪法下种种之批评，而国法上究毫无效力也。即天皇因其批评之正当为之提出议案，亦政治上之手段，不得谓发案权即在批评者。

二、议决手续之限制

宪法改正案，非贵族院及众议院之议员三分有二以上列席时，不得开议。其列席之议员非得三分有二以上之多数，不得议决改正（日宪七三条二）。普通议案，则两议院中各于其议员总数三分之一以上列席时，即可开议。其列席议员有过半数之同意，即可议决（日宪四六条、四七条）。

（述）宪法与普通法议决之手续，有繁简之不同。普通法简，而宪法极繁，于以见宪法较普通法之为尤重也。

三、摄政时之限制

摄政之时，不得变更宪法（日宪七五条）。

（述）摄政之时，日本皇室典范所规定者二（一九条）。一天皇未成年时，一由亘久故障不能亲大政时。天皇之成年，以达十八岁为限，与人民之以二十岁为成年者异。亘久故障，指天皇有精神病或游历甚远，难以遽归而云。未成年则智识尚未发达，宜置摄政固不待言。若有亘久故障之事由，必枢密顾问及皇室会议之议决，方可有摄政之置。而摄政之不得变更宪法者，亦以天皇有发案权，摄政仅奉天皇之名以行大权者，非天皇也。

第一编　统治权

第一章　统治权之性质及主权

第一节　统治权之性质

统治权者，主宰国家之力也。主宰国家之力云者，与主体者以治者之地位,而使内外臣民服从之。又与国家以对等者之地位,而使与他国交际之,并使为财产法上之法律行为。其一切之原力,即其主宰国家之力是已。

（述）统治权为主宰国家之力者,谓其有内外臣民服从之原力也,与他国交际之原力也,为财产法上主体之原力也。简单言之,一命令权之原力,一国交权之原力,一财产主体之原力。命令权之原力者,支配其臣民之原力也。本国人固当受本国命令之支配,即在本国之外国人亦可支配之。本国人之在本国,固有命令服从之关系。即在外国之内,国人于内国一定之命令,亦必服从之,然此犹不待言者也。而外国人之驻于外国,且服从内国一定之命令焉。如伪造本国之货币,所造之人为外国人,所造之地亦外国地,内国可以严为禁止,而处以伪造货币之罪。惟行使本国之命令时,不可侵害他国主权耳。国交权之原力,为国家与国家交际之原力,而交际立于对等之地位者。甲、乙两国均有统治权,两国统治权均不能受他国之侵害,是统治权之性质同其地位自无不同。近来各国中,虽有一等、二等、三等国之名,不过由实力所发生之政策上区分等级,究于国与国所处之地位无关。如中国以兵力、财力、人民之智识逊于他国之故,未如日本之列于一等。而中国之统治权之形式,尚不异日本之完全独立,谁得谓与他国非对等者。至财产主体之原力,亦由统治权而发生。设无此原力,即无财产主体之资格。凡关于财产法上之法律行为,国家亦不能为矣。故财产主体之原力,与命令权、国交权之原力,同为主宰国家之力也。

第二节　主权

统治权有于统治权上,更加以其他之权力者;有于统治权上,不得加以其他之权力者。

（述）主权原有种种之学说,而主权之定义,所主张者亦不一。有谓主权与统治权毫无区别者,有谓确有区别者。冈田先生则以两权非绝对的不同,亦非绝对的相同,取二者而折衷之,乃为正当。

统治权上更加以其他之权力者,在复成的之国家往往有之。如德意志帝国与其各联邦之关系是（见第九卷第一编第一章）。反之,单成的国家之统治权,则于其上更无所谓其他之权力。是即最高统治权之谓,或曰主权是也。其关系,如日本之统治权与主权固无所区别于其间也。

　　（述）复成的国家者,由两国以上至于数国因一定之关系而联合者也。其种类有三。一君主联合国。两国戴一君主,惟君主一人,而两国之外交、内治各不相属。如比利时国王兼孔戈自由国王(非洲),比利时自奉比利时国王之名义,孔戈则奉孔戈国王之名义是也。一对外联合国。两国亦有独立之政府,而处理第三国之交涉,必两国之联合。如瑞典、挪威、奥地利、匈牙利是也。一限定对外联合国。其联合以一定之对外事宜为限。限定外之对外事宜,各国可以自由处理。如近来之北美合众国、瑞士联邦国、德意志联邦国是也。本节所举者,于复成国三种中,专指限定对外联合国之一种。试以限定对外之德意志联邦国言之。德意志帝国固有外务大臣,各联邦亦有外务大臣之设。关于限定对外之外交,如派遣公使等事,属于各联邦。关于限定之外交,如宣战、讲和等事,则属于德意志帝国。是各联邦已各有统治权,统治权上又得加以德意志之最高统治权也。最高统治权即为主权与统治权,显有判而为二者。至单成的国家者,日本之与中国,凡一切对外对内,皆由一种国家之统治权而发生,无他之统治权得以加之也。其统治权即最高统治权,亦即主权之谓,与主权又显非判而为二者。然则单成的国家,毫无主权、统治权之区别。复成的国家,确有主权、统治权之区别。主权、统治权之性质,既非绝对的不同,亦非绝对的相同也。

　　主权之特质如左:

　　（一）主权者,固有之力也。其权力非自他付与者,此主权所以异于地方团体之自治权也。盖地方团体之自治权,乃由主权付与之后,始发生此权力者耳。

　　（述）固有者,即非自其他付与之之谓主权。既不由他所付与,又何从而有此主权,亦一问题也。但于此不能以法理断定之,而可以历史断定之。如法兰西之主权,属于国民。国民之何以有此主权? 考法国革命之历史,即知其由革命之事实而发生也。然此仅事实上之关系,专言法理,则国家经组织以后,其为君王或君主主权,皆为所固有。固非地方自治权之必待国家付与可比者。

　　（二）主权者,全能之力也。无论其为治者之地位或对等者之地位,于自定限制外,绝不受其他之限制焉。自定限制,亦限制也。然不受其他之限制,则其全能之力所致耳。

（述）全能即无所不能之谓。主权有全能之力，自无所谓不法行为也。对于内国，可以发布命令，亦可以变更命令或废止命令。对于外国，可以缔结条约，亦可以变更条约或废止条约。且朝发布而夕废止，昨缔结而今变更，均无不可以自由焉。其变更、废止之无常，为不得策之举动，大不利益于国家。而对此主权者只可谓之不得策、不利益，究不能谓之不法行为也。如杀人亦不法行为之一种，天子杀人，法律上不闻规定其为不法之行为者，法律由主权制定，即不得支配乎主权也。而主权有全能之力，亦可见已。然此就法律上言之，不视为不法行为者，固其全能之力。而自实际上言之，不至有不法行为者，亦非无全能之力。例一极富之人浪费财产，以道德论，在所不可。以经济论，亦所不宜。而人不禁止其浪费者，彼之财产彼自具有全能之力也。此前之说也，又一极富之人财产毫不浪费，其不浪费者恐显违乎道德，大损乎经济，而自为撙节于财产上，则实具有全能之力也。此后之说也。

（三）主权者，不可分之力也。所谓立法权、司法权、行政权者，皆不过统治作用之各方面而已。若谓一国中有此三种权力之区别，谬矣。

（述）三权分立之论，出于法国之孟德斯鸠。孟氏以前已有倡言三权者，其三权为立法、司法、外交，与孟氏主张之立法、司法、行政惟一不同。今之所谓三权，固本乎孟氏，而三权分立，决不相属，于国家已无统一之势，近世学者咸认为取不当而不之取也。盖主权，体也；立法、司法、行政，用也。用虽不一，而体为一体。一则主权之力自不可分，所分者，仅统治作用之各方面耳。统治作用固可以立法、司法、行政分之为三，亦可以制法、行法并之为二，无论所分之如何，其界线均有难于划清者。就分为三者言之，立法者，制法之作用也；司法者，民事、刑事审判之作用也；行政者，司法外之一切作用也。然据裁判之有无，定司法、行政之名，行政中究不无种种之裁判。如官吏之不法行为，由行政裁判而决。又行政官厅之考验医生、或教习裁判其免许状之可给与否（医生、教习必有免许状始有就职业之资格）。其裁判均属于行政，是行政与司法之分之难也。司法、立法之区别，较行政、司法之区别似觉明了，而裁判所既为司法者，因事发布命令，亦得使人遵行，与立法又何以异，是立法与司法之分之难也。就分为二者言之，易立法曰制法，统司法、行政曰行法，虽可免司法、行政难分之弊，而行法亦有制法之时。如法院编制法关于录事规则遵照部章,行法之法部欲行此法院编制法,必将录事规则制定之,是行法的制法也。而行法与制法之分之难于此,又可概见已。然则统治作用之分为三,或分为二,彼此错综,界线之难于划清如是。不若以一语括之,曰国家之法的行为犹简且概焉。观之现今各国于统治作用尚沿称三种。其区别亦非统治作用之性质,不过区别其办法而已。凡经议会之协赞者,属立法机关,此立法的办法也。由普通裁判所据法律之规定,而适用刑、民之审判,属司法机关,此司法的办法也。关于立法、司法以法〔外〕之事宜,属行政机关,此行政的办法也。办法即形式之谓。形式上虽稍有区别之点,而性质则皆属国家之法的行为,欲区别于其间,诚有不能者。

第二章　统治权之主体

第一节　概论

统治权之主体与统治权之所在无异,即其带有者之谓也。统治权主体,因各国之宪法而定之。

复成的〈之〉国家,其单纯统治权之主体,属于各联邦之皇位或其自由民。而其最高统治权之主体,则属于德意志帝国之皇位是。

(述)复成的国家,或谓之不完全国家。单成的国家,或谓之完全国家。文字不同,意义则一也。单纯统治权及最高之统治权,于前章(二章二节)已详述之。所谓自由民者,自由市之民。市无君主,自以自由民为单纯统治权之主体。支那文译有汉纳巴尔,即自由市之一也。

至单成的〈之〉国家,则无单纯统治权与最高统治权之别,故其主体惟一而已。惟单成的〈之〉民主国,其主权之主体属于国民。而单成的〈之〉君主国,则其主权之主体属于君主之皇位耳。

第二节　皇位及天皇

单成的君主国之皇位,为最高统治权之主体,即主权之所在也。

(述)单成的君主国主权之所在,即君主国之皇位者,非指在皇位之自然人也。在皇位之自然人,与在皇位之为主权者,法律上均认为二而绝不相混。如在皇位之自然人有死亡之日,主权不得随之而归消灭。此可认为二之明证也。既认为二,则皇位自成为主权之主权。皇位存在一日，主权亦无不存在矣。

在皇位者，或曰皇帝，或曰天皇。日本宪法中皆称天皇，而公文中又每称曰皇帝。名异而义同，国法上固无所区别于其间也。

（述）中国当战国之际，犹属封建时代，皇、帝、王之称，虽有一定之阶级。现今封建之制度废，各国之对于在皇位者，加以徽号，种种不同，而于主权之主体，究无关系也。

日本以天皇为主权之主体，此历史上之事实所显著者。其《宪法》第一条曰：大日本帝国万世一系之天皇统治之。此不过表彰历史上之事实，非天皇据此以得统治权也。

（述）君主于其国之中所以能为君主者，大抵因历史上之事实而〈定〉。考之历史，以征服而为君主者甚多。以外，有由于宗教者、有由于禅让者、有由于推戴者，亦种种之不同。日本则自神武天皇以迄于今，二千年来相传一系。其宪法一条云云，非宪法既定以后，天皇始据之以取得统治权。而宪法未定以前故已如此。宪法之有此规定者，不过表彰历史上之事实而已。

且日本天皇非单纯统治权之主体，而为最高统治权之主体。日本《宪法》第四条曰：天皇为国之元首，总揽统治权，依宪法之条规行之。总揽统治权者，天皇也。能总揽统治权者，为主体，故天皇即主权之主体也。

（述）有国家固有统治权，而天皇总揽。各国则不尽然。初，德意志皇帝对于各联邦，亦有最高统治权，而只能行使于一定事项之范围内，以外皆各联邦自由处理，是德皇不得总揽统治权也。然德为复成的国家，非总揽也自宜。英乃立宪之君主国，其立法权不属之国民之议会，亦不属之君主一人。君民合意，法始克立。英之君主是，亦不得总揽统治权也。日本与英、德异，天皇于统治权竟可总揽之，故君主权之主体者，即天皇也。然对于主权之主体之学说，亦有二种。一以君主为主权之主体，二以国家为主权之主体。君主为国家最高之机关，两说俱发明于德国学者。其间各有理由，解释之方法视乎国体之如何，孰是孰非，则不可以断定。本章主张第一说者，所引皆日本《宪法》，自以日本《宪法》之条文为据。其四条云云统治权，自天皇以外实无有能左右之者，而取君主为主权主体之说，可勿疑已。

第三节　天皇之特权

天皇为主权之主体，总揽统治权。既如上节所述，其在皇位之自然人，亦有种种特权。兹举日本及各国君主普通所有之特权如左：

（述）在皇位之自然人所有特权甚多。左列四种，其最要者也。

一、天皇神圣不可侵，他人不得斥使去位，且无刑法上之责任。

（述）天皇神圣不可侵。日本规定宪法之第三条，此特权亦各国君主之所同也。

二、天皇有一定之荣誉尊严。如宫禁、守卫、仪仗及特别敬称、特别纹章之类，皆其特权也。

（述）特别敬称，如日本称天皇陛下、太子殿下之类。特别纹章者，日本天皇之服绣十六瓣之金菊花，中国皇帝之黄袍金龙皆是也。

三、天皇有财产上之特权。即国库所支出之皇室经费及与皇位并传世袭财产是。

（述）财产即实物或土地、房屋之不动产。为先皇所遗留者，日本所谓世传御料是也。皇室经费由国库支出，不限制则于国家财政受种种之影响，太限制亦有损皇室之威严。凡立宪各国，无不酌量一适中之额，而为一定之限制者。有时事务稍繁，所用不敷，又有世袭财产以济其不足焉。日本维新以前，全国重权握于德川将军之手，皇室已觉衰微，经费自无由充裕。维新后鉴及于此，除国库支出外，所属不明之山林，均归皇室，所获之利益，固其大也。其山林之有所属不明者，因旧无登记之法，旷野荒丘民间，既不识谁主，国家亦无从调查。登记法行，私人之土地，概须登记，未经登记者，遂为皇室所有。至今，全国之中殆无一寸土系无属者。

四、天皇为皇室之长，犹监督皇室及教育惩戒之权，且有制定《皇室典范》或变更之之权。

（述）此项特权亦各国君主所同。日本则有规定之明文，《皇室典范》四九条至五四条是也。凡关于皇族间之民事诉讼，由宫内省裁判（中国宗室诉讼则属于宗人府）。所派裁判员，必天皇之敕令。至皇族被告、民人原告之民事诉讼，则受裁判（裁判时，皇族可遣派代理人）于东京控诉院（高等审判）。至不敦品及不忠实之行为，天皇自惩戒之。或停止其皇族特权，以使之改过自新，或剥夺其皇室特权之一部或全部,而贬之为庶人。然此亦近来国家之发达规定,始得如是。古昔有人民贬为奴隶者,未闻皇族之贬为庶人也。

第四节　皇位继承

皇位继承云者,即在皇位之人有变更之谓也。泛言之,其原因有三:一、先帝崩御;二、资格丧失;三、让位是也。然日本宪法之解释,除先帝崩御外,无可谓皇位继承之原因者。

(述)有国家,即有皇位。国家不灭亡,皇位不变更。本节言变更者,专指带有皇位之人与皇位之变更自异。资格丧失者,欧洲宗教国家,教分新、旧二派。其宪法之所载,即皇位者必信新教之人,其即位时,原信新教,后忽易为旧教,则丧失其在皇位之资格。日本向无宗教关系,故天皇无丧失资格之虞也。让位云者,天皇生存之时不居皇位而让之皇子也。宗教国之法皇,非宗教国之太上皇,即天皇让位后所称之名。考中国与日本之历史,让位亦所常见。日本则自定《宪法》及《皇室典范》以后,永不得再有让位之事实。而其不让位之理由,亦有二焉。从法理上言之,天皇亘久故障,内置摄政,外有辅弼之臣。或年近期颐,精力衰颓,国务大臣亦足以为之赞襄,此不必有让位之规定也。从政策上言之,皇族藉让位之名,起觊觎之心,群相要挟,鲜不开国家纷争之端。若欲防其微而杜其渐,是不可有让位之规定也。然日本宪法既未云天皇不得有丧失资格之事,亦未云终身不得让位,而兹谓其如此者,亦于宪法之解释然耳。宪法之于皇位继承,遵《皇室典范》所定。其《皇室典范》第十条,只有天皇崩御、皇嗣践祚之明文。据此以解释之,可知除有明文者外,其他不能为皇位继承之原因者,不须规定于明文而已可知也。

天皇崩御时,据《宪法》及《皇室典范》所载,皇嗣即时践祚,其时固不必拘定何等仪式。盖皇位者不可须臾间断者也。

(述)日本皇嗣践祚之次序,首皇长子。如已先天皇而殁,则皇长孙。皇长孙绝,则皇次子孙(次子该第二子以下而言,非专指第二子)。无,则皇兄弟子孙。再无,则皇伯叔父及其子孙(先嫡后庶)。此次序之厘然不紊者也。从前有女子亦即皇位者,至今依一定之次序递及之,则女子不得与焉仪式。即践祚时之一切典礼,其行否于法理上毫无关系,关系之最重者皇位耳。皇位原不可有间断之时,当天皇之崩御,继为天皇者,宜即时践祚。仓猝之间,典礼备具与否,不必拘定之也。即以民法中之相续法论之,父没而子当然为财产权之主体,是为财产相续也(家督相续亦同)。以事实上观之,相续之日,固不无邀集亲族之举动。然有不如此而亦可以相续者。子本为父之相续人,何待亲族之推许?邀集之则大费时日,财产权反因之有停止之虞矣。然则财产权之不可停止,与皇位之不可间断同也。相续者不拘定何等举动,其相续既为当然,践祚者不拘定何等仪式,其践祚亦无非当然也。

第三章　统治权之客体

第一节　概论

客体之义有二:一指人而言,用为对手人、相手方之意;一指事物而言,用为目的事物或其对象之意。本章所述用第二意,统治权之客体,即其目的事物之谓也。

(述)日本当研究法学之初,从英、法、德文译有目的物之名词,然不足以为据。如民法中之所谓物,指有体物,物之无体者,即难该〔归〕于目的物之中。后所以又改之为目的事物也。哲学家之于目的事物皆曰对象。对象者,对于己之行为所发生之现象也。此既近于哲理,自不如目的事物之明了。而目的事物究仅可称之于事或物,而不可称之于人。谓曰客体,则事与物与人统括而无所遗已。但兹之所论者统治权,统治权并无对手人(相手方),其客体固专指目的事物而言。

统治权之客体(即目的事物),因其活动之方面而不同,有以臣民及领域为客体者,有以国际关系及私法事项为客体者。

第二节　臣民及领域

统治权〈之〉权力(即治者之力)之活动,其客体,即臣民及领域是也。

其一、臣民

由统治权之权力的活动论之,则以臣民为其客体。即对于臣民之分际(即臣民服从之资格),可以实施法律命令之谓也。惟对于内国臣民与外国臣民,不能不稍有差别耳。其对内国臣民,乃命以绝对的及属人的之服从也。绝对的服从云者,可使其遵奉一切法令之谓;属人的服从云者,其臣民虽远在外国,亦可使其遵奉一定之法令之谓也。

（述）内国臣民既服从内国一切之法令,而以不服从内国一切之法令之外国臣民较之,内国人自为绝对的服从也。日本现行之征兵令,外国人住在内国,无服兵役之义务。内国人除女子外,男子俱有服兵役之义务。此即绝对服从之一证。已至驻在外国之内国臣民,地虽外国地,人则内国人,使服从内国一切之法令,势或不能,而亦有一定法令以制限之,是之谓属人的服从。《日本改正刑法》第□条所定者（凡在外国之日本臣民,犯左列各种之罪者,应以日刑法处断）,皆臣民在外国所负内国刑法上之责任,而不可不遵奉者也。

对于外国臣民,则不过命以相对的之服从,且为属地的之服从而已。相对的服从云者,于不侵犯外国主权之范围以内,可使遵奉一定之法令者是;属地的服从云者,谓驻在内地之外国臣民,于驻在之期间内应遵奉内国之一定法令是也。

（述）外国臣民对内国一定之法令,必于其国之主权无所侵害,方能服从。故谓之相对的服从也。如日本法令中载,日本人不服外国之军务。而中国设举行征兵令,凡驻在中国之日本人,亦令服兵,是与日本之法令相冲突,而侵害其主权之范围以内也。如此,断未有能服从者。至外国臣民为属地的之服从,近今各国莫不皆然。其法令除征兵外,如警察法、行政法之一切效力,皆可及于全国。在内国地者,即当遵奉,无外国臣民之别也。属人的服从曰属人主义,属地的服从曰属地主义,二者并行而不悖者也。然以刑法而论,新定之法例,对于住在内国之外国人均适用之。而驻在外国之外国人既不能为属人的服从,亦不能为属地的服从,则又适用特定之条文焉。其不可不制此条文者,恐于内国之存立信用、财政、经济等,有重大之损害或危险耳。

其二、领域

统治权之权力活动,次以领域为其客体,即于国境内具有特别威力之谓也。然非对于土地可主张其所有权,乃其自由活动足以排斥他国之主权,惟实施其国之法令也。此种关系普通称为领域主权,非于领域内别有一种主权,盖谓统治权,于领域以内,有独〈立〉的之支配权而言耳。

（述）统治权之实行其权力于领域以内,其性质之若何。从前有种种之议论,兹举各种中之一种言之。谓人民于土地各有所有权,统治权集人民所有权而为一,即人民所有权上之最高所有权。此说衡之中国,似觉相近。中国昔本为完全之最高所有权,近今始有一部分认为人民之共有,仍含有最高所有权之性质。以法理言之,断断乎有不可者。盖所有权者,于土地可以使用(建筑房屋及作牧场)、收益(耕种或租)、处分(赎与或卖)者也,私权之关系也。统治权者,于领域不可以使用、收益、处分者也,公权之关系也。二者原判然而不相混也。即观日本全国之土地,就所有者分之为三。一属皇室者,曰御料地。一属国家者,曰国有地。一属人民者,曰私有地。御料地为皇室之所有权,国有地为国家之所有权,私有地为人民之所有权。所有权属之某者,不能云即某之统治权。夫人所得而知,而统治权之非最高所有权,知之当亦甚易已。至统治权之对于领域,一面能实施其国之法令,一面能排斥他国之主权,则其权力之特色也。领域亦即实行其权力之范围也。然领域之范围外,权力亦有可及者。如海贼之客留公海中(泽海大洋不属于何国者),虽非己国之领海,亦可逮捕是也。但此与领海内之统治权不无区别。领域内为独占之支配权,公海则受各国统治权之支配,非一国所能独占也。

第三节　臣民之权利义务

臣民对于统治权力的活动有服从之义务焉。一面为权力,一面为服从,于是保护之关系亦因之而生。今有一人于此欲违法,以侵害他人之利益时,则国法对于加害者,或命中止其行为,或令赔偿既生之损害。然其所以能如此者,仍不外加害者有服从国法之义务耳。故曰权力者,以服从为条件,而又保护之关系也。臣民因法律之保护而生权利,因法律所命令而负义务。臣民之权利、义务所以载于宪法者,以统治权实施之际,有不得不遵此规定者也,是即谓之公权(日本《宪法》第二章十八条至三十二条)。

(述)日本《宪法》十八条为日本臣民之要件,依法律之所定。是有为日本臣民之资格者,非依法律所定不能也。又二十条,日本臣民从法律所定有服兵役之义务,是亦以关系臣民之甚切,特独载宪法之中,以昭其郑重也。宪法既有依法律所定之明文,设颁一敕令或府县官厅之命令使服兵役,则命令非法律,人民于此自无服从之理矣。然此服兵役之义务,固以依法律所定之明文为凭。而宪法十八条至三十二条,一面

使臣民服从义务,一面为臣民保护权利,亦无一不云依法律所定者。即
观之日本立法之现行制度(第三篇第三章),一必须以法律规定之事项,
一不可以法律规定之事项,一或以法律或以命令可以自由之事项,三者
各有所属。其属于必须以法律规定者,半皆臣民权利、义务之事项也。
而臣民皆受此法律之规定,统治权之实施时,亦不得不遵此法律之规
定,此所以谓之公权。法令篇之第四章,谓人民有无限服从主权之资
格,以此节之文面观之,似又为有限之服从,与前说不无冲突。然此篇
之意义,则确有不背乎前说者。试以最浅近之事实解释之。外国人只
服从内国一定之法令,其服从谓为有限。而内国人既服从内国法定之
全部,则服从之为无限可知也。又以最高尚之法理解释之,人民之身
体、自由等,宪法均有规定之明文。其他违宪之法律或命令之强制人
民,因国家设有救济之机关(行政裁判权限争议),一面向此以相要求,
而一面究不可不服从之。如此,则服从之为无限又可知也。而此节与
前说之相符又复何疑。

第四节　国际关系及私法事项

统治权若为权利(即对等者之力)之活动时,其客体,即国际关系,
私法事项是已。

其一、国际关系

统治权之权利的活动,先以国际关系为其客体。其对国际关系之
活动,虽仍为主宰国家之力,而其地位则与外国统治权立于同等之地,
故不能如对于臣民之有命令、服从之关系。不过能发生对等之权义关
系而已。然苟非统治权,则又不能发生此种对等之关系者也(参照本书
第九卷)。

(述)国家与国家之条约,必国家乃能缔结,非国家不能缔结。是国
际间之关系之活动,仍为主宰国家之力。然缔结之时,一面有权利,一
面即有义务。两国均活动其统治权,两国即均立于对等之地位。与国
家对于臣民之非对等者,自不同也。而国际法上之权义,与国内法上之
权义,其性质亦因之而异。国内法上之权义,由统治权之命令及人民服
从之关系而发生,其权义有法律之保护。凡损害其权利者,不履行其义
务者,国家使损害者赔偿之。不履行者强制之,则设有救济之机关,以
施其救济之方法。此国内法上权义之特色也。国际法上之权义,非命

令、服从之关系,而为对等之关系。己国之权利被损害,他国之义务不履行,国家之上何尝有救济机关以保护之。虽近今仲裁裁判所之设,究不如国内之裁判所,有命令其服从之权。相持不下,解决无策,战争之衅,往往于斯起之。然则救济方法之有无,即国际法上与国内法上之权义所由分也。若其权义既定之后,国与国相互遵守,权利之应享者则享,义务之应尽者必尽,与国内法上之各享权利、各尽义务,又无所区别矣。

其二、私法事项

统治权又自为对待者之力,而以司法事项为其客体。与一私人或与财产主体之外国(即外国之国库)引起权义之关系者有之,如国库有财产的权义之关系是。

(述)国家之财产关系有二,有以权力主体而活动者,有以财产主体而活动者。征税、罚金、公用、征收,皆权力主体之活动也。购买物品、或建筑、或买官有之山林,其他同于私法契约之关系,皆财产主体之活动也。财产主体之活动时,与人民有私法上之诉讼,均可控之裁判所焉(国家可遣派代理人赴质,遣派之法、会计法及他法规详之)。然考之学说,有谓国家于此即变为私人者,不知国家为无形之团体,关于私法事项,因之遵守民法、商法,不过统治作用之一部分,如此国家自国家也,非私人也。且国家对于人民虽有私法之关系,而以命令为之强制,实权力所能及,其不用权力而从民法、商法之规定者,亦恐行强制之命令,人民有不利益之服从耳。因之谓其变为私人,不能不为民法、商法所支配,谬也。

第二编　统治机关

(述)前讲刑法,先言犯罪之主体、客体,后言犯罪之性质。法学通论总卷权义篇,分言权义之主体、客体。故统治权之次序,亦先言统治之主体、客体,而后言其机关及其作用,所以使眉目清晰,学者易于研究也。

第一章　总论

单成的君主国,其主权之主体(统治权之总揽者),君主是也。虽然以君主一人,而欲实施一切统治作用,是诚事实上所不能者。故无论古今中外,凡国家,无不设统治机关者也。

(述)君主一人不能实施一切统治作用,而民主国亦不能以全国人民而实施一切统治作用。故二者均不可不设统治机关。君主有君主之机关,民主有民主之机关。非有此机关,则统治权不能实行。

统治机关之种类,因国与时代而不同。试就与清国同一国体之日本论之。其现行制度中昭然揭于宪法者,若帝国议会,若裁判所,若摄政,若国务大臣,若枢密顾问,若会计检查院,皆其统治机关也。

(述)各国皆有特别之历史,统治权各因国与时代而殊。日本现行制度如帝国议会、裁判所、摄政、国务大臣、枢密顾问、会计检查院六种之统治机关,皆以宪法明文规定之者也。有宪法规定之明文,称之为宪法上之统治机关,与国法上他种机关之位置不同。宪法上所规定之统治机关,非改正宪法,则统治机关万不能变更。例如,裁判所之为司法机关,宪法上所规定也。假欲撤裁判〈所〉,而以司法机关属之行政,断乎不能。其不能者何也?以统治机关规定之于宪法,宪法未能改正统治机关,即不能稍为变更也。反之,如海陆军省之为行政官厅,非由宪法所规定分之,而各为海陆军省大臣,固可合之而统为一军务大臣,亦未始不可。盖有宪法明文规定者,不能变更。而无宪法明文规定者,即能变更。海军省之行政长官,称为海军大臣。陆军省之行政长官,称为陆军大臣。日本之所谓大臣与中国之所谓大臣性质不同,中国之所谓大臣,由钦命而对于办理一定之事项,如垦荒、边务、修律各大臣等是;日本之所谓大臣为行政首领,与中国各部尚书之位置相等。

盖一国之统治作用,非制法即行法,非行法即制法,二者必居其一。故其机关亦分制法机关、行法机关,二者亦必不出其一也。然以三权分立说(见本卷第三编)之影响所及,普通皆分为立法机关、司法机关、行政机关三种。本书亦故沿其例,以别其序次,且于其性质略述之。

(述)统治机关或分为二而为制法、行法,或分为三而为立法、司法、行政,不过有五十步百步之区别,而其结果则一。冈田先生仍沿三种之例以别之。

第二章　立法机关及日本帝国议会
第一节　立法机关之意义

立法之义有二：一指法律、命令之成立而言者，其义广。二专就法律之成立而言者，其义狭。本章所谓立法机关，其意义盖仅就法律成立之机关而言耳。

（述）立法之义有二：一广义立法，一狭义立法。广义立法与制法同，盖制法为包含一切之法律、命令在内，故为广义立法。就广义立法言之，无论何种机关，皆有立法。如裁判所为司法机关，有时发布命令使人民遵行，与立法何异。推之，其他机关或发一命令，或定一规则，亦无不含有立法之性质。本节之所谓立法机关，乃指狭义立法而言，非广义立法也。

法律成立之机关，即立法机关，其意义亦有三：

（一）为统治权要素之立法权之机关（即立法权之主体）；

（二）因统治权所委任而有立法权限之机关；

（三）审议法律案及宪法改正案之机关。

（述）一固有立法权限之机关，此为统治权之要素。无此机关，则统治权不能成立。二因委任而有立法权限之机关，非统治权所委任，则无此立法权。三议会协赞，协赞者，协赞法律案也。三种机关之中，而立法权之程度可以区别。以近今各国实例举之，惟英、法、日本三国之立法机关可以相当焉。

英国议会属第一意义之立法机关。盖英国之立法权由特别历史之关系，君主与议会共掌之。惟以立法权之主体谓为立法机关，法理上不免失当耳。

（述）英国有种种特别之历史之关系。其立法权一半属之议会，一半属之君主，为议会与君主所共有。然君主为立法权之主体，又为立法之机关，于法理上极难分辨。亦以其有特别历史，与各国国体不同故耳。关于英之国体，学说不一。有谓主权之主体专属之君主者，有反对此说，而谓主权之主体专属之国民者。但两种极端之议论，不能得其平允。折衷其间，主权之主体，实由君主、议会合并而成者也。故谓为君民共主国,亦名君民同治国。此说以英国历史为根据,其国体得当而衡以法理,究不能自圆其说。

法国议会属于第二意义之立法机关。盖法国主权在国民议会者,因千八百七十五年之《宪法》第一条而为立法权限之机关者也。

(述)法国主权之主体,属于国民议会。议会为国民组织而成,非当然有此主权,乃由国民制定宪法委任而来也。

日本帝国议会,则属于第三意义之立法机关,非立法权之主体,亦非基于委任而后有立法权限之机关也,惟审议法律案及宪法改正案之机关而已(其余权限见后节)。

(述)日本议会以英国比较之,不得谓立法之主体,以法国比较之,亦非由于委任审议者,协赞是也。法律虽经议会之阶级,而不能即时成立,必有别种之手续而后可以成立。

第二节　日本帝国议会

其一、日本帝国议会之构成

日本帝国议会,乃合贵族、众议两院而成立者(宪法三十二条)。盖议院有一院制与二院制,二院制中,或称为上院、下院者有之,或称为第一院、第二院者有之,又或称为元老院、代议院;贵族院、平民院;贵族院、众议院等名。希腊、德意志及德意志联邦中之一邦,则行一院制,美、英、法、意、奥诸国则用二院制。日本亦取二院制,其名则称为贵族院、众议院者也。

(述)帝国议会之组织内容,各有不同。其表面则有一院制、两院制之区别。二者孰是孰非,不可不研究而解决之。一院制之所长者,无上下之争持,事机甚觉敏捷。而不能参合舆论,则其所短也。两院制之所短者,有上下之牵涉事机,常致迟缓。而独能参合舆论则其所长也。两相比较,固互为得失。然以国会之目的而论,原为全国舆论之代表,两院制虽非完善,可与国会之目的相合。是其优于一院制者。中国近亦有开国会之请,将来采用何制,自当依本国之国情风俗而定,而与中国之国情风俗最近者,莫如日本。日本则采用两院制者也。

日本之现行制度中,其议院之种类如左:

一、皇族及公、侯、爵（成年之皇族及满二十五岁之
　　公、侯、爵，当然有为议员之资格）；

二、伯、子、男爵（由同等爵位中互选举为议员者）；　　贵族院

三、敕选终身议员（有勋劳学识之人而被敕选者）；

四、多额纳税议员（由多额纳税者中互选为议员者）。

（述）日本爵位沿中国公、侯、伯、子、男之旧称。有爵位者，曰华族，与贵族异。盖贵族之范围甚广，即华族亦在其中也。贵族院之议员四种。一皇族及公、侯、爵。皇族非泛指血统之皇族，必以《皇室典范》三十条所定者为限。二伯、子、男爵各于同等之中互选举，其同等者，不得合伯、子、男而同为选举。被选举之后，任期限以七年，名数则贵族院令规定之。三敕选终身议员。此即有勋劳学识者。勋劳兼文武官而言，学识所赅甚宽，帝国大学教员，固有被敕选之资格。即他学校有学识之教员，亦可由天皇敕选。所谓终身议员者，任期终身也。四多额纳税议员。不论人之为农、工或商，只取其所纳税额之多（额未详），即可合多额纳税者，互选为议员。此亦因私人之财产间接关系于国家，国家不可不予以利益也。

五、被选举者→众议院

（述）国会之组织，众议院尤为重要，故以下专言众议院选举之法。

其二、众议院议员之选举

众议院议员之选举，其制不一。或曰直接选举、间接选举，或曰普通选举、制限选举。日本选举法采用直接制度，而加以制限者也。

（述）直接选举，其被选举者即时充当议员。间接选举，第一次之选举，选举议员选举人，再行第一次或二次之选举，由议员选举人选举议员。如校中选举班长，十人一次，即选举十人为班长，此直接选举也。初，若选举五十人，以五十人，再选举十人为班长，此间接选举也。普通选举者，全国人皆有选举、被选举权也。制限选举者，定有必需之条件与条件相合，始有选举、被选举权也。议院为全国人密切之关系，似宜普通选举乃昭公平。然一国之内，下流社会之无赀财、无学识者每占多数，选举多下流社会人，被选举之下流社会人必多。如此，不惟于国家无利益，反受莫大之损害焉。日本采用直接之制度，所以兼有制限之方法也。

有选举权者，其必需之条件如左：

（述）制限选举之理由已甚明了，而制限之方法各国原不一律。即日本言之，有左列之条件。

一、帝国臣民之男子满二十五岁以上者。

（述）言帝国臣民者，别于非帝国臣民之不能有选举权也。言满二十五岁以上者，别于未满者之不能有选举权也。

二、于调制选举人名簿之期日前，在选举区内有一定住址既逾一年且继续居住者。

（述）住址必逾一年者，取其熟悉地方之情形也。必继续居住者，虑其无一定之根据也。

三、于调制选举人名簿之期日以前，纳地租十元以上既逾一年，或纳地租以外之直接国税十元以上，又或纳地租与其他直接国税共计十元以上既逾二年，且继续完纳之者。

（述）此财产上之制限，直接国税，即所得税（官吏教员以所得而纳税者）、营业税也。

有被选举权者，须日本臣民之男子，年满三十以上者，而无住址及纳税额之制限。

（述）被选举者之年龄，较选举者之年龄尤大者，议院之责任既重，其岁月之经历久，学识之增长方可期也。制限选举者之纳税额既严，而不制限被选举者之纳税额者，一国学者之中学识精深、富有政治思想之人，往往问其所有之财产，有至于无立锥、家无担石者，使有财产之制限，则不能使之一展所长也。至被选举与选举之均制限以男子者，亦别于女子之不得有其权耳。近来女学发达，与男子渐有同等之学识。欧洲如英，时起女子选举权之问题，而以国家之利害计之，决有所不可者焉。国家之强盛全视乎国民之教育如何，而母教即国民教育之基础，设女子亦有政治之关系，家庭之教育必懈，国民之程度亦因之日低一日，此国家之忧也。

左所列者不得有选举权及被选举权。

一、禁治产者及准禁治产者。

（述）治产者，即经治生产之谓。禁治产者，即心神丧失其常也，已受禁治产之宣告之人也。准禁治产者，即心神耗弱或聋哑或浪费之人也。财产原为人之所有权，浪费似可以自由而竟列入准禁治产中者，亦以浪费者非侵害及身家，而于其他害利关系人不无影响。为保全利害关系人起见,则不可不如此也。禁治产者与准禁治产者之程度亦微有不同。禁治产者,毫无行为能力;准禁治产者,其行为能力,不过未十分完全耳。

二、家资分散及破产者。

(述)家资分散,亦谓之财产尽绝;破产,即中国商号倒闭之谓。二者均无偿还债务之力,而受裁判所之宣告者也。

三、剥夺公权及停止公权者。

(述)此为刑法上之问题。大清刑草载有剥夺公权,无停止公权。其附载之剥夺公权之一部与停止者似觉相当。然停止起某日至某日止,以时为限。剥夺公权之一部,则不专以时为限。

四、被宣告禁锢以上之刑,在裁判确定以前者。

(述)禁锢以上之刑,既经裁判确定以后,其选举、被选举权当然剥夺,自不待言。即裁判确定以前,仅被宣告,亦不得有选举、被选举之权。

五、华族之户主(户主即家主)。

(述)华族满二十五岁,既有为贵族院议员之资格。而不得兼有下议院之选举、被选举权,亦当然之势也。

六、现役之陆、海军人,学校之学生、生徒等(入大学者为学生,其高等以下之学生皆谓曰生徒)。

(述)国家郑重军事,现役之陆、海军人,多限制其自由,使之克尽其职务,而不付与以选举、被选举权,其一端也。学生、生徒亦不得有选举、被选举者,恐分其心而荒其业也。

其三、议会之权限

议会所参与之政务,有关于立法事务者,有关于财政事务者,有关于其他事务者。

立法事务有三:

(一)协赞法律案;

(二)讨论宪法改正案;

(三)既经发布之紧急敕令,议决将来之继续与否。

(述)国家遇有非常之事(如外国战争、内国人民暴动或灾难),适值帝国议会闭会时,发布敕令以代法律,是为紧急敕令。发布以后固有效力,但必于下次开会时提出之。其将来有无继续之效力,以议会之协赞与否为定。

财政事务,亦分为三:

(一)协赞豫算案;

(述)豫算案者,国家之会计年度或收入或支出之额而豫算之也。然一年之费、一年之豫算案,固必列之。然而其他造最巨兵舰,或最大炮台之类,一年难以竣工,必须数年之继续费者,其豫算又当如何?是必用按年分摊之方法。如四年应支出银百万,此百万自在会计年度之外,以四年分此百万,一年应支出二十五万,则二十五万之数,即在会计年度之中也。

(二)协赞募集国债;

(述)公债者,国家贷借人民之金钱也。虽国家有偿还之一日,其初究属增加人民之义务,故非经议会之协赞,不能募集。

(三)于超过豫算之支出及豫算外之支出,决定其承诺与否。

(述)超过豫算之支出者,一事所费之数,豫算案内先定有支出之额,而支出时则超过之者也。豫算外之支出者,一事所费之数,豫算案内并未列入,而另支出之者也。二者原微有不同。如议会以二者为不当,对于政府有极端之反对,国务大臣即自行辞职。其辞职并非法律上有明文之规定,不过近来之惯例如此耳。

此列议会所有之权限。如:一、上奏及建议之权;二、提出法律案;三、受理人民请愿之权;四、关于议院秩序及议员风纪,应设置必要规则之权等是。

(述)上奏与建议迥别。凡议会所抒之意见,对于天皇,则曰上奏;对于政府,则曰建议。

其四、关于议会之大权

凡召集议会开会、闭会、停会及其解散等,皆属于天皇之大权,而议会自行停止议事者,曰休会。

(述)于开会时,暂停止其议事者,曰停会。停会之理由,不过政治上一时掣肘,有不可不使之停会之势。谓之曰判裁,则非也。解散专指下议院而言。下议院与政府之意见冲突,当万难调和之时,而议员之意见是否为全国人民之意见,无由而知。天皇于此解散之,使人民从新选举,以观人民之意见如何。如人民仍选举前之一般议员,即足见议员之意见,实代表人民之意见。已休会者,有下议院既经解散,同时贵族院亦自行停止，而非有天皇之命也。

第三章　司法机关（即通常裁判所）

　　裁判所，有通常裁判所、特别裁判所之别。通常裁判所者，即审判一切民事诉讼、刑常〔事〕诉讼之官厅也。定裁判所组织权限之法律，曰裁判所构成法（见本书第六卷）。特别裁判所者，除通常裁判所外，其他行政裁判所、军事裁判所、捕获审检所之类是也。然对于议会之立法机关而称司法机关云者，盖专指通常裁判所而言也。

　　（述）审判与裁判，其范围有广狭之不同。审判兼审理与判断之意。审理者，调查事实之真伪及一切发生之关系也。判断者，调查确实之后，判断其是非曲直也，故其范围广。裁判则专指判断是非曲直而言，故其范围狭。行政裁判所，即行政上行为之裁判。军事裁判所，即军事上行为之裁判。捕获裁判所，设于两国战争之时，如他国暗运弹药，或其他战争上必需之物接济敌国，一经捕获，遂以所设之捕获裁判所裁判之。

　　审判诉讼，为行法（即广义行政）之一部，故通常裁判所亦一行政官厅也。然欲使裁判所悉臻平允，必先使其立于威压诱惑之外而后可。此裁判所所以与其他官厅相离，而为一独立之司法机关也。

　　今之国家称为立宪国，立宪政体者，其意非指有宪法之国家而言也。盖国家无宪法者，其所谓立宪国、立宪政体者，不外以成文宪法定议会及裁判为必要之统治机关。于统治作用中，特以立法事务分任于议会，司法事务分任于裁判所，而政府则立于两机关之外，彼此不相侵犯之谓也。若以立宪政体为是，而于裁判所之独立则以为非者，是亦不知今之所谓立宪政体之所致耳。

　　（述）近来称为立宪政体之国所分之统治作用，不外乎立法、司法、行政。其立法事务，议会分任之。司法事务，裁判所分任之。立法、司法以外之事务，则属于政府。三者固各不相侵，而司法之裁判所，尤贵独立，断未有裁判所不独立而可谓之为立宪政体者。中国今日亦竞言立宪矣，乃法部与大理院之权限不清，以致裁判所失其独立之地位。衡之立宪政体，甚难强合。说者谓审判案件专归之大理院，于法部之权不无所损，是亦未知裁判所之性质耳。裁判所有二种事务：一为司法事务,一为司法上之行政事务,二者原判然而不相混者也。试证之学校。学校为教育,而设其中之事务院,不宜统曰教育事务。所谓教育事务者,教习所讲授之科学,科学以外则教育上之行政事务也。裁判所之性质亦然。其中惟审判民、刑诉讼之案件为司法事务案件,以外则司法上之行政事务也。以中国论之,判断案件者,曰推事。推事又分为单独推事及合议庭。以一人之意见判断案件,曰单独推事。以三、四人共同之意见判断案件,曰合议庭,此由三四人之意见相合而成。故曰:单独推事同为独立之裁判,上而天子下而长官皆不可一为干涉。凡合议庭及单独推事所判断者,即司法事务也。至推事之任日、代理之次序、事务之分配、往来会计之文牍及其他一切庶务,即司法上之行政事也。将来以法部为司法上行政事务之最高机关,以大理院为司法事务之最高机关,既不损法部之权,复可使裁判所立于威压诱惑之外,而免种种牵涉之弊,请求立宪政体者,于此甚不可忽也。

第四章　行政机关

行政机关者,议会及通常裁判所以外之统治机关之总称也。

(述)行政机关有广义行政、狭义行政之别。广义行政者,凡国家处理一切政务之机关,包议会及通常裁判所在内而言。狭义行政者,除议会、裁判所以外之统治机关之总称。此之所谓行政机关,乃狭义行政,非广义行政也。

君主有因其国体如何,而为行政之长官者,即行政机关之首是也。然在日本及清国之国体,则君主为统治权之总揽者。主权之主体者,非机关也。盖君主为运转其机关之人,非机关之一部也。

(述)君主为行政之长官,指民主立君立宪国而言。其主权在国民,由国民选举一人以为君,而别设分任统治之机关。如现今之比利时是。比利时之君主,即为比利时行政之长官,即行政机关之首领。然以概全球,各国则不然。如日本及中国,以君主为统治权之总揽,而不得谓为行政之长官,盖国体各有不同也。

行政之机关其种类极繁,日本宪法以明文规定者,摄政、国务大臣、枢密顾问及会计检查四种是。暂定名曰宪法上之行政机关。此种机关非变更宪法后,不得废止之者也。议会及通常裁判所亦然。

（述）因政务之繁简，而行政机关可以增减。如中国现有十部皆行政机关也。将来若增一部，即多一行政机关，裁一部，即少一行政机关。然行政机关之规定于宪法者，非变更宪法，不得废止。故以广义言，议会、裁判所均为行政机关。以狭义言，则在行政机关之外。但日本行政机关中有内阁，而宪法上所规定行政机关无内阁者，何也？原日本官制分九省：外务省（部）、内务（民政）、大藏（度支）、陆军、海军、司法（法部）、文部省（学部）、递信（邮传部）、农商务（农工商部）。九省之国务大臣，如于开阁议时，即为内阁阁员。盖一面为国务大臣，一面为阁员也（日本各省大臣一，次官一。大臣犹中国尚书，次官犹侍郎）。各省大臣当内阁会议之时，既为会议之阁员，总理大臣则为会议之议长。而议长并无指挥命令各省大臣之权，此情形亦与中国相似。

第一节　摄政

摄政者，以天皇之名义行其大权之统治机关也（日本《宪法》十七条）。日本《皇室典范》第十九条规定，宜置摄政之事由曰：天皇未达成年时，应置摄政；因天皇身体上之障碍日久不能亲理大政时，经皇族会议及枢密顾问议决后，置摄政。

（述）日本普通民法以二十年为成年，而《皇室典范》十三条，天皇及皇太子、皇太孙则以满十八岁为成年，何以故？缘国家重要之事，必天皇早亲大政，而后统治有所归宿。且十八岁与二十岁之智识，相去亦复不远，而又为大臣为之辅弼，故天皇之成年，较普通人民为独早。而未满成年以前，应置摄政。身体之障碍，指不治之精神病而言，中国所谓心疾是也。使此时而无统治机关代天皇行其大权，必有种种妨碍。除此所规定二条之外，一概不准摄政。

摄政，以既达成年之皇太子或皇太孙任之。

（述）此项之规定，专为天皇身体有障碍而言。若天皇未达成年，何以有皇太子、皇太孙。至皇太子与皇太孙或未达成年，其摄政次序亦规定于《皇室典范》二十一条。一亲王、二皇后、三皇太后、四太皇太后、五内亲王，有此规定，而争端弥矣。

有似摄政而实非摄政者，监国是也。监国者，因君主出幸或因其他事故而不能亲理大政时，由委任而代理君主行其大权者也。其异于摄政之点，一则据一定之国法而发生者，一则据临时之委任而发生者，故其权限亦有不同耳。

（述）于君主所委任之权限以内，普通之事监国可以行其大权。而如宣战、媾和关于国之兴废存亡，则不能行其大权。故监国与摄政权限范围迥然不同。

第二节　国务大臣

日本《宪法》第五十五条曰：国务大臣辅弼天皇任其责。辅弼云者，于天皇之大权作用，敬陈其意见及受命，以执行其大权之谓也。任其责云者，如有失德之时，亦不得藉口君命以咎他人之谓也。凡法律敕令及其关于国务之诏敕，须由国务大臣副署。若无副署时，则不得发生实施之效力。

（述）凡天皇之一切举动，其事之应办不应办，均由国务大臣负其责任，而天皇不负其责任者于何表见，即以其副署表见之，如关于教育，则由文部省大臣签名。关于军务，则由陆军省大臣签名。有时一面关于教育，一面又关于军务。则由文部、陆军两省大臣签名，既经副署，必以为然，安得不负其责任。其未经大臣副署，即发布后亦不能发生效力。近来各国关于法律敕令，必有天皇御名（御玺），由天皇签名之后，再由国务大臣副署，以昭郑重。往往当政务繁犹之时，即签名，亦有无暇时者。

第三节　枢密顾问

枢密顾问者，遵枢密院官制所定，以答天皇之咨询及审议一切重要国务之官厅也。

枢密院官制，枢密院为天皇亲临以咨询重要国务之所。院设议长一人，副议长一人，顾问官二十五人，书记官长一人，书记官三人。其审议事项如左：

（述）枢密院，亦行政机关之一种，关于国家重要之事，应如何处置而后得宜，故天皇不能不有顾问以备咨询。而为天皇所顾问者，必详细举对而讨论之。

一、《皇室典范》中属其权限内之事项。

（述）《皇室典范》第九条变更皇位继承之次序，十三条摄政。以上二者，均属其权限内事项，而必咨询于枢密顾问者也。

二、关于《宪法》之条项及附属宪法之法律、敕令等草案及其疑义。

（述）条项，即条文。关于《宪法》条项及附属宪法之法律、敕令等草案，必继咨询手续而后，天皇得而裁可。

三、宣告戒严（《宪法》十四条及《宪法》第八条、第七十条之紧急敕令），又其他有罚则规定之敕令）。

（述）当内乱外患或地方人骚扰之时，普通警察不能保其安静，则由天皇宣告戒严，以兵力维持。又第八条，天皇为保公共之安全、免公共之灾厄，有紧急之必要时，于帝国议会闭会中，可发代法律之敕令。又七十条，为保护公共之安全需紧急费用之时，依内外情形，如政府不能召集帝国议会，得依敕令行财政上必要之处分。二者一属法律上关系，一属财政上关系。至关于罚则，重大者必以法律规定，而规定于敕令者绝少。即有时以敕令规定，然非经枢密顾问不能发布。

四、列国交涉条约及约定。

（述）条约者，甲乙两国彼此互有权利、义务之关系也。如甲国有义务，而乙国有权利并无义务者，谓之约定。法理上虽无区别，而事实上则大有区别。

五、改正枢密院官制及改正事务规则之事项。

六、其余临时咨询之事项。

以上各种事项，待天皇有所咨询时，经院中会议后以其意见上闻。惟于施行政务，不得干预之。

（述）此条宜当注意。枢密顾问于天皇有所咨询，经决议后，得以意思上闻，以供天皇之采择。而其用与不用，君主仍可自由。如国务大臣之所施设，其于枢密意思能否相合，枢密绝无干涉之权，故枢密与国务大臣并无直接关系。中国如军机处、政务处，皆为议事之机关。其中之权限无法律以规定，故其效力，亦无从而定。

第四节　会计检查院

会计检查院者，检查岁入、岁出之决算案，且从而确定之之官厅也。政府须以检查报告与岁出、岁入决算案，于帝国议会提出之（日本《宪法》七十二条）。

（述）检查有二种，一法令当否之检查，一计算当否之检查。近来，各国皆以此为重要之机关者。亦以政府岁入、岁出之决算案须于议会提出，必设一机关以检查而报告之，其数方可确定。

第三编　统治作用之大纲

第一章　总论

法兰西学者孟德斯鸠氏研究英国政体，著《万国精理》一书。论一国中有为立法权、司法权、行政权三种主权，所谓三权分立说者是。于是学者多鼌其说，各国亦争欲实行而倣之。

虽然，统治权者，有一无二者也。其所谓分立者，非统治权之本体，乃统治之作用耳。非立法、司法、行政三种权力，有独立共存之性质，乃一统治权有此三方面之作用而已。故即谓统治权之作用，不仅此三方面，更有无限、无数之方面可也。

（述）欧美学者对于主权之学说，或分为二，或分为四，种种之不同。而各国实行倣之者，要以孟氏之学说为多。孟氏学说发源于英国，传播于全欧。其本旨不外以立法、司法、行政为三主权之分立，与近世学者所主张者，已微有别矣。近世亦分立法（制定律例）、司法（裁判民、刑各案）、行政（司法以外之行政）三种。但所分者，统治权三方面之作用，非统治权之本体。统治权则确认为有一而无二者，此近世学说之进步也。

今三权分立说，虽未复盛，然一国政务，其精神仍以分设机关，彼此不相侵害为得策。是则今之欧、美、日各国所确认，且能逆知其将来亦必如是者，惟统治权之本体则一而已。

（述）今之学者，既主张主权唯一无二之学说，是主权万不可分矣。而统治机关又何以贵乎分设，此亦一问题也。然社会日益复杂，政务日益纷繁，而以一机关任全国之事，事事有侵害之虞，即事事有难于处理之势。以中国论之，所有各种机关毫无独立共存之性质，谓之一机关或可。若欧、美、日本各国，无不确认分设机关为立宪国永久不易之制者，盖其经验者久、研究者深也。

政治云者，即统治作用之谓也。统治作用虽得分为立法、司法、行政三权,然以宪法之规定为其基础时,似不若分别五种为尤便耳。

一、大权;

二、立法;

三、豫算;

四、司法;

五、行政。

以上五种中,司法具载于本书第六卷《裁判所构成法》,行政则于次卷译述之。

第二章　大权

单成的君主国,虽由君主总揽统治权,然行使其统治权,或由君主自行行使者有之,或委任于统治机关者有之。由君主自行行使者,称曰宪法上之大权,或仅称曰大权是也。

(述)单成的君主国对复成的君主国而言,复成的主权在君主与人民,单成的主权则专属于君主,如中、日是也。然统治权虽由君主总揽,究不能尽由君主之自行行使,而亦有委任于统治机关者。譬之一家之中,权利、义务及其他一定事项归家主自行处理,而以外之家务,则有子侄之可委任也。

日本《宪法》属于天皇大权之事项,即所谓亲裁事项者如左:

一、裁可法律案,命其公布及施行。

(述)议会仅有协赞法律案之权,其所协赞者必经天皇裁可,命其公布而施行之,然后发生法律之效力。

二、召集帝国议会,命其开会、闭会、停会及解散众议院。

(述)议会有定期之召集,有临时之召集。停会则有一定之期限,限满即继续开会。解散众议员者,因众议院意见与政府大相冲突、万难调和之时,天皇可以大权解散之也。上议院不能解散者,其议员多任期终身也。

三、遇有紧急切要事件,值帝国议会闭会时,可发敕令以代法律,是为急切敕令。

(述)紧急命令者,当国家之内忧外患或地方之骚扰,为保全公共安宁起见,由天皇发布命令以代法律也。例如裁判所管辖之范围,法律原有规定之明文,设其他遇有危乱,不能实行其裁判时,天皇可以命令其归并于他之裁判所,则法律当然失其效力。又如,人民私有财产供给公家之用,行政法内亦载有公用征收法。然一旦战争忽兴,或需民房以屯军营,或需民财以作军饷,仓猝之间,天皇可以命令征之。若仍用《公用征收法》,需时既久,必反致军事之迟误也。

四、因执行法律或因保持公共之安宁秩序及增进臣民之幸福,发布必要之命令。或命官厅发布之,但不得以命令变更法律。

(述)命令因执行法律而发布者,曰执行命令。因保持公共安宁而增进人民幸福而发布者,曰独立命令。

五、定行政各部官制及文武官俸给,并任免文武官吏。但裁判官之特例,仅据法律规定得以任免之。

(述)各国皆重视司法独立。裁判之任免,必据法律之规定。虽天皇,不得任意升降迁调之也。日本另设有《判事惩戒法》。如裁判官之不当职务者,即以此法处分之。

六、统帅陆、海军。

七、定陆、海军之编制及其常备兵额。

八、宣战、媾和及缔结一切条约。

(述)宣战、媾和事至重要,且于臣民尤有极大之关系。以法理言之,似应经议会之议决,而事实上究有不可者。两国交际决裂,战衅即开,国之安危卜在旦夕,若俟付之议会,一缓时日,则势机误矣。条约亦多不可漏泄之事,近来各国,当缔结之初,均守秘密主义,故亦不可经议会之议决而后缔结也。

九、宣告戒严。戒严者,当战时或事变之际,于一定之区域以内,以兵力警戒之之谓也。

(述)戒严必有一定之区域,未有全国同时戒严者。其区域,不外敌前地、临战地、合围地及其他必要之地。天皇宣告后,而戒严之要件及效力,仍由法律定之。

十、授与爵位、勋章(即宝星及其他荣典)。

(述)日本爵分公、侯、伯、子、男五等位,自一位至八位,正从各二级。勋章则以奖励官吏者,文武官各有不同。荣典,即赐金之类。

十一、命大赦、特赦、减刑、复权(见本书第五卷)。

(述)从前以全国赦免者为大赦,对于特定之人而赦免者为特赦,盖就范围之广狭区分之也。近来所谓大赦者，全减审判之效力；特赦，则全免刑罚而审判之效力仍在，此就效力所及一人之身之程度而区分之也。减刑者，免除一部刑罚也。复权者，回〔恢〕复公权也。

十二、《宪法》改正之发案权。

以上所列举者，悉以《宪法》之条项为其基础，而指示其大纲者也。其他《宪法》或其他之法令，凡未以积极的委任于一定之统治机关者，无不属于天皇之亲裁事项。故得无条约之原因，先占无所属地编入于帝国版图之例，其应属于天皇大权者，固不容疑也。

（附论）宪政编查馆遵拟之《宪法大纲》暨《议院法》《选举法》要领

《宪法大纲》分为二部，一为君上大权，一为臣民权利、义务。君上大权内分为十四款。第一款"大清皇帝统治大清帝国万世一系永永尊戴"。此言大清帝国之统治权、总揽者为君主，以证明其为君主国体也。国体既立，基础遂立。凡立法、司法、行政，莫不根据于此。第二款"君上神圣尊严不可侵犯"。此证明君主在国法上之地位也。不可侵犯云者，质言之，即君主不负法律上之一切责任，法律不能支配君主之谓也。以上二者，冠诸君上大权之首，或亦有谬认为君上大权者。以法理言之，一证明中国之国体如何，一证明君主在国法上之地位如何。虽可列于大权中，其实并未含有权力之作用。必如以下十二款所列者，方可谓君上大权也。第三款"钦定颁行法律及发交议案之权"。此与《讲义案》大权中一条相当。钦定即裁可之意，颁布即公布施行之意。但不云发交议案之权，解释甚难明了。以理论推测之，必指提出法律案于议会之权也。然国家法律之种类甚多，即认为法律案究属何种法律，更未指明。其以一切法律案由君主提出乎？抑仅宪法议案由君主提出乎？由前之说，君主一面，则过于繁琐；社会一面则大不便利。近来各国提出，普通法律案，政府及议会俱应有之，亦以法律随社会为变迁，政府、议会于利害之关系，周知识晓。其体察社会之情形，能无微而不至也。由后之说，则《宪法》为国家基础法，视之当何等郑重，其规定应以特定之明文，反附属于此款之下，尤不可解也。第四款"召集开闭停展及解散议院之权"。此与《讲义〈案〉》大权中二条相当。第五款"设官制禄及黜陟百司之权"。此与《讲义案》大权中五条上段相当。《讲义案》云，定行政各部官制者，以裁判官之有特例也。兹统之曰设官，似兼行政、司法两部，然十款关于司法事项，又有遵钦定法律行之云云，是司法另有规定。

所谓设官者,专指行政官也。如此,则行政官必标明,方为妥当。第六款"统率陆、海军及编定军制之权"。此与《讲义案》大权中六、七条相当。第七款"宣战、媾和、订立条约及遣派使臣与认受使臣之权",此与《讲义案》大权中八条相当。所添遣派、认受使臣二者,亦《讲义案》所含之义,不过未如此表出耳。第八款"宣告戒严之权"。当紧急时,得以诏令限制人民之自由。此与《讲义案》大权中九条相当,下段与三条相当。第九款"爵赏及恩赦之权"。此与《讲义案》大权中十及十一条相当。第十款"总揽司法权,委任审判衙门,遵钦定法律行之,不以诏令随时更改"。此与《讲义案》大权中五条下段相当。第十一款"发命令及使发命令之权,惟已定之法律,非交议院协赞、奏经钦定时,不以命令更改废止"。此与《讲义案》大权中四条相当。第十二款"在议院闭会时,遇有紧急之事,得发代法律之诏令,并得以诏令筹措必需之财用,惟至次年会期,必交议院协议"。此亦与《讲义案》大权中三、四条相当。第十三款"皇室经费应由君上制定常额,自国库提支,议院不得置议"。第十四款"皇室大典,应由君上督率皇族及特派大臣议定,议院不得干涉"。以上二条,定于宪法中可,不定于宪法中亦可。然一曰议院不得置议,一旦议院不得干涉,如此消极的规定,则可以不必也。

《宪法大纲》所附之臣民权利、义务一部,与《讲义案》立法中,法律规定之事项互相对照之处,俟下章比较言之。

第三章 立法

此所谓立法者,于法律、命令中仅指制定法律而言也。制定法律之手续,至裁可而终。日本《宪法》第六条曰:天皇有裁可法律之权。故制定法律之权在天皇,但必须经帝国议会之协赞耳。

(述)成文国内法可分为二,即命令与法律是也。立法则专指制定法律言,而命令不与焉。制定法律之要件有三。一提出法律案,二议会之可决,三天皇之裁可(参照总卷第六章成文法成立节)。而成文法律即成立于天皇裁可之时,故云制定法律之手续,至天皇裁可而终也。法律与命令原有同一之效力,所异者,制定之初,命令不经议会之协赞,法律必经议会之协赞,二者各有格式耳。

政府及议院皆有提出法律案之权。日本现行制度中,有必须以法

律规定之事项,有不可以法律规定之事项,有或以法律或以命令可以自由之事项。其区别如左:

(述)关于法律案,政府及议院皆可提出之。然协赞权,则议院所独有也。

第一、必须以法律规定之事项。

(述)法学上所谓法律事项者,反言之,即非以法律不得规定之事项也。

(事宜既谓之法律事项,必议会之协赞,天皇之裁可,然后公布而施行之。日本现行制度中,凡必规定于法律者,有以下十八款。十八款虽不尽属臣民之权利、义务,而属臣民之权利、义务者实多。中国《宪法大纲》所附之臣民权利、义务一部,要亦不外乎此。)

一、戒严之要件及效力(《宪法》第十四条)

(述)戒严者,国家有非常之事变,于一定区域内,以兵力警戒之之谓也。

(详上章大权第九条)戒严之时要件如何,戒严之后效力如何,均据戒严令(令当作法)行之。戒严令者,预用法律若干条规定其要件及效力也。天皇之宣告戒严,不过宣告于某某地方(敌前地、临战地、合围地及其他必要地)施行戒严令而已。戒严令亦为法律规定之事项者,亦以人民之权义全恃法律为保障。一经戒严之宣告,其权义必大有变迁。设平日不有戒严令之规定,以待临时之施行。一旦忽变迁人民之权利,一面为侵害人民,一面且违背他之法律矣。有戒严令,则戒严令之效力发生,他之法律之效力停止。对于人民,断未有谓之为侵害者。

二、为日本臣民之要件(《宪法》十八条)

(述)有如何之资格,然后可为日本之臣民,其要件详载《国籍法》中。国家当闭关时代,凡驻在自国者,皆自国之臣民,固无所用乎《国籍法》也。近今环海交通,一国之内,每杂处各洲之人,欲定为自国臣民之要件,则《国籍法》不可无已。

三、兵役之义务(《宪法》二十条)

四、纳税之义务(《宪法》二十一条及六十二条)

(述)兵役、纳税,为臣民之二大义务。臣民有此义务者,国必兴;无此义务者,国必亡,此一定之理也。凡为保存国家起见,不能不以此二义务使臣民担负之,即不能不以此二义务于法律规定之。近今国家,对

于臣民兵役义务,皆采用全国皆兵之制。盖自国与外国交战,无有不愿
自国胜而外国负者。而制胜之由,则在使人人有服兵义务,知保国即所
以保家,而后其国不至于亡。女子在法律上虽无服兵义务,然国家教育
果深入人心,女子亦非无义务之可尽。如日俄之战,日本女子之抚养遗
子、看护废兵、补助辎重者,几遍全国,非教育之功,曷克臻此。中国《宪
法大纲》第七〈条〉,按法律所定,臣民有纳税、当兵之义务。观此,将来
必有一种法律颁布,以使人民遵守。今者立宪之声播于全国,无人不以
立宪为利益,而不知施行宪政,在增加国民负担。中国人民之对于国
家,不过地丁钱粮,稍尽义务,除此无义务之可言。以现在各国而论,人
民负担义务无有如中国之轻者。夫欲享立宪幸福,必先牺牲一己之生
命财产,方能臻入强盛之域。牺牲生命者,兵役之义务也。牺牲财产
者,纳税之义务也。盖未有享安乐而不从痛苦来者。中国财政日益困
难,剔筋见骨,已至无可掘罗。司农仰屋于上,百姓愁怨于下,异日宪法
实行,国民义务必日增加。然国民获监视施政之当否之途,并可免徒费
民力之弊,虽取于民,而民亦不怨也。

　　五、居住及移转之限制(《宪法》二十二条)

　　六、身体自由之限制(《宪法》二十三条)

　　七、住所不可侵之限制(《宪法》二十五条)

　　(述)即非据法律,不得逮捕、监禁、处罚之意。

　　八、书信秘密之限制(《宪法》二十六条)

　　(述)此条在中国不甚重要,而外国则载之法律。缘人无不有秘密,
而秘密之事,往往见于书信之中,非以法律保障,则丧失其秘密权矣。
例如,军事之惧人露泄,商业之防失机宜,若此之类,不可胜数。皆必有
法律规定以限制之者也。以上各条,无一定之法典,散见于诉讼、警察
各法律中。

　　九、对于所有权公益上所行必要之处分(《宪法》二十七条)

　　(述)所有权为私权之一种,于原则上不可侵。然有时为公益起见,
例如,战争之时公用征收,或土地征收,不能不侵犯私人所有权(如房屋
道路等也),但必据法律以处分之。

　　十、言论、著作、出版、集会、结社之限制(《宪法》二十九条)

　　(述)此皆属人民之自由。但有时不能不于自由之中加以限制。限
制以外可以自由,限制以内则不能自由。此种限制,亦必以法律为根

据。言论者,以言语表彰自己之思想也。著作者,以文字或画表彰自己之思想也(著作与画所用之方法不同,而以笔表彰己之思想则同)。出版者,印刷以公之于世也。集会者,一时之集会也。结社者,永久之结社也(无论政治结社、学问结社、商业结社,而团体均为永久存在)。

十一、众议院议员选举法

十二、议法院

(述)以上二者,一属议院选举之规则,一属议院组织之规则。

十三、裁判所之构成(《宪法》五十七条)

(述)此关于裁判所权限之组织也。

十四、裁判所之资格及其惩戒规条(《宪法》五十八条)

(述)此关于裁判任用之方法也。裁判与普通行政官不同。普通行政官,天皇可任意黜陟。而独于司法官之任用及组织,虽天皇不能变迁,而必以法律规定之。中国《宪法大纲》第十条已有明文,不过尚未实行耳。裁判官资格,中国定于《法院编制法》,以必有如何资格,始谋为裁判官也。惩戒规条,日本名为判事(推事)惩戒法,而检事(察官)则普通文官惩戒法。以冈田先生之意,检事虽为普通文官,而于审判有密切关系,似不应属于普通文官惩戒。

十五、裁判公开之限制(《宪法》五十九条)

(述)公开者,公示于人民之意也。裁判所裁判之时设有旁听席,人人可以旁听。惟人数有定额,其有时不予人民以旁听者。如日宪五十九条裁判之对审判决公开之,但有害安宁秩序或风俗之虞时,得以法律或裁判所之决议,停止对审公开(对审者,别预审而言。关于刑事案件必先预审,对审公开而预审不公开)。此种限制规定于《诉讼法》及《构成法》。

十六、应属于特别裁判所管辖之事项(《宪法》六十条)

(述)特别裁判所不属普通裁判所管辖,如军事法裁判所(日本谓之军法会议),宜别以法律定之。

十七、应属于行政裁判所管辖之事项(《宪法》六十一条)

(述)由行政官厅之违法处分、权利被侵害之诉讼,应属于别以法律设定之。行政裁判所裁判,不在司法裁判所受理之例。

十八、会计检查院之组织及其权限(《宪法》七十二条)

(述)以上所列十八事项,皆日本《宪法》明文所规定。以中国编定

《宪法大纲》比较言之,大同小异,但文字尚有未明了者。如"臣民之财产及居住无故不加侵扰","无故"二字所包甚广,弊难胜言,是宜易为"法律"二字,将来必当修改。或"无故"中含有法律之意,亦未可知。但此种规定文字,不可稍涉含混。又书信秘密,为中国所无。此事虽细,而于人民实有重大之关系,不规定于宪法,亦缺点也。

第二、不可以法律规定之事项

一、宪法所规定之事项

(述)宪法为根本法,各法律皆从此出。故宪法所规定者,不得以法律变更、废止。日本并无明文,然以法律精神解决之,断未有由所发生之法律而变更根本之宪法。假宪法所规定之事项而法律亦得规定,是无异以法律变更宪法。夫宪法改正之手续,较普通法律改正之手续异常郑重,前既详言之矣。以法律而变更宪法,即为违背宪法改正之手续,违背宪法改正之手续,即为违背宪法。例如,裁判官之资格,必以法律规定。使另颁一法律而以行政规定之,此之谓违宪行为,不法行为中之最大者也。

二、《皇室典范》所规定之事项

(述)《皇室典范》为天皇一家之事项,应当专属于天皇法律,不得干预,中国谓之皇室大典。其云议员不得干涉,即是不可以法律规定之意。

三、前章所述之大权

(述)大权由天皇亲裁,故不得属于法律。

第三、或以法律或以命令皆得自由之事项

一、因执行法律所设之条规。

(述)先有法律而后有条规。日本总称之曰施行规则。例如,法律第某号定感化法,凡合满三十万以上之都市必设一感化院,以改良不良少年之性质。然感化院如何建设,经费如何筹措,管理如何组织,皆感化院所不可少之条规也。其种种详细规定,或以法律,或以命令,皆可。又例如,日本法令往往最后一条载有,为施行本律必要之规定须用命令定之。然有时关于人民重大事件,即施行之规则,亦必以法律规定之者。

二、因保持公共之安宁秩序及增进臣民之幸福所定必要之条规,而不属于前二段者。然不得以命令变更法律(《宪法》九条)。

（述）不得以命令变更法律，以命令之权不得优于法律也。

第四章　豫算

豫算者，比较其国会计年度之岁入、岁出，以预定其额之谓。诚财政上一必不可缺之事项也。会计年度有自一月一日为始，以十二月为终者；有自七月一日为始，以翌年六月末日为终者。德意志及日本，则以四月一日为始，而以翌年之三月末日为终。其规定各有不同者。

（述）议院最重之权有二。一立法，一即豫算。然议院虽有参与之权，而立法及豫算大权仍属之君主。夫豫算者，小而一家，大而一国，皆不可少。盖无论所办何事，其支用未有漫无限制者。中国如欲改良财政，豫算实最重大之问题也。使无豫算，势必入不敷出，竭泽而渔，上下交困，其何以国？会计年度，指一年之间收入支出之总数而云。而年度月日，各国规定不同，亦习惯上之关系。如日本民间，普通习惯会计年度以十二月为终。而政府会计年度，则不能不缓数月，其中并无别理由也。

豫算须经议会协赞。然提出豫算案之权，则专属于政府，而议院无之。故议院虽得修正豫算，然不得新增款项，亦不得增加豫算之额。

（述）凡关于一年之豫算，非经议院协赞，不能决定。其理由有二。一、政府办事经费，皆取诸民间，民间如不承诺，则政府不能妄肆征收。议院为国民代表，经议院协赞，即国民承诺矣。二、政府办事经费既取之于民，其所支用之宗旨，必表示于众，而后国民始乐为输将也。夫普通法律案，政府及议员均可提出，议院之协赞豫算亦与协赞法律无异。而何以豫算案专为政府提出之权，而议院不能提出者，其故安在？缘议院如与政府同有提出之权，其冲突必多，不如专由政府提出，再交议院讨论，而弭争端。且国家财政内容，议院不能深知，而惟政府知之，故协赞之权属于议院，提出之权则专归于政府，而要领得现。中国所定《宪法大纲》，附有《议院法》，国家岁入、岁出，每年豫算应由议院之协赞。由此观之，中国将来豫算案之必经议院协赞不待言，而豫算案之应归政府提出或由议院提出，未有明文。盖大纲所定如是，异日必另有详细规定也。议院之对于豫算，其权以修正为限者，由提出之权既专属于政府。设议院而得新增款项及增加豫算额，是无异与政府同有提出之权。

款项,即中国所谓条目之意。例如,第一款建筑费第一项某某新理,第二项某某新筑,是不得新增款项者,于政府所算外不许其费途之新设也。假有一项经费政府未能见及,而议院见及,只能由议院建议,而可否提出,仍由政府斟酌。豫算额云者,包总额或各款之额在内,凡豫算所需定额,由政府筹画,而议院不能为之增加。假政府所筹定额实不敷用,宜再扩充,议院亦只有建议之权,而无提出之权。中国所定《议院法》,许议院有建议之权,亦同此意。

岁入、岁出之豫算,虽以经议会协赞为原则,然日本制度中有二例。

一、皇室经费,照现在定额,每年由国库支出之。除增额外,不必经帝国议会之协赞(《宪法》六十六条)。

(述)中国《宪法大纲》十四条"皇室经费应由君上制定常额,由国库提支,议院不得置议",与日本稍有不同。日本皇室每年定额自国库提出,而有所增加则仍经议会协赞。

二、既经协赞之继续费,其年年支出额不必复经议会之协赞,何则?继续费者,必为亘数年之事业,其总经费若干及其按年支出之额若干,固由包括的决定而成立者也。

(述)例如,中国现修京师大学,筹总经费二百万,分四年支出。而每年之五十万,即为继续费。其总经费既经协赞,则每年之五十万应当然支出,而不必复经议会之协赞也。

豫算未经议会议定或议会于豫算案不表同意时,其应如何措置?若不预定方法,则不免生种种疑问。《日本宪法》第七十一条于有此种争议时,定为仍照前年之豫算施行之。

(述)豫算未经议会议定者,以天皇解散议会之时,往往有此问题也。议会于豫算案不表同意者,以政府意见与议会意见相冲突也。

行政法

[日]冈田朝太郎　述

绪论

第一章　行政意义

行政者,谓除第一卷第三编第一章所述大权、立法、豫算、司法外,其他一切之统治作用也。

一国之政务,大别之为制法、行法二者。如泛称制定法律、命令为立法,其施行法为行法,则大权中亦有立法、行法。又,普通所谓行政中亦有立法、行法,如司法裁判亦皆属行法中,于说明近世各国之政体时,多所不便,故专以统治作用之外形为标准。除宪法上之大权,狭义之立法(即法律之制定)及豫算、司法、裁判等外,凡统治作用统谓之行政,而使与广义之行法有别,或称曰狭义之行法。本卷所述,即狭义之行法也。

(述)行政范围,可推之极广,亦可缩之极狭,细分之有广义、最广义、狭义、最狭义之分。古书所谓政事(国政、政务、政治),包立法、司法在内,此最广义行政也。与制法相对之行法,此广义行政也。于今之统治作用,所分为立法、司法以外之行政,此狭义之行政也。除上卷宪法上所谓大权、立法、豫算、司法四种以外之行政,此最狭义之行政也。《讲义》所言,即最狭义之一部分,其理由安在? 缘大权已属于宪法,豫算为国用上特别法律。至立法、司法,一则专属于议会,一则专属于裁判,标行政于四者之外,所以使眉目明了。若就其性质上论,则无论各种机关,均含有制法、行法性质。例如民法用法律制定,然欲施行民法,必有民法施行法。假民法中定有本法施行法上必要之规定,须用敕令定之。以规定言,则有立法之性质,而为施行起见,则又有行法之性质,是非大权中立法而兼有行法性质欤? 再以行政论之,如学部实行强迫教育而颁一就学命令,以使人遵守。夫就学命令,虽具有立法之性质,而实由行政而发生,其属之行政乎? 其属之立法乎? 不能强分为二也。司法为裁判行为,所以适用法律,则司法之为纯粹行政不待言,亦应属之行法大权也。行政也，司法也，皆具有制法、行为〔法〕两种性质也。故《讲义》不能就性质上区别，而第就施行机关之外形而区别。某为大权，由皇上所亲裁者；某为立法，经议会协赞以制定法律者；某为豫算，经议会协赞以定岁入、岁出之总额者；某为司法，由审判厅以审判民事、刑事之事宜者。除此以外，统谓之行政，外形有区别而性质无区别。然有宜注意者，行政意义，推广可，缩小亦可，学者有以豫算包括行政之中。由其眼光所论，行政范围广狭之各不同，不能斥其谬也。

第二章　行政法

行政法者，谓规定行政机关之组织权限，及其与人民之关系之国法也。有成文法，有不成文法。

成文行政法之中，有法律、命令、国际条约等；不成文行政法之中，有普通惯习，有特别惯习，总称之曰行政法规之渊源。

搜集行政法规而编修法典之说，学者多倡之。然其中有应以法律规定之而期其经久常行者，有宜随命令或惯习之所定而与时推移者，集而大成为一法典，盖颇为难矣。故欧、美、日各国现尚未能从事，惟清国由汉律令格式至唐六典（六典谓理教、礼政、刑事诸典，开元十年西历七百二十年编成），既制定成文行政法之一大典，合之明清会典及明清律例，可谓克成一行政法法典者矣。惟其所规定者，浩繁芜杂，不合于理论之因应，不适于今日时势，未免有遗憾耳。

（述）行政法一部分属于行政机关之组织权限，一部分属于人民之关系组〈织〉，与中国编制相当，即机关之内如何配置也。权限者，由国家付与行政机关以一定职权之范围也。行政机关所有之权力，其性质非固有，必国家付与之后乃能主张其权力，故不谓之权力，而谓之权限。权限与职权义同，对于其他官厅曰职权，而以自己机关言之曰职务。凡行政机关，无非使人民为所应为及禁止不为其不应为，是即行政机关对于人民之关系。人民与行政机关关系甚多而要，不外命令、禁止一大端。行政法难成一完全法典，故有成文法、不成文法之分。成文法者以条文规定之者也，不成文法者不以条文规定者也。

第一编

第一章　总论

第一节　行政机关之范围

行政机关者,谓除议会及通常裁判所外,其他一切之统治机关也。以此义言,则摄政、国务大臣、枢密顾问、会计检查院等,凡宪法上之行政机关,固应赅括其中。但此等机关,已于通论中有所略述,故本卷但就中央官厅、地方官厅、自治机关等诸机关,说其要点而已。

(述)议会为立法机关,通常裁判所为司法机关以外,皆是行政机关。行政机关有广义、狭义,若摄政、国务大臣、枢密顾问、会计检查院等,因其为宪法所规定,故属宪法上之行政机关。本卷所述中央等机关者,宪法规定以外之行政机关也。

凡称机关者,必以人所制造,又以一定之目的而运转之,为其通信,无固有之存在,无固有之目的者也。行政机关亦然,凡一切行政机关,悉由主权者设立,为国家之目的而运转之,亦无固有之存在,无固有之目的者也。至自治团体之行政机关,则为国家所认许之团体而活动者,其与国家乃立于间接之关系耳。

(述)机关无固有之目的与无固有之存在,不过由主权者设定,为国家达一定之目的者也。例如,为执行法律设有司法机关,但司法之设有机关由国家,非先有司法机关而后有目的也。

第二节　行政机关之分类

其一、以权限为分类

据权限为分类,则行政机关中,有议事机关、有理事机关、有裁判机关。

(述)议事机关不过专事讨论事务之当否。至于事务之执行,则属之理事机关。

一、议事机关者，为行政机关讨论行政上利害，并参预之制定行政规则，细别之有两种。

甲、一曰议决机关。监查理事机关之事务，定其事务之准则，俾执行之。如府、县会，郡会，市参事会是。

（述）日本县与府并列，各设知事位置。如中国之巡抚，权则不及巡抚之广，郡、市、町、村均设有长。郡即中国之县。市、町、村即中国之所谓城、镇、乡也。自府、县以至町、村，各有理事机关及议决机关。府、县、郡、市、町、村为自治区，府、县知县及各长皆理事机关，府、县等会皆议事机关之议决机关。议决机关有监查理事机关之责。监查云者，监查能执行所议决之事务否也。

乙、一曰谘问机关。专对谘问而述其意见者，如卫生会、土木会等是。

（述）凡地方多传染病，不可不设卫生会，以研究医药之方法。防渠堤之溃裂，求桥渡之便利，不可不设土木会，以研究修筑之方法。地方商务之繁盛，亦不可不设商会，以为之经理。诸如此类，皆属之咨问机关。而议决机关中之必有谘问机关者，亦以学识精深之人得入其中，以各抒意见，其裨益于地方者自大也。

二、理事机关乃专任经理行政者，其细则如左：

甲，主任机关有自以其名对外部而发命令以实行其处分之权，各省大臣是也。补助机关则不过于内部有补助主任机关之职务，各省次官以下之官吏等是也。

（述）主任机关与补助机关，责任上之区别也。各省大臣不过主任机关之一例，其对于外部有发命令之权，对于内部独负完全之责任。补助机关既不能发布命令，而责任自毫不负担。次官与中国侍郎相似而实不同，中国侍郎同尚书为合议制度，奏牍及一切所办事宜，侍郎亦负责任之一部，非如次官之为纯粹补助机关也。

乙，单独机关惟以一人对外部而任其责，各省大臣是也。合议机关以组织员之全体而任其责，府、县、郡、市参事会之类是也。

（述）单独机关与合议机关，组织上之区别也。府、县、郡、市参事会（理事机关）执行义务即用合议制度，前节所举之府、县、郡、市等会（议事机关）亦同。

三、裁判机关者，审判行政法上之诉讼，本卷第二编第三章所述行政裁判所及权限争议裁判所之类是也。

（述）裁判机关与普通裁判不同，普通裁判为民、刑事诉讼之裁判，此则行政法上诉讼之裁判也。行政裁判所者，裁判人民诉讼行政官厅不法或不当之命令或处分也。权限争议裁判所者，裁判系统不同之二以上行政官厅间，所生权限之诉讼也。系统不同对系统相同而言，如学部与民政部系统不同者也。一遇权限事议，两部各不相下，非另一裁判所裁判之，未有能为之剖决者。至民政部之所属下级官厅与下级官厅系统相同者也，起诉讼时，民政部既为其上级官厅，即可自行处理，不必经裁判所之裁判。故权限争议裁判所，专为系统不同之官厅设也。

其二、以权限及管辖为分类

由权限及管辖之点观之，则行政机关有分职者，有分地者，有分职兼分地者。如清国各部尚书、日本各省大臣等，即属分职的机关；如清国各直省督抚，日本府、县知事等，即属分地的机关；又如，日本各地方邮便电信局，即分职的兼分地的之机关也。

（述）由事务之权限而分者，谓之分职；由地方之管辖而分者，谓之分地。邮便电信局所司者交通事务，故曰分职的；所设邮便电信之地方不同，故又曰分地的。然如此之分类，不独行政机关，司法机关亦然。如中国《法院编制法》，大理院为司法最高机关，专属审判事务，是分职者也。所属各级之审判厅分区建设，管辖之地方各异，是又分职而兼分地者也。

其三、以直接运转者为分类

由主权者直接运转之，则谓为官治行政机关；使一定之团体间接而运转之，则谓为自治行政机关。次章以下，本此区别，而略述各机关之组织及权限焉。

（述）官治与自治行政机关，虽有直接、间接之别，而其运转，则均发源于主权者也，俟下详言之。

第二章　官治行政机关（官厅）

官治行政机关之中，有中央官厅及地方官厅之别。中央官厅掌全国之政务，地方官厅掌行政区之政务。

（述）官治行政机关之称，种种不同，曰官署，曰官衙，曰厅衙。中国又曰公廨,曰衙门,而其义皆官厅也。中央官厅,即分职的;地方官厅,即分地的。

第一节　中央官厅之组织及权限

其一、清国官制

以清国制例之,如内阁(似日本宫内省文事秘书局)、军机处(如合日本枢密院及内阁者)、外务部(部犹日本之省)、民政部(日本内务省)、度支部(日本大藏省)、陆军部、海军部、法部、学部、农工商部、邮传部、理藩〈院〉(掌外藩事务官厅,日本无设)、都察院(似日本明治初年监察司及弹正台)、翰林院、大理院(似日本明治初年刑法官或刑部省)、审计院(日本会计检查院,未设)等皆中央官厅也。

(述)各国内阁均为行政最高机关,中国虚存其名,不过日本之宫内省文事秘书局耳。惟军机处及政务处,似各国内阁之组织,而又兼日本枢密院之制。都察院则与日本监察及弹正台同,日本自设议院后,已废此官厅矣。数百年前曾有检非违使之职,一面有弹劾官吏之权,一面有提起诉讼之权,是中国之都察院(弹劾官吏)而又兼检察厅(提起诉讼)也。中国都察院具有独立及间接监督之性质,其官厅立于各官厅之外独立也。其职务在弹劾各官吏,即监督之谓也。不云直接而云间接者,如各部司员及各省地方官直接监督者,有尚书、督抚,都察院从而监督之。尚书、督抚直接监督者亦有君上,都察院亦从而监督之。虽其监督之性质,实居于间接之地位,而非居于直接之地位也。此种官制,已为各国所无(各国对于行政官从何而监督之,详于行政监督节)。其有无利害亦一问题,冈田先生则以为利害决于得人、不得人耳。大理院,谓同日本明治初之刑法官及刑部省,而不能同今之大审院者,以其中之权限各异也。审计院为中国新定之官,现虽仅有此名,将来则必设者也。

其二、日本明治以后中央官制之沿革

庆应三年十二月,废摄政、关白、幕府等,新设三职(总裁职、议定职、参与职)。明治元年正月,定三职分课之制。二月改为三职八局关。四月廿一日,更改政体,颁布官制,彼五条誓文太政官之设立,分立立法、行政、司法之宣言等,皆在此时。二年七月,依《职员令》更加更正。四年八月,复颁官制,以太政官为本官(犹谓中枢),以诸省(神祇省、外

务省、大藏省、兵部省、文部省、工部省、司法省、宫内省)为分官,其后稍
更改,明治十八年十二月,复废之,新设内阁。二十一年四月,设枢密
院。二十六年十月,定各省官制通则,至各省特则,则经二十六年及三
十一年两次修定,以至今日。

　　(述)中国现当改革官制之时,与日本明治初之情形正复相近,而
于日本明治官制之沿革,兹有不能不详为之述者。摄政、关白为两官
名,缘唐时与中国交通,中国之文物制度多输入于日本,而摄政即仿
中国而设者,然为直隶君主之官厅(似今之枢密顾问,但摄政只一人,
枢密顾问人数甚多),与现今之所谓摄政迥然不同。关白(地位等今
内阁总理大臣)设于唐末五代之初,幕府则至南宋而始建置者也(光
宗绍熙二年,日本建久三年)。三者虽各分权限,大约文事属之摄政、
关白,须用武力之一切政务属之幕府,幕府之首领即曰将军。武事既
归幕府所掌,幕府之权力遂日盛一日,摄政、关白亦无不屈服于幕府
之下。自建置之日,迄倾覆之年,将军凡六易氏(源氏、北条氏、足代
氏、织田氏、丰臣氏、德川氏),皆幕府时代也(即将军政治)。而至德
川氏(家茂)为尤甚,独揽大权,擅作威福,以神武开国(当中国周时),
数千年来系统相承之天皇,不过拥虚位而已。本国臣民固知有将军,
不知有天皇,即与外国交涉,亦仅知日本有将军,而不知日本有天皇
也。当时天皇居西京,将军居东京(即江户),东京生聚之繁盛,将军
屋宇之华丽,至今犹能目睹。而父老谈及百年前遗事,并云皇宫时
圮,修葺无资,灯火之光直射垣外,民间鸡犬亦往来自如。皇室衰危,
于此可想见已。设非诸勤王家忧愤国事,力谋恢复,德川不至返政,
又焉有今日之日本? 溯明治之维新史,原因故首在勤王,而受外国之
侵略挟制,变法以图自强,尚属第二原因也。然当勤王党树立之初,
对于内部起而反对者,有佐幕党;对于外部,复有攘夷派、开国派之相
持。佐幕党因将军所重者交通政策(百年前美、英、荷要求通商,将军
即不守闭关主义,毅然许之,亦以本国人智识远逊外人,欲借交通以
吸收欧洲之文明也),遂多主张开国派,以为将军之助。勤王党因开
国派为佐幕党所主张,复主张攘夷派,以与之敌。党派纷出,相互排
斥,意见时有冲突,人命即同草菅(日本向有尚武之风,故遇事多以干
戈相斗),杀伤之众,历时之久。法兰西革命之风潮,全国之糜烂不是
过也。迨庆应三年(明治元年前一年),幕府倾覆,佐幕党始随之消

灭，勤王成功亦云苦矣。而以其时理势推之，佐幕党主张开国，勤王党主张攘夷，宜乎？佐幕党亡，而攘夷派盛，而开国派亡，乃勤王党主张攘夷之人，忽反而为主张开国之人，攘夷者融化无迹，开国者全国几遍。论者或讶其宗旨变更若是之速，不知前之主张，攘夷者皆以将军揽权日久，民情蹈常习，故勤大〔王〕大义，人所厌闻，惟攘夷虚声倡于智识蔽塞之际，最足以鼓动人心，利用之，以达倾覆幕府之目的，诚勤王党最不可测之手段，非真攘夷派比也（今之主张开国主义之伊藤侯亦前之攘夷派，其时非真欲攘夷可知）。幕府倾覆以后，德川将军之系统仍未灭绝，亦虑其掌握国政历数百年，一旦权柄忽夺而地位亦失，或不免激生他变，为一时权宜之谋，只命归政天皇，于地位则保存之，此王政复古之称之所由来也。王政既复，幕府之名自不复存，而摄政、关白亦随而废。所新设者则有三职，总裁职、议定职、参与职是也。总裁职只置一人，决定一切政务，与今之内阁总理大臣相〈似〉。议定职凡分为六，各置一事务总督，曰内阁事务总督，曰外国事务总督，曰陆海军事务总督，曰会计事务总督，曰刑法事务总督，曰制度察事务总督（管理官制仪礼，如中国吏、礼二部）。事务总督即议定官，犹〈之〉今之各国务大臣也。参与职附属于议定职，各事务总督之下置一参与，亦如今各省大臣之下之置一次官（与中国侍郎地位相当）。其中复有征士、贡士，亦参与职之一种。征士即国家征召而录用者，贡士由各藩所荐举，则因各藩之大小有人数多寡之分（大藩三人，中藩二人，小藩一人）。其时国家力求振兴，征召者皆属真才，荐举者亦绝夤缘请托之弊，所得之士居今之重要地位者，犹占多数，谓日本维新之业业于征贡之得才可也。然庆应三年之次年，改元明治，百度维新，如三职分课，改定三职八局（三职仍前之三职，八局即前之六事务外，增神祇事务及征贡士事务两局也）及变更政体，厘订官制，无一非发布于斯时者，而振维新之精神，收维新之实效。又天皇于斯时召集百官，对天地宗庙所宣五誓文之力已。试以五誓文言之。一曰广兴会议，万机决于公论。在昔中国，孔子有"民可使由不可使知"之语，民既不使之知，公论自无由而出，与现世界之大势所趋及此誓文之意极端相反，亦今昔情形有不同耳。日本从前之政治守秘密主义，亦暗合孔子之语之旨，其分人民阶级，如中国士、农、工、商四种，士（官吏、军人）方可以建议，农、工、商则严加限制，而予一般人以建议之权者，即此誓文也。近来中国既降庶政公诸舆论之谕,察院代奏请愿之书,亦时有所闻。若因此而实行采择,政治上之裨益甚,非浅鲜也。二曰上下一心,盛行经纶。中国解释经纶之义专属国家政策,此则指经世学而言,全国人民皆当研究之者,上下一心则情势联络。凡国家应办诸实业,人民可以补助国家之不足,国家亦奖励人民之提倡。观之修筑铁道,开采矿产,因此誓文而日见发达者,盖不少也。三曰官武一途,庶民亦各遂其志,须使人心不倦。所谓官者,专指文官,日本国家之势力向在将军,重武轻文,亦若中国之重文轻武。既曰一途,而文武即列于平等之地位矣(中国现求融化满汉界限,亦与此官武一途之意同)。庶民各遂其志,使人心不倦云者,将军暴敛横征,人民久不能安享所有之利益,以此誓文晓谕之,俾知今之国家,非昔日将军之横暴,得以各国进步而倦心不生也。四曰打破旧来之陋习,以天地之公道为基础。陋习所包甚广,举其最大者,一为习惯上之恶风,一为宗教上之迷信,二者于国家政治上不无妨碍。不独日本为然,各国亦在所不免,政府能定一方针以为之,潜移默化,未始不可挽回。如日本向以五月五日生子不祥,冈田先生即生于元年是日,其父拘于旧习,屏弃于外,后忽忆及誓文,托邻居送归,呼为义子。此足征旧习之因文而渐除也,而旧习之除,尤足以影响于维新政治者,莫如断发令(日本从前人皆束发向前)及废刀令(日本从前武士道人皆佩刀,眦睚之怨亦杀伤相报)。此令虽觉细微,而令下之后,全国气象为之一变,人民见之,无不知国家真以维新为急要者。中国陋习之宜改革者亦多,如祷雨一端,不过先王神道设教之法,迄今科学发明,人皆知雨为蒸气之所积,而一遇大旱尤沿祷雨故事,其他可知已。五〈曰〉求智识于世界,大振起皇基。日本自唐时交通中国,对于中国人极有感情,因国号为唐,遂称为唐人,后朝代累易,仍未改唐人之称。至中国以外之外国人则呼之为毛唐人,其意殆视为狂愚禽兽之类,鄙之既甚,而恶之亦深。此誓文以输入世界智识为主,即调和人民排外之思想也。日本维新前之臣民程度甚低昧,国家改革之目的,遇事皆起而反对。天皇毅然以五誓文宣示中外,英断诚不可及,虽五誓由勤王家赞襄而成,而文则天皇所亲制,至今观之亦普通语,在当时语语具有深意,出之天皇甚难得也。然使奉行不力,言之固极痛切,视之亦等空文,而日本五誓文之宣示,四十年于兹矣,无事不遵此五誓文行之。此日本之所以强欤。誓文宣示以后,设太政官以统一政令,分立法、行政、司法为三种之机关,使之弊无偏倚,职无兼摄(司法官不得兼行政官,行政官不得兼司法官),立国方针遂定于此。维新至今,官制之变迁虽不一,次要皆根据于此,无有离乎三种机关之范围外者。本官犹中枢之意,分官即分出各省之行政官厅,日本向无完全之中枢政府,自太政官设中枢制,始臻完全。本官一人犹今之总理大臣,省分为八,各省各有长官,然皆加太政官职号,处理本省事务,有长官之资格,同本官筹商政务,则有太政官之资格。太政官之性质虽与今之内阁性质近,究非今之纯粹之内阁,故十八年废之,而新内阁以立。至枢密院,为供天皇之咨询机关,一切政务之施行,则不有干涉之权也。各省官制亦有通则、特质之分,今之所通行者,二十六年所定之通则及二十六与二十七年所定之特则是也。以上所述明治官制之沿革如此,但仅属行政官制之一部。他如国会之召集(明治二十三年十一月)、宪法之颁行(明治二十二年二月)、司法之独立(元年即有此宣言,至后成效大著),均不在行政范围之内,详细历史兹姑从略。

　　其三、日本现行中央官制之要纲

　　现行官制于中央官厅之组织及其权限如左:

　　一、各省大臣

　　行政各部分,外务、内务、大藏、陆军、海军、司法、文部、农商务、递信等九省,以大臣为其长。各大臣入则为国务大臣,辅弼天皇;出则为各省大臣,管掌省务。

　　各省大臣所通有之权限如左:

　　(一)关于主任事务而颁发省令之权

　　(述)主任事务,即其权限所属之事务,如文部省以教育为主务,递信省以交通为主务是也。凡各省之关于主务,即可有发令权(如文部省因施行强迫教育,得定一就学年龄之规则发布,使人遵守),所发之令称曰省令。

　　(二)于省令得附设罚金二十五圆以下、禁锢二十五日以下之刑之权

　　(述)各省对于不遵省令者得有处分之权,然其处分不过关于省令之制裁而已,故不可过重。

　　(三)关于主任事务而发训令于地方官厅之权及其监督之权

　　(述)训令与省令有别,省令施诸一般之人或一定之人,训令则上级

官厅对于下级官厅而发者,系官厅内部之命令,而非各省令之关系于人民也。监督者,即监督下级官厅所行之一切政务也(详行政监督节)。

(四)指挥、监督所辖官吏

(述)兹所言之指挥、监督,与上节所言之监督,名同而权各异,盖上节对于地方官厅言,此对于本官厅所辖之官吏言也。官吏有亲任、敕任、奏任及判任之别。由天皇特简者曰亲任;由总理大臣奏请天皇简派者曰敕任;不由天皇简派、只由总理大臣奏派者曰奏任;三者皆高等文官。判任,系各省大臣任命者,则普通文官也。任命,即差委之意,差委亦谓之官。中国向无此性质,现今各部所设录事,即与此性质相合者。判任官以下,其由普通契约而雇用之者,虽属于长官之任命权,然不有官吏之资格,自不得与于判任官比也。至各省官吏,时有黜陟,司其事者,即各省大臣,与中国专设吏部以司黜陟百司之事,又迥不同。

各省有大臣官房及各事务局,以各省次官一人及各局长、参事官、秘书官、书记官属若干人组织之,从官制所定,补助大臣,分掌省务如左。

(述)次官以下各官吏,皆补助大臣者也。官房,即大臣之办事处。各事务局,即公办事处书记官。与书记不同,书记犹中国之录事,书记官则与参事官之地位相当,非如中国之书记官亦书记也。各国所定之行政官制,俱采分职制度,但因各国各有行政上之情形,所分之职亦异。从日本官制言之,下所列之行政官皆是也。

(一)外务省

外务大臣管理关于施行外国政务,或保护国外之帝国商事,或关于侨寓外国之帝国臣民事务等,并监督外交官及领事官,以政务、通商两局分掌其事。

(述)管理外交事件者,曰政务局。保护帝国在外国之商事及侨寓外国之人民者,曰通商局。领事不属于外交官之理由,亦以外交官为简派之大使、公使及书记官关于外交而任其责者也。领事为在外商民而设,其责任仅关于在外商民之一部,故不得统称曰外交官。

(二)内务省

内务大臣管理关于地方行政议员选举、警察、土木、卫生、地理、社寺、出版、版权、户籍、赈恤、救济等事务,监督台湾总督、警视总监、北海道厅长官、桦太民政厅长及府、县知事，又分掌地方局、警保局、土木局、卫生局、社寺局等各事务。

（述）议员选举，指关于一切之选举而言。所举府、县知事以上各官吏，皆直隶内务大臣者也。省有五局，各设局长，而分掌仍由本省大臣。

（三）大藏省

大藏大臣总辖政府财务，管理关于会计、出纳、租税、国债、货币、豫金、保管物、银行等事务，监督府、县、郡、市、町、村及公共组合之财务。省有主计、主税、理财三局，其他造币局、税关税务管理局等，亦属该大臣管理。

（述）豫金者，人民储存于国家银行之金钱也。保管物者，人民之所有物，因法律所定而为国家所保管者也。造币局、税关税务管理局，均自有长官，不附属于大藏省，而该大臣仍有管理之权。

（四）陆军省

陆军大臣管理陆军军政，统率陆军人、军属，所辖诸部分掌军务、经理、医务三局及法官部各事务，陆军编修官、陆军兵器厂、炮兵工厂、筑城厂及其他一切亦均属陆军大臣管理。

（述）军属别于军人而言，如主计及军医是，二者皆编制陆军所不可少者。陆军编修官以下数项，不附属于陆军省而究受该大臣之节制，亦犹之大藏省之造币各局也。兵器厂专储存兵器，炮兵工厂则制造兵器，不可与之相混。

（五）海军省

海军大臣管理海军军政，统率海军军人、军属及所辖诸部，省有军务、医务、经理三局及法官部等。

（六）司法省

司法大臣监督各裁判所及检事局，指挥监察事务，管理关于监狱、恩赦、复权及其他司法行政事务，省有监狱、民刑两局。

（述）司法大臣为司法上行政事务之长官，本行政官之一种，不得称为司法官。有纯粹司法官之资格者，惟裁判官也。司法大臣虽有监督各裁判所之权，而不有实施裁判及指挥之权。盖对于民、刑诉讼，必裁判官方能裁判，裁判时复不受司法大臣之指挥，所谓司法独立者此也。中国于司法独立之说，倡之久矣，至今尚未实行者，亦因法部之不认定权限耳。法部亦日本之司法省，尚书亦日本之司法大臣,其对于裁判所之裁判官,犹之乎学堂管理员之对于教员管理员,只管理堂内庶务,教员、教授不能参与。法部尚书只管理司法上行政事务,于裁判亦不能干涉,乃今之法部竟以行政而兼司法,无惑乎?司法独立之徒托空言也。

(七)文部省

文部大臣管理关于教育、学艺事务,省有专门学务、普通学务两局,中央气象台亦属其管理。

(八)农〈商〉务省

农商务大臣管理关于农商工、水产、林野、矿山、发明、意匠、商标及地质等各务,省有农务、商工、山林、矿山、特许、水产六局及地质调查所。

(述)发明,即从前所未有之物而新制造者;意匠,即从前所已有之物而制造改良者;商标,即符号或记号之谓(以双狮或云龙为记之类)。国家于发明及意匠则予以专卖特许权,于商标则予以专用权,皆保护之方法也。其加如此之保护者,亦以意匠、发明,用许大之心思,费许多之资本,历许久之岁月,始克得此效果。一旦售之于世,或不无仿造之人,设不严为禁止而仿造日多,利益分散,既无以售其精神上之劳力,复不足以鼓励后起。全国工商,鲜有不同此而受其影响者,保护之所以为必要也。至商标,则表著商人之信用,其信用能见重于社会,获利自倍于他人。如他人羡其获利之厚而滥用之,则真伪混淆,信用上之损失者必大。有专用权,凡滥用其商标者,法律上谓之不正竞争,而受刑事上之制裁,滥用之虞可以免已。

(九)递信省

递信大臣管理官设铁路、邮便、包裹、汇票、贮金、电话、航海标识等各务,监督关于私设铁路、电气、造船、水路运输之事务及船舶、海员等,省有铁道、通信、管船三局及电信灯台需品制造所。

(述)贮金指邮便贮金言。汇票,日本谓之邮便为替。包裹,日本谓之小包邮便,但包裹有一定之尺寸及分量,违者即不寄送。其他行李货物,则规定水陆运输之章程。

递信大臣又管理帝国铁道厅,此明治四十年四月初一日,撤铁道作业局改设者,置总裁、副总裁、技监各一人,理事、参事、主事、技师以下若干员,以措办关于国有铁道之建设、保存、运输等事及其附属之业务。

二、内阁

内阁以国务大臣组织之,内阁总理大臣为其首领,奏宣机务,统一行政,各部若有需要,得中止行政各部之处分或命令,以候敕裁。但除上例外,总理大臣非立于各省大臣上,而有指挥命令之权者也。

(述)日本内阁之性质甚不明了,中国能否仿行,本政治上之问题,似无关乎法理。然日本内阁居如何之地位,性质如何,有不明了之处,此不可不研究者也。以表面言之,内阁所居之地位最高,据普通之理想,莫不以为统制各省,而其实有大不然者,凡上级官厅之统制下级官厅,皆可以指挥命令,而内阁之于各省阶级,虽有区别,总理大臣究不有指挥、命令各省大臣之权也。各省大臣实以一人而兼有两资格者,在管理各省固曰各省大臣,在组织内阁则曰国务大臣,关于国家重要事件开内阁会议(阁议),各国务大臣同总理大臣会议议决,议决之后,各省在法律上并无遵守之义务,不过为政治上利益起见,反对之者少耳。如有某省反对,即由某省大臣自任其责,内阁亦不能强其遵守,于此更可见总理大臣无指挥、命令各省大臣之权已。至中止行政各部之处分或命令者,必其处分或命令之不当,且于全国有绝大之关系也,如兴学为当今急务,而学部忽命令废学,虽学务属学部权限以内,而内阁认为有害全国之学业,即得中止之以候敕裁。

各省大臣本有以国务大臣而列于内阁之权,然除各省大臣外,其由天皇特命者,亦得会同国务大臣列于内阁。

(述)由天皇之特命而列于内阁者,如有学识而退处于元老院之大臣是也。

政务之中,以次举三端为必经阁议者。一、法律案及豫算决算案;二、外国条约及重要国际事件;三、豫算外之支出及其他。凡《内阁官制》第五条所列举者,及重大之高等行政是也。其他事项则须阁议与否,由各主任大臣之意见酌夺之。

(述)《内阁官制》第五条所列举之事件,一、敕任官及地方长官之任命及进退;二、诸省阁所生主管权限之争议。主管权限争议云者,如中央气象台,民政部以为应属民政部,学部以为应属学部,两部所生之争议是也(学部与民政部为系统不同之官厅,如系统相同之官厅之争议,不得为主管权限之争议)。日本内阁制度,中国能否仿行,此时尚难断定。至将来内阁之组织,于日本内阁之利害得失,中国政界上之情状,其待详审者固多,而各部尚书为国务大臣以组织内阁,实决不可易之制也。但如此则各部尚书必稍为变迁,各部现为合议制,非单独制,对于君主及其他事务,尚书、侍郎同任其责,与各国以大臣独任其责者不同。组织内阁时,如各部仍沿合议制,则尚书、侍郎同为国务大臣,匪特人类〔数〕过多,亦易启复杂之弊也。

三、内阁总理大臣

内阁总理大臣既于一面为国务大臣之首领,又同时为独立官厅,管赏勋、法制、恩给、官报四局,得于其事务有发阁令之权。

(述)内阁总理大臣亦以一人而兼两种资格,对于内阁同各国务大臣会议有合议制之性质,对于所辖四局有单独制之性质。赏勋与恩给不同,属于战功卓著、大有勋劳者曰赏勋,属于久勤王事、因老致仕者曰恩给。

第二节　地方官厅之组织及权限

其一、清国之例

清国之各省总督、巡抚、布政司、按察司、道、府、州、县、同知等,皆地方官厅也。

(述)地方官厅者,国家区画地方之疆界而设之官厅也。以地方官厅之权与中央官厅之权论之,地方官厅之权过重,则中央官厅之命令之效力不能完全及于地方官厅,遂不免成尾大不掉之势。中央官厅之权过重,则地方官厅全受中央官厅之节制,一切政务不能因时制宜而妨碍之处亦多,二者故必各得其平而后可也。观之中国地方官厅之权,实有过重之弊。今当改革官制,此诚一大问题,然相沿已久,必用调停之方法渐减轻其权之程度而不全行收回,或不致激生他虞。否则操之太急,非改革,直破坏耳。

其二、日本现行地方官制之要旨

地方官厅由其阶级而区为第一地方官厅及第二地方官厅。

一、第一地方官厅直隶内务大臣,有左列四种:

(一)府知事及县知事

知事以府或县为其行政区划,而为单独制之官厅,受内务大臣之指挥监督。而关于各省之主务,则受其大臣之指挥监督。此外更执行法律命令,管理部内行政事务(《地方官制》第六条)。

（述）日本地方之区划分三府（东京、西京、大阪）、四十三县府，设于人口繁盛之域，他则设县以治之。府、县有中国行省之性质，非如中国府、县之为省所辖。府与县列于平等，非如中国府、县有上下阶级之分。府、县知事亦沿中国知府事、知县事之名，惟品级异于中国之知府、知县，而与中国之巡抚相当。中国每合数巡抚而设一总督，以遥相节制，日本则知事各不相属，此又有所不同也。单独制官厅者，凡事皆知事一人任其责，他之书记官等皆补助知事者也。然知事为自然人所充当，似不宜谓之官厅，而何以竟以官厅加之？缘法律上视知事为权限主体，所称之知事，乃府或县之权限主体，无关系充当知事之自然人，于自然人既无关系，知事亦官厅也（法律上所认之各官厅皆然）。试举一例以譬之。如军舰之组织，如何一为海军学生所著之论说，一由天皇之命令指挥论说，虽极详明，仅物质上之组织，非性质上之组织，法律上以无权限地位之存在，究不得认为军舰之组织，必天皇所命令指挥者，有实在之权限及实在之地位，法律上始得认为军舰之组织也。充当府、县知事之自然人，犹之乎军舰组织为学生所著之论说，法律上所称之府、县知事，亦犹之乎军舰组织，由天皇之命令指挥耳。知事既直隶内务大臣，而关于各省主务复受各省之指挥监督者，如文部省之主务在教育，知事办理教育事务，即受文部省之指挥监督。农〈工〉商务省之主务在工商，知事办理工商事务，即受农工商务省之指挥监督是也。

凡就内部行政事务发府令或县令（同第七条），认为必要时，得附以罚金十圆以下及拘留之刑；或际非常之变，则有要求调遣兵士之职分（同第九条）；又监督郡长及岛司，专行所部判任官以下黜陟。

（述）执行法令之外，对于本部亦有发令之权，其有不遵所发之令者，并得加以处分，但限制之不使过重耳。郡长、岛司均为知事以下之官厅，名异而权位相等。设于普通地方者为郡长，设于海岛间者为岛司、郡长由知事监督，而知事所部判任官以下黜陟，亦由知事专行。云者，不必一一禀承于内务大臣也。

日本现有三府四十三县，而东京府知事权限，视他知事较异。

（述）东京府之事务极繁，知事之权不得不稍异于他府，然其地位仍与他府平等，非如中国顺天府之较他府为尊也。

（二）警视总监

受内务府大臣之指挥监督，管理东京府下之警察、消防、监狱等事务。

（述）警视总监管理东京府下之警察等事务，其位置似应在府知事之下，而竟直隶于内务大臣者，东京事繁，知事难以兼顾，不可不专责之总监一人。故总监不下于知事，而为特别所置之一官也。

（三）北海道厅长官

隶内务大臣，而关于各省之主务，则承其大臣之监督，又执行法律命令，管理部内行政事务。凡北海道拓地、殖民及屯田兵、开垦、授产等各务均督理之，其他职务与各地方官略同。

（述）北海道为日本东北之一大岛，从前非日本内地，后经开辟始设一厅，故异于内地府县之名。厅之长官地位与知事等，而权限略异于知事，如拓地、殖民等项，皆特有之权也。屯田兵一面有农人之性质，一面有军人之性质，与通常所称之兵，性质上实有不同者。

（四）台湾总督①

台湾总督简派陆军大将或中将充之，以台湾全岛、澎湖列岛为其管辖区域，于委任限内，统率陆海军，又承内务大臣之监督，总理庶政。

（述）此与普通行政官厅不同，于行政事务之外，复管辖陆、海军务，是以行政官而兼有军权者，其官故以武员充之。

关东都督亦简派陆军大将或中将充之，管辖关东州，掌南满洲铁路之保护及督理事务。

关东乃租借地，而非版图，故关东都督与他地方官颇不同，须承外务大臣之监督，统理庶政，兹列举之者，为便对照而已。

（述）关东都督之权限，只能行使于条约范围以内，不得谓之为行政官，虽与上所列之行政官同为天皇敕任之长官，而此直隶于外务大臣。上所列者，皆直隶于内务大臣者也。《讲义案》不过为便对照起见，于台湾总督之后一及之耳。

二、第二地方官厅

郡长、岛司、北海道分厅长、台湾厅长等是也。

（述）分厅长，日本原谓之支厅长，第二者即第二级之谓也，前所列府、县知事等官，直隶内务大臣，为第一级地方官厅。兹所列之郡长、岛

---

① 系台湾遭受日本殖民统治期间（1895—1945）所设。以下关于台湾各级行政机构及制度亦同。——整理者注

司等官,属于知事等官以下,为第二级地方官厅,试依级列之如表。

		岛司
内务大臣	府知事	郡长
		郡长
	县知事	岛司
		郡长
		郡长
	北海道厅长官	支厅长
	台湾总督	厅长

府、县管辖之地方有海岛,然后设岛司,故府、县知事所属,有有岛司者,有无岛司者。

(一)郡长

以郡为其行政区划之单独制之官厅也。承知事之指挥、监督,于所部内之町、村长,就法律、命令及受委任于知事之事件,有颁发郡令之权限。

(述)郡长对于外部以一人而任其责,故为单独制之官厅。其下之种种官吏(如书记官等),皆补助郡长者也。郡长地位居府、县知事之下,町、村之上(町与村平等),一面承知事之指挥、监督,一面又监督所部以下之官吏。

(二)岛司

岛司之于岛地,其执行之职务略与郡长同。

(述)岛司与郡长因地而异其名,职务上则无甚区别也。

(三)北海道支厅长

略与内地之郡长同。

(四)台湾厅长

其数二十一,略与内地之府、县知事同。

(述)台湾厅长既列于第二级地方官厅,而复云同第一级之府县知事者,盖仅以地位论,直接台湾总督,间接国务大臣,原无异于郡长。至论行政区划之范围及权限,则较郡长为宽,且有一种特别之政务,并直接于国务大臣,是即与府、县知事之性质略同也。

第三节　官吏

（述）行政机关分之为二，一官治，一自治（详下章）。官治复分为中央官厅、地方官厅两种，于前二节已详言之矣。然处理官治行政机关事务之人，皆官吏也，故于官治行政机关之后，设此节以说明官吏之释义。

官吏者，谓曾受任命，而于其所属官厅之政务有执行之义务之个人也。故彼由选举而参与政务之议员，与由普通之契约而执务之雇吏，皆无官吏之资格。

（述）官吏之释义，可就形式说明之，亦可就性质说明之，两者比较，就性质究不如就形式之为确，当如《讲义案》所云，为国吏，必经国家之任命，在官厅须有执行之义务，皆形式上所显而易见者也。其他若议员，若雇吏，由选举或普通之契约，非从任命而来，自不有官吏之资格。

今制官微论文武，必合格于法律所预定之试验，始获任用，不复如前之拘于门第流品矣。于其服务则有服务规律，于其过失则有惩戒令。藉赏与、恩给、扶助等法，以励其精勤；藉谴责、罚俸、免官等，以警其非违。苟有触犯刑法之大过，则虽贵显，而处分与庶民同，此文明各国之通例也。

（述）明治维新以前，官吏多属世袭门阀，流品限制甚严，一般之人，虽学识精深，因此而不获任用者多矣。维新后删除此例，上而世家子弟，下及舆台皂隶之子（他国犹有目为贱人，不许之为官吏者），其任用均凭之试验。高等文官有高等文官试验法，普通文官有普通文官试验法，俱详载于《任用令》之内。试验之时，亦如中国考试之弥封，只编列号数，而不书明姓氏，而暗通关节及其他之流弊，自悉泯也（冈田先生曾充试验委员十余年，往往得一佳卷，以为世家子弟所作，及揭晓则多属寒微积学之士）。至武官之任用，则视其卒业学校之如何，如陆军官学校、海军兵学校、陆海军大学校之毕业者，皆有相当之官阶，以为之升转也。其他不由学校出身，而由兵丁擢为将弁者，不过间一有之耳。陆、海军各学校中，皇族（宗室）华族之子弟甚多。其官阶之升转，亦依学校试验之名次。故为上将者有人，为中将者有人，其未升转而为下级士卒者，擦枪刷马，皆自为之，与普通士卒毫无以异。且近有与公主结婚之远支皇族（中国称驸马），亦尽当兵义务。在府第，固有皇族之资格；在营，则与士卒为伍（前大操各新闻纸，曾备录其苦）。军人价值如此，尤足见其尊重矣。所谓惩戒令者,即服务上之制裁也(见总卷第十章)。国家任用官吏固以得人为先,然既有完善之官吏,而监督官吏之方法,亦不可不臻于完善。中国现议改革官制,官吏惩戒令无一议及,仅凭之长官一二考语即可革职,官吏各不能安于其位而犹竭力以奉公者,恐未之有也。

第三章　自治行政机关(公共团体)

凡有关于一国行政全体之利害者,须使前章所记之官厅执行之(官治行政)。其限于一地方及一社会者,则宁使与有利害关系之人,自治理之较为得策(自治行政)。东西各国承认一定之公共团体,而以之为自治行政机关,盖有以也。

(述)利害及于全国者,委之官治行政机关;利害限于一地方或一社会者,委之自治行政机关,亦官治、自治行政之关系各不同也。如陆、海军之整赖为强国之本,是关系于全国者,不得因某处宜练陆海军,即曰属于自治行政也。又如街衢安置路灯,在北京,为北京人之利益;在天津,为天津人之利益,是又不得曰属官治行政也。至其他之应属官治或自治者,不必详举,均可由此推之。中国于地方之自治,近同讲求,而考之从前,未尝不具有自治之规模,其流弊日深者,法不良耳。故自治之基在乎法之良否,法良则可利益人民而补助国家,法不良则贻害非浅。民政部现定《城乡自治章程》,条文甚严,虽不及一一研究,而原理与此章所言者不差,此章亦足为自治行政之观念也。

以公共团体而为自治行政机关者,概公法的法人也,承国家之监督,于法令所定之范围内,自处理其团体之共同事务。但其自治权乃国家所授与者,故与国家之权力之属诸固有者不同。

(述)凡无形团体不认为有人格,不得为权利、义务之主体,而公法上必认自治团体为法人者,质言之,即认为有人格也,有人格即得为权利、义务之主体也。自治团体如此,而官厅又应如何?官厅非法人,不过国家之机关耳,所有权利、义务,乃国家之权利、义务,不能独立为权利、义务之主体。自治团体处理之事虽亦关乎国家,其实皆自己之事,如清理街道及建设街坊等经费,均由自治团体自认。所认之经费,亦以其债权债务之资格,募集公债而负担之。若国债之募集,只能以国家之名义，未闻有以官厅之名义者。故自治团体与国家同有人格，而官厅无人格也。然自治团体与国家无所区别，不几成一小国家乎？而实不然，国家之权力属诸固有，自治团体之权力，究为国家所授与。授与之后，其权力之活动方得与国家同也。

公共团体有三种，地方团体、公共组合、公共营造物是也。

（述）组合为日本特有之名词，于下第三节详之。

第一节　地方团体之自治（地方自治制）

自治地方团体者，乃以一定地域（即行政区划）及其人民为其构成要素之公法的法人也；就法律所认许之范围内，自处理各政务，又兼有私法的人格，而为权利、义务之主体。

（述）同为国家机关，有不以地域、人民为要素，其目的专在处理政务者。地方团体虽亦处理政务，而不能无一定之地域及人民，故地域、人民为地方团体构成之要素也。日本分地方团体为市、町、村，为郡，为府县。町、村为町、村人民所组织，郡则合若干村、町而成，其地域即町、村之地域，其人民亦町、村之人民。郡之外有市，市之组织不过在人口繁庶之区，非町、村之集合，自无统辖町、村之权。然市虽不在町、村之上，町、村之上有郡，郡之上又有府、县，町、村人民对于郡与府或县，立于间接之地位，而究非立于直接之地位也。地方团体自处理地方之各政务，而必在法律认许范围以内者。例若振兴全国之教育，设高等学校或大学校，应由中央政府筹画，非地方团体范围之所及；而限于一地方教育之振兴，设小学校或中学校则地方团体所当处理也。又以工程土木言之，如互数府、县之河流所经堤防之溃裂，其修筑之经费，应由中央政府或利害相关系之数府、县集合担任，亦非地方团体范围之所及，而限于本府、县堤防之修筑，则地方团体所当处理也（诸如此者，皆可类推）。然其处理政务，固有公法的法人之资格，而欲达其处理政务之目的，又不可不兼私法的法人，而为权利、义务之主体。如征费以办学堂，是以公法的法人而活动者，而学堂之基址，必有买土地之契约，学堂之建造必有包工程之契约，是又以私法的法人而活动者。他如人民因事控团体于裁判所，团体可为被告，团体因事控人民于裁判所，团体又可为原告。又甲团体对于乙团体代〔贷〕借金钱，甲团体可为债务者，乙团体亦可为债权者，皆所谓私法的法人也。

　　抑中央集权有得亦有失,统一政务使实行得以敏活,此其所长也。然往往蔑视一地方之利益,令其萎靡不振,故不能无所短。欲补救此失,莫如地方分权之制,今欧、美、日本各国争用地方自治制,其理由盖出乎此。但地方分权亦不可超过必要之程度,否则一国之政务失其统一,国势必将不振,此又不可不戒也。

　　(述)合论中央集权及地方分权之得失者,为中国言也。中国地方权广,中央政府无完全监督地方之权,而中央所饬必办之要政,往往地方置之不理,古所谓尾大不掉者是也。然地方之权固不可过重,亦不可过轻,必调停二者之间,使之各得其平。凡重大事务,应听中央之命令者,不能稍违,其他事务应由地方处理者,听其因时制宜,不必一一禀承于中央,如此庶不至有畸轻、畸重之弊也。以中国今日言之,如邮便、电信为国家收入之一大宗,而性质异常复杂。大清邮政,包之外人,私办者有信局,官办者复有驿递。调查全国入款,不及日本东京一府,以一邮便而财政上所受之影响顾何如耶?事权之不统一,即此可以见已。

　　自治地方团体中,亦有议事机关与理事机关(或称议决机关与执行机关),与官厅同。议事机关者,居内部而决定团体之意思;理事机关者,对外部而代表团体之行为。譬如新设小学校时,先由市会或町、村会议决,而由市参事会或町、村长执行之是也。

　　(述)自治团体之执行机关,有合议制者,有单独制者。参事会为合议制,町、村长即为单独制。盖町、村长可以专断执行,而市参事会之首领,虽以市长充之,执行权利属之参事会,市长不过参事会中之一人,而为其长以代表团体耳。

　　议事机关以人民所选举之议员组织之,理事机关亦由选举而定之为原则,但亦有出自国家之任命者。

　　(述)此专言两种机关之成立。议事机关既为地方团体之机关,而议员自必由人民选举,方能代表人民之意思。亦犹之乎国家欲博采人民之意思,而开国会,下议院议员亦由人民之选举来也。理事机关以原则论,无论市参事会之为合议制,町、村长之为单独制,俱由选举而定。而例外则有由国家任命者,府、县知事及郡长是也。

　　地方之理事机关称曰公署,其组织员称曰公吏(但郡长及府、县知事则为官吏),与称国之行政机关曰官厅,称其组织员为官恰相类是。公吏概不与俸给,故通常称之曰名誉职。

（述）公署与官厅之区别，名义上之区别也。公吏与官吏之区别，由国家任命者为官吏，由地方选举者为公吏也。公吏执行之事务曰公务，言其对于公共团体所尽之义务也。

第二节　日本现行地方自治制（除北海道、冲绳县及台湾不计）

日本现行法上，分自治地方团体为三级，市、町、村为下级自治体，郡为中级自治体，府、县为上级自治体。

（述）是节所言者，虽名为日本地方自治制，作为普通地方自治制观，亦无不可也。日本之地方自治规则，均由法律所定。法律分三种，一《市制町村制》（明治二十一年四月，法律第一号），一《府县制》（明治四十二年三月，法律第六四号），一《郡制》（明治三十二年三月，法律第六五号）。而二十一年之颁布《市制》《町村制》，天皇曾发敕令，其重此地方自治制之理由，即于敕令尽之，即录之如下：

朕欲发达地方共同之利益，增进众庶臣民之幸福，存重邻保团结之旧惯，益扩张之，更认以法律保护都市及町、村之权利为必要。兹裁可《市制》及《町村制》，而令发布之。

其一，市、町、村

市、町、村者，各以一定之行政区划及居民而成立之下级自治体也，均为单位之自治行政区划，故各有固有之地域及居民，非合数村为一町，合数町为一市也。

（述）市、町、村同为下级自治体，其区划全为政策上之便利起见，无统属之关系。人口繁庶之域曰市，稍减者曰町，再减者曰村。村者乡村，町者乡镇，市则都会也。

一、议事机关

市、町、村均系合议制，在市则曰市会，在町则曰町会，在村则曰村会，各选其地公民为议员。所谓公民者，必其备左列之条件：

（一）有公权之独立男子；

（述）凡未成年者固不为独立男子，据日本年龄之规定，即二十岁以上为丁年者，亦不为独立男子，必满二十五岁，能以自己之力处理自己之财产，又自为一户，而不受禁治产之宣告者（禁治产兼精神病者及浪费者），方为独立之男子也。有公权对于被剥夺公权者言，普通之人无一不有公权,受刑法上之附加刑,被剥夺者则不得曰有公权也。

（二）为该市、町、村之居民已二年以上；

（三）分任该市、町、〈村〉之负担已二年以上；

（述）人民在市、町、村内,均应当负担市、町、村之经费,但必负担已二年以上者,始有公民之资格。

（四）在该市、町、村纳地租,或纳二圆以上之直接国税已二年以上。

（述）地租无定额,其不纳地租者,所纳国税须二圆以上。国税故略异于地租,而四与二、三条件,均有二年以上之规定者,自治之公民与地方相习必久,乃能熟悉其地方情形也。四与三又云地方之负担及地租、国税者,财产上之限制也。无财产,则恐对于社会不足表现其信用,亦中国古语,"无恒产者无恒心"之意。虽寒微之士,声望亦有素著者,究例外也。

凡公民有市、町、村会之员之选举权及被选举权,议员之数,视人口之多寡而殊。其选举法,在市则为三级法之等级选举,在町、村则为二级法之等级选举。三级法者,自选举人中,集所纳直接市税之最多者,如当于纳税总额之三分之一,则以之为第一级选举人次。除第一级选举人外,更集其余纳直接市税最多者,如当于纳税总额之三分之一,则以之为第二级选举人,而所余公民则为第三级选举人。至二级法,亦据所纳直接町、村税之多寡,而分选举人之等级,与三级法同。所异者一则三分之一,一则二分之一而已。至选举时,在市则各级各选出议员之三分之一,在町、村则各级各选出议员二分之一,但不问市、町、村,其被选举人俱不必以同级者为限。

（述）市、町、村之人口,有较多者,亦有较少者,故议员之多寡,亦不能归诸一律。日本市会议员之数目,至多不过六十人,至少亦须三十人。凡人口在五万以下者,以三十人为限,在五万以上者,以三十六人为限。其十万以上之市,每五万加议员三人,其二十万以上之市,每十万加议员三人,达六十人则不得再加。议员数虽似无甚关系,然人口有多寡,事务有繁简,议员之额,自不可不因之而定也。选举之方法,市与町、村亦有三级、二级之分,如市税总额计三十万圆,集纳税者最多者,十人各纳一万圆,合之为十万圆,即总额三分之一,认为第一级选举者。除第一级十万圆外,余二十万圆,又集二十人各纳五千圆,合为十万圆,亦总额三分之一,认为第二级选举者。除第一级、第二级二十万圆外，余十万圆为其余公民所纳，其余公民皆第三级选举者。此三级法之等级选举也。二级法之等级选举亦如三级法，惟以町、村税总额二分之一，与以市税总额三分之一略不同也。然此又有最宜注意者二：第一，注意前例十人、二十人，其数原属假定，不过谓纳税最多之人相集，得总额三分之一或二分之一耳；第二，注意选举人有等级之限制，被选举人则无等级之限制，其不限制以等级者，如第一级中无有被选举之资格者，自非选举二级人或三级人不可也。至市与町、村，分为三级、二级之理由，亦以财产上之资格各异，利害之关系亦殊，分之为级，各级各能选举利害关系人，以为之代表，偏倚之弊，自悉泯已。

市、町、村会各就有关该市、町、村之左列各事，有讨议决定之权。

（一）市、町、村条例及规则之制定及改正；

（述）条例规则，不过惯习上相沿之名，法理上无所区别。

（二）应以市、町、村费经营之之事业；

（述）市、町、村经营事业原无限制，不过不与中央官厅直辖之事业相冲突耳。如邮便、电信、铁道等之属于国家，市、町、村不得而经营之。如道路、桥渡、孤儿院、养老院等之非属于国家，市、町、村自得而经营之，而经营必限之以市、町、村费者，明示地方事务不能要求国家之经费也。

（三）岁出、岁入之豫算之决定及决算报告之认定；

（述）提出豫算案为执行机关（市参事会，町、村长）之权限，决定豫算及认定决算报告，则为议决机关（市、町、村会）之权限。决定指支出以前言，认定指支出以后言。决算报告由执行机关造送于议决机关，然后由议决机关认定之。

（四）一定之使用料及手数料、租税、夫役、现物等之赋课及征收法；

（述）使用料者，因使用市、町、村之公有营造物而纳之费也。如公共牧场，私人有牧牛马者，一面必得市、町、村之许可，一面必纳相当之租金是也。手数料者，居民因要求市、町、村机关之执行事务而纳之费也，中国称曰规费，如领取执照（日本为鉴札）及注册等费是也。租税自以金钱完纳，现今各国通例用货币完纳亦可。夫役者，即劳力之征收现物者，即以所产物作租税之谓，是亦因地方情形，而予人以便利之方法也。以上所列各种，均必经市、町、村会议决，然后可以实行。

（五）市、町、村所有有不动产及基本财产之处分；

（述）不动产者，土地及其定着物（屋宇、树木）是也。既属于市、町、村，则为市、町、村公有之物，其处分不遽由执行机关，必经市、町、村会之议决，基本财产只能用其利息，如有不得已时而动其基本，亦须议决而后可。

（六）市、町、村所有财产及营造物之管理法；

（述）营造物兼动产、不动产言，然以不动产为主。如公园、图书、学校，皆不动产也。

（七）临时之负担义务及抛弃权利；

（述）经费由平时负担者，于豫算时曾已决定豫算之外忽有支出，是为临时之负担，非由市、町、村会之议决不可者。豫算外何以有支出之时，如外国大臣等游历内国，国家固必招待，而地方或亦表欢迎之忱，则所支出之经费，即豫算外支出之经费也。又如疾疫流行，人所不测或恐传染，而用预防之方法，或已传染而用驱逐之方法，其经费亦豫算外支出之经费也。权利所包甚广，物权、债权均在其中。如甲团体所常有之物，乙团体所无，因乙团体借用而不令返还，此为物权之抛弃。又岁遇饥馑，甲团体之谷米多，乙团体甚觉匮乏，因乙团体告贷而不令办济，此为债权之抛弃。诸如此类，均必经市、町、村会之议决。

（八）有关该市、町、村之诉讼及和解等事。

（述）市、町中，对于他团体或一私人之诉讼，及因诉讼而举诉讼之代理人，皆必经市、町、村会议决。和解者由两方之合意而中止其诉讼也，亦属市、町、村会议决之权。

二、理事机关

执行市、町、村会之决议之机关。在市，则曰市参事会，在町、村，则曰町、村长。

（述）理事机关，执行市、町、村会议决事件之机关也。市之理事机关，以参事会执行为合议制；町、村之理事机关，以町、村长执行为单独制。故市之理事机关与町、村之理事机关有区别。

（一）市参事会者，以市长、助役及参事会员组织之（市长及助役为有给吏员，参事会员为名誉职），代表一市，以其名掌理全市之行政，执行市会之决议。

（述）一市之长曰市长，补助市长之公吏曰助役。市长及助役之为有给吏员，以受报酬者也；参事会员之为名誉职，以不受报酬者也。

市长者,由内务大臣先使市会推选候补者三名,俟奏准后,定之助役及名誉职,参事会长则由市会选举之。

(述)以原则论,市长为自治团体之公吏,应由人民选举,与其他官吏之为国家所任命者不同,而何以曰由内务大臣奏准?其理由盖以市长于全市之行政关系甚大,原则上虽由选举,而能否胜任固必再经内务大臣之审察。官吏为执行政务之人,而公吏亦为执行政务,不得以执行政务,概目为官吏。夫官吏、公吏,其执行政务同,而其所以为官吏、公吏之手续则异。经任命之手续而来者,官吏也;经选举之手续而来者,公吏也。国家以任命官吏之手续任命市长,不过以市长关系于全市者大,为监督选举郑重行政起见,而究不能谓市长之为官吏,而非公吏也。

(二)町、村长者,由町、村会就町、村公民中,年三十岁以上有选举权者选举之,助役亦同,但许受知事之认可。

(述)町、村长之必受知事之认可,其理由与市长之必由内务大臣奏准同。町、村助役亦为町、村补助机关。

町、村长者,代表町、村,以其名掌理町、村之行政,执行町、村之决议,其情形与市参事会同。

(三)监督。

市、町、村之自治,毕竟采用自治方法之国家行政也,故必承其监督。市之行政,第一次府、县知事监督之,第二次则内务大臣监督之;町、村之行政,第一次郡长监督之,第二次府、县知事监督之,第三次则内务大臣监督之。

(述)地方自治,系为国家行政委任地方以实行之者,与私人一家之事不同。既为国家行政,则必受国家监督,始可以达行政之目的。市、村之监督有两级、三级之别。试以两级监督论之,如市之行政有不法之命令、处分或不当时,人民可起诉于府、县知事,经知事判断,再不服,则又可上诉于内务大臣。其监督递经阶级,与普通裁判同。而监督方法,则有事前监督,事后监督。待告诉而行其监督者,为事后监督;不待告诉而行其指挥监督者,为事前监督。裁判所只于告诉后有监督权,而不能于告诉前有指挥监督之权。故事后监督与裁判所同,而事前监督则与裁判所异。关于命〈令〉与处分区别之学说,不能枚举。简单言之,命令为抽象的意思表示,处分为具体的意思表示。例如发一命令,不得于坟墓建筑铁道,此为抽象的。有人发掘坟墓,则不能不对于特定之人而加处分,此为具体不法者违背法律之命令处分也。不当者,不过于社会公益有妨碍而非违背法律也。例如,有法律明文规定,坟墓地不得发掘修路,使行政官吏不遵守此规定而毅然发掘之,是谓不法行为(不法行为有见之于命令者,有见之于处分者),然使遵守此规则不发掘坟墓,而故为曲折以修之,则一面有碍他人行路,一面有耗巨大经费,是谓不当行为。欲使自治团体无不法及不当之行为,行政官厅不能不有监督之权。其未有不法、不当行为之先,则有方法以预防;其既有不法、不当行为之后,则有方法以补救。

其二、郡

郡者,以其区划内之町、村而组织之之中级自治体也,惟市不列入郡内,市及町、村固有一定之居民,而郡则不然,惟以其管内町、村之居民为其居民耳。

(述)市属于府、县之下,町、村属于郡之下,郡之土地为町、村之土地,郡之人民为町、村之人民,无独立之土地、人民;上有府、县,下有町、村,而其行政即在町、村范围内,此郡之废止,所以为日本近日议会讨论之一大问题也。

一、议事机关

郡之议事机关,为郡会及郡参事会。

(述)郡会及郡参事会,均为郡之议事机关,郡参事会与市参事会名同而性质不同,故在郡为议事机关,而在市则为执行机关。

郡会议员之数以十五人以上,三十人以下为原则,其有选举权者,必具备左列之条件。

(一)郡内之町、村公民,有町、村会议员之选举权者;

(二)在该郡内曾纳三圆以上之直接国税已一年以上。

其有被选举权者,曾纳税额三圆以上之直接国税已一年以上,其余必要之条件与有选举权者同。

郡会议员为名誉职,任期为四年,其选举法不分等级,乃无记名之单记法也。此法,选举人不自署姓名于投票用纸,且准对一人而投票云。

郡会所当议决之事件,与市、町、村会所当议决之事件,其性质同,惟即无设立条例及规则之权限,故郡会亦不得议决之。

郡参事会者,以郡长及参事会员五名组织之。其参事会员,议员中互选之。郡参事会者,议决机关也,其对郡会仅为补充的作用,非执行其所议决之机关,故与彼市会与事〔市〕参事会之关系、性质全异,但郡参事会既为自治体之机关,就町、村之行政有一定之监督权。

二、理事机关

郡之理事机关,郡长也。郡长乃有给之官吏,统辖全部而代表之执行,应以郡费经营之之事业为限。凡关于一部之行政法令上,不属诸议决机关之权限者,皆由郡长管理。

三、监督

郡之行政,第一次府、县知事监督之,第二次则内务大臣监督之。

其三、府、县

府、县者,以其管内之市、郡而组织之之上级自治体也。

一、府、县会。

以市及郡所选举之议员组织之,其额数视人口而有差,其有选举权及被选举权者所必具备之条件,与于市、町、村会议员者略同,惟所纳税额稍加多而已。

(述)府或县会之议员,由市及郡选举,故云以市及郡,即所选举之议员组织之也。

二、府、县参事会。

以府、县知事及高等官、参事会员八名或六名组织之(府八名,县六名)。知事及高等官皆有给官吏,参事会员则为名誉职,自府、县会议员中互选之。知事既一面为自治机关,亦一面为执行地方官治行政之官吏,与郡长同。

三、府、县会及府、县参事会俱为府、县之议决机关,其权限与郡会及参事会之权限性质相同,惟分量上有一定之差异耳。其执行机关则知事。

四、府、县之行政,直受内务大臣之监督。

第三节　公共组合及营造物

其一、公共组合

公共组合者,为特定共同事业而组织之团〈体〉也,于法律所认许之范围内,有公法上及私法上之人格,故与前节之地方团体相较,则彼以一定之地域及居民为成立之要素,此则为特定之共同事业,仅以其组合员为成立之要素,是即二者之所以异也。

(述)以一定之地域区划之者,为地方团体;以特定共同之事业组织之者,为公共组合。如水利组合,凡利用河流以灌溉田者,均须共为修理,而河流之所经,必非一町一村之所可限。又如卫生组合,凡传染病之所能及者,均须共设预防之方法,而传染病所及之范围,亦必非一町一村之所可限。故公共织〔组〕合以特定共同之事业为目的,不得以一町一村之地域为区划。但亦有宜注意者,一町、村或一市之中,未始无卫生组合及土木组合等所组织者,既为特定共同之事业,即限于一市或一町、村,亦公共组合也。公共组合为行政上组合,与《民法》六六七条以下所规定之组合性质绝不相类。论其组织事业之点,俱属共同事业,似无区别,而公共组合为行政机关之一种,民法上之组合,乃由民法上契约而成立者。行政机关则有公法上之人格,兼有私法上之人格,成立之由于契约,遂无所谓人格合二者。简单言之,公共组合与民法上之组合所同者,公共事业之组织,而从根上论,一认为有人格,一不认为有人格也。至以公共组合比较会社(公司),二者皆有人格,不过会社仅能为私法上之人格耳。然即以上所举数者观之,区别其人格之有无,究非无一定之标准。如民事上组合之财产,属于组合员之共有;行政上之公共组合,及民法或商法上之会社之财产,属于组合及会社,而非组合员所能共有者,即此可以见之也。

具有人格之组合,各国不一其类,然于町村组合、郡组合、水利组合、营业组合、农事组合、商业会议所之类,大抵许之为自治团体。

其二、公共营造物

公共营造物者,出自国家或地方团体之所设备,而直接供给公众之利益者是也。官立公共之学校、病院、博物馆、美术馆、图书馆等属之。近来欧、美、日本各国之法制多许此等营造物,为有公法上及私法上之资格者,使之自营,其事务以其为公法人言之,则恰如地方团体,亦一种自治行政机关也。

(述)凡称公共营造物者,必具二要件:第一,为国家或地方所设备;第二,直接供给公众之利益。二要件完全,而后公共营造物之性质定。如《讲义案》所举之官公立学校、病院等皆具有二要件者(各国亦有认道路、桥渡为公共营造物者,为《讲义〈案〉》简明起见,故不列举。至官公立之学校,亦有不认为公共营造物者。如日本大学,从前为文部省附属之一官署是也,近已认为有法律上之人〈格〉,而称为公共营造物)。然学校亦可由私人设立,既属私人,于第一要件不具,虽具第二要件,仍不得如官公立学校之为公共营造物也。官公立学校为公共营造物,官署为国家所建,复能供给利益于人民,似亦可与学校同,而其实不然。学校为直接供给之利益,官署为官吏执行事务之地,供给之利益乃间接之利益,非直接利益也。直接利益,非谓享有无报酬之利益,实谓一般人均可直接享有之利益。而报酬有有者,亦有无者。如中国之万牲园征入场费,法国之公园、图书馆不征入场费,日本之病院征费,公园及小学校概不征费,亦各因其事、其时之情形及国家或地方之经费而酌定之耳。自营其事务云者,内部之规则、学校等可自定之之谓。而其规则对于一般人而有效力,与命令之发布无异者,以其为公法的法人,无异于地方团体也。

第二编　行政作用

第一章　行政作用之种类

行政作用,以警察、管理营造物、赋课为其最重者。本编第三、四章所论之行政监督及行政救济,亦不外行政作用者,特为便于说明计而区分之耳。

第一节　警察

其一、警察之概念

警察者,谓以除公共之危害(即维持公安)为目的,而直接限制私人之自由之行政也。其特质如次:

一、警察以去公共之危害为目的。故为彼公用征收之类,以增进公共之利益为目的者,非警察也。

二、警察以限制自由为其特质之一。故燃点路灯之类,非警察。

三、警察以直接限制自由为其特质之二。故仅仅制定命令之类,亦非警察。

其二、警察之分类

警察者,得由观点之不同而种种区分之,其熟在人口者略如之。

一、一般警察与地方警察

此不过因其有效区域,或遍于全国,或限于一地,即从而区别之耳。至其名称亦因人而殊。

二、官治警察与自治警察

此因其机关之或为官厅,或为自治团体而区别之。

三、行政警察与司法警察

一则以预防危害为目的,如于多人麇聚处禁止喧扰是也;一则以搜索犯罪,逮捕人犯为目的。

四、高等警察与寻常警察

前者谓关于政治之警察,后者谓其余警察。此本非学理上之名称,其在日本则关于政治结社、室外集会、多人运动等之警察法,特称曰《治安警察法》(明治三三年法律第三六号)。

五、保安警察与特殊警察

前者以预防人为之危害之〔为〕目的,如禁售有害之食物是也;后者以预防天然之危害为目的,如水上、矿山、森林之警察是也。

其三、警察实行法

实行各种警察之法,或由于发命令,或由于施处分,与其他行政作用,大抵不异,宜参照本篇第二章。

第二节　管理营造物

其一、管理营造物之概念

管理营造物者,以积极的增进公共之利益为其目的,此与除公共之危害之警察两者相俟,而后可期行政之完善。

营造物者,指一般公众所得直接而利用之之设备言,如道路、桥梁、公园、河港、学校、病院、博物馆、图书馆、铁路、邮便、电信、电话、电车等是也。

此种设备,有出于国家及自治团体之经营者,有出于一私人之经营者。行政法上所谓营造物者,概指国立及公立者言,私立者不在内。

其二、营造物之种类

营造物有二种，一则其物自身能供给公众以利益者。如道路、桥梁等公众使用之，则可直享其利益；一则人与物相俟，而后可完其效用者。如学校、病院等，有屋宇、有地基、有器具、有教员、医师，而后公众可渐享其利益。故此类营造物中，行政法上实赅其物及其职员全部言之。

其三、营造物之使用

使用营造物时，有不征收一定之使用料者，有不然者。前者如国有之道路、桥梁、江河等是；后者如铁路、邮电等是。至病院、学校、博物馆、图书馆等则有有偿者、有无偿者，各国各地不同。

欧美各国多有以戏场为公共营造物者，是固其地之历史上所使然，然亦以其大有关系于国民之风教是也。

其四、由营造物而生之不动产所有权之限制

个人为公共故，有不免牺牲其利益者，此于营造物之关系上即有明例焉。职是之故，国家须对个人之不动产所有权加以一定之限制，所谓公用征收及公用地役是也。

一、公用征收

为关于公共利益之事业给与相当之补偿，而征收不动产（就中如土地尤然）之所有权，以移转之于国家或第三者。此种行政作用，即狭义之公用征收也。

在日本，土地收用法凡准许收用土地及使用土地之事业，以次举各种为限：一、关于国防及一切军事者；二、关于建设官厅或官署者；三、关于教育、学艺、慈善者；四、关于铁路、轨道、道路、桥梁、河流、堤防、砂防、运河（中略）、水道、阴沟（下略）者；五、关于卫生、测供、航路标识、防风防火以及预防水害者。此外，凡以公用之目的，而由国、府、县、郡、町、村及其余公共团体所施设之事业，皆列其内。原则上须使内阁认定其事业之轻重大小，其于收用之手续及损失之补偿上，亦严定规则，俾之尊奉云。

二、公用地役

公用地役者，为公供〔共〕之利益而限制不动产上之权利之谓也。以其无征收不动产之所有权，故与公用征收有别。

公用地役有永久的者，有暂时的者。如河流附近之地主，为预防其土地之缺坏或土砂之流出，而不可不为必要之设备是也。二者中，俱有给以补偿者，亦有不然者。

第三节　赋课

赋课者,政费所由取给之主要财源也。曰租税,曰使用料及手数料。

国家收入本不仅特赋课一途,亦有用私法上之形式而谋国有财产之收益者(如租借国有之土地、山林、建筑物等是),或营官业以收利者(如以铁路、邮便、电信等为官业而收其利益是),然赋课究不失为主要之财源也。

其一、租税

租税者,以供给政费为目的,以无偿的强制而征收之于个人之财产也。取与罚金及没收之类较,则彼出于制裁犯罪之目的,而此则不然,故目的上有区别。又取与使用料、手数料较,则彼乃就一定之营造物使用或行政行为而为其代价者,而此则不然,故原因上有区别。

一、租税之分类

甲、分配税与定率税

此以课税之法为别。分配税者,会计年分之必要收入,核其总额而分配之于地方团体,地方团体更分配之于其居民。而征收之定率税者,不问各年分之需额如何,据法律所预定之税课物品及税率等而征收之。

乙、内国税与关税

此以课税物品之所在为别。前者以存在国境内之物品为目的,后者以出入国境之物品为目的,即输出税、输入税是也。内国税中又有国税、地方税之别,地方税中更有府县税、市町税之别,则因其用途之异以为别也。

丙、直接税与间接税

直接税者,对所有财产及财产之收入人之身分等,凡永续的事物而赋课之者是也。间接税者,对输出、输入、购买、消耗等,凡非永续的事物而赋课之者是也。日本以地租及所得税、营业税为直接税,余则为间接税。

丁、现金税与现物税

今各国之于租税,大抵皆以缴纳金钱为原则,然亦有准用金钱以外之物品充作税租者(即日本亦有例外,规定于《府县制》第一一二条、《郡制》第九一条、《市制》第一〇一条、《町村制》第一〇一条,有准课夫役及现品税之明文)。

二、征收法

征收租税之法有二,一曰直接征〈收〉法,使纳税者径行纳金钱(或物品)是也;二曰间接征收法,使纳税者贴用印纸是也。间接税多用此法征收之。

其二、使用料及手数料

使用料及手数料者,个人为一己之利益,而使用公共之营造物,或请求官厅公署之行为时,所纳缴之代价是也。如博物馆、图书馆等之入场料,官立公立学校之授业料,官立公立病院之入院料,以及登记料、登录料、免许料、诉讼费用之类属之。

第二章　行政作用之形式

官治或自治之行政机关之行为,可分为二,事实的行为及法律的行为是也。事实的行为,谓仅有事实上之存在,而无法律上之效果者。如平时之劝诱慈善等事业,战时之奖励国民后援是。此际官吏或公吏等,虽有劝诱及奖励之行为,而人民不因之而生公法的义务也。至不仅事实上之存在,而兼有法律的行为者,则是所谓法律的行为矣。

法律的行〈为〉中有私法的者,有公法的者。私法的法律行为,谓能生民法、商法等私法上的结果者,如官厅公署之购售物品是也。以属于私法之范围,兹故不具论。公法的法律行为者,则实行政务之方法,行政作用之形式也,俱生公法上之效果。其种类三,曰发行政命令,曰为行政处分,曰订公约。

第一节　行政命令

命令者,除法律及习惯法外之一切国法也。以日本言之,其君主所发者,称曰大权、命令、敕令是也。行政机关有发者,称曰行政命令、阁令、省令、府县令、市町村条例、规则等是也。其间可分为三类,曰执行命令,曰委任命令,曰独立命令(如《日本宪法》第八条所定紧急命令,乃专属于君主之失〔实〕权者,兹故有之)。

其一、执行命令

法律上有以直接的委任或间接的委任,俾于当用法律规定〈之〉之事项,得以命规定之者如此。受法律之委任而发之命令,名曰委任命

令。如日本之于刑罚,本〈以〉以法律规定之原则(《日本宪法》第二三条),然更以其实部委诸命令之规定。举如次:

一、命令得附设罚金二百圆以内或禁锢一年以内之罚则(明治二三年九月法律第八四号);

二、省令得附设罚金二十五圆以内或禁锢二十五日以内之罚则;

三、地方官长或警视总监,得于所发命令中附设罚金十圆以内或拘留之罚则(明治二三年九月法律第二〇八号)。

其三、独立命令①

独立命令者,谓于宪法及法律所不禁之范围内,由天皇或其行政机关所发之命令,称之曰独立命令者,以别于执行命令也。《日本宪法》第九条曰:"天皇(中略)为维持公共安宁秩序,及增进臣民之幸福,而颁发必要之命令,或命之颁发之,但不得以命令变更法律。"是故宪法上,除应以法律规定之事项及既以法律规定之事项外,凡关于其余事项,得发一切独立命令,阙类殊多,不遑枚举。

第二节　行政处分

行政处分者,指行政上之具体的意思表示而言,而与行政法规之抽象的意思表示相对立也。列〔例〕如使用电话者,应纳使用费,乃属于行政法规,由特定之使用者征收一定之使用费,则属于行政处分者也。其分类如左:

其一、执行的处分与便行〔宜〕的处分

执行的处分者,执行法令明文及其趣旨之处分是也。故必先有行政法规,而后执行处分生焉。

便宜的处分者,于法令所不禁之范围以内,由行政官自由裁酌所为之处分是也。盖一国政务预以法令规定一切,固足防官吏专横之弊,然仅以法令所规定范围内,究不能尽人事变化万端而包含之。此法令所以于不禁之范围内许行政机关自由裁酌,而为便宜的处分者耳。

其二、不待要求而为之处分与因要求而为之处分

不待要求而为之处分,又曰职权处分,凡官厅公署以其职权命令,命具体的之作为与不作为者皆属焉。列〔例〕如对于特定人,命其设立

---

① 此处疑缺"其二、委任命令"部分。——整理者注

公共组合,催促赋课,征收租税及执行行政罚之类是。(参照后节强制执行)因要求所为之处分,有认可、许可、特许、公证四种。

一、认可

官厅及公共团体之行为,或一私人之行为于公法上发生效力时,有必须经当该官厅承认后,而后所效力者,是即认可是也。列〔例〕如选举市助役时,不经府、县知事认可后,不能生效力者是。

二、许可

对于具有一定条件之人,于一般禁止之事,由特为解除其禁止之处分是也。列〔例〕如许私人持有军用火器,或许私人以火器狩猎之类是。

三、特许

特许有二种,一为发明特许,一为采集特许。发明特许者,对于发明物品之制造方法及其他发明各种意匠(即匠心之谓)者,设专卖权或专用权之行政处分是也。其目的盖为奖励各种发明者。而设采集处分,则以一定之人为限,许其采集矿物或采集海产物皆是,是保护生产之一法耳。

四、公证

公证者,官厅或公署因人之请求,而证明其一定事实之谓也。如证明身分、检定物品等是。

其三、非强制的处分与强制的处分

行政上具体的命〈令〉,以一定作为或不作为者,谓曰非强制的处分。其附以强制性质者,曰强制的处分。盖强制的处分者,因励行法令所生之权力的行为是也。可分为对物强制、对人强制二种。

一、对物强制者,公法上有应付给财产之义务而不履行者,则强制之直接征收其财产之谓也。日本《国税征收法》中(明治三十一年法律第二十一号)不乏其例。如收税官吏对于迟缴税租者,先催促之,继则查封其财产,以其售价充催促规费、迟缴处分费及税金等是也。

二、对人强制者,对于一定之人强使遵行公法上之作为或不作为之谓也。日本《行政执行法》中(明治三十三年法律第八四号),其例有三:

(一)代执行

代执行云者,当该官厅自为义务者所应行之作为,或使第三者为之而征收其费用于义务者是。

(二)执行罚

于事实上不能代执行之时,或应强制不作为之时,据命令之规定处以二十五圆以下之过料(行政法上之罚金谓曰过料),是即执行罚之谓也。

(三)直接强制

如强使入病院之类,即为直接强制之一种。

第三章　行政监督及行政救济

行政监督及行政救济,亦为行政作用之一部。兹于本章特为述及者,亦出于讲述次第之适宜而已。

第一节　行政监督

行政监督者,以防止行政上之不法行为及不当行为为目的而设之行政作用是也。不法行为有二,一为违法行为,一为越权行为。违法行为,即与法令规定相背驰之行为是;越权行为,即不属其机关管掌内之行为是;不当行为者,虽未尝违背法令,亦不至侵越权限,然不免侵害公益之行为是也。故行政监督,即以阻止(阻止二字有预防、匡正之意)行政上之不法行为,以期政务之美备,诚良法也。

其一、监督之种类

一、直接监督与间接监督

直接监督者,循行政阶级之顺次,上级机关对于下级机关所行之监督是也。例如,内务大臣监督府、县知事,府、县知事监督郡长、市长,郡长又监督町、村长之类事。盖中央官厅可以视察全国之行政,又因以统一之而毫无间断,且是预防瑕疵或匡正其谬,故阶级的监督之周密与否,实于操纵国政有密接重大之关系者耳。

间接监督者,不循行政阶级之次序,而以特设之机关监督之者也。例如日、德、奥诸国之行政裁判所、权限争议裁判所、会计察检院、英米两国之司法裁判所、清国之都察院等所行之监督皆是。

二、积极之监督、消极的监督

积极的监督云者,欲一切行政行为,悉能遵守法令,适合公益,因而监督之之谓也;消极的监督云者,其行政行为有违反法令侵害公益时,从而匡正之之谓也。一则维持法规及公益于未然之先,一则补偿侵害于已然之后。政务者必两者相辅，而后能得监督之实者也。

其二、监督之形式

监督之形式，虽因国与时代而不一，然举其主要者，要不外左列数种。

一、弹劾上闻

是即摘发行政上之不法行为或不当行为，闻于上，以仰君主之裁断者也。如清国之都察院之权限是。

二、指挥命令

此所谓指挥命令者，于处理行政事务时，上级行政机关对于下级机关，明示以普通之方针，或特别之方针与法令之解释而发之命令是也。其由上级机关之职机〔权〕而发者曰训令，因下级机关之要求而发者曰指令，是诚普通所行直接监督之一法也。

三、取消及停止

上级机关于法令所预定之范围以内，对于下级机关之不法行为或不当行为，有取消或停止之权，是为直接〈监〉督之最有效力者也。

四、组织之更变及职务之代执行

变更组织云者，一定之行政机关，有不法行为或不当行为时，由上级机关或主务官厅发布命令，变更其吏员之谓也。例如主务大臣或地方长官，命改选产业之理事、监事（明治三十三年三月法律第三四号、《产业组合法》第六一条），及命农会辞退办事职员之类是（明治三十八年一月敕令第二一五号、《农会法》第二七条）。

职务之代执行者，如选举市助役，两次未经认可时，由府、县知事选任临时代理者，或委官吏使掌助役之职务者是（《市制》第二五条）。

五、征收报告及检阅事务

征收报告乃由主务官厅或上级机关，命提出行政事务报告书之谓。检阅事务则由主务官厅或上级机关亲往调查行政事务之谓也。如会计检查院征会计报告于各官厅调查会计事务，即其一例。盖上级机关于指挥命令之外，普通更得以此法监督下级机关者也。

第二节　行政救济

行政救济云者，因行政命令，或因行政处分致侵害他人之利益、权利、权限时，而特设一恢复之方法也。如请愿、异议、诉愿、行政诉讼、权限争议等皆属焉。

行政救济以匡正所侵害之利益、权限为目的,故亦为行政监督之一。兹特于本节述及者,以其便于讲述,且普通皆设此理〈由〉区别,非别有理由也。

其一、请愿、异议及诉愿

一、请愿

请愿者,个人对于国家所为之作为或不作为之要求是也。其提起事由及其手续,普通并无限制,而受请愿之行政机关,亦无履行一定手续及审理裁决之义务,故以救济利益论之。诉愿者不过申述行政上之不当行为,以待行政机关之自由裁决,其效力亦微矣。

二、异愿〔议〕

个人对于为不法行为之行政机关,于法定所定之范围内,要求其撤销或变更之者,谓曰异议。以日之例言之,如郡役所即(公署、公所之意)以征收使用料、手数料(现费),通知于人民时,其通知苟认为违法或错误者,又或关于郡费之分赋(分任赋课以充郡之经费是也),町、村中认其分赋为违法或错误者,皆得于郡长申述异议(《郡制》第三四条)之类是。其与请愿不同之点,受申请之行政机关,不可不于其他法令所定之机关(例如郡参事会)而与以决定权耳(如不服郡参事会之决定,可诉愿于府参事会,如再不服者,则出诉行政裁判所)。

三、诉愿

诉愿者,个人对于直近之上级行政机关,要求其撤销下级行政机关所为之不法行为,或变更之之谓也。许人民诉愿之范围,有取概括主义者,有举〔取〕列举主义者,日本则采用列举主义诉愿法(明治二十三年〈法〉律第一〇五号),第一条及第二条曰诉愿,除法律别有规定外,于左列各种事件得为诉愿:

(一)租税及手数料、赋课之件;

(二)迟纳税租处分之件;

(三)营业许可之拒绝及撤销之件;

(四)关于水利及土木之件;

(五)区别官有土地、民有土地之件;

(六)关于地方警察之件。

其他法律敕令中,特许诉愿之件。

凡诉愿者,须经曾为处分行政厅于其直近之上级行政厅提及之。所谓法律、敕令、特许事件云者,例如《郡制》第九三条以法令明文规定者为限,许其诉愿者是,是为日本现行之制度也。

其二、行政诉讼

行政法之要求撤销行政法之不法行为,或要求变更之者,大抵与诉愿无异,但其客体手续及管辖厅等有一定之区别。

一、客体

行政诉讼之客体,其范围因国而异,法、奥等国用概括主义,凡行政的不法行为,概许人民攻击之;普鲁氏及日本则采例〔列〕举主义,其许人民攻击者,仅以法律命令所特许行政诉讼法之不法行为为限也(日本《行政诉讼法》第一五条)。

二、手续

行政诉讼之手续,除有特别规定外,大抵准用其国之民事诉讼法。以日本论,原则上,须诉愿于地方行政厅,非经裁决后不得提起行政诉讼。盖始于异议,继以诉愿而终于诉讼,略与民、形〔刑〕诉讼之三审制度相类。

三、裁判之机关

管辖行政诉讼之机关,因国而不同,英美主义由通常司裁判所并管之,而欧洲大陆主义必别设一特种之裁判机关,如法兰西、意大利两国则有参事院,比利〈时〉、瑞士及德意志联邦之一部小国,则于司法裁判所内之行政部掌之;普鲁士、奥地利、日本则特设行政裁判所管掌之。

特设之行政裁判所有阶级制度,普鲁士采用之;有单一制度,奥、日等国采用之,即全国中,仅设一行政裁判所之制度是也。

其三、权限争议

行政机关固不可荒怠其职务,然亦不得侵犯其他机关之权限,故彼此权限虽以法令预定范围,而疑义纷争之起,仍有不能免者。

权限争议有二,一为主管争议,一为权限争议,或谓曰狭义之权限争议可也。

一、主管争议云者,同一系统之行政机关所生之权限争议之谓也。然其间亦有积极、消极之别。积极的法管争议者,其关系之官厅皆主张应属于自己之职务之争议是。

凡主管争议,不分积极、消极,普通皆由兼管关系厅署之上级机关裁决之。例如两市以上或两郡以上彼此有主管争议时，由府、县裁决之；市、郡与府、县之争议，由内务大臣裁决之。

二、权限争议（狭义）云者，即不同系统之厅属所生权限争议之谓也。例如行政官厅与司法裁判所之权限争议是，而其积极、消极之别亦与主管争议同。

权限争议特获一权限，裁判所以裁决之者，其例亦复不鲜。日本虽拟仿效，然尚未能实行，今惟枢密院裁决其一部而已（《行政诉讼法》附则）。

大清行政法

[日]织田万　述

第一编　行政法规

第一章　总论

第一节　行政法

近世国家行政之观念,基于政权分立论。政权分立论之当否姑置不论,其为立宪制度之先驱乃不可掩之事实,诸国宪法皆认统治作用之区分,实为此也。故近世于法的行政,广义行政,其作用分为立法及司法,由特定之机关以独立行动为要件。清国之统治组织则与此异,以政权归于君主之一身,且其作用并无区分。似近世国家之行政未能适合于清国,更无有行政法之理。虽然,行政法之性质,学者之见解至今犹不一致。格列斯德氏云:"行政法者,总括关于政权作用之法规全体也。"〈格〉氏所著《英国行政法》即依此见解而成,包含颇广。以此推之,不妨谓清国亦有行政法。要之,清国行政法云者,特总称其政权之作用,现存的法规全体而已,或名之为清国政法,亦可也。

第二节　清国行政法之渊源

第一、成文法

支那法制,与其国民文化相同,所由来甚久。唐虞三代之世已有成文法之发布。今虽难确知其时代,观《尚书·舜典》"象以典刑"一语,足证当时成文法之制定。至春秋战国时代,魏之李悝作《法经》六篇,是为编纂法典之嚆矢。秦商鞅改法为律,汉萧何据之作《九章律》,名刑法之书为律,实始于此。尔后历朝皆有律之编纂,至近世益臻其完备。又,支那非仅有刑法典,更有规定施政之大则者,吾辈假名之为行政法典。惟其起源未有定论,如以《周礼》所传周公之政典为法典之起源,是行政法典之编纂在于刑法典之先。然《周礼》记载周代之制度,有后人润饰之迹,且所记载者仅称为周公之遗制,而非周公自编纂之,则以《周礼》为行政法典之起源实未惬当。夫就世界一般之法制而考其沿革,不论何国,刑法最早发达,而刑法典亦最早编纂。则支那法典之起源,必在刑法典,固无容疑也。行政法典之编纂,实始唐之《六典》。前溯汉代,于律外有令,有格,有式,虽亦备载施政之准则,然具法典之体裁,且足为后代之模范者,厥惟《六典》。自唐开元十年从事编纂,经十六年之久而完成。全部三十卷,分为理典、教典、礼典、政典、刑典、事典六部。明朝、清朝之《会典》盖亦仿《六典》而编纂者也。

如以上所述,支那自古有二大法典,一为刑法典,一为行政法典。清朝袭古遗制,亦编纂二大法典,《大清律》及《大清会典》是也。此二大法典共载永久不变之根本法,其适用之界限颇宽,且法典为静止之性质,不能随时势之变迁。故补其缺漏,不可不于法典之外别有种种之成文法,以与时势相推移,而明其适用之细目。清国于法典之外,多成文法,职此故也。法典及他之成文法,皆可为行政法之渊源。盖所谓清国行政法,如前所述,非仅泛博而已,且于法之各部亦非若近世诸国之有区分,如《大清律》及《条例》虽属刑法中,而性质上则多属于行政之规定也。

论清国之成文法,有当注意之现象者,《大清商律》之制定是也。商律因商部之奏请,由该部律学馆纂修。光绪二十八年十一月,经裁可而公布者,此于《大清律》《大清会典》之外,为最新主义之法典也。其内容仅定关于商人之总则及会社法,他之部分尚当渐次制定。盖现今世界之经济事业,东西相通,渐泯国境之观念,而共同事业之进步日益显著。清国虽墨守旧风,亦不能超于经济事业之范围外。会社之组织日见增加,若无法规,于实际颇多不便。此所以先制定会社法、公司律也。

第二、不文法

考东西古今法制发达之沿革,皆始于不文法,渐变为成文法,遂进而编纂法典,此普通之次序也。惟因习俗民情之不同,或以不文法为重,或以成文法为主。近世诸国如英、美二国,虽为不文法之国,而成文法之范围渐有扩充之势,是沿革之大体略相同也。支那历代之法制,其沿革之顺序亦无所异,自不文法移于成文法时代。如前所述,成文法之发布最早,又编纂法典,历朝无不企其事业。清朝虽蹈袭前朝之遗制,而立法上之进步更为显著,但此决非缩小不文法之范围也。法典及他之成文法固属浩瀚,而社会之事物,究难巨细悉规定之,况以领土之广,人民之众,不能为画一之政治耶。故清国成文法愈多,不文法之势力亦因之而大。清国法之不易研究者以此耳。

今分不文法之种类为四:一惯习,二裁判例,三学说,四条理是也。近世立法完备之国所谓不文法,仅认惯习法而已。裁判例于实际上虽甚尊重,而非直接有法之效力,故通常不得谓为不文法,矧学说及条理耶。虽然,古代之国家此三者直接、间接皆有法之效力。今察清国制度之现状,于惯习法之外,求此三者之法源有必要者,故特就一般之不文法而论述之。

惯习法之性质,为法学上一大问题。对此问题虽不必详细考察,而因阐显清国法特色之必要,不可不说明之。沿革法学派之学者,以为法之基础在于人民之总意,主权者不过表示于外形而以为法耳。故其总意之直接表示者,为惯习法;而间接即由主权者表示之者,为成文法也。此说以惯习法之观念全除主权者而言,虽驰于极端,然认定主权者固不过形式而已。惯习法之实质,在于人民之总意,实为剀切之论也。至于以如何之惯习本于人民之总意而有法之效力,此属于事实之问题。清国之现行法,不独有惯习法,即一切之法规,亦非必以主权者单独之意思制定之,不过采用前代之遗制旧惯而已。由此观之,沿革法学派人民之总意为法之基础,可谓能得清国法成立真相也。斯勒古斯氏于《支那杂志》题清国法之施行而论曰:"现时之清朝不可如一般误解,以为能变支那法理之性质者,除关于服装、辫发琐末之例外,现时之支那人与明朝之支那人无异。盖征服者之满人,实为被征服者之汉人所征服。盖不强行自己固有之习俗,却采用汉人之文化也。"(二卷二三一页),此稍知清国法之沿革者无不能为此言。若《大清会典》,若《大清律》,虽有改废损益,要皆蹈袭明朝之遗制,其惯例、习俗亦依然为明朝之惯例、习俗也。此或出于怀柔被征服者之策,或因征服者仅长于武艺而缺文治之结果。然究因一国民之文物制度,其总意所凝集,不能俄然改废之也。且尚古之风为支那民族之特质,其称为古圣先王遗训、旧制,尤难于改废。若《周礼》及《礼记》,至今犹为惯例、习俗之源泉,苟违反此遗训、旧制,乃为大罪恶。故历朝之革命,非革新古法、旧惯,实于破坏古法、旧惯者而加以制裁。此研究清国法所以特当注意惯习法也。

第二章　成文法

第一节　法典

第一款　大清《会典》
第一项　《会典》之性质

《会典》者,会要典章之义也。就行政之准则,定其永远当遵行之纲领,故自朝廷百官之组织,至于处务之规程,总括无所遗。乾隆《钦定大清会典》凡例云:"以典章会要为义,所载必经久常行之制,兹编于国家大经大法,官司所守,朝野所遵,皆总括纲要,勒为完书。"此足以表明《会典》之性质者也。

抑近世诸国,凡法之各部类,皆编纂法典,而行政法典独未编纂。其出于二三学者之著述,为立法上之实例者,惟葡萄牙国有行政法典。但其法典非亘行政之全体,仅关于地方制度而已,谓之为行政法典,名实不符。清国于法之各部,虽不若近世文明诸国各有分类,而自《会典》性质上言之,实可为行政法典。若夫行政法规之全体,虽非悉包含于《会典》之中,散见于《大清律例》及其他成文法、不文法者不少,特《会典》以行政机关之组织权限及事物之准则等之一般行政为主,则谓之为行政法典,固无不可。欧洲诸国所以无行政法典之编纂者,或因行政法之性质不便于法典,或因研究未充实,不能树立一定之准则。彼察普通之现象,遂推论行政法不适于法典之编纂者,实未惬当。若清国则固立于通例之外,而有行政法典者也。

第二款　《大清律例》
第一项　律例之性质

清国法之各部未有分类,一切悉归结于刑法《大清律例》者,即现行之《刑法典》也。凡刑事制裁之规定,其实质上或属民法,或属行政法,或属诉讼法,皆包含其中。要之,《会典》者,明百官有司之职守;《律例》者,正有司与人民之违法。二者相俟,以成国家之大经大法也。律例相合组成《刑法典》,虽为现今立法上之趣旨,惟律与例性质不同,不可不阐明之。

律之于刑事法,犹《会典》之于行政法。律者,乃永久不变之根本法,一成而不能改废之。例,即条例,因时变通,不妨为改废损益。故

《会典》者依于则例而随社会之变迁,律者依于条例而应时势之推移。律与条例之性质及关系,无异于《会典》与则例之性质及关系者也。

第二项　律例之编纂

第一、律例编纂沿革

刑法典编纂之渊源,前已详述。清朝之刑法典,以顺治三年刑部尚书吴达海奉诏参酌《明律》所编纂者为嚆矢,名曰《大清律集解附例》。世祖章皇帝御制序,有"爰敕法司官,广集廷议,详择《明律》,参以国制,增损剂量,期于平允"等语。康熙九年,大学士管刑部尚书事对喀纳等奉诏校正。十八年,特谕刑部于定律之外有条例之宜存者,详加酌定,刊刻颁行,名为《见行则例》。二十八年,台臣盛符升奏请以《见行则例》载入《大清律》之内,命尚书图纳、张玉书等为总裁。至四十六年,缮写进呈留览,尚未颁布。雍正元年,大学士朱轼、尚书查郎阿等奉诏续成之。至五年,毕其事业,《大清律例》部颁,凡例有"自雍正元年世宗宪皇帝命廷臣汇集众说,参酌考订,三年书成,名曰《大清律集解附例》。是书不特发明律意,且补律之不备,实为圣朝明刑之善本"等语。乾隆帝即位之初,允尚书傅鼐之请,命律例馆总裁三泰等考正成编。五年纂入定例一千四十九条,公布之。自是数年一修,以新定之例分附律后,遂改名《大清律》为《大清律例》云。

第二、条例之纂修

纂修条例,刑部律例馆掌之。律例馆创设于顺治二年,初为独立官厅。乾隆七年,乃隶属于刑部。该馆非常设者,每及纂修之年,由刑部官吏中临时任命其馆员,纂修既终,即废止之。纂修条例有大修、小修二种,小修五年一次,大修十年一次,率以此为定例。其以五年为限者,乃出于以人事符天道之例习,谓与天道五载一旋之序次相并行也。道光九年,《增修律例统纂集成》常德之序云"故天道五岁而一旋,星家于是有置闰之法,律例亦五岁而一辑,法家于是有增修之文",即此意也。当其举行纂修亦有定期,不许逾限。小修限十月,大修限一年,必蒇厥事。若应纂修之条例甚多,若于期限内不能蒇事时,当于开馆之初具申理由,预请展宽限期。

第三、条例之渊源

条例之渊源不得详核,然观《律例增修统纂集成》,凡例云:"计自嘉庆六年至同治九年,历奉部纂新例,但只颁发在官,未获人人尽睹,兼因卷页繁多,坊间刊刻每易舛迕。兹遵部颁续例,逐条校勘,分别增删,务期详备。"又云:"除照新例校正外,其自同治九年颁例以后至同治十年以前,凡各省条奏、咨请、部示、准驳成案,并刑部随案修改例文,将来应纂为例,暨奉特旨载入例册者,皆备列于条例上格,以便查核引用。是条例之渊源,要在刑部及各省所定之新例并成案。取刑部之新例以为条例者,即刑部所辖律例馆之审议,经敕裁而编入律例也。"各省之成案者,即判决例之义。各省设其成案上奏,条奏皇帝,或咨请各部,由各部准驳是否而回答之。盖咨请、部示虽近似指令之义,而实则不然。何也? 各部与各省之间后当详论,如中央官厅与地方官厅之间无统属之关系,皆为独立官厅,而直隶于皇帝者咨请、部示,宁解为日本移牒回答之义,是即所谓准驳成案也。刑部依其成案改修条例,使刑律得随时势之变迁。

第二节　则例

第一、则例之性质

纂修行政上之实例,谓之则例。自形式上言之,则例者,施行《大清会典》所起之实例也。清国之行政事务详后文,分掌于吏、礼、兵、刑、工、户六部。近来虽有新设之官厅,此分掌事务之原则依然存在,至于地方官厅亦然。故官厅生执上之厅议时,必经行政阶级之次序,而上达中央政府,从其事件之性质交付相当之部,使之审议,更经敕裁,始为新设事例。其裁可新例之设定有曰:"著为例者,即其裁可之形式也。"盖例之本质,虽仅于行政机关之内指定处理事务之方法,而以形式设定之,对于将来之事件示适用之准则者,实不独于内部有法规之效力,即对外部人民亦生其效力。而此事例积集时,每以一定之年限纂辑之,区别取舍,其当遵行与否,更经敕裁,定为行政应据之法规,所谓则例是也。夫例之制定既如此,则其效力非仅事实上为拘束行政官厅之先例,乃为经君主裁可而发布之成文法。是其所纂修之则例,亦非仅集辑先例之文书也。更以具体的言之,则例之于《会典》,犹条例之于律,皆于常久不易之根本外编纂新例者,于其实质毫无所异,又安有一为成文法一为不文法之理耶? 惟考其制定之形式,二者实各异其趣,何则? 条例与律非必离而为二,故可称律例为一法典,则例则非可与《会典》合成一法典也。苟如乾隆以前,事例之重大者,每编入于《会典》中是。则例与

《会典》之关系,恰如律与例之关系。至嘉庆续修《会典》,改编纂法,纂修一般之则例附于《会典》之后,故《会典》事例名实皆为事例,不成为《会典》之一部也。嗣后未有一般事例之改修,仅于各部为则例之纂修,详后。要之,所谓例者,条例与则例实质上无所差异,惟纂修之形式不同而已。

第二、则例之纂修

则例由各部定期纂修之。据《钦定吏部则例奏疏》云:"各部则例每十年奏请纂修。"又,《钦定户部则例奏疏》云:"嗣是五年一修,如刑部律例馆之例是。"各部纂修之年限虽有不同,其皆定期者似无可疑,然自实际上观之,则纂修亦非必有定期也。如光绪十一年《纂修吏部则例奏疏》云:"臣部自道光十九年奏明续修则例,至二十三年修竣以后,迄今三十年之久。历年办理案件及奏定章程,多有因时制宜变通办理者。"观此可以知之矣。

第三、则例之种类

则例可分为一般则例及特别则例二种:

(一)一般则例

各部就一般事务而纂修者为一般则例,即《钦定吏部则例》《钦定礼部则例》《钦定户部则例》《钦定工部则例》等是也。会典馆《会典》之编纂皆为统括者,如《乾隆大清会典则例》《嘉庆大清会典事例》等,亦属一般则例。

(二)特别则例

各部就事务中特定者设有则例,谓之特别则例。如《钦定物料价值则例》《钦定八旗则例》及《钦定六部处分则例》是也。又如《钦定大清通礼》《钦定户部漕运全书》《钦定学政全书》等,虽无则例之名,而由实质上观之,当属特别则例。

第三节　省例

省例者,各省即各地方区划所定之实例也,其性质与则例无异。惟则例依事件而分其管辖,省例则依地方而异,其适用而已。即则例者,为各部分掌事件之实例,关于同一之事件全国皆有效力;省例者,虽通于一切之事件,其效力不能离各省地域而存在也。盖清国版图广,人民众,各地风俗习惯殊,难以全国唯一之法规为之统率,其设此特例者亦势所不得已也。

是故,省例者,虽以各省之特有为常,实则当定省例时,必兼察他省之例而务为一致。因此遂有各省同一之省例,所谓各省通行之例者是也。此虽名为省例,殆与条例、则例同其效力,以编入条例或则例者正多也。

关于省例之纂修,一般无条规之可见,似惟应各地特别之情况随时行之而已。当其举行纂修之时,从事件之大小轻重,或奏请于中央政府,或以地方官厅之职权而专决之。要之,宜知此点无法律之论据也。

第三章　不文法

第一节　成案

不文法以成案为主,成案为各部或各省之判决例,其当永续惯行者,为条例或则例。至于构成为成文法,殆与成文法有同一之效力,而其未至于此,各独立时,亦有一定之法力,故不可不列入法源之中。成案虽亦依文书而保存,而当为文书时,不得视为法规而生拘束力,故以之为不文法也。今观成案考证之程式,如对于条奏之上谕中,有云"钦遵在案""钦遵通行在案"等字。所谓在案者,即某事件既定之判决例之意。而《大清律例集解》凡例云:"成案与律例相为表里,虽未经通行之案,不准引用,然其衡情断狱,立议折衷,颇增学识。"是成案为通行之案,与前所述之条例或则例,其实质相同。法规之适用上,虽准许适用,而其未成为通行之案者,仅为单纯之判决,不得引用之。要之,成案者与成文法相表里,而足以发挥其真意,则宜交互参照,期解释适用之不误。然则成案之为不文法,其效力如何,自可推知之也。

第二节　惯习

《会典》及律之内容,依近世法之分类,当以行政法及刑法为主,而其卷帙之浩瀚,条规之详密,网罗大小百般之事件,且随其时势之变迁,当留有变通之余地,以纂积集之新例而明执务之准则。故行政之范围可认为惯习之范围者,虽若甚狭,而法规之不备悉,事例之不确定者亦决不少。例如,关于皇室之事项者,其最著也;又关于官制、其他官厅及官吏之法规,虽稍完备,亦只率循旧章,漫然设置,诸种复杂之官厅,其职务之区分或关系等,皆有不明了者。至关于地方人民之自治法规,殆全属阙如,第据历来之惯行以为常耳。就其他各官厅事务之实际而察之,依惯习而施设者甚多。且人民相互之法律关系与公益直接不相关者,一切任之惯行,不容官之干涉。所谓今日民事法之全体,殆由惯习而成,亦非过言。夫尚古之气习为支那民族之特性。先例、旧习不轻放弃,故有法力之惯习,较诸他国尤多,亦无足怪也。

清国惯习法之情状如此,而其版图之广大、民庶之众多,固难期有各地同一之惯习法,——精细而考核,惟以文献之可征者与实地所获之材料为取舍,而论述其主要而已。

第三节　学说

学说可为直接或间接之法源,属于过去之时代。近世进步之国虽不可复睹,而清国则此例尚存。按,《颁律》凡例中辑注云:"集诸家之说,参以折中之见,不作深刻之论。其于律文逐节疏解,字字精炼,无一言附会游移(中略)。自辑注以后解律诸家之说,有发明律意者亦采辑于上注。"又,《增修律例统纂集成》应宝时序云:"道光后,山阴姚君润一再修订,辑诸家之笺评,载历来之成案,分门别类,炳如日星。然则律学之解释疏注,最为明刑弼教之助,在司直之官以之引用,而有断法之事实者,顾不昭昭然耶。"此与罗马古代直接以学说付法力者,虽有不同,而考其为官厅执务之准则,实为不文法的渊源之一,不得不列举之也。

第四节　条理

条理之为法源,近世诸国惟于民事法则然,而刑法必依严正之解释。法无明文者,无论如何行为皆不论罪,其在清国则刑律之上亦许比附援引,无明文可据时,可以推情理而合律意。《大清律》云:"凡律令该载不尽事理,若断罪无正条者,援引他律比附,应加应减,定拟罪名,议定奏闻。若辄断决致罪有出入,以故失论。断罪无正条。"《辑注》云:"法制有限,情变无穷。所犯之罪无正律可引者,参酌比附以定,此以有限待无穷之道也。"观此可知,夫刑律尚且如此,况其他之法规乎?况行政之上事项乎?且《皇朝通典》《皇朝通志》《皇朝通考》其他钦定诸政书类,或成于学者所定之诸政书类,要皆为吏务之参考,示可准据之条理也。然则条理之为行政法之渊源,在清国不可谓之不著矣。

第二编　行政组织

第一章　总论

第一节　政体

现时之清国为单一国家,其政体为君主专制固不俟论,但支那之君主专制与一般之君主专制,其性质稍有差异。欲明其性质,当就支那古代政治之状态而演述之。

一、政权之基础

支那以君主总揽政权,古来之族长主义犹未改变。夫原始之国家由同血统民族而成,君主即其民族之嫡宗,承神意而统御各民族者。族长制度实胚胎于此血族团体之关系也,支那之国家制度,殆亦不脱此。通有事例之时代,惟唐虞三代以降之制度,既一变其趣,遂舍事实上之族长主义,而采思想上之族长主义,抱君者民之父母之思想,以定君民之关系。故此时代之君主,即为一家之长,人民则其家族也。然此究为政治上理由之拟制,非真血统之关系。盖以支那土地广大,民族错综,国家之制度徒从血统上之关系使其人民畏服,要不可以长久。且族长一旦缺其德望,或失统御之道,必至于不可收拾。所以,不论血族关系之有无,能爱抚人民者即族长,亦即君主也。反而观其社会之组织,守古代族长制度尤严,至今犹重血统,分尊卑。家父为一家之长,有绝对无限之权力。子孙当尽孝道,实为社会生活之一大根本。故国家组织之基础与社会组织之基础,从古已相分离。国家组织者,国家对民族之关系已绝,一般民众直接为国家之民众也,唯以其关系拟于血族关系。故于社会组织之事实上,族长主义之观念在国家关系亦得适用。思想上为族长之君主,对其为家族之人民,遂有绝对无限之权力,且其权力以拟制的族长之故而存者也。此则余所谓本于族长主义之君主专制也。

二、对于君主事实上之制限

君主专制之基础存于拟制的族长主义。如此,而此主义之中,乃隐对其君主之权力加一大制限者,不可不知也。此立君为民之原则,与君者民之父母之主义相随。君主有无限之权力,虽得任意专横,亦复不可不爱育抚养其为家族之人民,则其权力非因作自己之威福而无限者,乃因谋国民之幸福而无限也。《书》曰:"天降下民,作之君,作之师。"又曰:"天视自我民视,天听自我民听。"古之格言表明君民之关系者不遑枚举。而古圣贤政治上之教义,概布衍此类之格言。如孟轲氏尝鼓吹民政主义曰:"桀纣之失天下也,失其民也;失其民者,失其心也。得天下有道,得其民,斯得天下矣。得其民有道,得其心,斯得民矣。得其心,有道所欲与之聚之,所恶勿施尔也。"又曰:"贼仁者谓之贼,贼义者谓之残。残贼之人,谓之一夫。闻诛一夫纣矣,未闻弑君也。"虽西洋之民约论者,其掊击暴君政治未有如是之痛快,且西洋之民政主义,自十八世纪之后半,始有倡导之者。在支那,则此思想之涵养已有二千年之久。所谓天子者,有承天意而行之义务之义。天意者,在图人民之有形上或无形上之幸福。若君主营私利而不顾国利民福,则失其君主之资格,当取他之得民心者代之。故曰:"四海困穷,天禄永终。"

第二节　现朝之行政组织

清国政治之中心为皇帝,皇帝即总揽政权,就一切之国务为最终之裁断者也。以近世国法之观念言之,为统治主权。而统治机关以固有之权力君临天下,非依他之权力之委任而行政务也。故清国一切统治作用之渊源,为皇帝所发之意思,固不待言。然皇帝不亲万机,必设诸种之机关,而又不得委任以一定之政务。本编所论述者,即以统治作用与参与其作用之机关为主。先从其大体之观察,而叙其行政组织上之特质。

一、无国家与宫廷之分界

拟制的族长主义乃支那政治之根本,已述如上。故天子以天下为一家之原则,通古今而长存,从此国家与宫廷之间,亦不分其界限,所谓宫中、府中共为一体者也。若宗人府、若内务府等非无特掌宫廷事务者,而此类不仅为组织政府之一机关,且有为国务之机关者,亦多兼掌宫廷事务。故皇室所属之机关,虽可区别说明之,而又不敢证以此类之机关置诸政府以外,视为特别之组织也。

二、采用分权国家之制度

支那之地方制度,自古迄今,虽经屡变而无一定要,其纯粹之封建制度秦汉已〔以〕来全然绝迹，或专用郡县，或封建、郡县并用以为治。如魏晋南北朝、唐之末叶五季之世，非无群雄割据、地方偏政之事，究由弊政之结果，于不知不觉间驯致此势者。至其制度，则中央政府直接管辖州郡，地方之事无问大小，均以遵中央政府之指挥为原则，与今日之设督抚于各省、司道在守令之上而统军民，限以如何之程度，许其独断专行者大异其趣。今日之地方制度，盖始于元代，其设行中书省于全国，与中央政府相并使，统辖地方之政务，以树立极端的地方分权制度。厥后历明朝至现代，虽略为变改、损益，于大体上犹沿袭此制度也（参照《元文类》卷四〇、《经世大典序录》、《钦定续通志》卷一三四等）。盖尝考之支那版图广大，其不能为画一之统治者，固自然之势。秦汉以还，至于唐宋，凡历一时代，皆有所谓国政之统一者。然仅属于名义，未有实际的集权国家之组织也。及元自北地入掌支那之统治权，增大地方官厅之权力，殆使为独立之行政者，可与实情适合，而因此驯致极端的地方分权，虽名曰郡县制度，实与封建制度无所别择，唯地方长官为政府之官吏，与封建诸侯不同耳。现今各省之督抚直隶于皇帝，关于某事奏请敕裁之外，得以全权行其管内之政务者，实可传此制度之精神，而所谓采用分权国家之制度者，亦即为此也。梅耶斯氏曰：“清国中央政府由现制上观之，其行政事务虽若直接有发案权，实则对地方行政一切之事务，不过以之为记录，或掣肘之具而已。”又曰：“清国中央政府，其职虽曰处理二十二行省之行政事务，而实处于批评行政事务之地位，唯地方官吏有不法行为，或认其行为为危害国家之治安时，则任免之权力常存于中央政府耳。”（一二页）梅氏之论，可谓举现今行政组织之中央政府与地方官厅之关系，总括而无余蕴矣。

抑近世国家之行政，分官治、自治二大系统，以官治行政集权于中央，依自治行政加以地方分权，使二者相调和，而冀增进国利民福。故于自治之行政，虽认为分权组织，于官治行政则不认之。盖官治行政（即国家之行政）与国家之利害休戚相关，国家将使直接为自己之机关而处理之者，非以其权力而集中之，则行政之统一不可得而望也。清国官治行政上，采用分权组织，虽出于不得已之情，然于近世国家行政之原则全相反背，其国政之日以萎缩，而有尾大不掉之叹也，亦宜。

三、设满汉钳制之法

以上所述，非必为现行制度之特质，即谓为支那古来制度通有之性质,亦无不可。兹所说满汉钳制之法,则不得不专归之现朝之发明。且尚古之风为支那国民之特性,而古圣先王之遗法、遗训不敢妄为变更。仲尼氏云:"殷因于夏礼所损益,可知也;周因于殷礼所损益,可知也;其或继周者,虽百世,可知也。"斯言真可道破支那法制之真相矣。支那法制之根据,殆贯古今而不变者,虽经历朝革命,而法制则因仍旧辙,唯适应时势之推移,略施增减、损益而已。至清朝之法制,其发挥此特性尤为彰者,如《大清会典》《大清律要》皆袭用前朝之遗法者,既述如上。唯满汉钳制之法,在现代之行政组织为当注意之一特质。盖满人既征服支那本土而统治之,其对被征服之汉人,固不可不讲怀柔之策。且满人之征服支那专仗武力,文事则非所习熟者,势不得不承继前朝,并不得不采用汉人而使为文治。又恐专用汉人,或至危陷其朝廷之基础,以故国家枢要之职务,满汉并用,使相钳制,而绝私挟权势之弊。然此不特使二者互相推诿又相轧轹挤陷,以致事务淹滞之多。近年新设官厅为外务部、商部等,有不论满汉,广选人材登用之趋向。此时势之使然,可谓为清国制度上之一进步也。

第二章　皇室

第一节　皇帝之地位及特权

清国之皇帝为一国元首,而总揽统治权,立法、司法、行政皆出其意思,政治上、法律上则无何等之责任,即其权力为绝对无限也。抑自古至今,行于支那所谓政教为一之主义者,皆以皇帝为上帝选生民中之聪明睿智、秀于众者,使之为君、为师。且于其权力绝对无限之外,道德及智识亦为人类中最完全者。故人民尊称之为君主,曰圣〔皇〕帝,曰圣上,尊称之词不一而足,究即支那人对君主之观念之伦理的结果也。又皇帝者,既受上天之眷佑,统御万民治之之外,又当教之养之,故凡关于臣民之事,无不干涉。威黎亚谟斯氏《中国总论》云:"彼皇帝与罗马法皇皆对天下自主张为上天之代理者,因有天命之解释者之权力,用倨傲尊大之称号而互相争竞。"(一卷三九三页)斯语诚当也。盖以其受天命而为君者,为声教之所及,固不可有区域。所谓华夷内外,亦唯就君主声教所及之程度而言耳。若从支那政教之理想,则但有唯一之宇宙帝国,而无对抗之各国。支那人之乏国家的观念者未必非此之由,又由天无二日、民无二王之主义而论,除支那之皇帝外,天下无更有真主之理。彼受恩深重之支那人,岂有不自贵之理耶? 世人动以支那人之对外国倨傲尊大、不通世界事情为过,其语虽中,其重要之原因,实则本于支那人对皇帝之地位所抱之根本思想者也。

第二节　皇位继承

清朝之皇位继承,自以皇太子嗣大统外,无何等之规定,若以不设规定为家法者。案,太祖天命七年,以皇子八人为和硕贝勒,使共理国政。当时诏云:"尔等同心谋国,庶几无失。尔八和硕贝勒内择其能受谏而有德者,嗣朕登大位。若不能受谏,所行非善,更择善者立焉。"(《东华录》天命四)由是观之,太祖无豫定皇嗣,一任诸王之推戴拥立,嗣世祖之太宗亦然。当世祖获疾大渐,定皇三子为太子,帝崩即位,此为清朝立皇太子之始。然立太子殆与崩御同时,非历代帝王之豫立储贰此也。康熙十四年六月,立二子和硕理密亲王为皇太子,此可谓为立太子之最始又最终者。盖允礽既立为皇嗣,渐生狂疾,至四十七年废之,未几而复,其行益暴戾,遂再黜之,是后康熙帝不复立皇嗣。崩御之际,召诸皇子于寝宫,宣旨以皇四子(即雍正帝)绍大统(《东华录》康熙一一〇),雍正帝之即位也。窃就诸皇子中豫定可托宗社者,亲写其名藏于匣内,置乾清宫中世祖御书"正大光明"匾额后,以备不虞。又以此宣谕诸王大臣,临帝崩时取而命之。君臣相与启视,然后定皇嗣、绍大统,是为高宗(乾隆帝)。盖自康熙以来,无公然定太子者,以太子在储贰之位易生骄慢,且立太子时必设东宫官属〔署〕,官属〔署〕苟皆善人则可,若奸邪不逞之徒滥厕其间,希图己之权势,诪诼以迎其意,挑唆以荡其心,遂召离间父子、兄弟骨肉相残之惨祸。此例在支那历史数见不鲜,如唐太宗之杀建成即其一也。康熙既鉴立太子之弊,不复再定储贰,世宗效之,唯心窃拟定而已,别不立皇太子之名,无宣告中外之事。乾隆立,又仿祖考之制,窃写所欲立为皇储者之名,密封而藏于匣,已拟定名收入于乾清宫世祖匾额后。自后历朝相沿,以不定太子为家法。案,乾隆四十八年詹事府官制上谕云:"(上略)总之,建储一事,即如井田封建之必不可行。朕虽未有明诏立储,而于天祖之前既先为斋心默告,实与立储无异,但不似往代覆辙之务虚名而受实祸耳。"故现在詹事官属〔署〕虽沿旧制,而实一无职掌,只以备员为翰林升转之资耳。因再明切宣谕:"我子孙其各敬承勿替,庶几亿万年无疆之休,其在斯乎? 总之,此事朕亦不敢必以为是。其有遵古礼为建立之事者,朕亦不禁,俟至于父子、兄弟之间渐生猜疑,酿成大祸时,当思朕言耳"(《皇朝文献通考》卷二四二)。夫一面言"我子孙其各敬承勿替",一面又言"此事朕亦不敢必以为是,其欲遵古礼为建立之事者,朕亦不禁"。其旨之所在,虽苦于难知,而立太子为古昔以来支那帝王沿袭之故事。在以尚古为政治第一义之清国,未必处不可行,此固不得断言。唯由祖考以来之习惯与立太子所附随之弊害而论之,则似以不立为是。然由祖宗之法不可渝〔逾〕之原则言之,此习惯又不得一定而不移也。

第三节　立皇后

清国普通风习,不独同姓不婚,如满汉通婚亦为国初以来之禁令。近图两者间之疏通融会,始许通婚。然此但系于满汉之臣民,至皇室、皇族则犹沿旧习,不得婚嫁,故皇后及六宫之备选者,皆为异姓满人之女子。而为皇后者,似以满人中,勋旧世家之佟佳氏、那喇氏、钮祜禄氏、富察氏、喜塔腊氏等为最多(《皇朝通志》卷二氏族略、《东华录》)。皇后之中,有由皇帝即位之后新册立者,有由皇太子入绍大统以其妃为皇后者,有因皇后崩而以贵妃以下之贤良者正位中宫者,又有及太子继位,其妃早薨而追封为皇后者。凡此之类虽多,要皆依册立之形式发布中外而已。前据《大清会典》《大清通典》等政书,略叙册立之仪礼如左。

第四节　太上皇

皇位之继承,在皇帝崩御与皇嗣入绍大统之时,故无太上皇之理由。其有此者,十一朝中唯一乾隆帝而已。案,乾隆御极之初,默祷上天曰:"幸保长寿得长,在位六十年后,必让位于嗣皇帝,敢使上同皇祖纪元六十一载之数。"皇祖纪元六十一载者,指圣祖(康熙帝)在位之年数而言也。其后在位,果及六十年,以位让于皇嗣(嘉庆帝),自称为太上皇帝,凡军国大政及外藩交涉事件仍定为训政。自乾隆垂范伊始,后世子孙倘能达康熙或乾隆之年数,以同一之理由自谦,抑而传位于其嗣者,决不得为违背家法。支那之孝治主义,其足为美德而可颂扬者,虽未可知,然如康熙之六十一年、乾隆之六十年,其在位之久,在支那史乘实属罕见。自事实上而言,此后固不必规仿前例而为禅位,即自今以往,亦可决其必无此事也。

第五节　皇太后

皇帝崩御,嗣皇帝立,尊先帝之皇后为皇太后,此属历代惯行之事。前所当注意者,在皇太后之尊称,必不止先皇后一人,嗣皇帝对先帝之宫人诞育己身者,得尊为皇太后。此犹普通人民之家族间,嫡庶虽殊分,而子对其生母尊敬孝养当同于嫡母也。日本国俗则有大相反对者。如上所述,清朝之皇位继承,既无如何之规定,事实上多由庶出皇子入绍大统,则同时之有二皇太后者决亦不少,唯于此稍为区别,称先帝之皇后为母后某皇太后,称本生宫人为圣母某皇太后。如同治帝立,而尊先帝之皇后(孝贞显皇后钮祜禄氏即东太后)为皇太后,复尊其生母懿贵妃那拉氏(即今之西太后)为皇太后是也。既立为皇太后之后,不独皇帝对两者之礼遇毫无所异,且于事实上,圣母之权力反出于母后之上。如同治及光绪初年,东、西皇太后共垂帘听政时,其实权皆归于西后,无论其才干之如何,而为皇太后之后,嫡庶即无分别者,殆可得而见也。

第六节　训政及摄政

清朝虽有训政、摄政及议政、辅政,而与日本《皇室典范》及欧洲诸国所谓摄政者稍异。此种皇室法规不载于《会典》及则例,叙述极难,仅按历史上之事实,姑下推测,无由见其他之方法也。抑训政、摄政、议政、辅政者,自有差异。训政者,谓太上皇或皇太后训示大政也,此为清国特有之事。由理论上而言,皇帝虽为统治之主体,因有训政,不得独断专行,必仰太上皇或皇太后之训示。太上皇传位于皇帝,关夫统治权之行使,犹留保其一部或全部,皇帝则不过继承其不完全之统治权而已,实合太上皇、皇帝而始为一统治权者也。此统治权行使之条件,自太上皇尚为皇帝时,即定以统治权者之资格者。太上皇之生存中,在国法上条件之效力不可谓不尊重。至皇太后之训政,表面上当由皇帝亲请皇太后训政,是皇帝自制限其统治权,分其行使之一部,以与太后也。若摄政、辅政或议政者,则不过由皇帝以一官爵赐皇叔之辅政者而已。

第一、训政

一、太上皇帝之训政

乾隆帝在位六十年之后，让位于嗣皇，以太上皇训政，至嘉庆四年崩御，嗣皇始行亲政。据当时军机大臣所议奏之典例，太上皇自称曰朕，称其谕旨曰敕旨，诸事比皇帝加尊严一等。其听政之事，以太上皇之名下于阁部院之敕旨，多收入高宗圣训者，可考而知也。敕旨虽出于太上皇一人之意思，即嗣皇之上谕，亦类非皇帝单独之意思，此其为太上皇之训示也明矣。大政之内，何事应依敕旨，何事应依上谕，何事应由皇帝请太上之训示，不得而知之。据六十年十二月下琉球国世孙之敕谕中有云："自丙辰年以后，凡有呈进表文，俱书嘉庆年号，至朕传位后，凡军国大政及交涉外藩事件，朕仍训示，嗣皇帝一切赐赉绥怀，悉倍恒典。"（《东华录》乾隆一二〇）似太上皇之所总揽，仅属军国大事与外藩交涉事件，然观高宗圣训所载，嘉庆改元以后，太上皇之敕旨往往关于政治上之小节，不独如下琉球世孙之敕谕所云云者。如嘉庆二年乾清宫火灾时，太上皇责己之敕旨中有"现在朕虽已传位，而一切政务仍亲训示，政事有缺，皆朕之过，非皇帝之过"等语。由此观之，一切政务皆经之训示，故其责任亦皆归于己，是必非仅军国重事及交涉外藩事件而已也。盖乾隆让位之时，嘉庆帝年已三十有七，决不可谓之幼主，固若无待训政者。然普通之家族当听命于父母，太上皇尚在，为嗣皇帝者，亦当以万事仰承训示为原则。要之，嗣皇帝者，乃由太上皇授以极不完全之主权者也。

二、皇太后之训政

继乾隆而为训政者，即同治及光绪初年之慈禧、慈安两太后，与现在慈禧皇太后垂帘之政是也。其训政与乾隆时略有差异，如乾隆自留主权之一部，而以其一部授与嗣皇帝。在皇太后则本非有主权之人，故表面上，当基于诸王、大臣之奏请，因皇帝之恳愿，然后可为政，是不得不谓为皇帝亲制限其主权，而以其一部授与皇太后也。同治之初，两宫训政之上谕有"我朝向无皇太后垂帘之仪，朕受皇考大行皇帝之托，惟以国计民生为念，岂能拘守成例？此所谓事贵从权，特面谕载垣等，著照所请传旨"之语。夫以七岁之幼主，能惟以国计民生为念，虚饰之语无甚于此者。而清朝皇帝幼冲之时，无必以皇太后为训政之家法，如上谕所云，则以其事属从权，请训政之意思不可不出自皇帝。当是之时，皇太后虽总揽一切政治,而其出于上谕,尚以皇帝之名(朕),太后不得〈以〉乾隆之发单独敕旨者,惟上谕书"朕奉某某皇太后懿旨"云云。而由臣下之奏折,则似以书"伏乞皇太后、皇上圣鉴训示"为例。当时上谕有云:"谕内阁,朕奉母后皇太后、圣母皇太后懿旨,现在一切政务均蒙两宫太后亲躬裁决(中略)。惟缮拟谕旨,仍应作为朕意宣示中外。自宜钦遵慈训,嗣后,议政王、军机大臣缮拟谕旨,著仍书朕字,将此通谕中外知之。"据此观之,皇太后训政之时,一切政务皆以皇帝之名而行者,可知矣。

第二、辅政、摄政、议政

清朝时有辅政、摄政、议政之设,其名目与日本《皇室典范》及西洋诸国所言之摄政相似。梅耶斯氏曾译为摄政王之义,其实与日本及西洋诸国所谓摄政者其权能大不相同。案,太宗崇德八年,帝崩,嗣皇帝(世祖顺治帝)尚幼,诸王、贝勒公议,使郑亲王济尔哈朗、睿亲王多尔衮辅理国政,后又称为摄政。就任时,二亲王誓告天地,词曰:"兹以皇帝幼冲,众议以济尔哈朗、多尔衮辅政。我等如不秉公辅理,妄自尊大,漠视兄弟,不从众议(中略),天地谴之,令短折而死。"观其以"漠视兄弟,不从众议"自誓,理论上必不适合于今日所谓摄政王之意义。又如顺治定鼎北京,以特旨加封叔父睿亲王为叔父摄政王,并封郑亲王为信义辅政叔王(后豫亲王代为辅政王,《东华录》顺治一及《碑传集》所收睿亲王、豫亲王、郑亲王传),皆依皇帝之恩封。其性质不过一官爵,即与古代日本所置摄政亦同,唯有与皇族、与人臣之区别而已。其后康熙幼年,索尼、苏克萨哈、遏必隆、鳌拜等以遗诏辅政,号辅政大臣,此亦不过一官名也。又,同治初,两宫皇太后垂帘听政,选恭亲王为议政王,此议政之职又唯长端揆而辅弼庶政,而两宫为统治之实权者,王遵行其旨耳。当时上谕云:"朕奉皇母皇太后、圣母皇太后懿旨,现在一切政务均蒙两宫皇太后躬亲裁决,谕令议政王、军机大臣遵行。"观此可知其关系矣。

第三章　官厅

第一节　概论

第一款　官厅之意义

以近世公法之观念而言,官厅者,以一人或数人而组织,从法令之所定,处理国家政务之机关也。所谓以一人或数人而组织者,即官厅事务之主任专属于一人,或共属于数人之意,故官厅之编制有独任制与合议制之区别。有此区别,或专依主任者一人而设,或依二人以上而设。而对主任者之职务补助员之人数,于官厅之为独任制与否究无关系。又,官厅之职掌在处理国家之政务,其处理不可不从法令之所定而为之,盖官厅之为机关的性质固当如是也。而其政务之性质如何,与官厅之为官厅亦毫无所关系。学者或采不任命令之行使为非官厅之见解,其谬妄之说,固一般所认者也。

在清国法,官厅之意义亦与此无异。而命令权之行使,不为官厅之要素,殊为明著。凡礼典、祭祀、学问、技艺等,不与命令之行使相关之事务,在重礼乐之清国,自不得不居其最多。院寺等之事务,亦大抵皆然,但其国家为机关之一,管掌其政务,与他之机关无所异,即亦不得谓之非机关也。

第二款　官厅之类别

官厅依组织或权限之差异,得为各种之分类。今就清国之官厅观之,有如左之类别:

第一、中央官厅及地方官厅

在辇毂之下处理政务者,为中央官厅;在各行政区划任其区划内之政务者,为地方官厅。军机处、政务处、内阁、部院及其他之特设官厅,乃分掌中央政府之诸般政务者,而以之为中央官厅或中央官厅之外,非无别。认为帝室部之官厅者,如宗人府、内务府等,虽有专掌帝室之事务,而清国之制度,初无宫廷与国家之区分(如前论),政府即为皇帝之政府,帝室即为政府之要部,不独帝室事务,悉为国家事务。实则掌管国家事务之官厅,多同时处理帝室之事务,故其间究不得设为区别。清国之行政区划分为普通区划及特别区划二种。本部十八省,属于普通区划;满洲三省、蒙古、青海及西藏属于特别区划(新疆向虽属特别区划,近已立为一省,设巡抚使治之)。特别区划之地方官厅姑置不论,其在普通官厅者,置总督或巡抚为地方最高官厅,使之统辖政务,更设布、按两司以下之官厅,分掌其职务。

第二、独任制官厅及合议制官厅

在独任制官厅,以主任之长官一人掌握职权,任其事务上之责。在合议制官厅,其职权并属二人以上,依合议而行之,即有二人以上主任之长官者。清国于地方官厅采独任制之组织,中央官厅之多数者,悉依合议之组织,盖出于前所举满汉钳制之趣旨也。

第三、分职制官厅与分地制官厅

又,分职制官厅基于事务之种类而异其管辖,分地制官厅从土地之区划而分其管辖。中央官厅各部为分职制官厅,地方官厅皆为分地制官厅。

第四、集权制官厅及分权制官厅

清国之行政组织反于近世诸国之通态,官治上既采地方分权之制度,故官厅之编制,有时宜留意于此点者,盖清国之中央官厅乃集一切行政上之权力,而非计事务上之统一。唯经皇帝得间接举其监督权之实效而已。故清国无真正之集权制官厅,仅有如都察院之特设官厅,依其官吏弹劾权,集中其对于中外官厅之监督权耳。

以上为清国官厅之类别。若于立法、司法、行政区分国家之政务,据之而分机关之组织,在清国之现行制度全无实用,又实不能设如此之类别。盖诸种之机关中,虽非无或以立法又司法为主,或纯然仅掌行政事务者,而君主本总裁万机,以赖各机关之参与而行为趣旨,同时于各机关之间不显然分置畛域,反混同而又均为之调和,以图行政上之圆滑。故于形式上与实质上,殆无三大权之区分,即亦不必别异其机关也。

第二节　官厅之编制

凡官厅,乃君主使掌理其所总揽之政务之机关也。其编制一属君主之全权,与一般君主国无异。唯清国君主之官制权则有一种之特色,此不可不知者,即《会典》上之官制与《会典》外之官制之关系是也。

第三节　官厅之监督

第一款　在清国监督关系之特例

行政监督者,保行政之统一,又以豫防其非违或匡正之目的而行者,清国之制度亦无所异。但因其监督所行之关系为行政组织之特殊,不可即以近世诸国之制度律之也。

近世诸国之制度,官厅之监督,以据行政阶级而行为通义。行政阶级存于各官厅间上下连结之关系,其关系实与监督权相表里。监督权为阶级必然之结果,阶级之序不可依监督权之序次而观之。盖行政机关之组织甚为复杂,能统一之以使于行政之事务无有障害者,终当依阶级而设上命下服之关系,以开统督其事务之道。中央政府之方针如此,始能达至地方最下级之官厅,行政作用因之而收敏活之效果。

第二款　监督之种类

官厅之监督,依其方法之差异,分为直接监督及间接监督二种,又依其目的之差异而分为积极监督及消极监督二种。

第一、直接监督及间接监督

一、直接监督

直接监督者,谓元首或上级官厅所行之监督也,而中央官厅与地方官厅之间,其监督所行之关系不同,宜分说之。

甲、中央官厅之监督

中央官厅,一切隶于元首,依阶级而不连结,故唯受元首之直接监督。军机处、政务处、内阁、六部等官厅之地位、职务虽非无轻重之差,而于直接受元首之监督者,则无所异。

乙、地方官厅之监督

地方官厅皆依阶级而次第受监督,即县衙门受府衙门之监督,府衙门受巡抚衙门之监督,巡抚衙门又受总督衙门之监督,由直接上级官厅顺次达至最上级官厅。然清国之制度,官治上认分权之结果,地方最上级官厅与中央官厅对立,不受其指挥监督,而直接隶属于元首,与中央官厅同受其直接监督。较之日本地方长官立各省大臣监督之下、受其指挥而掌管事务者大异其趣。但中央官厅如六部者,因其于职务之范围内不可不图行政事务之统一。若就总督以下之行政行为有指斥者时,得陈奏于元首而唤起其监督权。又,就地方长官所陈奏之事件,有必仰部之意见时,当转付该管之部。故六部虽无直接监督权,亦得参与元首监督之行使,而谋行政之统一。

二、间接监督

间接监督,依特别机关而行之监督也,通常使都察院行之。都察院者,监督全国之行政事务,调查违法或不当之行为,有弹劾官吏之职权。其监督权之所及,不问中央官厅与地方官厅。故其监督权之行使与行政阶级并无何等之关系,全相独立而行,是余辈所以名为便宜上间接监督也。而最当注意者,为地方长官之督抚,可使兼任都察院御史为一般官规肃正,而赋与以弹劾权是也。此弹劾权不仅对于下级官厅,而又可广而行使之。故总督得以弹劾巡抚,巡抚亦得弹劾总督,而督抚又得进而弹劾中央政府之大臣。如此者,乍见似可惊怪,而实皆出于互相掣肘,使无乘权势而恣非违之意,然为此而阻碍政务之进行也极大。

第二、积极监督及消极监督

积极监督者,不独豫防一切行政上未发之非违而已,尚进而将谋达行政之目的而无遗漏也。消极监督者,行政上之非违已发之后,欲力为之匡正也。此二者并用而监督之趣旨得以完全,东西古今其揆一也。

直接监督者,系于元首或上级官厅之所行,故其监督或有积极的、或有消极的。而间接监督者,其在都察院则依弹劾,在裁判官则依裁判,故皆属事后之监督,专出于消极之目的。而其行政上之非违,或为法律问题,或为事实问题,当一由事件之性质而决。概而言之,则都察院之所监察者,系于事实问题,裁判官之所监督者,属于法律问题,然亦非必截然分界也。

第三款 监督之形式

间接监督之形式,弹劾或裁判者已述于前款,不难推知。而就此种之形式不必分别说明,兹但示直接监督之形式。

直接监督之大别,分定期监督及不定期监督二种。定期监督,专对官吏其人行之;不定期监督,专对行政行为行之。

第一、定期监督

清国凡官吏之治绩,每于一定之年限考察之,查定其功过,而为黜陟。以此为例,谓之定期监督。其对文官与对武官形式不同。对于文官之定期监督,对京官(即中央官厅之官吏)者,谓之京察;对外官(即地方官)者,谓之大计,皆每三年一行之。但地方官中如总督及巡抚,因其为最高官厅之地位,不依大计而依京察考其治绩。对武官之定期监督,称为军政,不区别京、外官,皆每五年一行。京察及大计归于吏部之职掌,军政归于兵部之职掌。此种之监督方法及其效果,详后论。官吏之黜陟,兹皆从略。

第二、不定期监督

不定期监督,应随时必要而行者也。如京察、大计及军政,悉以国法而不明其形式。窃考其形式,至为简单者,略述如左。

(一)谕及旨

谕、旨者,虽皆为皇帝之敕意,其间亦自有区别。据嘉庆《续修会典》而观,皇帝以自己之意思而特降者为谕;因所奏而降者,或宣示于一般机关者,亦皆为谕。否则,但降于所奏请之机关者是为旨。其方式则谕曰"内阁奉上谕",旨曰"奉旨",各载其所奉之年月拟写,进上,经敕裁而发之。特降者发抄其上谕之誊本,因奏请者添折而发抄。

(二)批

批者,为对于伺或认可申请之指令。而有君主亲发者,有上级官厅所发者。君主亲发者为朱书,故谓之朱批。

朱批有种种之方式,或云该部议奏(当付某之议奏),或云该部知道(通知某部),或云览,或知道了,或准驳其事(就此事件申出可否之意见),或有仅赐以训饬嘉勉之词。上级官厅对下级官厅所发之批,亦有大同小异之方式,而其发抄之办法虽详细规定,兹厌其烦而省之。要之,批者不问其为朱批与否,其对伺而发与对认可申请而发者,本有区别。故凡官厅为某行政之行为时,有请批示之自由与为其义务,而命之者不可不知。则伺者,属于提出之者之自由,认可申请者,必其义务之不可不为。而于其一旦得批之后,有遵奉之义务者亦同。

(三)札饬

札饬者,上级官厅对下级官厅所发之训令者也。与批同出于指挥权之作用,其效力亦无所用,下级官厅均负遵奉之义务。唯批者,有下级官厅之伺或认可申请者,始得发之。反之,札饬上级官厅应依其当然职权而发也。又,批者对特定之下级官厅仅依其种类而发之者,札饬则对特定之下级官厅依种类而发之外,对一般下级官厅亦皆得发之,此其差异也。

以上三种之形式,为亘于一般者,其所包括甚广。故其监督之内容,可各依其事件之性质而知之。或有当为行政行为之认可,或有当为取消变更或停止,或有当对机关相互之主管争议之裁定,或当对官吏其人之嘉赏或戒饬。此等之形式甚多,不能一一细别之。

(四)报告之征收及事务之检阅

上级官厅使下级官厅为事务成绩之报告,又自进而检阅其事务成绩者,出于监督权之行使,搜集必要之材料之目的。此又监督之一形式也。清国《会典》中,虽无别定此种之形式,亦为行政上之惯例,亦可为实行也明矣。报告分为汇报及随报二种。汇报有年报,有月报,普通之行政事务,每年报告一次,事体稍重大者,每月报告一次,其最重大者,随时报告之。例如,裁判事务之报告,属随报者多,事务之检阅虽亦有定时行之者,而似多随时行之。或有中央政府派遣官吏,使检阅一般地方官厅之事务时,或有地方上级官厅检阅其下级官厅之事务时,《大清律》有云"凡奉制命出使者(刑律斗殴,殴制使及本管长官罪)",即中央政府为检阅而使出张之官吏也。地方上级官厅所行之检阅,虽无明文可征,要其为监督之作用,可以实行者自不待论。《会典事例》中(嘉庆《会典事例》六五一卷乾隆六年例)所载,"其州县承审案件,有无徇私冤抑之处,全凭分驻道员就近访察。是该道虽无覆转之权,实有稽查之责。所以佐两司耳目之不逮,防州县之弊窦也"云云。以此足窥其一斑。

第四章　中央官厅

以军机处、政务处、内阁及各部院等为中央官厅,此诸官厅皆直隶于君主而有独立之权限,依官制之所定辅翼太政者也。其专属于帝室部之内务府及宗人府,掌关于宫廷或皇族之事,与太政之运用无所关系。又,太仆寺、鸿胪寺、光禄寺等之特设官厅,大抵掌管宫廷事务之一部分者,此无异于为内务府及礼部之一局课,不过装饰的官厅而已,而其组织及权限与内务府、宗人府合并,本编第二章已论述之。故先就主要之官厅,观其组织及权限,然后附说其他二三之官厅。

现时最高机关为军机处,凡一般政治上之枢机,皆为其掌握。故自机关实际上之地位言之,似以先解说军机处为必要。惟其地位如后所述,乃应时势之变迁而设置,非官制当初之精神,则欲知其现今之地位,必叙述其沿革,此余所以先内阁而后军机处也。

第一节　内阁

第一款　组织
第一项　沿革
清朝初设文馆,置八大臣及十六大臣,凡百事务皆诸贝勒会议。天聪十年,改设内三院,曰内国史院,曰内秘书院,曰内弘文院,各置学士一人。内国史院者,掌记注诏令、编辑实录、史书、拟撰郊祀之祝文、庆贺之表文、诰命、印文、册文等；内秘书院者，掌撰外国往来之书状及敕谕、祭文之类；内弘文院者，掌注释历代行事之善恶，进讲于御前，又教诸亲王以德行制度之属。顺治元年二月，增设内三院学士各一员。二年，以翰林官分隶之，增侍读学士、侍读等官。九年，更设典籍。至十五年，改内三院为内阁学士，俱加殿阁衔。殿之名四：即中和、保和、文华、武英是也。阁之名二：即文渊、东阁是也。仍别翰林院为独立之官厅；十六年废止学士、侍读学士等官，内阁与翰林院各分其职掌。至十八年，改内阁而复内国史院、内秘书院、内弘文院之旧制，并废止翰林院；康熙九年十月，再改内三院为内阁，翰林院亦如旧别，为一官厅。是为现今内阁确立之始。

第二项　现制

内阁者，为合议制之官厅，置大学士满、汉各二人，协办大学士满、汉各一人，内阁学士满六人、汉四人，侍读学士满四人、蒙二人、汉二人，侍读十六人。其他定数之典籍（满、汉军、汉各二人）、中书（满七十人、蒙十六人，汉军八人，汉三十人）；中书科中书（满二人、汉四人），舍人（同上），笔帖式十人等。

第二款　职权

清朝初，承明朝之遗制，内阁为国家最高之机关，以老练博识之学士组织之，审议处理重要之机务。由顺治、康熙而至雍正，新设军机处后，内阁之实权渐移于军机处。今也不过属于常例，掌奏章之敷奏、诏敕之颁布而已。兹依现行制度而举其职务之大概，如左。

（一）诏敕之立案及颁布

凡君主所下之诏敕，有制、诏、诰、敕四种，各依其定式而宣布之。内阁者，即起草此诸诏敕，仰敕裁而为颁布之手续者也。

（二）祝辞、贺表之撰定及进达

祭告之祝辞及庆典之贺表，虽有内阁立案与翰林院立案之分（此区分不明了），然均由内阁大学士而奏定者也。

（三）谕旨又批答之立案及发送

中央各部院及地方长官，得上奏政务上之意见（谓之题疏，又章奏），其中央部院之上奏，直达于内阁；地方长官之上奏，经通政司而达于内阁。自光绪二十八年废通政司，凡上奏亦皆直达于内阁者也。内阁检阅各上奏而奉呈于君主，君主以军机大臣之详议而后定其采否。

除颁密谕又速谕之外,下于内阁而发送之,内阁又以其立案之谕旨及批答之裁可,转下都察院之六科,以达于各官厅。

(四)上奏之检阅

从前上奏之手续有二,故奏文亦有通本、部本之二种。由通政司而送于内阁者为通本,自六部并各院、寺、监等中央官厅直接送于内阁者为部本。通政司废撤以后,遂不认此之区别(《皇朝掌故汇编》内编卷一)。凡奏本要正、副二本(正本呈内阁大学士,副本呈军机处大学士),又添图册及其他必要之文书。而内阁检阅奏文之内容及方式,付以意见而奏进(票拟)之,若有当再议(议复)之旨时,则交于该官厅之部院而审议之,唯此仅通知各部院而已。又,关于官吏之任免进退,从其等级之高下与事情之轻重,其候补者或记特定之一人、或列记数人而请选定之。其余寻常之事件,唯奏进依议及知道了之附笺,又附于部院之审议。其议不协时,内阁得随时更正或奉旨别为立案。若有违式错误,应戒饬及应罚者,各依事情审定。且内阁之意见各异时,各具其意见上奏而候敕裁。所谓双签、三签、四签者,即其意见不一致之数也。

(五)典礼之执行

国家大典之执行,内阁掌之。即位、册宝、册立(皇后)、册封(皇贵妃、贵妃)及各种之祝祭,皆属内阁之掌管者也。

(六)御宝之保管

凡诏敕,当用御宝,不待言矣。而御宝之多,以清国为最。贮于交泰殿者二十有五,藏于盛京者十,因事件之性质而所钤之御宝亦各异,其政务之形式烦杂,流于繁文缛礼,即此一事可以想见矣。

(七)谥号之选定

庙号、尊谥、赐谥皆有一定之字义,依所定之谥法选定之,归于内阁之职掌。

(八)实录、史志诸书之纂修

凡实录、史志诸书,依内阁之奏请,定监修总裁官而纂修之。

总之,内阁者,乃介立于君主与他官厅之间,谋疏通其意志之一机关,非以参与国家大事之枢机,决统治之方针者也。故维名为内阁,要与近世诸国所谓内阁不同。自日本官制考之,较宫内省、文事秘书局,其权力稍大,然实无大差也。

第二节　军机处

第一款　组织

第一项　沿革

本朝初,承明制之旧,一切之政务皆以内阁统辖,其枢机如前所述。而关于军事者,就议政王大臣议奏之。康熙中,谕旨以南书房之翰林撰拟之,是时南书房处宫廷最亲切之地,如唐之翰林院学士掌内制。然雍正年间,用兵西北两路,内阁在于太和门外,以儌直者多有漏泄事机之虑,始设军需房于隆宗门内,选内阁中书之谨密者入直缮写,后名为军机处,地近宫廷,便于宣召,且军机大臣皆以亲臣、重臣承旨而出政者,故所谓军机处,本内阁之一分局也。

第二项　现制

军机处设置之原因如此,故其实权之大,非《会典》上之官厅所得比拟者。嘉庆《续修大清会典》于内阁之次,即载军机处之官制,今依之而示其组织。军机处者,以军机大臣组织之。军机大臣无定员,自满汉大学士、尚书、侍郎中皇帝特亲任之,现员有四人,多亦不出五、六人。

军机处置方略馆、内翻书房,隶属于军机大臣,分掌一定之事务。今略述其组织及职务如左。

（一）方略馆

每有军功告成,又政事之重大者,奉旨记其始末,此谓之方略,又曰纪略。方略馆,即纂修此方略又纪录者也。军机大臣一人总裁其事务,提调满、汉各二人,收掌满、汉亦各二人,自军机章京中补充,纂修满三人、汉六人、汉纂修一人,由翰林院兼任,其余自军机章京中补充。提调、收掌管理章奏、其他文书之送达,纂修分掌编纂之事,又有校对,掌文书校订之事,自内阁中书兼,无定员。

（二）内翻书房

凡有谕旨时,清字者汉译之,满字者清译之,自各衙门经内阁而送于军机处之文书亦同。其他必要文书之翻译,为内翻书房之所掌,满军机大臣管理其事务,置提调官二人,协办提调官二人,收掌四人,掌档官四人,掌文书之授受、账簿之保管（自兼行走官、翰林院其他兼任者）,置翻译官四十人,掌翻译之事。

第二款　职权

军机处设立之趣旨,虽在策画军国之大事,而决庶政之机密,亦渐离内阁之职权而移于军机处。如前所述,嘉庆《大清会典》有云:"掌书谕旨,综军国之要,以赞上治机务。"可以知其权限之强大。盖军机处直隶于君主,为最高议政机关,而君主常此亲临而裁断万机者也。今略解说其职权如左。

(一)应君主之咨询,奉答意见

军机处为君主至高顾问官,不问在廷之时与驻跸圆明园,又在他之行在时。为军机大臣者,每有召见,不可不奉答其意见,而军机大臣各有此职权勿论也。惟当初必非同进见而会议于御前。赵翼《檐曝杂记》中云:"军机大臣同进见,自傅文忠始,上初年,惟讷公亲一人承旨。讷公能强记,而不甚通文义,每传一旨,令汪文端撰拟。讷公惟恐不得当,辄令再撰,有屡易而仍用初稿者。一稿甫定,又传一旨,改易亦如之。文端颇苦之,然不敢较也,时傅文忠公在旁窃不平。迨平金川归,首揆席,则自陈不能多识,恐有遗忘,乞令军机诸大臣同进见,于是遂为例。"云云。故军机大臣同时进见于御前,陈述意见,乃袭此先例也。

(二)策画军国之大事

是为设置军机处最初之目的,军机处有此职权不待多辩,惟其以文官策画军事之制,一见虽若甚奇,要出于支那历代政府注重文治之遗习,非独清朝制度之特色也。

(三)议决国务上必要施设之事件

军机处非仅为至高顾问官,若认有国务必要施设事件时,亦属于军机处之职权也。例如,于既定官制以外新设官厅,又处理新设官厅特别之行政事务,得为议决,经敕裁而施行之。又如,定外交及其他要务之方针是也。

(四)审议谕旨及批答之案

何谓谕旨与批答?前已说明。而又关于立案及发送内阁与军机处之关系,亦既论述。要之,谕旨及批答经军机处之审议得敕裁时,通常于内阁作文案,其公文经都察院之六科送于各该官厅。若都察院认其公文事项有不适宜时,得就其意见而驳回军机处,谓之封驳。盖都察院掌行政监督权,故有此权限也。又凡奏折已得敕批者,不问发送与否,皆别记录之。系中央官厅之上奏者,其上奏与批答同存于军机处;系地方官厅之上奏者,发还之;系以特使上奏者(专差赍奏),就内奏之事封缄发送;系由驿驰奏者,自军机处封缄交于兵部捷报处驿递。若上奏虽由驿而批答不关紧急时,封缄后便宜发送之。

(五)审理大狱

何者为大狱?《会典》虽别无规定,惟如破坏国宪、紊乱朝政之大事,方审理其大狱。军机处有特别管辖时,自军机处传讯;当与刑部协议者,或自刑部会讯,或就于刑部会讯,为临时酌定者。要之,军机处亦得行特别之司法权也明矣。

(六)上奏亲任文武官之任免进退

凡文武官而当亲任者(京官之文官,自大学士以下至于京堂、武官,自御前大臣以下至于步军前锋、护军统领;地方官自将军、督抚至于布政使、按察使)及其他一定官吏之任免进退,由军机处奉旨或奏达候补者之人名(名单),或奏达其地位。

第三节　政务处

第一款　政务处设置之要旨

(一)本处王大臣以下应设提调二人,章京八人或十人,钦遵圣谕,以心术纯正、通达时势者充之。不论朝野均可选充,以示朝廷简任贤能,不拘成格。

(二)政务之要在于兴利除弊。今已奉旨举办,当首破因循瞻顾之习。然事不轻发,务于能断,又能得中。

(三)各官上奏均交于政务处评审,而分别其不行、不可行者。不可行者虽搁置之,亦付以理由而供阅览;其可行者,计缓急而增减损益,请旨施行。若有利,当兴;有弊,当革。中外臣民之未及言者,政务处自谋施设之。

(四)政务殷繁,各以特别之知能为必要。故各官之上奏审查后,分于各衙门,令该章京分掌、妥议,再由提调覆核、商定,经大臣之检阅、审议,然后请圣裁。

(五)变法之大纲有二:一、从来之施设者,经久而生弊窦时,当改善整理之;一、从来无施设,参酌外国之法制而定之是也。特日本维新之大业尤为当师,宜令驻在公使报告其政治之状。又同时遍命在外之公使,关于各国之财政、军务、工艺等,时为报告。

（六）政务处之设置，出于自强之策。盖清国之弱，由于贫，故以救贫为自强之基。惟财政之整理，非旦夕之事。方今之急务，宁在人心之慰安，若人心一失，良法亦无由施行。故先将天下之甚疾者，剔除一二事，就其所愿施行一二事，使人民晓朝旨之所在。若夫财政之整理，仅有二途，曰开财源，曰节费用。而开财源或缓不济急，或放利多怨，则不若自节约始，宜废冗员，节冗费。

（七）上年谕旨严禁新旧之名以浑融中外之迹。去私心，破积习，即政务处开设之要旨也。为臣子者不宜自分新旧，伐异党同。维新之极而有康、梁辈，守固之极而有拳匪之乱，共宜慎戒。今言变法，动引日本为例。然彼我幅员之大小、民众之多寡、风气之相宜，不可不知也。且欲用西洋之制度，要先学其心。不正我人心，图取其事务之末，改新遂有效耶？

（八）破除陋习，先自政务处始。近年于方略、会典之诸馆，每用三年保举之法以上官之判定选拔，行官吏之升等。因此不遵名器，适长竞争夤缘之弊。今奉上谕，采用纯正通达者，得除如此之弊。若夫杂役之吏员，照军机处之例选拔其优等，以示鼓励之道。

（九）事体之重大者，须考核精细，故俟还御之后，悉当审议。唯艾除积弊，益于民众，立可施行者，应由行在政务处奏请特旨，即日施行，以慰天下之望。

（十）为政在人，千古不易之理也。政务处不拘立法之如何，要在能体此意，中外大臣以实心实力，破除因循敷衍之习，始能成功。政务处乃统辖一国之政治，所当广集英贤，不限资格，朝廷用人，一秉大公，当自本处始。

第二款　组织及权限

第一、组织

关于政务处之组织，不能知其细目，而由前示之上谕及条议，得窥其大概。又，条议有"向来军机处为政事统汇，今别设政务处，以军机大臣领之，并派王大臣领之"等语足知。督办政务大臣，以左之诸员组织而成。

一、自亲王中被特任者；

二、军机大臣；

三、自其他之大臣及地方长官被特任者。

军机大臣当然有为督办政务大臣之权利,宛如日本之国务大臣当然为枢密顾问,而列于枢密院会议之制也。亲王及军机大臣以外之大臣,并地方长官为督办政务大臣,限于有君主之特旨而被任命者。

政务处之补助官,置提调二人,章京八人或十人。其任用以心术纯正、通达时务为要件,此外无一定之资格。受理关于中外臣民之新政,上奏审查之,以为大臣会议之准备。此其职务也。

第二、职权

关于政务处之职权,亦未知其详,要不过分割军机处之职权而已。关于军国之要事,仍归军机处之所掌,仅以普通之政务属于政务处之审议。虽然,考其设置之趣旨,政务处所主之职权在于审议新政之方针,虽谓之为制度取调局,亦无不当也。且其自组织观之,政务之大臣即军机处之大臣,盖恐政务处与军机处相对为中央政府二大议政机关,则事实上不免困难也。今关于其地位姑置不论,其为军机处之一部分而又独立者明矣。至于职权之分界,则未判然,且条奏受理、谕旨下降等之手续,亦未知其规定。顾自从来内阁回送于军机之事件,大抵回送于政务处,姑记之以存疑。

政务处非仅仅待中外臣民之上奏而审议新政者也,又有陈述其意见、请旨施行之权。然其请旨施行唯于议定其方针,至实际之执行,属于各部院、督抚之职务。故政务处者,为议政机关,而非行政机关也。

第四节　六部

第一款　概论
第一项　沿革

兹案,六部之组织,古今不一辙。初为独任制,嗣变为合议制,今则或为独任制,或为合任制。兹先略述其制度之沿革。

明万历四十四年,清太祖自满洲起称皇帝。崇祯四年,初定官制,置六部,即本朝天聪五年也(《东华录》)。天聪五年七月,定职设六部,每部以贝勒管理,是六部设立之始,为独任制之官厅明矣。至崇德三年,虽改正六部、理藩院及都察院之官制,而六部仍为独任制之官厅(《东华录》)。崇德三年七月,更定六部、理藩院、都察院八衙门官制,每衙门设满洲承政一员,以下设左右参政、理事、副理事、主事等官五等,其仍为独立官厅也亦明矣。顺治元年十月,定都北京,对于汉人行政事务俄加繁剧。至五年,改承政为尚书,于六部置汉尚书,于都察院置汉都御史各一员(《东华录》顺治十一),以期对汉人政策之便利,是亦可为六部及都察院并置满、汉二长官之起源。从来之独任制,一变而为合议制,以买被征服者汉人之欢心,此改正之原因也。

第二项　现制

第一、组织之概要

因分掌中央政府之事务,置吏部、户部、礼部、兵部、刑部、工部,谓之六部,六部与日本之各省相同。以长官管理事务,或为尚书管理事务者,以一人处理部务,为独任制之官厅。就从来各部之尚书,以满、汉各一人为原则,依协议而处决部务,故其部为合议制之官厅也。

各部管理事务大臣及尚书之下,置左右侍郎满、汉各二人,郎中、员外郎、主事等若干人。其管理事务之部,以尚书为长官,侍郎为次官而辅佐之。郎中以外,依官制之所定,分掌部务。其既设管理事务之部,则管理事务大臣立于满、汉两尚书之上,总理部务。夫既以管理事务大臣为长官,则尚书不可不为次官,侍郎不可不为参事官,是自职务分配上所定之结果也。

第二、各部长官普通之职权

《大清会典》仅于各部定特别之职务,不示各部普通之准则,惟其地位及权限相若,故其间非无可以共通者。今述各部长官普通之职权如左。

(一)计主管事务之统一

各部区分中央行政,而任其实施者,如日本之各省,为最高级之执行机关,故各部长官就其主管事务,有谋统一之职务。虽然,其职务乃消极的,非自行一切之施设者,此地方分权制度之结果也。各部长官如日本各省大臣,其对于地方长官无指挥、监督及发指令、训令,又取消及停止其命令、处分之权。地方长官以其自主权就于独立经营之事件,唯受其咨请时,付以意见而回答(部示)之。若职务上对于地方长官及其他有命令之必要时,仅得上奏君主,请行使直接监督权而已。

(二)纂辑则例之事

纂辑则例,亦为统一主管事务之一端,即各部于其主管事务,《会典》并律例规定不备之时,而所起之实例有拘束尔后官厅之力者,当纂辑之,以定执务上之准则。其纂辑于各部(刑部无则例)者,定期行之

（详见第一编）。

（三）加于终审裁判所之评议

清国行政、司法未有区分，行政多兼管裁判事务。故各部尚书得为终审裁判所之裁判官，与其评议（详于后编）。

（四）统督所部之官吏

各部之长官，统督所部之官吏，考其功过，奏请黜陟。若所部官吏误公事，又滥用职权者，长官不可不任统督懈怠之责。

第三、各部间之主管争议

凡因行政事务之管辖不分明而其争议时，不可无裁定之制。各部为最高执行机关，分掌中央政府之行政，则其间有主任事务区分不明时，难保无互主张其管辖，或互推诿其管辖，而《大清会典》亦未有规定，是难明言之也。唯自国法全般之精神观之，不可不推定总揽万机之君主，为其争议之裁定也。然军机处实为至高顾问府，又为中央机关之首，得审议重要之国务，故各部之主管争议，亦当依军机处而决之。此如日本各省主任之事务不明时，提出于阁议，定其主任，殆略同其趣旨者耶。

第五节　新设部

第一款　外务部
第一项　沿革

光绪二十七年六月，改总理各国事务衙门为外务部。总理衙门，系咸丰十年十二月创设，统理外交、贸易、关税等内外交涉之事务，并掌公使、领事之任命。总理衙门大臣无定额，自王大臣特任，依合议之制处理事务。自其职务之性质言之，如日本外务省。其组织，则与他之最高行政厅之六部异，而与军机处相类。又，其权限较日本外务省更有强大者，何则？日本外交上之大事件，依内阁之议决，又经枢密院之审议，而外务省不过奉行之而已。清国则凡外交上之事件无巨细，悉依总理衙门之意见而决定也。惟外交日以频繁，其事务亦渐复杂，掌理处决若不敏速以应机宜，则不能保护国家之利益，此非所望于兼摄合议之制之总理衙门也。光绪二十四年八月，户部主事蔡镇藩上疏亦论及此。该上疏先论一般专任重要之官职，如"差使派办委署等，皆为一时苟且之方法，现时政事所以败坏"等语。至关于总理衙门，其言如左。

"（前略）而洋务无专官承办，各员皆由部院兼摄，不足以新耳目而振作其志气。拟请援理藩院例，定为外务部，除王、贝勒钦派管理，无定员外，设大臣、参赞大臣各若干员，秩与尚书、侍郎同"云云。（《皇朝掌故汇编》卷一官制）

至光绪二十七年，遂改总理衙门为外务部，且改从来合议制为单独制，亦不外此理由也。二十七年四月，上谕使政务处及吏部会同制定外务部官制案。其官制案趣旨书曰："窃维总理各国事务衙门改为外务部，设立专缺（专任）办理交涉事务，实为因时制宜，慎重邦交之至义。除会办王大臣、左右侍郎由特旨简放外，其余一切章程，臣等往返函商，皆以交涉事宜关系紧要，必令该司员等专精练习，切实讲求，俾不至萦情他途，分其心力，庶几洞达时务"云云。又，六月叙任之际，上谕云："（前略）从前设立总理各国事务衙门，办理交涉，虽历有年，惟所派王大臣等多系兼差，恐未能殚心职守，自应持设员缺，以专责成"云云。观此可以明外务部新设之理由矣，且其不拘新设之部。因外交为国家最要之事务，该部地位却在六部之上，即同上谕云"总理各国事务衙门著改为外务部，班列六部之前"是也。

第二项　组织及职权

第一、组织

外务部置管理事务一人，会办大臣一人，尚书一人，侍郎三人及定数之郎中、员外郎、主事、左右丞、参议、司务等。部之事务，分设四司掌之：（一）和会司，（二）考工司，（三）榷算司，（四）庶务司是也。每司置郎中、员外郎、主事各二人，为题缺（特别任用）。又于定数之外，置行走六人以上，其任用不分满、汉。又郎中、员外郎以自主事顺次任用为原则，其分配各司之事务如左。

（一）和会司

掌关于外交官、领事之派遣、更换，外国公使之谒见、应接、叙勋，本部官之升进及派遣文、武学生之事务。

（二）考工司

掌关于铁道、矿山、电信、火药、制造、造船、外国人招聘、留学生之派遣及监督之事务。

（三）榷算司

掌关于关税、官船、国债、货币、邮便、本部及在外公使馆、领事馆之经费之事务。

(四)庶务司

掌关于居留地、海防、传道师及漫游外国人之保护、外国人之禁令、警察诉讼等之事务。

第二、职权

管理缔结国际条约、保护通商及关于在外臣民之事务等对外政务之施设；又，监督外交官及领事官为外务大臣之职权。不论何国，皆无所异。清国之外务部亦有此职权，不俟论也。惟对于在外公使之关系，稍有不同，盖官制上无规定其职务之关系也。且外务部之性质，虽以保持对外交涉事务之统一为必要，而征之实际，如在外公使每不经由外务部而直接奏闻于皇帝之事例不少，何则？外务部之长官与在外公使，共为大臣而直隶于皇帝者，故其对于皇帝之关系，二者亦无所异也。

第三、公使及领事

驻在外国，管掌外交、通商并关于保护臣民之事务者，为出使大臣（公使）及领事。清国未别定其官制，唯依条约及惯例而使执行其职务。又，关于任用资格从来亦一定者，依外务部官制案。如前所言，出使大臣自左右丞、参议中任命，参赞（公使馆书记官）、领事及随员，自郎中、员外郎、主事中任命是也。

第二款　商务部
第一项　沿革

商务部之设置，基于光绪二十九年七月十六日之上谕，为清国最新之中央官厅也。夫近世国家所谓福利行政（即公益行政之施设），在于清国殆归绝无。其位于行政机关之中枢，如六部事务，仅总官吏之任免黜陟、财兵之充实、宫殿城垒之修筑、罪囚之裁判等，出于维持治平之目的而已。至于兴国利、计民福，则非政府之任务也。且如农工商业，任于自然之盛衰，未有以国家之力而诱掖助成之者。近年与外国交通、贸易日盛，又因国交上大事件，经数次实验，政府渐能觉悟，知重产业当讲通商、贸易之道。曩者改总理衙门之旧制而为外务部，更仿之而新设商务部，依今官制案，观该部设立之要旨如左。

(一)通下情

清国风气未开，官、商常多隔离，因此百弊丛生。故当谋其和合，使上下相疏通，所以分设局课而明事务之分担，制定商法，使知所由。又设商报馆,使晓知内外之事情也。

（二）定官制

官职之编制虽有成典,而因时势之变迁,不可限于一途。若外务部既以此趣旨而设置,至于谋商务之发达,则不拘门地〔第〕品流,采用商人中之忠诚、欲图效用者,不可不开予以爵秩之荣之途也。

（三）立课程

从来六部之积弊,在于一切之案件归下僚之任意处理。今设商务部,宜鉴于此。上官须亲办事,期于事务之精确且无迟滞,此立课程之所以必要也。

（四）严赏罚

商务者,利源之所在也,弊窦易乘。故欲使官吏清廉方直,专心一意奉其职守,非厚给廉俸,不足以激励。然亦须用法,使知所儆畏,以除争营私利之弊。此赏罚所以不得不严也。

商务部官制案之要旨如此,乃在于除官、商隔膜之积习,欲保护、开通产业而讲利导之方法也。总之,当此振兴庶务之时,务使中外商人咸晓。然于国家设立商部之本意,要在保护、开通,决不与商、民争利,必痛除隔阂因循之习,始克尽整齐利导之方,即此意也。

第二项　组织及职权

第一、组织

商务部置尚书一人、侍郎二人,其他郎中、员外郎等定额之职员。如各部之例,分设保惠、平均、通艺、会计之四司,各司职员之数未详。其分担事务如左。

（一）保惠司

掌关于商人及专用权之保护,商业、教育、外人招聘并本部员之任免、进退之事务。

（二）平均司

掌土地、开垦、农业、蚕业、森林、水利、牧畜,其他一切殖产之事务。

（三）通艺司

掌关于工艺、机械、制造、铁道、轨道、电气事业、矿业之事务,并招聘矿山技师及工手之事务。

（四）会计司

掌税务、银行、货币、劝业、展览会、商事上之禁令、商事裁判之立会

（即陪审）、度量衡之检定及本部经费决算报告之事务。

此外设司务厅，掌文书之受领、发送，与各部之例同。

第二、职权

商务部以管掌农工商业一切之事务为主，并干与交通行政及财务行政之一部分，如前所述，可以明矣。惟其职权，较之日本农商务省更广。今因未知其官制之细目，难于判断。而特当注意者，即商务部与外务部其职务之界限，或有不明了是也。如铁道、矿业，商务部通艺司与外务部考工司皆有此职务，其他亦多有共同者。然自两部之性质考之，外务部所掌管者，仅对于外国人之铁道业及矿业等之特许；商务部所管掌者，在于保护、监督此等之事业，是其职务将自有界限也。又招聘外国人之事务，同时亦认两部之管辖。就商务部之职权，似特限于矿山、技师及工手之招聘，此外招聘一般外国人，则于外务部处理之。又，关于货币之事务，亦难定其分界，然外务部之所掌，专关于外国货币之流通、换算等；商务部之所掌，则关于内国货币之流通及其监督（铸造将在于户部及工部，抑为商务部之所掌，未详）。至于税务，为商务部会计司职务之一，更有难于说明者。赋课、征收内地税，既统辖于户部，似不必移为商务部之职权，则所谓税务者，将为关税之事务部。然外务部权算司之职务中亦有关税，是其事务之范围不能无疑义也。若以余之臆断，则外务部之职务，仅协定关税率，而其征收之事务，当属于商务部。盖关税事务从来有特别之组织，或佣外人委任之，或使所在总督掌之。今以之入于商务部职权中，殆为统督其征收事务之意耶。

第三、附属于商务部之官厅

（一）律学馆

置编纂官二人、纂修官二人，以商务部司员兼任为主掌，调查东西各国之商法，又翻译攻究关于铁道、矿山、其他商工业之法令，制定商法及其他之法律。《商法总则》及《会社法》《公司律》既于光绪二十九年十一月制定，即《钦定大清商律》是也。

（二）商报馆

置提调官一人，亦为商务部司员之兼任，掌纂辑商务报，报知关于商事内外之事项。今以光绪二十九年十月所定北京《商务报》之体例观之，每月发行三册，每册分为谕旨、公牍、论说、浅论（通俗论文）、现情、译述、实业、业谈、小说、征言、告白十一门，系官费所经营之商事新闻也。

第六节　理藩院

第一款　沿革

本朝初有称为蒙古衙门者,崇德三年改为理藩院,置承政及左右参政,使掌理院务,是为设置本院之始。顺治元年,改承政为尚书,改参政为侍郎。十六年,以礼部兼任其事务。然蒙古部落之关系渐趋繁杂,以兼任不能办事。至十八年,遂为独立之官厅,且官制之体裁准于六部。又理藩院尚书照六部尚书之例,入于议政之列。

第七节　都察院

第一款　组织

第一项　沿革

崇德元年,置都察院,设承政及参政之官,是为现制之治〔始〕。顺治元年,改承政为左都御史,改参政为左副都御史,更置汉左签都御史一人,右都御史、右副都御史、右签〈都〉御史,俱为督抚之兼任。左都御史及左副都御史当称为承政、参政,之时代别无定员。至顺治三年,左副都御史定为满、汉各二人;至五年,左都御史定满、汉各一人。及乾隆十年,更明定右都御史为总督之兼任,右副都御史为巡抚之兼任。又于院内分局之六科及十五道,职员之增减亦不一。顺治十八年,设满、汉都给事中各一人,满、汉左右给事中各一人,汉给事中二人。都给事中自左给事中转任,左给事中自右给事中转任。康熙四年,满、汉各留给事中一人,其余悉废之。五年,增定满、汉掌印给事中各一人,以至今日。十五道监察御史,亦自顺治七年以来数改定员,现制似依乾隆十四年之改定者。

第二项　现制

都察院置左都御史二人、右〔左〕副都御史四人,满、汉各半。右都御史为总督之兼任,右副都御史为巡抚之兼任,不设专任。故院务由专任之左都御史掌之,即左都御史总理院务,左副都御史补佐之。院务分为二十一局、六科给事中及十五道监察使担当之。

第二款　职权

第一、组织

都察院者,监察行政之得失,辨官吏之邪正,伸人民之冤枉,又得干与终审裁判,为唯一最高之行政监督机关也。现行制度欲使都察院能尽其任务,故认左之职权。

（一）检阅行政事务之权

不问中央官厅与地方官厅,就其所管事务之施行及成绩,皆当报告于都察院十五道监察御史。从前所述,任务之范围,各调查、检阅其报告,兼视察政治之状态。如有反法规、害公益又紊官纪之事者,不可不陈于君主,讲其矫正之道。

（二）检查会计之权

中央及地方诸官厅,非仅普通之行政事务受都察院之监督,其经费之出纳,亦同受其监督者也。惟各官厅作会计报告,当付于都察院之检查,是都察院可谓与会计检查院相仿矣。

（三）弹劾官吏之权

都察院虽有监督一般行政及检查会计之权,而对于各官厅,非得指挥、命令之,又非有惩罚之实权。故欲其实行监督权之作用,不可不与相当之职权。弹劾官吏权,即本此趣旨者。辨明行政之利害与官吏之正邪,陈奏于君主,皆以促其直接监督权之行使者也。

（四）伸张冤枉之权

遇中外官厅不法之威虐、有陷于冤枉者,其本官厅或上级虽受理其诉,而不与以救济时,得诉于都察院。都察院既受其诉,重大之事件请敕裁,其他自裁决之,或移送于地方上级官厅,使其再审之。顺治十八年,题准官民果有冤枉,许赴院辨明。除大事奏闻外,小事立予裁断。或行令该督抚覆审照〔昭〕雪,即此意也。嘉庆四年,上谕云:"向来各省人民,赴都察院呈控案件,该衙门有具折奏闻者,有咨回各该省督抚审办者,亦有径行驳斥者,办理之法有三。似此则伊等准驳,竟可意为高下。（中略）嗣后,都察院遇有各省呈控之案,俱不准驳斥。其案情较重者,自应即行具奏,即应咨回本省审办之案,亦应于一月或两月视控案之多寡,汇奏一次,并各案情即于折内分晰注明,候朕批阅（下略）。"以此观之,都察院审理之方法有具奏、咨回（即使地方官厅再审）及驳斥三者。而驳斥,亦有时不许之也。但都察院自行裁决之际,虽未明言,观"其案情较重者,自应即行具奏"等语可知,案情之轻者,亦不妨自为裁决也。要之,都察院者,得谓为有实质上之行政裁判。

（五）封驳之权

都察院封驳之事，定于顺治之初年，允部院督抚本章已经奉旨，如确有未便施行之处，许该科封还执奏。如内阁票签、批本错误及部院督抚本内事理未协，并听校正（《会典》事例七六〇卷）。如前所述，中央或地方官厅陈奏君主之际，先于内阁调查其卷章，附以意见送于军机处，军机大臣会议于御前，奉上谕而移送于都察院。若都察院确信该上谕未便施行时，疏明其理由，封还军机，谓之封驳。其他内阁之立策、批答之字句及中央或地方官厅之奏事，有误谬时得校正之。对于封驳，通常称为驳正。

（六）敕书给发之权

凡下附于诸官厅之敕书，除密谕外，都察院掌其下附。即下附总督、巡抚者，由于吏科下附；总督漕运、总督仓场、坐粮厅监督、其他各关监督者，由于户科下附；学政者，由于礼科下附；提督总兵官者，由于兵科下附；总督河道及工部所属之各关监督者，由于工科〈下附〉；各有一定之任职是也（康熙元年所定《会典》事例七六〇卷）。

（七）考核官吏之权

文武官之考核，即关于京察及大计，都察院与吏部会同为之。审查事实，具疏其黜陟。

（八）干与终审裁判之权

《会典》云："凡重辟，则会刑部、大理寺，以定谳与秋审、朝审。"都察院为三法司又九卿之一，即此可见。盖死刑之裁判，须经三法司之覆审者也。若有此种犯罪，自刑部通知都察院及大理寺，三司合议审理而具奏之终审、朝审（即普通犯罪之终审）。由于九卿会议，都察院虽无独立之裁判权，而究为构成终审裁判机关之一部分也。

（九）监察朝仪之权

凡朝廷之仪式，御史参列有失仪者，则纠劾之。

第八节　翰林院

第一、组织

顺治二年，以翰林院分属于内三院，称内翰林国史院、内翰林秘书院、内翰林弘文院。十五年，改内三院为内阁。十八年，复改内阁为内国史院、内秘书院、内弘文院，废翰林院。康熙九年，再改内阁，别置翰林院,如旧制。

第二、职权

翰林院之职权,得大别为国史之编修、经书之进讲及式文之撰定。

(一)国史之编修

国史之编修为政府所最致力者。翰林院网罗一代之硕儒,即为此也。国史之体裁有四:曰本纪、曰传、曰志、曰表是也。本纪者,由历代之实录、国史馆之所纂修也。传有大臣传、忠义传、儒林传、文苑传、循吏传等。其他之目志,有天文志、时宪志、礼志、兵志、刑志、乐志等。其他之目表,有大臣年表、恩封表等。其他之目,皆于国史馆编修后进奏之。

(二)经书之进讲

经书之进讲,每年二次,二月、八月行之。经筵讲官满、汉各六十人,满讲官以内阁大学士以下、副都御史以上充之,汉讲官以翰林院出身之大学士、尚书、侍郎、内阁学士、讲读学士、祭酒充之,均自掌院学士选候补者以待敕裁。至经筵之期,更自经筵讲官中,敕选直讲官满、汉各二人。掌院学士与直讲官协议,定其所欲讲之经书而奏请之,然后豫选定讲章,又以对于君主之意见,翻译清文而奏呈之,始关经筵进讲。

(三)文式之选定

如前所述,于内阁亦有选定式文之权,似与翰林院之职权区划未明。但依《会典》观之,翰林院之选文有五种:(一)祝文,即举行大祀、中祀、群祀时之祝文也;(二)册宝文,即关于册立及封册之式文也;(三)册诰文,即封亲王、郡王、贝勒、贝子公等世爵时及特给其诰命时之式文也;(四)碑文,即于文武官以敕旨赐谥者之碑文也;(五)谕祭文,即以敕旨赐祭祀时之祭文也。此五种之式文,由翰林院撰拟者,其他为内阁所撰拟,殆无大差异耶。

第五章 地方官厅

第一节 支那本部总论

第一款 沿革

现今之地方制度昉〔仿〕于元,已述于前。元之一统支那也,设行中书省于全国,以总辖各地方之行政事务,曰河南〈河〉北行省,曰江浙行省,曰江西行省,曰湖北行省,曰陕西行省,曰四川行省,曰辽阳行省,曰甘肃行省,曰岭北行省,曰云南行省,曰征东行省(征东行省因与日构争,特设于高丽,后以军败废止)是也。省之下有路,路之下有州,州下有县。每省置丞相一人,平章一人,左、右丞各一人,参知政事二人或一人,郎中、员外郎、都事各二人。其属官有检校所检校、照磨所照磨、架阁库管勾、理问所理问及副理问等,凡关于钱粮、兵甲、漕运及军国之重事者,无不管领之。盖都省总管中央行政,行省统治地方军民,以互相表里者也。比较元代以前地方之行政事务,悉以中央政府之指挥、监督为原则者,不同其制(据《元文类》卷四、《经世大典序录》、《钦定续通志》卷一三四等)。今以清朝地方制度比较元代之制度,其小节虽有径庭,而各地方区划名为某省,即元代行省之遗。明以后废行省,而其名仍存于今日也。

第二款　行政区划及地方官厅

现今之行政区划,皆据明朝之遗制,无所损益,惟在明朝京师及南京所在地方不置布政使,为中央政府之直辖。至本朝,改前者为直隶省,后者分为江苏、安徽之二省,设督抚以下之地方官与他之直省同。又,在明朝,湖广为一布政使所管辖,至本朝分为湖北、湖南之二省。又,新设新疆一省及台湾省,总为十九省。台湾割让之后,为十八省,此称为直省,又曰支那本部。

各省通常置一巡抚,又合并二省或三省别为大区划,以总督统辖之,此现今之定制也。然此制非自国初一定而不变者,应时临机废置分合,亦属不一。顺治初年,直隶一省内置顺天、保定、宣府三巡抚,又合直隶、山东、河南三省置一总督,后改之为直隶巡抚,皆因当时建国日浅,民心未定,镇压绥抚之必要上临机之措置,乃出于不得已也。其后经康熙、雍正、乾隆,督抚之管区渐一定而不动矣(《皇朝文献通考》舆地考参稽)。总督及巡抚其所管辖区划,非无大小之差,要皆为地方之最高官厅也。承其指挥、监督而分掌地方之事务者,有布政使、按察使以下之官厅。今欲叙述此诸官厅之统属关系而明其系统。

(一)总督及巡抚

总督及巡抚,就各直省考之,或两者并设,或以总督兼巡抚,或不置总督仅置巡抚者,其制非必划一,今略分说之如左。

甲、督抚并设之地方为陕西、江苏、安徽、江西、湖南、湖北、云南、贵州、浙江、广东、广西之十一省。江苏、安徽、江西各置巡抚,统之以两江总督;湖南、湖北亦各置巡抚,统之以湖广总督;云南、贵州亦各置巡抚,统之以云贵总督;广东、广西亦各置巡抚,统之以两广总督;陕西、浙江又各有巡抚,而陕西有陕甘总督、浙江有闽浙总督以统辖之也。此等督抚并设之地,以直省中重要区域,仅有巡抚一人恐不能尽其任,故采并设之制也。

乙、仅设总督,而不设巡抚之地方为直隶、四川、福建、甘肃四省,此诸省以总督兼管巡抚之事。盖督抚之职务实质上虽无可分别,官制上各有固有之权限,故此等省份之总督于本官之外必带"管巡抚事"之衔,为奏折时系兼官不用连衔者,当与折尾附记其旨。直隶总督及四川总督本各兼管直隶巡抚、四川巡抚;福建巡抚之事务,闽浙总督兼管之;甘肃巡抚之事务,陕甘总督兼管之为常例。

丙、不置总督,仅以巡抚当统辖之任之地方为山东、山西、河南、新疆四省。而在此等之省分以巡抚兼任提督,是当注意之事也。盖总督对于提督有命令、指挥之权,故设总督之省份,其下设提督,而巡抚无此权限,故以巡抚为长官,当兼提督以掌诸镇之节制也。是此等巡抚有文、武两途之权限,虽名为巡抚,实与总督无异。如此,则巡抚与提督乃为一人,而据《大清搢绅全书》,必别记之,殆欲表彰二者之职务于性质上有相异之意欤?

(二)布政使、按察使及特定之道官

督抚以外,有亘于全省之职务者,为布政使、按察使及特定之道官(即督粮道、盐茶道等)。布政使大概一省置一人。明代南北直隶虽不置布政使,归于户部之直接管理。至于清朝雍正二年,直隶省亦并设此官。江苏地广物阜,一布政使不足以管理云,特置二人,一驻江宁,一驻苏州也。江宁布政使掌江宁、淮安、扬州、徐州四府及通、海二州;苏州布政使掌苏州、松江、常州、镇江之四府及太仓州,此乾隆二十五年以来之事也(《会典事例》卷二一、《皇朝通考》卷二七五)。按察使亦各省设一人,在于明朝与布政使同,南北直隶不设之。至于本朝,直隶省亦设按察使,唯新疆以分巡道兼按察使之衔,不设专员(据《大清搢绅全书》)。道员之中,督粮、盐、茶诸道,虽于省内统辖所管事务之全部,如分守、分巡,则在省内多定其特别所管区域。盖合二府州以上而管辖之者,唯此等诸道,如府州县厅,无特有行政区划之名称,不过其官衔连所辖府州之头名,附以分守道及分巡道之文字而已。例如,上海道所辖区域为苏州、松江之二府,太仓之一州,又兼兵备道,故称为分巡苏松太仓兵备道。又如,汉江道管辖汉阳、德安、黄州之诸州,称为分巡汉黄德等处地方道是也。其衙门所在地有与府同城者,有与县同城者,由于土地之情形不一也。

(三)府、厅、州、县各衙门

在于分守、分巡二道之下,受其直接监督者,有府、有直隶厅、有直隶州。府之长官,曰知府;直隶厅之长官,曰同知;直隶州之长官,曰知州。直隶厅及直隶州,在于府之下。然因与受府所指挥,普通之厅及州有别(普通之州对于直隶州曰散州,但不见有用散厅之语),特冠以"直隶"二字,即示由道直属于布政使之义也。换言之,其法律上之地位与府无别也。府之下又有厅、州、县,厅之长官曰抚民同知、通判,理民同知、通判等;州之长官曰知州;县之长官曰知县。直隶州之下有县,直隶厅之下亦有县,皆同于府,唯直隶州与府之区别。府以下有附郭为主,直隶州则不有附郭也。例如,两江之首府为江宁,领上元、江宁、句容、溧水、江浦、六合、高淳七县,而上元、江宁两县在于江宁府治之中,即府与县同城者,于此关系,是两县者府之附郭也。至于江苏省直隶通州,领如皋、泰兴二县,县治与州治在于别处而不同城,即无附郭也。故府之统治地方,皆通以县,无与人民直接之关系州者,属于州之区划,地方亲辖之,其他合领县而治之;而与管内或地方之人民有直接之关系者,约定之,即府之所辖区划依县之集合而成,府无特有之区划,而州则有特有之区划外,集合若干之县为其所辖区划也。更自其幅员观之,府最大,直隶州次之,直隶厅又次之。至县与州、厅,其法律上之地位虽一,而自其幅员言之,州最大,县次之,厅又次之(参照《皇朝文献通考》舆地考、嘉庆《会典》卷四、《大清搢绅全书》等)。但当注意者,府、州、县、厅不问其为直隶与否,均得设分司之一事是也。例如,顺天大兴县有礼贤司、采育司、黄村司;宛平县有齐家庄司、王平口司;江宁府有江东司、秣陵司之类。

第三款　正印官与佐贰杂职首领

正印官者,主任官之义也。佐贰杂职首领者,皆补助官之名称也。凡督抚以下之地方官各有衙门,以自己之名执行职务者,皆为正印官,唯通常如督抚之大官,不附以正印官制名。以实际考之,总督及巡抚为真正之单独机关,形式上仅有一人办事,不别置补助官。而司府以下则有多数之补助官,以分掌其事务,故区别正印官与非正印官之实用,当观之司府以下。司府以下至于县之正印官,其补助官机关有佐贰杂职首领等之僚属。佐贰者,如其名所指示,为长官之副,以辅佐其事务者也。京府之佐贰,有治中通判;外府之佐贰,有同知通判;直隶州之佐贰,有州同州判;州之佐贰,亦有州同州判;京县之佐贰,有县丞;外县之佐贰,有县丞、主簿。又,布、按两司及府、厅之经历、理问、都事、知事、照磨、州之吏目、县之典史,谓为首领。布政使、盐法、盐茶道之库大使,布政使、道、府之仓大使,府、州、县之税课大使,按察使、府、厅之司狱巡检,谓为杂职,或并称佐贰首领。杂职之三者曰佐杂,要之,皆为正印官之补助而已,非有独立之职权者也。

第四款　幕友

布、按两司以下之官厅有佐杂,如上所述,然仅有佐杂,不得尽处理其事务,况如督抚不有补助官耶,于是有所谓幕友者,即内顾问之义。凡各长官应其职,招聘若干之幕友,使帮助其职务,惟幕友为长官之宾客,以厚礼待遇,非如佐杂与长官有统属之关系。又,对之所报酬者,亦非如俸给及薪水,常谓为束脩。而束脩不能自公帑支出,以招请者之私财支给之,盖系其私请,非官吏及有差委之人也。闻之以知县之微,而与幕友之束脩约在千两以上,知府之所费,有达至四千两者,幕友之多,可以想见。又,仅以各长官之俸禄,终不能若此,亦可推察之也。

幕友之种类及员数,各官厅虽各有异,亦非无可以共通者,关于刑名、钱谷之幕友是也。前者称刑名师爷,后者称钱谷师爷,盖幕友之必要非独为事务之繁剧,抑亦清国官吏制度之缺点。招请幕友有不得已者,关于刑名、钱谷之幕友,各官厅共当招聘,是其左证也。清国官吏,如后所论,多依科甲或依捐纳而被任用。一以文艺得官,一以孔方购官。后者无学问经历,不待言矣;前者虽有学问,而其所长在于经史文学,且数千年来之习惯,如刑狱、钱谷之事非士大夫之所习,故一任时势,不得不藉通晓乎此者之手,是特关于刑名、钱谷,所以有幕友之必要也。其幕友若为廉隅、自持之士也甚善,不然,则贪婪无厌之徒,巧于欺罔官长,藉虎威而恣私欲,民不堪其弊矣。至于事之发觉而蒙惩罚者,仅长官而已,幕友不任其责。故幕友之良否,与招请者之治绩及名声,有重大之关系者也。

第五款　胥吏

关于胥吏之事,后当详之。此官吏法中所欲言者,惟就地方官厅胥吏之分课是也。分课之方法上自督抚衙门,下至州县衙门,概同其趣旨。盖大小衙门,其权限虽为不一,总而言之,皆有掌地方治务之全体之职务。即中央政府统治全国,督抚总辖一省,知县分掌一县之事务,于其职务之性质无所异也。故以县衙门之小,且拟中央政府之六部,分课吏、户、礼、兵、刑、工之六房,以胥吏分担各房之事务。又六房之外,有承发房、抄稿房,一掌文书之往复,一掌文书之保管。又有总漕房、总银房掌钱谷之事,皆以胥吏任其事务。

第六款　地方缺(地位)之种类

地方官中,道、府以下因以土地之状况、事务之繁简,其官缺有差等,曰最要缺、曰要缺、曰中缺、曰简缺是也。故同一道,府、州、县依其要缺与否,养廉及其他之收入各有差等。又,当受任命之资格者,亦有差等。例如,始选知县者,多简缺、中缺,而转于要缺者,须就官后,经若干年是也。又,以上之缺俗称为四字缺、三字缺、二字缺、一字缺、无字缺,即具有冲、繁、疲、难四字为四字缺,以下递降,至于一字不备者,无字缺也。冲者,谓四通八达之要区,内外各地官商必当经过之地也;繁者,谓官厅事务繁剧之地也;疲者,疲劳之义,谓自官厅之事务,其他之事情,觉其劳苦之甚之地也;难者,谓民治上之困难之地也。如京师顺天府大兴、宛平二县,天津府及天津县,上海县,广州府及南海、番禺二县,皆具此四字,称为最重要缺。而缺之种类虽从来一定,为固有于其土地者,而因事情非无变更,例如从来中缺及简缺之土地,因开港之结果遽为要地者,惟实际仍从旧来之所定适应——事情,而无所变更。

第七款　地方官厅与中央官厅之关系

清国承元明之遗制,定地方制度,而地方分权驯致于极端,其结果,中央官厅与地方官厅之间无统属关系,皆直隶于皇帝,相互之争执唯仰敕裁而决,既屡述于前矣。盖据现行制度,中央官厅总括一切之政务,约定国家之制度、典礼,颁付之督抚,督抚照其颁付之准则而施行地方政务,此为原则。然中央官厅之所酌定唯其大纲,各地方长官非仅有遵守之义务,而同时察民情之兴废,风俗之善恶,临机应变,会通于其间,以适合地方之利害。更进而论之,中央官厅之议决与地方之利益相反时,督抚得具状上奏,仰敕裁取消其议决。虽然,中央官厅固百般政务之总括,对于地方长官之意见非无可决之权。故督抚上奏仰裁可时,亦当通牒于本该官厅,谓之咨部是也。又依上奏事项之如何,自皇帝以其事项下于本该官厅,使覆议后与以裁可时,被命覆议之官厅若不以督抚之意见为然,对之得为驳议。但督抚察其驳议不得当时,更可具疏陈述自己之意见。故两者意见冲突,而不能不仰皇帝与以最终之决定也。楢原氏所著《禹域通纂》,示此关系极为适切,今举其例,"地方督抚擢举某官,欲任为某地之知府,而此员不合于吏部官吏铨选例,督抚上奏,经吏部审议而不准可,然地方督抚以若非此员难胜此任,现今除此员外无适任之人才,请以特典授任此员,有经上裁而特与准许者。又,某省以财政困难,欲限年限施行捐官例,自督抚详奏事情,下于户部议覆。户部或别计画理财之方而命令之,或直表同意乞准可其事者。又部议所提出之事项,若有不便施行或实力所不及者,自地方督抚具疏事情,经上裁而消灭部议,虽户部以某省每岁当协解若干银两经上奏而命令时,然某省财政实非裕厚,难遵部议,有详疏事情而消灭部议者。又部议某省某税当增加征收,经上裁而命令某省,然某省督抚量民察事情难速施行时,详疏其状,使消灭部议者。以上为中央政府与地方督抚之关系概略。"云云(《禹域通纂》一卷七页)。要之,中央官厅与地方官厅之间无统属关系,地方长官非直接接受中央各部之指挥、监督最明显者也。

第二节　总督

第一款　组织

总督为纯然之独任制机关,单独处理其事务,官制上不认有补助机关,惟实际有六房之书吏、幕友等补助其事务也。此外,似尚备一定之职员者。虽然,此系总督便宜上委托其管内之实缺及候补官吏而行某事务者,非官制上之机关也。夫总督之无补助官,为法律上之解释。关于督抚衙门之组织,无论说之必要也。

第二款　职权

总督之职权,亘于文武百般之事务,极为广漠,难于叙述。而其最难者,莫如与巡抚职权之区别,当于次节巡抚之职权中详论之。前所述者,姑暂视为无大差异也。又,当总督之职权而须一言者,即兼衔是也。兼衔者,通常已有一定之实职,官吏为欲高其格式,别附以官名也。此虽不过一虚名,而依其衔之种类,有必不可谓为虚衔者。依官制,总督当有兵部尚书及都察院右都御史之兼衔,又有提督军务粮饷及兼理粮饷等名。又,直隶、两江二总督各兼南北洋大臣,又兼盐政,此多为实职而非虚衔。故总督云者,惟略称而已,同时有种种复杂职务之集归者也。今就总督之职权,举其主要,解说之如左。

(一)奏折咨请之权

凡关于地方诸般之事务,于必要时上奏而请裁可,又咨请各部院,必归于总督及巡抚之职权。或两者连衔,或各上专折,唯依事件之性质,有加将军者、有加盐政、学政者,不能一例论也。然原则上,对于皇帝及中央政府有直接之关系者,则督抚也。

(二)制定省例之权

督抚在其管内,得制定官民均当遵守之省例。

(三)文武官升调及黜免之权

道、府以下之文官,副将以下之武官,除特命者之外,督抚(有时或与提督连衔)上奏之,得行其任命、转任、黜免(详后《官吏法》)。

(四)监督文武官吏之权

总督者,与巡抚共监督管内之文官,又与提督共监督管内之武官。凡监督官吏,既如所述,有定期行之者,有不定期行之者。定期监督,文官每三年,武官要五年行之,审查各员之考绩,达于本中央官厅。不定期监督,应时之必要而行之,得下批及札饬,又为参劾。且督抚非仅对于部下官吏有监督权也,以其兼有都察院右都御史之兼衔,故虽在同等及同等以上地位之文武官,亦得随时参劾之。即此参劾权,对于驻防将军、绿营提督及学政、关差之钦差等官并巡抚,亦得行之。

(五)节制绿营军队之权

各省绿营中,归于总督之直辖者,有督标;归于巡抚之直辖者,有抚标;又归于提督之直辖者,有督〔提〕标。虽各殊其管辖,而总督则有诸军队总司令官之职权也。故管下有事,用军队之必要时,总督得移牒巡抚及提督,命其出兵或亲自督战。

(六)上奏会计及监督藩库之权

布政使每年为其前年之会计决算作册,申报督抚,由督抚覆核无误后,钤印送于户部,又当别缮黄册供御览者。督抚皆有监督藩库之责任,当布政使交卸或督抚新任之时,必亲检查之,然后奏上;又与会计同时调查管内之户籍,报告于户部。

（七）第四审之裁判权

总督自上级官厅递次经按察使申报之命盗案（即流罪以上）,与巡抚会同亲讯后,拟律达于刑部。对于当死罪之犯人,依特别之手续拟律,得敕裁而命刑之执行。故督抚于地方区划为终审裁判官,若以县衙门之裁判为第一审,则其审级当居第四。

（八）外国交涉之权

总督者,与巡抚同使其下级官厅之洋务局,又在管内开港场之海关道,与驻在外国领事为交涉。惟关于重要之事件,则督抚亲当折冲之任。其事体重大者,当上奏而请敕裁,又咨报于外务部。若不然,则独断而行之。且外务部与督抚之关系,同于六部与督抚之关系,两者之间非有统属关系,督抚者不必服从外务部之意思也。

第三节　巡抚

巡抚衙门与总督衙门同,官制上不设补助官,惟有总督幕府之职员相当之武官及委员,而为卫仪,有六吏之书吏及幕友,而掌文书、案件。

第一、总督与巡抚职权上之区别

依《大清会典》及他之政书,自法文上考查时,督抚之职务必非同一,又或职务均属两者,其间亦有轻重之别。《大清会典》一则直省设总督,统辖文武,诘治军民;一则巡抚综理教养刑政。《皇朝通典》就于巡抚之职务,"掌宣布德意,抚安齐民,修明政刑,兴利革〈弊〉,考〈核〉群吏之治,会总督以诏废置。"云云。又《皇朝通考》云:"巡抚掌考查布、按诸道及府、州、县官吏之称职、不称职者,以奏劾而黜陟之。用兵则督理粮饷（中略）,于一省文职无所不总。"由是观之,巡抚之所掌,以民政为主,而不与军政。如在山东、山西、河南诸省,仅设巡抚而不设总督,地方以巡抚兼管提督之职务,当亦此结果也。盖因文武统一之必要,不得不使同一长官兼掌民政与军政,而巡抚一纯然之文官,故同时使兼提督之衔,以掌管一省兵马之事也。观康熙十年之上谕,有"各省巡抚不必概令管兵,其不设总督、提督省分,副将以下武官,令巡抚兼辖"等语（《会典》事例卷二〇）,又可以知通常巡抚无掌兵马之权也。

第二、督抚职务上之关系

合二省以上而置总督,一省各置巡抚,故世人辄疑两者之间如有统属关系,而构成上下级之官厅者也,其实不然。督抚皆为地方最高官厅,对于皇帝及中央官厅,督抚乃在平等之地位者也。

第三、巡抚特有之职权

总督及巡抚共通之职权,当叙总督职权时,既举其概要,故兹省略之,唯就巡抚特有者而考查之。

(一)关税之监〔兼〕理

清国税关之监督,在于某地方特派京官,及使其他驻在之将军、织造等兼管之,而同时在于某地方有命其省之巡抚兼理者。例如,江海关(上海税关)属于江苏巡抚之兼理,浙江海关归于浙江巡抚之兼理,其他税关多为巡抚之监督。虽然,兼理云者,仅握其大纲之谓也。而直接行其事务者,当别规定官制,即江海关之事务自巡抚委任,苏松太道浙江海关自巡抚委任道员执行其事务。惟今日开港场税关事务,悉聘用外国人,道员仅监督之,又受领税金而已。

(二)厘金之监理

一省内厘金税务之大纲,亦当归巡抚之监理者,通例巡抚委任部下之候补道员为厘局总办。

(三)盐政

或地方之盐政为巡抚之兼管,如两浙盐政,浙江巡抚兼管之;河东盐政,山西巡抚兼管之;又云南、贵州之盐政,至近时,亦该两省巡抚兼之是也。

第四节　布政使

第一款　组织

各省设一承宣布政使司,以布政使为其长官。江苏省设二司,分治一省,例外也。布政使之补助官依地方而不一定,唯库大使,凡布政使司皆设置之。又除湖南外,其他之布政使司各有经历一人;直隶、江宁、苏州、江西、浙江、湖南、陕西、云南各有理问一人;河南、福建各有都事一人;山西、福建、浙江、湖北、甘肃、四川、广东各有照磨一人;安徽有仓大使一人。是皆布政使司之特设者,助布政使分掌文书、讼狱、贮藏等之事务。又,补助官之外设幕友、胥吏,与督抚衙门同。

第二款　职权

布政使次于巡抚,掌一省民政之重职也。如上述地方官制之沿革,在明初未设督抚之时代,布政使、按察使与指挥使并称为三司,掌一省之政令。及既设督抚,其职不复如旧时。清朝以督抚之设置为定制,布、按二使立其监督之下,一掌钱谷,一掌刑名。凡一省之民政中,财政与裁判皆为重要事务,固不俟言。而布政使之实权则有甚大者,如督抚因事而离任时,以布政使代理之(护理),可以知其在地方官中,实处重要之地位。今举其主要之职权如左。

(一)掌一省之财政

布政司之职掌以财政为主,《会典》云:"承宣布政使司掌财赋。"《皇朝通典》云:"布政使掌一省之政事,钱谷之出纳。"是其职务,以财政为要目的也,即于一省租税为赋课,征收、金谷之管理、出纳等一切之事务,皆布政使之所掌。依定制,州、县、厅所征收地租、其他一切之租税输于府及直隶州,自府、直隶州达于布政使。惟今日多自州、县、厅直接达于布政使。而布政使受领时,上申于督抚,然后以其一成送于户部,其余则保管于藩库内,以支办地方文武官之俸给、其他一切之行政费用。

(二)报告户口之调查

布政使每十年,据管内州、县顺次所报告,审核一省内之户口,明其增减变动,经督抚上奏,同时并报告于户部。

(三)宣布朝廷之命令

朝廷之命令,经军机处及内阁传之督抚,督抚下之布政使,自布政使更布达于府、州、县,而后使人民周知,是为常例。布政使为下达上命之机关,所以有承宣布政使司之名也。《皇朝通典》(卷三四)云,"朝廷有德泽禁令,承流宣布,以达于有司、阖省僚属",即此意也。

(四)为道府以下文官之监督及其转免

省会文武官之监督,为督抚职权,如前所述。虽然,其监督仅及大体而已,实则监督府、州、县官部下之官吏,递经上官而达于布、按二使,二使更审查之,上申于督抚,特布政使之上申于大计为最重要。又非仅大计之际,凡州、府、县以下之官吏,无论何时,得以布政使之意见调撤之。此时布政使虽上申督抚,请其许可,实则督抚仅为其认否而已。其实行调撤者,布政使也。调撤皆揭示于布政使衙门,谓之藩辕牌示是也。

(五)参与一切政务

布政使之职务,虽以财政为主,而关于一般政务,其重大者由督抚求布政使之参画、合议后决行之（通例布政使之外，按察使亦加于合议，粮道、盐道亦有加入者）。而其必要布政使之同意者，以布政使握财政之实权也。

（六）干与裁判事务

一省之裁判虽按察使之所掌，布政使亦时有参加者。例如，自人民告诉官吏时，布政使会同按察使亲为审问，具罪状而上申督抚，盖布政使有监督官吏之职责也。又每年行秋审时，与按察使共为督抚之僚属而陪席。

第五节　按察使

第一款　组织

各省置提刑按察使司，以按察使为其长官，唯新疆省有使分巡道兼管之特例。按察使之下，其补助官虽有经历、知事、照磨、司狱等，而各省非必一定。经历，直隶、山东、山西、河南、江苏、江西、福建、浙江、湖北、陕西、四川、广东、广西、云南各一人；知事，江西一人；照磨，安徽、福建、浙江、湖南、甘肃、广东、贵州各一人；司狱，各省共置一人，其他幕友及书吏与布政使同。

第二款　职权

按察使之职务，以掌一省内之裁判为主，兼参与一切之政务，与布政使相对，而直隶督抚，地方之重官也。今举其职务之概目如左。

（一）掌省内之刑名案件

按察使所主之职务，在掌省内之刑名案件（即裁判事务），今略分别说明之。

甲、裁判上告事件

凡对于府、州、县衙门所为刑事之裁判（徒以下之裁判）有不服时，上告于按察使，其受理上告审判之者，按察使之职权也。但关于以官吏为被告人之诉讼，与布政使会同，为其审理、裁判。

乙、监督下级审

府、州、县等下级审之裁判，必自该衙门申告于按察使，此为定例。按察使若认其裁判为不合，得翻前案，使再审理之；或因事宜派委员，别为裁判；或召唤犯人亲为讯问。

丙，审查督抚批发之案件

关于上告户婚、田土之案件达于督抚，事情有极复杂者，自督抚特命其审查。此时按察使必与布政使共派委员而审查之，然后亲查覆拟议，申告于督抚。

丁、刑之审拟

据定例，徒以下归于州、县之裁判权限，按察使仅受理其上告。关于流刑，自州、县经府而报告于按察使，使按察使亲审拟之，经督抚达于刑部。

戊、死罪裁判之检查

就死罪犯，按察使据于府之报告亲审问之，更照自府送呈之口供，确为无误后，拟律达于督抚。督抚开秋审法庭，据按察使之拟律，再亲覆之，具状而乞敕裁。盖一省内死罪之终审，虽归于督抚之权限，其裁判据按察使之原案实际否定。且秋审按察使必与布政使共列席，即《皇朝通考》云："秋审为主稿官者是也。"

（二）掌驿传事

国初，各省驿传之事务在于直隶省，以按察使兼管之。在于其他诸省，有以粮道及盐道兼管之制。乾隆四十三年以来，以各守、巡道管理其事务，使所属府、州、县分掌之，更以按察使总辖其大体。现今按察使遂有统辖全省驿传事务之兼衔，统辖省内之交通机关。然此驿传事务等，关于官文书之送达、犯人之递送等，非与人民以便利者，当别详述之。

（三）为大计之考察官

按察使与布政使皆有监督省内文官之职责，即《皇朝通典》云"振扬风纪，澄清吏治"是也。故大计之际，为考察官之一人，当查覆官吏之勤惰能否，以补佐督抚者也。

第六节　道员

道员或单称曰道，即督粮道、盐法道、兵备道、河工道、海关道、分守道、分巡道等是也。今依职务之性质及其管辖之差异，得区别如左，即一本于事件之管辖，一本于土地之管辖也。

（一）有一般职务之道员与有特别职务之道员

有一般职务之道员者，于其所管区划一切之行政事务而行政务者也，即分守、分巡二道是也。有特别职务之道员者，其职务非亘于一切之行政事务,掌粮米、盐税、茶税等其他一种或数种特定事务者,督粮道、盐法道、兵备道、河工道、海关道等皆是也。

(二)管辖全省道员及管辖一地域道员

道员之职务,有亘于全省者与限于一地域者。督粮道、盐法道等,一省仅设一人,掌关于全省之事务也。又,其衙门多在省城,若分守、分巡二道,概合数府、州为其管辖区域。又,其衙门在于该区域,一所谓无守土之责(土地之管辖),一所谓有守土之责者也。

虽然,各道非一人而有唯一职务者,依于时地有互为兼管者。如分守道、分巡道兼兵备道,驻在开港场之各道必兼海关道,属于通例。其他如分守道、分巡道有驿传、水利及屯田、茶马之兼衔,又或时督粮道有分巡道之兼衔。可知皆依地方之情况不一其设置者也。

第七节 知府

第一款 组织

府置知府一人,为其长官。至补助官,虽因土地之情况多寡不同,而其数则非少,即(一)同知,(二)通判,(三)府经历,(四)府知事,(五)府照磨,(六)府司狱,(七)府宣课司大使,(八)府税课大使,(九)府仓大使,(一○)府检校,(一一)府库大使,(一二)府茶引批验所大使等是也。此外有幕友及书吏,与他之地方官厅同。

第二款 职权

知府者,统辖管内一切之政务及指挥、监督下级官厅之事务也。凡地方官中如上述之督抚、司道其所职者,专在监督下级官厅,对于土地、人民无直接之关系。若知府以下,称牧民官,又父母官,亲当教育抚养之责,是其职务之性质最当注意者也。

(一)征收租税

据定例,州、县、厅直接征收租税,除该官厅之经费,以其余解送于府,府亦除其官厅之经费,以解送于布政使。然今日似不必经府解送自州、县、厅,支送府之经费外,皆直接达于布政使。《大清会典》虽以收税为知府所主之职务,盖与现状不适合也。

(二)掌管裁判事务

知府者,监督州、县、厅之裁判。对于徒罪,裁判与以认可,对于徒罪以下之裁判认为必要时,及基于人民之控告者,得翻原裁判,命之再理，或亲提犯人而为审问。关于流以上之犯罪，自州、县、厅拟律申详于府，知府亦拟律转送于按察使。若有死刑事件，自州、县直报告于督抚时，由督抚命管辖该州、县之府审理、拟议，而后转送于按察使。

（三）警察

知府保持管内之公安，有逮捕盗贼之职权，缉捕其他之。同知承知府之命专任此事。然警察之组织极不完备，故实际至不能举其事务。间有偶见者，不过府城内及同知分驻之域内而已。

（四）关于教育及试验之事务

府有府学，为管内之教育，其管理事务及监督，固属于知府之职权。又，学政每三年施行府、县学生之巡回试验，为试场及其他一切之供给，又行豫备试验（凡欲得秀才者，经县考、府考而后得应学政之试验。故知府于学政巡回之先，就县所拔选之童生亲行试验）。

（五）监督州、县、厅

知府以下，虽直接人民之地方官，而按诸实际，则知府乃合州、县、厅为其管内之治务，对于人民之关系非如州、县、厅密接者，似知府所主之职掌，宁在监督下级官厅。观雍正八年之上谕，可以知府之职掌云。

第八节 知县

第一款 组织

各县置知县一人，为其长官。补助官虽有县丞、主簿、巡检、典史、驿丞、闸官、税课大使、河泊所官、仓官等僚属，而非各县必当设置者，因土地大小、事务繁简而有差异。幕友及书吏则与他之衙门同。

第二款 权限

凡地方官中，有直接关系于人民者，虽曰知府以下，而知府宁与道员以上同为监督官，如前已述矣。至于知县，乃真正之牧民官，亲立于人民之上，任一切治务。故地方之利害休戚，实系于一身披。依伦普勒报氏曰："知县者，政府之单位也，凡官僚制度之脊骨也。且对于人民，百中之九十是知县，即政府也。"此非过言也。夫其官职之重要如斯，其事务之繁杂亦可想见，终非少数补助官所能办理。幕友及书吏于其间弄威福，亦不足怪也。今解说其职务之概要如左。

（一）裁判

知县职务尤重要者，在于为裁判官。盖清国法律严禁越诉，凡刑事、民事之诉讼,不可不提起于第一审之县衙门。关于刑事徒罪以下,知县审判之;流以上,拟议后具口供,达于按察使,而其所为之裁判关于判决之件,仍受上级官厅之监督,前既述之矣。

(二)检尸

凡有人命犯时,知县由事件发生地之地保之禀报,即时出差而临检尸体,就于致死之原因精查,作临案书,以供上司审断之参考。而知县临检之时,若男子之尸体,带同仵作之衙役;若女子之尸体,带同稳婆,使检视之,依其所言定案。

(三)征收租税

征收租税,亦知县重要职务之一。凡县衙门之费用及上级官厅之经费,皆自征收额中支办者。而现今解送于布政使之租税,其实际之手续稍与定制异,如前所述可以知之。

(四)警察及监狱

凡逮捕盗贼及其他管内之警察事务,知县管掌之。至于监理监狱(掌监狱之管理典史)、执行死刑,亦知县之职权也。死刑者,自按察使受领执行命令书(自北京所发,如前所述),直命兵差行之;枭首,以犯罪地之地保行之。

(五)公共建造物之营缮

凡城壁、桥梁、监狱、庙宇及其他公共之建造物,皆系知县直接所管理。其营缮须巨额之费用时,申详布政使,请藩库支出。又,其费用较少时,不可不亲筹支办方法,如罚金、科料得为此费用之一部。又,对于轻罪者,为换刑处分,命纳缴瓦、砖、材木等之实物及劳力,得供此目的之使用。又,工事有益于一般人民时,知县自捐金,并劝诱富豪绅士捐输,亦不少也。

第九节　知州、同知及通判

县之外,以州及厅为最下级之行政区划。各州置知州,各厅置同知或通判,使为其管内之职务。而此二区划有属于直隶与否之别。直隶州及直隶厅隶于道,直属布政使之统督,其法律上之地位与府相同,普通之州、厅与县相并,而隶属于府,二者各异,既述于前矣。此比于日本之行政区划,市、町、村虽为最下级之区划,而市与郡同属于府、县,町、村,在郡之下,受郡之统督,殆略相仿与。至于州、厅衙门之组织及权限,皆无所异,故合二者而叙述之。

第一款 知州

州衙门以知州为长官,置州同、州判、吏目、巡检、驿丞、闸官、税课大使,补助其事务。此等之补助机关由区划之大小、事务之繁杂而异,其制非必各州悉备者也。

知州之职权,直隶州与知府及知县同。普通之州(即散州)与知县同,其以直隶州知州之权限区别为二者,因采特别之组织,即对其直接管辖之土地人民,与知县行同一之职务者,对其领县与知府行同一之职务者也。《皇朝通典》云:"其所治州,即以知州行知县之事",即此意也。惟普通之知府、知县虽受府之统督,诸事仰知府之指挥监督,而直隶州知州对其领县行知县之事务时,仍为直隶之关系,故不受府之统督,而直接受布政使之统督也。虽然,诸事必依于布政使直接指挥监督,或难保不流于怠慢,故布政使以守、巡道行其监督权。例如,就民事事件,直隶州不属于府之管辖,故对其裁判之第二审当属于布政使之权限,然恐裁判所之构成上不能划一,又欲期其监督之不疏慢,特以守、巡道对于直隶州之裁判为第二审裁判所,而布政使则掌第三审者也。

第二款 同知及通判

各厅置同知或通判为其长官,以经历、照磨、知事、司狱、巡检等为其补助官。故厅之同知及通判,所谓正印官也。此与府之补助官之同知及通判不可混同,其冠以抚民、海防等名目亦同。直隶厅设于新疆、四川、广东、贵州。

第十节 特设官厅

以上叙述地方官厅之外,或有依地方特别之事情设置特别官厅者,如顺天府衙门及贵州、广西、云南、四川诸省土官及土司是也。一以其辇毂之地、首善之区,认有特别组织之必要。一为治未开之蛮族,有设特别制度之必要。其事情虽异,而为特设官厅则同。

第一款 顺天府衙门

第一项 组织

顺天府置兼管府尹事大臣一人,府尹、府丞、治中、通判、经历、司狱各一人,府学教授满一人、汉一人,训导满一人、汉一人。府尹虽为长官,其上更设有兼管府尹事大臣。以京畿为首善之区,重要之事不让于六部,故于六部尚书之外设管理部务大臣,出于同一之趣旨也。其被任兼管府尹事大臣者,专限于汉人出身,自六部尚书、侍郎之有现职者,而特简之也。府尹及府丞、治中以下之补助官,亦除教职外,皆以汉人充之。盖府者专掌汉人之事务,八旗同在京师之中,其事务别有管辖官厅,与府之职权无涉也。故以熟知其人情风习、易于为治之点,当任用汉人者也。

第二项　职权

顺天府衙门之职权与普通之府衙门同,特其有被委职权者。普通府衙门之职权如上所述,今举顺天府特别之职权。而其特别职权中,有许府之专决与须直隶总督协议之二者,独憾清国法令不完全,关于二者无截然之规定,往往专属府尹之事务,直隶总督干涉之;当与直隶总督协议之事务,府尹无不专决之。总之,顺天府在于辇毂之下,虽限于某事得独立处理其事务,而同时就直隶省内之一区划,其事务不可不待总督之考察。因此,总督就某事务与其协议,而有认为必要时,得以自己之职权而专决之。

第六章　藩部

内、外蒙古,新疆及西藏总称曰藩部。关于藩部之事务,内有理藩院,外有将军都统大臣等之派遣官。惟就其实际考之,清国政府仅有主权,至于内部之行政,皆世袭之酋长及喇嘛行之,政府不过监督之而已,与直省督抚为朝廷之大员而治军民,大异其趣也。若派遣官与理藩院之间,则犹督抚之对于六部,非必有统属机关,两者皆直隶于皇者也。

第一节　内、外蒙古

第一款　行政区划

藩部分为数多之部落,部落之所分即成一行政区划。今先明其编制,次及于行政各机关。

第一、内蒙古之行政区划

在于内蒙古部落之最小者为旗,合旗而为部(蒙古语"爱玛克"),合部而为盟(蒙古语),皆依会盟地而称之,如云哲里木盟、卓索图盟是也。凡盟六、部二十四、旗四十九。

第二、外蒙古之行政区划

凡外蒙古之种族,喀尔喀及杜尔伯特、杜尔扈特、和硕特之一部,此等之种族,各盟皆有之。各盟亦分为部、旗,与内蒙古同。

第二款　行政机关

内、外蒙古行政之机关,可分为自治机关与官治机关二种。自治机关者,以各部落之酋长任之;官治机关者,系政府所派遣。唯部落中或不有酋长者,此时所在之派遣官,自当掌其部内之行政者也。

第一、自治机关

旗置旗长(札萨克),盟置盟长,以掌其领内之行政,此内、外蒙古之自治机关也。

第二、派遣官

中央政府派遣之大员,非仅如前所述,管辖无札萨克之部族也,且驻在于各要地,当控御地方之任,唯其对于盟长及札萨克,又对于理藩院之关系,今虽未知其详。而对于前者,代理藩院为直接监督;对于后者,犹直省督抚与中央六部之关系,是可以知之也。

第三款　青海地方之行政

西部蒙古之种族,即西人所谓人散在青海一带之地及西藏之北境,总曰青海蒙古,分为二十九旗。

第二节　回部

回部初置将军大臣专掌军政,光绪初年置新疆一省,设巡抚以下州、县官,军政、民政并行,以至于今。若夫军政官与民政官之关系,虽未知其详,而将军及大臣决非比他之直省驻防将军,有虚名而无实权者。故关于纯粹之民治,虽须与新疆巡抚之合议,而关于军政,则依其独断专行,不受牵制。而新开之地关于民政者少,关于军政者多,则其职务之重要,亦非内地驻防将军所可比也。

第三节　西藏

西藏有达赖喇嘛、班禅额尔德尼喇嘛,于西藏为政教二权之长也。盖西藏与蒙古同为清国之藩部,其事务掌于理藩院,皇帝虽经驻藏大臣为政治上之训谕,而一般之内政,全任其自治,皆由于二大喇嘛及其机关之唐古特官、喇嘛官所掌理也。

第一、唐古特官及喇嘛官

于达赖喇嘛、班禅喇嘛之下,有各种之行政机关,大别为二:一非喇嘛为齐民之官吏者,即唐古特官也;一兼喇嘛之行政官者,即喇嘛官也。

第二、派遣官

自清国政府以驻藏办事大臣一人、帮办大臣一人驻在于西藏首府拉萨,皆由特旨简派,以三年交代。其补助员有司员一人、笔帖式一人,又自四川省之同知、通判、知县、县丞内派粮员(又称为粮台)三人,居于拉萨札什伦布,在于又后藏班禅喇嘛之居城,在此阿里,即西藏西部之三处为驻屯。清国军队之主计官同时受驻藏大臣之指挥,而于该地方代表清国人之利益。

第七章　地方自治
第一节　总论

第一、清国一般之自治制度

考清国所行之自治制度,有二大系统。一为社团的自治制度,一为地域的自治制度是也。即一行于以人所组织之团体,一行于土地区域上之团体。而此二者又各备二种之形态:为社团的自治者有会馆,有公所;为地域的自治者(即地方自治)有保甲、有乡村是也。会馆及公所之组织当别有所论。兹专就地方自治制度保甲及乡村而论之。

第二、保甲之性质

凡邻保之团结,出于人性之自然者也。地方自治所由来甚远,以此观念考察自治制度,古今东西各国无地不有此制度,惟保甲制度与近世国家之自治制度究有区别。近世国家所谓自治者,乃某团体为国法所认固有之生存目的,而处理其团体公共事务之谓也。故国家欲补行政机关之不备,使人民编成某制度,而国家亦因此达其生存之目的。假令其制度终与邻保之团结及他之团体组织相随,则非真正之自治。如日本旧时五人组制度及清国保甲制度,皆属此种类也。《皇朝掌故汇编》之著者云:"是皆民之各治其乡之事,而以职役于官。"以此观之,似与近世国家之自治有所吻合。就该著者又云:"谨按,保甲为弭盗安民之良规。"是足以表明保甲之性质而无遗憾者。要之,国家以补警察行政不备之目的,用邻保之团结以为警察机关之补助而已。若如此制度亦得云自治，是近世国家之自治，必将反乎自动的自治，而不可不谓为他动的自治也。

第三、保甲制度之变迁

保甲制度为周代比闾族党之遗制，殆无容疑，而其性质稍有不同。按，周官大司徒之属有州长，党正以下之官，在于乡大夫之下，掌地方之政令，其制五家为比，比有比长；五比为闾，闾有闾胥；四闾为族，族有族师；五族为党，党有党正；五党为州，州有州长。上下相联络，以任地方之行政，颇与今之保甲制度相类。虽然，保甲者，保正以下之机关，系人民之公选，州、县官仅与其认可而已。若周官所谓州长、党正以下皆有中大夫以下至于下士禄秩之官吏，与今日之保正及甲长异其性质也。支那学者或有论族师以下亦由人民之推举者，究不过后人之臆断而已。又州长、党正以下之职务极为复杂，亘于一般之事务。保正、甲长等仅为警察之补助，亦属不同。故保甲制度虽可谓渊源于周官之遗制，若混淆二者之性质，是不免谬见也（据《钦此周官义疏》）。

自秦汉至魏晋南北朝，皆有乡党版籍之职役。至隋唐，其制益备。依唐令，诸户百户为里，五里为乡，四家为邻，三家为保。每里设里正一人，掌按比户口，课植农桑，稽查奸宄，催课赋役。又，在邑居者为坊，坊置坊正一人。在于田野者为村，村置村长一人（参照《六典》及《文献通考》）。而里正、坊正等皆非官吏，又其职务最重警察、收税二事，遂为现今保甲制度之阶梯（日本中古时代模仿唐制坊里之制，无异于中土。又后世五人组制度亦起源于是）。

抑支那地广人众，欲以州、县官之力办理地方一切之事务甚难，故选乡党中年老且有德望者，以为州、县官之补助，所以疏通上下之意思，保地方之治平也。是以所称为明君贤相者，常以振兴此制度为己任。然过重此制度，往往与里正、乡老之徒与以过大之权限，至反酿成弊窦者。明洪武二十七年，择民间之年高且公平宜于任事者，使掌其乡之词讼、户婚、田土、斗殴等事件，许会同里胥而决之。不经其裁判，有出诉于州、县官者为越诉，罚之，是其一例也（据顾炎武《日知录》里老断讼之事，至于宣德年间废之）。洪熙以后，任里老者多非善良之人，往往有假官府之威而害人民者。至正统年间，此风尤甚，其势力凌州、县官。当上司视察地方之制度，至听里老之言，定州、县官之黜陟，州、县官之卑劣者，与以重贿，使赏扬己之事于上司之前，而私计其荣达者（参照《续

文献通考》职役考、顾炎武《日知录》）。至于本朝，屡次戒饬地方官，谋
保甲制度之振兴改善（详后），徒属具文。至于今日，其废弛益甚。

第四、乡村

关于保甲法令颇备，记述亦不少。至于乡村制度，殆无文献之可
征，故不能详其性质，惟揣此制度，虽不完全，或与近世国家地方自治相
类。盖清国地方行政，非仅不备，且官规颓废，无由肃正。如州、县官，
所谓亲民之官，实则亦视人民如路人，汲汲于营私利而不顾公益。故地
方人民因共同自卫之必要，不依赖官府之力，而为办理一乡村共同事务
之组织也。

第二节　保甲

第一款　组织

第一、沿革

顺治元年，令各州、县行保甲之制。凡各州、县所属之乡村，十家置
一甲长，百家置一总甲。若有盗贼、逃人、奸宄等事，自邻佑报知甲长，
甲长报知总甲，总甲申告于州、县衙门，州、县衙门审查事实，申告于兵
部。若一家有隐匿盗贼及其他之罪犯者，而邻佑之九家甲长、总甲不为
其报告又申告时，俱以罪论，是为本朝采用保甲制度之权舆。惟地方之
情状全国难期同一，故或设里、社之（顺治十七年后）处，则有里长、社长
之名；或设图及保之处，则有图长、保长之名；八旗则别置领催，不置里
长等，或又称甲长为牌头。乾隆以后，以甲长置于牌头之上，保长称为
保正，要之，其名异而其实不同（《皇朝掌故汇编》内编卷五三）。至康
熙、乾隆，保甲之制度大备于乾隆《大清会典》，兵部诘禁中规定之。凡
保甲，直省、府、县自城市达于乡村。居民十户立牌头，十牌立甲长，十
甲立保正。户给印牒，登姓名、习业，悬门楔，以稽出入往来，诘奸宄。
有藏匿盗匪及干犯禁令者，甲内互相觉举。如官吏奉行不善及牌头、甲
长、保正瞻徇容隐，或致需索扰累者，皆谕（《会典》卷五六）。盖大体虽
无变更，而编制稍生差异。如顺治之制，十家设一甲长，而乾隆《会典》
十家设牌头，十牌（即百家）设甲长，十甲（即千家）设保正。此其所以异
也。而当时政府务求此制度之普及，北京附近屯村之小作人、江海岸之
渔民，广东、云南、贵州等熟苗、熟獞之间亦厉行之。嘉庆重修《大清会
典》，以此制度移于户部之职制中而规定之，其编制则与嘉庆《会典》之

所定同,又定当施行此制度之区域,凡城市、乡屯(一般都市、町、村)、竈
(各盐场井之竈户)、厂(矿厂之丁户)、寺观(寺院之僧侣、道士)、店埠
(商民在本籍地之外,为贸易营产业者)、棚(各省山居之棚民)、寮(浙
江、福建、广东沿海附近之炮台、塘汛、各岛之寮民)、边徼(边外蒙古地
方之住民),皆编之。凡海船,亦令编甲焉(嘉庆《会典》卷一一),是其施
行于全国之意,可以明矣。然其后渐次归于废弛。观道光、咸丰以来之
上谕及奏折可知也。

第二、现制

现今之保甲编制,依于乾隆以来之所定而无变更。十家为牌,牌有
牌头;十牌为甲,甲有甲长;十甲为保,保有保正。嘉庆《会典》云:"凡编
保甲户,给以门牌,书其家长之名与其男丁之数,而岁更之。十家为牌,
牌有头;十牌为甲,甲有长;十甲为保,保有正。稽其犯令作慝者而报
焉。"此即现制之规定也。保正、甲长及牌头,人民公选之,经该地方官
厅之认可,就其职限年更代之。其被选资格,以诚实、识字且有身家者
(嘉庆《会典》卷一一注)。而因统辖保甲之职务,设特别之机关。例如
于京城内有步军统领、兵马指挥使等,于各省有保甲总局及分局,以有
道台以下府、县官之资格者为其长官。在于一般巡县,则知县直接统辖
之,保正以下承其指挥、监督而执行职务。

第二款　职务

保甲之职务得分为警察、户籍、收税三者,而其中以警察为最重,各
户籍不过因警察及收税之必要而行之者。盖户籍编查严密,便于纠察
盗贼奸宄之窜匿,并得期按户催料无遗漏收税也。前所述(第二编《户
部官制》)以丁口税并于地税以来,编查户籍之事务因而废弛(参照《周
礼政要》、《校邠庐抗议》等)。即至征收地税,亦多为州、县衙门胥役直
接所管理。不过,一保甲内有滞纳者,则保甲负共同之责任而已。且有
某时代以上谕,对于一地之保甲免收税事务者。嘉庆上谕云:"十九年
上谕,军机大臣等、汪志伊等奏,闽省牌甲、保长,人多畏避承充,皆由易
于招怨。今拟将缉拿人犯、催征钱粮二者不派牌甲、保长,专责成以编
查户口,稽察匪类。凡有匪徒藏匿,令其密禀地方官,作为访问,俾免招
怨等语。人果心存公正,何虑怨尤?惟私心不免,遂喜市恩而畏招怨。
近日内外臣工竟成此病,此等微末牌长又何足责?所有缉拿人犯、催征
钱粮二事,自无庸再派伊等管理"云云。观其以招怨之口实,免除收税

之职务,则此职务不足重可知已。嘉庆《会典》以保正以下之职务,仅稽其犯令作慝者而报焉。又,历代之上谕亦云:"保甲之设,除莠安良最为善法。"又云:"保甲一法,稽查奸宄,肃清盗源,实为整顿地方良法。"以此观之,保甲制度之所重者,在于警察一事不亦明显也耶。

保甲之事务当详于后,兹略之,唯当一言者,即共同担保及共同责任之制是也。顺治元年之编制有云:"若一家隐匿其邻右,九家甲长、总甲不行首告,俱治以罪。"(《皇朝掌故汇编》内编卷五三)。又乾隆《会典》亦有云:"有藏匿盗匪及干犯禁令者,甲内互相觉举。如官吏奉行不善,及牌头、甲长、保正瞻徇容隐,或致需索扰累者,皆论〈罪〉。"如前所述。唯及嘉庆之修正,虽无规定,想亦非废共同担保及共同责任之制者。盖于此种之团体设共同担保及共同责任之制,东西诸国其揆一也,即谓保甲制度之真髓在兹亦无不可。顺治初制之精神,所以能传于今日者,不可以不思也。

第三节　乡老

关于乡老(即村长)之事,无法令之可征,惟《皇朝掌故汇编》云:"又有耆老一项,例有顶戴,亦与闻邻里之事。"考顺治三年,佥都御史李日芃言,耆老"不过宣谕王化,无地方之责,非州、县、乡约比。若以连坐之法加之,似于情法未协。乃定议耆民在九家内者连坐,在外者免其株连。"(内编卷五三)其所谓耆老,殆即乡老耶。虽云不过宣谕王化,无地方之责,而自地方自治之本质考之,则乡老之制殆为相近者,前已述之矣。今据斯美斯氏之著书,述清国村政之梗概(二二六页至二三四页)。清国之村政,委于村民之自治,然其实能任事务者,非村民之全体,仅二三人而已。故推测其自治谓纯依民政主义,则不免误解。而村者虽各呈一小王国之状态,但基于地形及其他之事由,合数村处理其事务者亦不少也。

担当一村之事务者,其役名及职务各地不同,惟概定之,则村者有一人之长,此称为乡老,或云乡长,或又云守事人(亦有称为村正、村副等役名之地者)。其就任依村民之公选,经知县认可,与保甲之长同。又,其选任之资格别无规定,因此不必村内之年长者,又不必财产家及长于文艺者,惟大抵以有资产且有德望者,不用选举,自然为村民所推戴者而任之也。

关于乡老职务之事项,虽有种种,得分为县衙门之委任事务、村之公共事务及仲裁事务三种。

(一)县衙门之委任事务

此种事务中最重要者,征收地税也。其税资及收税方法,各地不同。此外,运搬县衙门需要物品,供给、修缮堤防材料,或于一定之时期道路之管理等,皆属此种之事务。

(二)村之公共事务

此种之事务最著者,为郭壁(某村有郭壁时)之筑造、修缮,壁门之管理,市场之开设并管理,收获物之警卫,庙宇、道路、桥梁之修筑等。虽依各地之情形而不一定,凡一村之共同事业,皆为乡长之职务而当执行者也。而因此等之事务,村民每民朔望,集镇守之庙社,开会议,以乡长为议长,依其议决而执行,是为常例。

(三)仲裁事务

关于家族间之纷争,又村民相互之葛藤等,乡老当仲裁之任。

以上依斯美斯氏而揭其大要者也。氏所叙述,乃就住在地所见闻,难以之律全国,仅足以窥见制度之一斑。而此制度者,实为极幼稚之自治制。盖以不整备地方行政之结果,故驯致于如此制度者也。

刑法总则

[日]冈田朝太郎　述

绪论

第一章　刑法

一、刑法者，定犯罪及刑罚之法令也。

（述）刑法一名刑律，就字面而言，则可曰刑法者定刑罚之法也。然此等定义殊非正。各国刑法均含有两方面之意义：（一）如何行为谓之犯罪。（二）既犯罪时应科以如何之刑罚。兹据《大清律例》言之。例如，豫谋杀人者为谋杀，斗殴杀人者为斗杀，此所犯之罪也。谋杀者斩，斗杀者绞，此犯罪者应得之刑罚也。故研究刑法者，须知犯罪为一方面，刑罚又为一方面，不可混而为一也。古时欧洲各国罪刑无分，近始发明区罪与刑为二，盖罪刑之分犹之因果，罪者刑之因，刑者罪之果也。故近世英、美刑法亦曰罪法（英国刑法曰"柏拿耳诺"。柏拿耳者，刑也。诺者，法也。又曰"苦里米拿耳诺"。苦里米拿耳者，罪也。诺者，法也）。

按之实义皆不免疏漏，当定名曰罪刑法，则包举无遗。推中、日两国之名沿用已久，不必遽更，但知其内容，有犯罪、刑罚两方面之意义足矣。

（述）法令者，法律命令之谓也。以法律、敕令、命令三者合而称之法令。法令有人事的，有地理的。日本之法令乃人事所规定者，据日本现行制度言之，法律者，必经国会协赞，天皇裁可，乃为实施之国法。命令又分为数种，由天皇所发布之命令，不必经国会协赞者曰敕令；由内阁所发布之命令曰阁令；由各省（日本各省如中国各部）所发布之命令曰省令；由府、县所发布之命令曰府令、县令。刑法有以法律规定者，亦有以命令规定者，故曰刑法者，定犯罪及刑罚之法令也。

二、狭义刑法——普通刑法。

$$\text{刑法}\begin{cases}\text{普通刑法：其支配之区域、身分及事宜为广}\\\text{特别刑法：其支配限于一定之区域、身分及事宜}\end{cases}$$

$$\text{广义刑法}\begin{cases}\text{普通刑法——《大清律例》}\\\text{特别刑法}\begin{cases}\text{《海陆军刑律》}\\\text{《破产律》}\\\text{《公司律》}\\\text{《矿务章程》}\end{cases}\end{cases}$$

（述）刑法有广、狭二义。广义之刑法或称刑罚法令，通于定犯罪及刑罚之法令，全体包有普通刑法、特别刑法两种。狭义之刑法则专指普通刑法，或唯曰刑法支配犹管领也。亦可谓之管理。管辖区域就地而言，身分就人而言，事宜就事物而言。普通刑法如现行之《大清律例》，凡大清国所辖之境及辖境以内之民人，大而国事，小而破坏器具，皆为所支配。其支配之区域、身分、事宜并不以何者为限。特别刑法，如满洲、蒙古地方因其土俗与各省不同，定有专律。此项刑律只能施行于满、蒙，而不能施行于各省，此限于一定之区域者也。如陆军刑律、海军刑律，能治军人，而不能治非军人，此限于一定之身分者也。如《大清破产律》《公司律》《矿务章程》皆定有罚则，而不能适用于其他，此限于一定之事宜者也。

三、普通刑法有总则及分则之别，普通刑法总则亦适用于无反对规定之特别刑法（《刑草》九条）。

（述）普通刑法总则之效力可及于分则，固不待言（如，未满十六岁者无罪，狂者无罪，无故意者无罪，为总则所规定者，亦适用于分则）。即特别刑法，亦以适用普通刑法总则为原则，惟有反对之规定者，不在此例。

第二章　法院编制法及刑事诉讼法

四、欲冀刑法实际之运用，更宜定职制及办法之规则，此《法院编制法》及《刑事诉讼法》之所由设也。

（述）欲刑法运诸实用，不可无从事审判之人。有从事审判之人，而无一定办法，则其人或以己意为轻重，非国家慎刑之意也。故必有《法院编制法》及《刑事诉讼法》而后可。

五、欧洲近世刑法乃融会南部之古法，并耶稣教之精神及北部之习惯而成者。

（述）欧洲文化起于南渐于北，南北融合，遂产今日之文明。其文明之表见于世者，不仅刑法一端，而刑法亦其一也。溯欧洲刑法思想，向分南北两部，南部古法即《罗马法》。耶稣教亦起于南部，其《旧约》全书所言皆宗教，而为法律所自出。故《罗马法》与《旧约》盛行于南部诸国，其宗旨则二：一、法律上人皆平等；二、重犯法之意思。犯罪之意思不外故意与过失，故意犯则罪重，过失犯则罪轻。北部无成文法，有习惯法，其宗旨则重视犯罪之损害，而不重意思，无论故意犯、过失犯，皆从一科断，但办其犯罪之既遂、未遂。既遂则损害大而罪重，未遂则损害大而罪轻。一重原因，一重结果，南北之不同如此。迨其后，南北两部交换文明，而刑法思想日益发达，遂得以融会贯通，折衷尽善，一洗从前偏重之弊。

六、日本始据固有之惯例而治罪，自《大宝律令》颁布后，为支那系统之刑事法国，迨明治六年施行《改定律例》，复变而为欧洲系统之刑事法国。

（述）日本《刑法》可分为三期目：开国至大宝时代为第一期，自大宝至明治六年为第二期，自明治六年至今为第三期。第一期政教合一，无所谓宗教、道德、政治、法律之分。当时以神道设教，犯罪者为反神意，以杀人、伤人至于流血为不洁为犯罪，必涤除不洁，以悦神意，为犯罪者应得之刑罚。故凡杀人者，必将其刀洗净，或投之水中，或焚化其衣，以酒果供神，即为已受刑罚。迨今每岁除夕，天皇犹在宫中祭神，代犯罪者忏悔，各衙署皆派代表一人助祭。

七、支那刑法法典始于《法经》六篇至隋唐始集大成，明清诸律祖述之而无甚变。

（述）中国之有法，实较各国为最先，惜残酷相承，不肯变更，与近世情刑〔形〕大相背违，致使各国人民居留中国者，均不愿受中国法律之支配，而设领事裁判权。此则大伤国体，侵害主权，诚为深耻大辱之事也。

第一编　犯罪

（述）刑法分为三编：首言犯罪，次言罪状，末言刑罚。其分编之理，曲正自有，故犯罪为原因，故列于首编；刑罚为结果，故置于末编，而其中情形因所犯之罪，又种种不同。有完结其行为之完全罪，为既遂罪；有因意外障碍未完结其行为之不完全罪，为未遂罪；又有数人成立一罪之共犯罪，一人成立数罪之俱发罪。此皆罪状关系，故罪状列于中编。

第一章　总论

第一节　犯罪之定义

一、犯罪者，国法上科刑之不法行为也。质言之，即列举于刑法之有责不法之动作也。

（述）不法，指非实施权利者与非国法放任者实施权利。例如，两国失和，即开战衅，所杀敌人不但国法不处罚，并为国家所奖励。又如，监狱官吏执行死刑，为监狱官之职务之类。国法放任，例如，不可抗力之天灾或地变，避难，紧急撞伤他人不治其罪之类。实施权利国法放任，从动作之外形观之，似属不法行为，然不能成立罪素，而内容非不法行为。

第二节　犯罪要素之概念

二、犯罪成立之要素，分普通与特别，普通要素贯彻于犯罪之全体，特别要素限于一定犯罪，其成立所必要之条律也。

（述）普通要素，统犯罪全体而言，刑法总论是也。特别要素，指犯一定之罪而言，刑法各论是也。各国古时皆只有特别要素，中国现时犹然，故惟有犯何罪而言得何刑之文，而无普通要素。近世各国通行者，无论何法，皆有普通条例，不独刑法然也。

三、犯罪全体之成立要素：（一）须人为其主体，法益为客体；（二）须律有正条；（三）须有动作；（四）动作须有责任者；（五）其动作须系不法。

如此编第二章所论各端。

（述）法益者，法律所保护之利益之略词。主体指行凶者而言，客体指被害者而言。现今立宪各国均取法定主义，而不用擅断主〈义〉，故非律有正条，不得为罪。犯罪非仅有犯罪之意思，而成立必达于实行而后成立犯罪，故须有动作。又，幼者（未成年者）、精神障碍者（疯癫、白痴）、不具者（聋者、哑者）均无责任能力，故非有责任者不能成立罪素。有动作有责任，若实施权利国法所放任者，非不法也，亦不能成立罪素，故不法亦成立犯罪之要素。

四、特别之成立要素，当就各罪之规定（即分则）论之。

（述）普通要素定于总则中，特别要素定于分则中。普通要素缺一，即不成立犯罪，特别要素因各种犯行，成何种罪名。

第二章　犯罪之成立要素

第一节　犯罪之主体及客体

第一项　主体

五、近世之刑法上，惟人得为犯罪之主体，不似古昔，竟以人以外者为犯人，而处以罚也。

（述）人非专指自然人而言，兼包法人，惟法律上有人之资格者为主体，不似古昔以人以外之物类而处以罚也。西洋中古时代，更有罚及禽兽及虫类者。又，古昔戮尸之刑，西洋各国及日本皆有之，惟近世文明法律有人之资格者，始处以刑也。

六、人分自然人、法人。

（述）非自然人而于法律上有人之资格者为法人，法人自其组织言，分为财团法人及社团法人。社团法人是多数人之集合体，有一个人之资格者，如中国公司、日本会社之类。又，自其法律关系言，分为公法法人及私法法人。又，自其目的宗旨上言，分为公益法人及营利法人。法人之种类虽如此，要皆以法律上认为有人之资格者也。

自然人之出生时期，当以独立呼吸为是，但对于幼者，有责任年龄之规定，至于死亡之时期尚无定说。

（述）自然人出生之时期，因有数级，以故学说不一：（一）疼痛说（此说主张在母腹中将出生时为始期）；（二）一部分娩〔娩〕说；（三）全部分脕〔娩〕说；（四）发生说；（五）断脐说；（六）独立呼吸说（此说盖言不借母之呼吸，而自为呼吸）。出生始期，法律上极有关系。由民法言之，人之出生为取得权利能力之始期。日本《民法》第一条："享有权利始于出生。"而刑法上关于人出生时期亦甚重要，出生以前治以堕胎之罪，出生以后科以人之刑，此其大不同也。

法人除有特别法令时之外，不得为犯罪之主体也。

（述）法人能否为犯罪之主体，须有法律文明之规定。以日本法制言之，如《邮便电信条例》四二条、《电气铁道取缔（管理）规则》《豫防肺结核规则》《专卖烟草法》等皆有处罚法人之规定，不能悉举。今试言关于电车之规则，如电车压毙人命，罪由管车之人，乃法律上问电车公司，而舍管车之人不问，以公司为其主要机关，而管驾此电车之人不过为公司之一员耳。故关于法人职业上有不法行为时，其事实虽为自然人所为，应以该法人为犯罪之主体而加以处罚，但处罚法人之犯罪与处罚自然人之犯罪不同。现在各国普通例，于法人之犯罪，大半处以罚金，而不处以徒、流、死等刑，缘法人为公共团体组织，而成有犯，只遣一代表赴场，如裁判所加罚于代表一人之身，则是为全体受罚也。岂情也乎？但法人为犯罪之主体，以有法律明文为限，如商事会社之社员，假会社之名义犯诈欺取材之罪，只可罚其社员，其会社不任罚也。故以法人与自然人较，自然人以无论何人皆得为犯罪之主体为原则，以不得为犯罪之主体为例外（精神病者、幼者）。法人以不得为犯罪之主体为原则，而以得为犯罪之主体为例外。

第二项　客体

七、犯罪之客体者，即国法以及刑罚之制裁所保全之利益，是被〈被〉侵害其利益者，即被害者之谓。故因犯罪之种类，若个人、若社会、若国家，均得为犯罪之被害者。

（述）关于犯罪之客体，有二种学说：一谓客体为被害者，二谓客体为被害物体（即被害者之法益），以吾辈之意见，则主张第二说也。被害物体与被害者之区别，试举例以明之。如侵入邸宅罪，邸宅为被害物体，邸宅内之安全居住者为被害者，如盗窃财物罪，财物为被害物体，财物之所持者为被害者，是被害物体与被害者可以分而为二也。其不可分者，身体与生命耳，而以犯罪之关系论，刑法上仍可分之，如杀人罪，身体为被害物体，有身体之人（生命）为被害者。一切犯罪因侵害法令所保全之利益而成立,法令所保全之利益,省言之法益,法益者不独个人有之,社会、国家亦有之,故个人可为犯罪之被害者,社会、国家亦可为犯罪之被害者。就社会言,裸行于市,有害于善良风俗,盖善良风俗即社会之法益也。就国家言,国家行政皆有一定方针,如以一人紊乱朝宪,或以兵力白〔逼〕迫国家改革政治,皆有害于安宁秩序,安宁秩序即国家之法益也。法益为被害物体,社会国家为被害者,观于此可知,以被害物体为犯罪客体之说为不诬也。

第二节　律之正条

第一项　法定犯罪主义

八、于国法上决罪之有无有二主义:一擅断主义,二法定主义。擅断主义者,谓裁判官以其职权,凭己意酌定罪之有无之制度是也;法定主义者,谓豫以正条定致罪之行为,裁判官职权只许凭正条判断之制度是也。近世刑法,俱采用法定主义(《刑草》一○条)。刑法不载之行为,不得为罪,是以特举刑法之正条列于犯罪之普通要素中。

(述)擅断主义者,律无正条,徒凭裁判官之意见以定罪之谓也。近古时代犹用此主义,而其弊有三:立宪国之通例,立法、司法各有独立机关,立法者不能侵司法之权,司法者亦断不能兼立法之任,擅断主义则以司法而兼立司〔法〕,其危险不可胜言,弊一。何者应为,何者不应为,必豫有法文之规定,使民知所遵守,擅断主义则罪之有无,律无正条,是罔民也,弊二。裁判官纵无陷民于罪之意,而彼此意见时有不同,将甲以为无罪者,乙以为有罪,甲以为轻罪者,乙以为重罪,而裁判之制度无统一之时,弊三。故近世文明各国,有鉴于此,均不采擅断主义,而采法定主义。

九、无正条之行为不得为罪,其结果遂使刑法与民法有别,民法许类似解释,而刑法不许。至于当然解释,则刑法亦非所禁。

(述)希腊格言"无律无罪",故刑法不许类似解释。类似解释,即比附援引中国法司办案,无律则引例,无例则援案,皆类似解释也。刑法者,于吾人之身命、自由、财产有直接之重大关系,其解释最要严确。故改正《刑草》,确守法定主义,苟在文明以外之事实,一毫不许类推适用。例如刑法上禁未成年者吸烟,为其有伤身体也。然援此谓未成年者不许饮酒,则不可以,刑法无禁饮酒之明文也。然不可误解,谓刑法禁止类似解释,亦竟不得为何等之解释也。有似类似解释而实非者,当然解释是也。例如,为保护道路起见,禁止车马往来,驼象之妨害道路甚于车马,虽无明文,亦必在禁止之列。又如池塘禁止钓鱼,以网取者甚于钓,虽无明文,亦必在禁止之列是也。或疑刑法以无律无罪为原则,同一律无正条,乃不许类似解释,而许当然解释,何也? 不知律无正条,就事实言有两种原因:一因其事实为刑法所放任,刑法既认为无罪,故不复列于正条,若任意类推,将刑法所认为无罪者,裁判官可认为有罪也,可乎? 一因其事实为事理之当然,无庸有明文之规定,故亦无正条。如上举道路、池塘二例,害之轻者且有罪矣,害之重者自不待言也。

第二项　刑法之效力

一〇、有效力之法令者,谓于法令所推定之事实发生时,科以其法令所豫定之结果者也。有关于时者,有关于人者,有关于地者。

其一、关于时之效力

一一、无正条之行为不得为罪,其结果遂使刑法对于未实施以前之行为不能适用,此名刑法不溯既往之原则。

(述)刑者随社会之情形而为变迁者也。旧日之刑法决不宜于今日之社会,故立法者常不惮于再三之改正,以求适乎社会之情形,而新旧法令递嬗之交,每关乎罪名之出入。故旧法以为无罪,新法则认为有罪,旧法以为轻罪,新法则认为重罪者,往往有之,罪名之轻重不同,而认为有罪则同(详一二号)。不在律无正条范围之内,兹所论者乃旧法无罪新法有罪之问题也。欲解决此问题,须视犯罪之行为是否在新法实施以后,抑在实施以前。行为在实施以后,照新法治罪无可疑者。行为在实施以前,抑照新法治罪乎? 否乎? 就日本制度言之,法律有三等阶级:一成立、二公布、三实施。法律之效力发生自实施时始,未实施以前无法律之效力也。行为之当时,新法尚未实施,则可直断为无罪,因刑法之原则有施行将来之效力,无溯及既往之效力故也。

一二、刑法不溯既往之原则。近世有认为例外者,即刑法改正后,比较行为时之刑法与裁判时之刑法,新刑轻时,溯既往之行为而适用之,若二回以上之改正各有轻重时,适用其中最轻者,然总以不分重轻俱适用新法之主义为正当(《刑草》一条)。

(述)刑法无溯及之效力,东、西各国盖无不以此为原则者,然于新、旧法令之递嬗之交,有从轻与从新之别。采从新主义者,谨守原则,无所谓例外也。而采从轻主义之国,则不免有例外。如法、如比、如德、如意、如荷兰、如匈牙利、如那威、如布加利加及日本等国,近来编纂刑法,均鉴于从前刑法过重,而以新法矫之,又比较于新法、旧法之间,而务从其轻者是也(新法重,无溯及既往之效力,新法轻则有溯及既往之效力)。然此等例外,自历史上言之则可耳,若从学理上论之,则以不分轻重,均适用新法之主义为正当。

其二、关于人之效力

一三、一国刑法以普有效力于其国之内为原则,然如左揭之身分,则不适用。效力普及全国为刑法之原则,然因国内公法、国际惯例及特别条约而生种种之例外。

(一)天皇(摄政别有异议);

(述)第一例外,由国内公法而发生。盖天皇为制定法律之人,故立于法律之上,不受刑法之支配。若天皇有不法行为,则大臣受其责任。摄政者,代君主总理万机者也。关于摄政之应受法律支配与否,学说不能一致。有谓摄政同于君主者,有谓其不同者,须视其国宪法附属法之规定若何,而摄政之应受法律支配与否,乃可以定。

(二)外国君主、大统领(并其家族从者);

(三)被信任之外国交际官(全权大臣公使、代理公使、公使馆附属武官、书记官、书记生)、军使其家族及顾〔雇〕人之非内国人者;

(四)经承认之外国军队(及军舰)。

(述)以上三者不受驻在国法律之支配,亦例外也。据国际法之规定,外国君主、大统领为主权者,或游历至本国或有交涉事件至本国者,应有治外法权,即家族亦有治外法权,其从者则须分别其为外国人,为内国人。为外国人则与家族同,为内国人则应受内国法令之支配。然自事实上论之,既属外国君主、大统领之扈从,即为内国人亦有治外法权。外交官为代表主权者,经本国派出,必经驻在国信认始〈有〉外交官资格,而得有治外法权。故国使臣于交战时往来者,谓之军使。昔时不免伤害,今则不然,其待遇亦与外交官同,其家族、雇人之有治外法权者,法律上以非内国人为限,而事实上亦不尽然。军队、军舰,近世各国公认为主权一部,或游历或保护商务,至他国领土或领海时,不能受其他主权之拘束焉,但必经驻在国承认有治外法权,若未经承认而阑入者,应加以处罚。国际法上有规定之明文,而事实上绝无加以处罚者。

凡此皆为郑重邦交起见,遂成国际之惯例焉。

(五)有特别条约外国之臣民。

(述)各国之法律,皆有强制外国臣民服从之性质。独中国与外国立约,各国在中国均有领事裁判权,外国臣民在中国者,不受中国法令之支配,亦例外也。外国人之在日本者,从前亦有领事裁判权,与中国同。日本朝野上下深以为耻,首与英人立约期,以五年改正法律,使收回领事裁判权,后竟达其目的。暹逻且效行之,中国司法制度久不完善,至笞杖之残酷,监狱之黑暗,尤为外所藉口。今欲践庚子后所结之中英、中美、中日商约,使各国收回领事裁判权有三策焉。一、改良司法制度;二、改良监狱;三、养成裁判官资格。三者俱备,使各国收回领事裁判权不难矣。盖内政修明,而外交政策自然发达为根本之论,若不从三者着手,徒持空论与外国人竞争,以冀收回利权,非徒无益,而又害之中国前途,固甚为危险也。有不以予言为然者,盍往欧、美、日本以游,问各文明国之司法制度有如中国之不完善者乎? 文明国之裁判官有如中国之无信用者乎? 各文明国有监狱有如中国之黑暗者乎? 无有也。中国若能于予所陈之三策逐渐改良,则谓为收回利权之券,可也。

其三、关于地之效力

一四、刑法关于地之效力,有二种提案:一属人主义,一属地主义。属人主义专支配自国臣民之犯罪,不问其犯罪地之为国内、为国外是也。

(述)属人主义者,重在本国之人,非本国人即不能适用。

属地主义专支配在国内之犯罪,不问犯罪人之为内国人、为外国人是也。

(述)属地主义着重国境之内,非国内即不能适用,与属人主义绝对相反。

属人主义、属地主义皆非良策,近世多数之一法例,采用一种便法,假名之曰"折衷主义"。

(述)属人主义有二缺点。第一缺点:本国法律仅能支配本国人,不能支配外国人。当现在交通时代,内、外人交涉最繁,若本国人受外国人之损害,只须责令赔偿,迅速完结为正当办法,乃以采用属人主义之故,不能主张法权,强制赔偿,在外国人固有利矣,而在本国人则为大不利。第二缺点:本国臣民仅能受本国法律支配,绝对不受法国人法律之支配，如本国人在外国犯细微之罪（如违警罪之类），只须用外国法律处治，最为直捷了当，乃以采用属人主义之故，虽微罪亦须本国处分，烦琐纷扰，不便孰甚。至属地主义亦有缺点，试举一例以概其余。近日交通于本国，以采用属地主义之故，而本国法权不能行使于领域之外，此尤其大不便者也。因属人、属地之诸多不便，而各国立法政策为之一变，务去其不便者以就其便者，折衷主义则兼有两种主义之所长，而能补救其所短，实为至便之法也。

（一）折衷主义之第一义，除前其二所揭有身分人之行为外，凡国内犯罪俱应管辖，犯人之为内国人、外国人，无庸区别（《刑草》二条）。

（述）第一义补：属人主义之所短，为主权普及全国当然之结果，《刑草》第二条："凡本律不问何人，于在中国内犯罪者适用之，然对于有特别身分，如天皇及有治外法权者，则不能适用。"

（二）折衷主义之第二义，犯罪虽在国外，若其事件非用自国刑法不可者，则列记于刑法中（《刑草》三条至五条）。

（述）第二义补：属地主义之所短，盖为维持本国之利益起见也。《刑草》第三条："凡在中国外犯罪，系对于中国之存立、信用、财政、经济等（如谋内乱及伪造货币）有重大之损害或危险，无论为中国人、外国人，皆据本律处断。"第四条："在外国之中国吏员，有污辱其职务及其名誉者（如公使、领事受外国人贿赂，泄漏本国机务之类），仍依中国《刑法》治之。"第五条："关于害人生命、身体、自由、名誉及财产，皆破廉耻之事，其在国外犯此种罪者，系中国臣民时，及中国臣民被害时，俱适用此律。"

一五、凡可以成罪之行为或结果之一部，在本国领〈土〉或船舰内者，须以在本国内犯罪论（《刑草》七条）。

（述）行为者发生结果之身体、举动，结果者本于行为之外界影响也。凡一切犯罪，未有不本于行为与结果而成立者，行为在本国，结果亦在本国，当以本国内犯罪论，固无异论。若行为在甲国，而结果在乙国，或行为在乙国，而结果在甲国，当以何地为犯地，极应定明也。例如，在中国领土以内，以枪击毙交界之俄人，行为在中国，结果在俄国，作为中国犯罪乎？抑作为俄国犯罪乎？又如，有人在日本开设报馆，鼓吹排满革命，中国阅其报纸者大受影响，行为在日本，影响在中国，作为中国犯罪乎？抑作为日本犯罪乎？又如，有人携带炸弹由日本而中国而西洋而美洲,夫炸弹为各国所共禁,其行为、结果牵涉各国,此等犯人应作为何国犯罪乎? 解决此问题之学说共分五种,归纳言之,则有三种。第一说以行为地为犯地,第二说以结果地为犯地,第三说以举动地、结果地皆为犯地。以予辈之意见,则以第三说为正当,因行为与结果皆为犯罪成立之要素故也。

第三节　身体之动作

第一项　通则

一六、内、外国言身体之动作,其语俱无一定,有言动作者,有言行为者,有言所为者,有言作为者,有言所行者。余用之,如左例:

举动(身体之动静)＋结果＝动作

举动＋责任＝所为

举动＋责任＋结果＝行为

(述)关于身体动作之解释,系折衷众说,分为三项。照算学("＋"加号"＝"等于)横表之,举动加结果等于动作,举动加责任等于所为,举动加责任又加结果等于行为。

一七、法定主义之适用上,非备俱刑法所定要素之全部,犯罪不能成立。今视刑法中所规定,无论如何犯罪,外部身体之动作无不举为要素之一者,此身体动作所以列于普通要素中也(与古法异)。

(述)刑法所定普通要素之全部,析分为五,必五者俱备而犯罪始能成立。人为主体,无正条不得为罪,全部刑法之规定,皆以此为标准。故主体、客体为普通要素之一,无正条不得为罪。如《刑草》第一〇条:"凡律例无正条者,不论何种行为,不得为罪是也。"故律之正条为普通要素之一,无责任不得为罪。如《刑草》第十一条:"凡未满十六岁者之行为,不为罪。"第十二条:"凡精神病者之行为,不为罪。"故不法为普通要素之一动作者,身体外部之动作也。《刑草》总则虽无明文,而分则内无一条不含有动作之意,例如窃取、强取、诈取,取其动作也。杀人、伤人,杀与伤其动作也。放火、决水,放与决其动作也。故动作亦为普通要素之一。

一八、动作者,谓举动与结果也。

举动者,即身体之运动状态及静止状态之义;结果者,即物界之影响,有积极或消极之关系于举动之义。

（述）动静状态，人皆有之，精神病者、幼者亦有此状态。其状态与意思毫无关系，必有意思之举动之状态、影响及于物界（己身以外皆为物界），而后关系生焉。但有积极与消极之别，积极关系者，原因、结果之联络之谓也。例如，投人于水而溺死，由投者之造因，而有溺死之结果是也（详《豫解》二二号）。消极关系者，不遮断原因之推行或不妨止结果之发生之谓也。例如，小儿临渊，人不之禁，致小儿溺死，是小儿之溺，本非有因，特人不之禁，遂生结果耳（详《豫解》二六号）。

一九、动作以一个之举动而成立者甚少，恒由数个或数十个之举动结合而成。一次影响波及物界，殆连绵无已，特法律上物界之影响，有关系于动作者，不可不以文明或本旨所揭为限也。

（述）动作者，举动与结果相合而成之谓也。例如，用刀杀人、放火烧家，用刀、放火其举动也，杀人、烧家其结果也。但就事实上论之，举动之先必有无数举动，结果之后又有无数结果。举动之先必有无数举动何？例如，杀人者有用刀之举动，必先有磨刀、洗刀、拭刀之举动，有提刀之举动，有行步之举动，有举手之举动，而后有用刀之举动；烧家者，有放火之举动，必先有积薪之举动，有取火之举动，有燃薪之举动，而后有放火之举动，所谓由数个或数十个之举动结合而成者也。结果之后又有无数结果何？例如，用刀者，有杀人之结果固已，但人既被杀必流血，既流血必死亡，既死亡则父母无所依，妻子无所托，一切可悲可痛之事，皆可谓为一刀之结果。放火者，有烧家之结果已，但家既被烧必无无屋可止，无屋可止必流离道路，日炙、雨淋、霜欺、雪虐，一切困苦难堪之境，皆可谓认为一炬之结果，所谓影响物界连绵无已也。

二〇、犯罪之中，有生实害而致犯罪者，有仅生实害之虞而致罪者。仅生实害之虞应处罚者，盖因如状况（危险）亦有关系于动作之物界影响，谓为结果亦无不可也。

（述）实害与危险不同，而犯罪则同。有生实害而致罪者，例如杀人、伤人，因被杀伤者，受其实害而罪之是也。有仅生实害之虞而致罪者，例如违警而疾驰车马，或不遵守章程而卖剧药毒药，因危险状况而罪之是也。故实害为犯罪，危险亦为犯罪。《刑草》分则二〇三条第一项，凡满逸或间隔（即阻断之谓）煤气、电气、蒸气，因而致生危险于人之身体或财产者，处某刑。第二项，因而致人于死伤者，处某刑。第一项指仅生实害之虞而致罪者，第二项指生实害而致罪者。观于此，可以知实害与危险之区别矣。

二一、危险即生实害之虞，将谓接近理势上必然应生之实害耶（客观的之必然关系）？抑谓推测其情形而以为可生实害之判断耶（主观的之或然推断）？就刑法之问题论，宜解后之意味。

（述）"危险"意思分两层解释，因解释之意思不同，故刑法实际上之应用亦不同。所谓接近理势必然应生之实害者，例如，炸药有导火线，使在稠人广众之中，将其导火线燃之，则两分钟即爆裂，必多数人受其炬伤之实害。又如，铁道桥梁远断，而机关手不知，仍其直行，则汽①车必坠水中，此第一层之解释也。所谓推测其情形而以为可生实害之判断者，例如，车马疾驰道上，虽尚未触伤人，而可豫测其可生伤人之实害。又如，管驾汽车之人酒醉脑，难保不致偾辕，此第二层之解释也。然刑法之问题不注重第一层解释，而注重第二层解释，其理果安在乎？盖刑法之应用，须有可以证明而后能为刑法之应用。此接近理势必然应生实害之说，必然二害无可证明，例如铁道桥断，汽车过此必坠水，然使机关手早能见及即停其车，则必然者不必然，固不若推测其可生实害之虞为有根据也。

二二、积极动作，一名作为者，即身体之举动与外部之影响有因果联络者（有积极关系者）之谓也。

（述）积极动〈作〉只言举动，与结果无责任之关系。有责任则不曰动作，而曰行为，故积极动作不问其有责任、无责任。如小孩以火焚屋与成年者之以火焚屋，其举动一也。然动作有积极动作、消极动作之区别。积极动作为有因果联络之关系，消极动作则无因果与联络之关系，不过不止于结果而已。

二三、作为与结果之间，仅要物质的因果联络，不可以之与责任关

---

① 日语中"汽車"为汉语"火车"之意，故此处汉语表示为"汽车"。——译者注

系(内外之联络)相混。

(述)例如,有投人于水之举动,即有溺死之结果;有放火之举动,即有焚毁之结果。至有责任与否另为一问题,责任有有意、无意之区别,而积极关系不包含责任在内,不过专言外部举动之结果已耳。结果出于其人之意志者,曰责任,结果出于其人之举动者,曰因果。责任为物、心两界之联络,因果为物界之关系,二者迥然各别,固不可以物界之关系而与物、心两界之联络相混用也。

二四、举动于何时可谓能惹起结果者(或为原因者)耶? 解之曰:"苟有影响于结果成立上者,不分重轻,均为原因。"如采此说,则左列诸举动皆可谓能惹起结果者(即皆积极动作)。

(述)举动于何时之能惹起结果,当以苟有影响于结果成立者,不分重轻均为原因之说为正当。而有反对此学说者,谓酿成结果有一原因一条件。原因者,酿成结果之力量也,重大者也。条件者,酿成结果之微量之微微者也。以重大之原因为原因,而以势助轻微之原因为条件,此种议论非欧洲学者所创,始当时印度宗教(佛教)主张结果谓由因与缘相合而成,与近世欧洲学者之所谓合原因、条件二者而为结果相同,其由来已久远。然此种议论固非正当之议论也。即不以刑法论,而以宗教物理论之,亦不得谓为有学理。即谓有学理,而究无实际利益。若刑法采用此说,不惟实际无益而且有损,何则? 彼以重大为原因,轻微为条件,则刑法于人将无可为处罪罚地,而人无恶事矣。此冈田先生之所以采用不分重轻均为原因之学说也。

(一)举动与其他之原因相合以惹起结果之时。

(述)例如,放火焚屋,缘屋为竹木建造,易于引火,使屋而或为石、为铁,则不能焚毁矣。故竹木之为可燃之物,亦为一种原因。

(二)与作合、相合之原因乃最有力者,或先驱者,或续发者之时。

(述)试再举前例以言之。如竹木为可燃之物,用以造成房屋,放火即燃,则竹木为作为之最有力者(或置火药箱于此,人不知,而误遗星火致药触火而燃,其力倍于所作为,奚啻千万)。房屋为竹木造成,而其事实在放火之前,则竹木为作为之先驱者,放火之后或起大风以助长其势,则风为作为之续发者,三者皆足为相合之原因。

(三)结果虽终必发生,而举动乃促其时期早到时。

(述)例如,人病将死,奄奄一息,使于未死之前,忽被人杀,医者则剖视其肺腑,谓不被人杀,迟至一点钟亦必死亡。然则于将死之人而被人杀,将处以杀人之罪乎? 抑不处以杀人之罪乎? 而究不得以人之将死,而遂杀之无罪也。如谓人早迟必死,而于杀之死与病之死相隔一时,杀之为不过使其早死而可不处以死刑,是天下无死刑,而人日将以杀人为事矣。

(四)举动使已在发生之结果更增加其容积、面积、数量、势力等时。

(述)所谓增加其势力者,如病甚而投以毒剂,或有害卫生之饮食以使病势增加,即为故意致人疾病之罪是也。所谓增加其容积、面积者,如甲地有水灾,而有人将乙地堤防破坏,以使水灾之容积、面积更大,仍咎以决水之罪是也。

要之,采用不分重轻为原因之说,则以上所列四种均为当然之原因,而积极动作之能酿成结果之原因,固不必为有力之原因,亦不必为独一无二之原因也。

二五、举动与结果间之因果联络从左记区别或有中断。

天下事有因即有果,无有因无果者,亦无有果无因者,然以观刑法则不尽然,试晰言之。

(一)参入自然力或无责任〈人〉力,以致妨止其举动所应生之影响时,即有因果联络之中断。

(述)有当然应生之结果而中断,即为因果联络中断,而因果联络之中断,又有自然力及无责任人力之防止之区别。所谓自然力防止其举动所应生之影响者,如放火应有烧失之结果,而因大雨灭之,即为烧失中断,若大雨前或烧失一部分,仍不得谓放火之全无结果。

(二)参入自然力或无责任人力,以致助成其举动所应生之影响时,无所谓因果联络之中断。

(述)自然力及无责任人力可以参入防止其举动所应生之影响,而亦可以参入助成其举动所应生之影响。自然力之助成,如人受伤而因气候之关系以致疮痕溃裂,放火而遇天风以致益其焚毁之焰,决堤而遇大雨以致增其泛滥之势是也。无责任人力之助成,如精神病者、幼者之见人之受伤,而复殴打之。见人之放火,而复以煤油投之。见人之决堤,而复未决之堤防破坏之。以及无故意者之于人有疾不知注意,而误以毒药受人食是也。结果之发生虽由参入自然力、无责任人力之助成,而究不得以结果之由自然力、无责任人力助成而遂,谓其举动与结果无联络之关系,此之所谓助成,即前之二十四号之所谓□发二者并无异同之,以是知助成不过为原因之一,而举动仍为原因而有联络之关系,有联络之关系故不得谓之中断。

(三)参入有责任人力时,不问其为防止其举动之影响,抑为助成其举动之影响,以后均当更新其责任。

(述)前为无责任人力之防止其举动所应生之影响,此为有责任人力之防止其举动所应生影响,同一防止而区别分焉。前为无责任人力之助成其举动所应生之影响,此为有责任人力之助成其举动所应生之影响,同一助成而区别又分焉。故参入有责任人力之防止或助成结果,与参入无责任人力之防止或助成结果,二者迥不同。试先言有责任者之助成结果,例如,有人故意杀人,人已受伤,而第二者复又杀之;有人故意放火,屋已被烧,而第二者复有〔又〕焚之;有人故意决坊〔堤〕,水已横溢,而第二者复又决之,是为更新责任一大问题。更新云者,以人既以即意而杀人、放火、决堤,其因果联络固无谓中断,而又来第二者之以故意而杀人、放火、决堤,则最后之责任另有归宿。

第三项　消极动作①

二六、消极动作(一名不作为)云者,不妨止结果之发生之谓也。质言之,则有一可举动起影响之原因于此而不遮断其进行之举动是也。

(述)积极动作与消极动作之区别:第一,注意消极动作不可误解为不为一切动作,但其所为不过带有消极性质而已。第二,注意不可误解积极动作为身体之运动,消极动作为身体之静止。盖积极、消极对于结果之性质有区别,而身体之外形无区别也。第三,注意消极动作为不妨止结果之发生,而其性质不能惹起结果,非程度之有区别,乃性质上之有区别。所谓不可误解消极动作为不为一切动作者,例如,果某甲饮毒苦闷,某乙旁观不与以解毒剂;又如,失火而不扑灭,小童落水而不援救,是为不作为。然不作为非不为,如毒不与解,火不与灭,落水不与救,其不作为之处即是一种作为,盖未有"不为"而可为刑法之问题者也。所谓不可误解积极动作为身体之运〈动〉,消极动作为身体之静止,以及消极动作为不妨止结果之发生者。

二七、进行中之原因,或由自然力起,或由无责之动作起,或由有责

---

① 原文如此,此处疑缺第二项。——译者注

动作起。

（一）当自然力将起罪素的实害或将起危险之事而不事妨止者，其举动即有独立消极动作之性质。

（述）所谓自然力起者，如因雷火而起火灾，因大雨而起水灾是也。然不论不妨止自然力之进行，为出于故意、过失，均为独立消极动作。盖判断消极动作之为罪之有无，必须合其他之要件而后为犯罪，不得以不妨止结果而即谓为犯罪。其要件有二：（一）负国法止义务者（二十八号详言之）。（二）结果就本人力可以妨止者（以其人可能之时为限），若无义务及不可抗力而即可以犯罪加之乎？盖此不过仅论其有独立消极性质，而其为有罪与否，则另备要要件也。

（二）由自己、他人之无责动作时亦然。

（述）无责动作，就自己言，为无故意者。就他人言，为幼者、精神病者，以自己之无责动作将其实害及危险而不事妨止者。如熟睡伸手倾覆洋灯，醒时既知火发而不扑灭之之类是。以他人之无责动作将起实害及危险而不事妨止者，如有小儿、疯癫之人放火烧人家屋，目观而不救之类是。二者均有独立消极动作之性质。

（三）由自己之有责动作将起实害或危险之时，而不事妨止者，其举动非有独立消极动作之性质。

（述）例如，己以故意杀人而不妨止其出血，以故意放火而不妨止其延烧，然不妨止之消极动作不得谓之为有独立消极动作之性质。缘杀人、放火出于己之故意，其结果之发生，已成于积极动作而不成于消极动作，故论罪以杀人或放火等积极动作为构成犯罪之动作，并非以不妨止出血及不妨止延烧等消极动作为犯罪动作。要之，不妨止之消极动作，其由于己之积极动作赓续而来者，即非有独立消极动作之性质，所谓非有独立消极动作之性质，非必无有消极动作，不过为无独立性质耳。

（四）由他人有责动作将起实害或危险之时而不事妨止者，其举动虽亦有独立消极动作之性质，然除有共同干系之时外，皆不成罪。

（述）如在通衢见人杀人、窃物而不救护而遽，□之以杀人、窃盗之罪，此情理之所必无者。故虽亦有独立消极动作之性质，然杀人、窃物自属他人之责任，苟无共同干系之时，不能成罪。

二八、不遮断原因之进行云者，即有消极关系之谓，其为犯罪之要素在负有国法上之义务者,遮断原因之进行而不遮断之之时。

(述)消极动作非能惹起结果,不过不遮断原因之进行已耳。质言之,即不妨止结果之发生也。然消极动作之为犯罪与否,必视乎负有国法上之义务与否。负有国法上之义务、属于不妨止自然力之起实害及危险者有之,属于由自己或他人之无责动作之起实害及危险者有之,即二七号中第一号、二号之消极动作。何谓属于自然力之起实害及危险而负有国法上之义务? 如大雨而生洪水,势将决堤,而保全堤防职务之人故意不为保全而放任之,则为失水之罪。若不出故意或因酒醉及有他原因而未能防止,则〈不〉为失水之罪。又如,猛兽将攫小儿,为父母者有保护小儿之义务,而不妨止致小儿为猛兽所伤,以刑法论之,出于故意者为故意伤害,过失者为过失损害。然此第就人力所能及而不妨止者言之,假使非人力所能及,如洪水猛兽,有不可抗力时,其不妨止亦不为罪,盖必负有国法上之义务,而又为人力所能及而不妨止,始为具犯罪要素,此刑法之所以不流于苛也。

二九、如上之义务不问其因何种法令而生。

(述)例如乳母之义务,由契约而发生,而契约之关系则为民法上所规定。防水官吏之义务由职务而发生,而职务之关系则为行政法上所规定是也。

三〇、因背乎刑法以外法令所生义务之不作为,即成刑上之罪,此事一见以为甚奇,其实背乎法令之义务时,同时并犯刑法,故成为刑法之罪。

(述)乳母违背民法契约之义务,防水官吏违背行政法职务之义务,违背刑法以外法令,何以谓刑法上之罪? 缘杀人系生命攸关,决水损害甚大,皆刑法上所禁止。乳母见小儿溺水而不救以致于死,是犯刑法杀人之罪,而不仅为违背民法契约之义务也。防水官吏不保护防堤以致洪水为灾,是犯刑法决水之罪,而不仅为违背行政法职务之义务也。影响虽由他法令而发生,而既触犯刑法之关系,即不能不起刑法之问题。假使乳母违背其契约之义务而未致于死,防水官吏违背其职务之义务而未致于洪水为灾,则仍为民法、行政法上之问题,而于刑法上无关系,故曰"成刑之罪者,必备具有刑法之条件。"

三一、有责任之积极动作,对刑法分则各有之禁止关系而成为犯罪之行为者,曰作为犯;有责任且背妨止结果义务之消极动作,对刑法分则各条之命令关系而成犯罪之行为者,曰不作为犯。

（述）积极动作、消极动作之成为刑法之犯罪,有二学说。第一说谓积极动作、消极动作因种类之不同,何者当属之积极,何者当属之消极。言之,即条文之不同也。第二说谓积极动作、消极动作非种类之不同,乃分则各条中之关系不同,盖一条文中有积极的亦有消极的也。试为表以明之。

三二、吾人之手段观念有甲、乙二种,甲种手段为一定行为所必要者,指所采之先行行为而言,乙种手段指行为之具体的外形而言。

（述）手段观念有甲、乙二种,甲种手段为先行行为,乙种手段为具体外形先行行为者。例如,杀人必须买人刀或借人刀,是以刀之买与借为杀人之先行行为。又如,窃物必须侵入邸宅,是以侵入邸宅为窃盗之先行行为。具体外形者,如同一杀人,而或以斩杀、或以绞杀、或以溺杀、或以烧杀,有种种手段之不同,假如以斩为杀人之手段为具体特定之外形,甲之手段为两种行为,乙之手段为一种行为,其犯罪成立之关系,三十三号当详言之。

三三、甲种手段之行为,刑法以不与其他行为相合为限,为独立罪。

（述）手段有与其他之行为相合,有不与其他之行为相合。与其他之行为相合者,如屋内窃盗之罪,自然包有侵入邸宅之手段。又如强盗、强奸、略取（人）之罪,自然包有暴行胁迫之手段,然与其他之行为相合者,不成为独立罪。所谓不与其他之行为相合者,如为杀人起见而窃人之刀枪,行凶杀人自为杀人独立罪,窃人凶器自为窃盗独立罪,而不得谓因杀人而始有此窃凶器之手段,而遂置窃凶器之罪于不顾也。

三四、乙种手段不外致罪各行为之具体的外形,故（一）其行为与手段同一体,且（二）不论手段如何,以与犯罪之成否无关系为原则。

（述）杀人手段有斩、绞各种之不同,而就具体外形而言,斩为杀人,绞亦为杀人,其手段与行为不能分为二,且不问其手段如何,而或以斩,而或以绞,其所行之手段与犯罪之程度毫无关系。《大清律》往往以犯罪之手段定罪之轻重,各国亦有其例,如虐杀罪重,毒杀罪轻。其实同一杀人,而不宜问其虐与毒手段之孰为轻重也。夫犯人所用之手段千变万化,法律上不能豫先揣度,一一列举之以何种手段、定何种之刑法,而使无遗漏。又况犯罪不能专以手段定轻重,往往有所用之手段最重、犯罪之情反轻而犹可原,固定刑不能着眼犯人之手段有断然者。虽然,以原则如此,而亦未尝无例外也。

第四节　动作之责任(有责动作)

第一项　通则

三五、责任有三种意义:一义务之意,一制裁之意,一物、心两界联络之意味,此章所论乃最后之意义也。

(述)犯罪有主体、客体,有正条,有动作,有责任,有不法,有一不备不能成立,而责任尤为犯罪之要素。然责任有三种意义,一、义务之意。如为父母者,有教育小儿之责任,债务者,有办济其债务之责任,以此用法则责任与义务相当。一、制裁之意。如犯罪有负刑事之责任,加损害有负民事之责任,以此用法则责任与制裁相当。而刑法之所谓责任,不可作为义务制裁,而可作为物、心两界联络。"心"指精神而言,"物"指精神以外之物界而言,而人有以"心的原因"四字,谓即物、心联络之标准,不知此四字只能形容其内容,而外界之状态不能说明,必精神与外部动作相贯注而后谓为责任。日本现改用"归责"二字,以避与他责任之混同,责任亦可作故意解,然不仅指故意。

三六、犯罪之成立,须有身体之动作,且其动作为刑法所列举。然其动作若为无责任者时,尚不能成罪,罪之成立以有责任动作一种之故也。指身体之动作为有责任,(一)须有责任能力者之动作,(二)须具责任要件之动作。

(述)责任能力,为有普通人之精神。如已满刑事丁年或非精神病者之类,责任要件为不仅有普通人之精神,必精神与外界联络而或出于故意与过失之谓也。无能力者,不能受刑事之处分,只能受刑事以外之处分。无要件者,不能说为本人之举动,例如,人与尸体之区别在于精神之有无,即以未死之人论,有手足即有举动,而未出精神之贯注,不能谓为本人之举动。

第二项　责任能力

三七、责任能力,惟精神发达及健全者有之,故刑法以幼者及有精神障碍者,为无责任能力者。

(述)责任能力之说从来甚多变动,古之论责任能力者与伦理、思想联络,而注重辨别心,以能辨别是非、善恶与否而定。责任能力之有无,既能辨别，而有心故造，则为刑律道德所不容，而后负责任。此说自外面视之近是，而从实际上论之，则不可采用。夫杀人之为善、为恶，似易辨别，而亦有难辨别者。如因报父仇或为国除害而杀人，其杀人之为善、为恶，殊难确定，只视其感情而已。以杀人重大之事，尚不易分，况其他细微者乎！即如人至花园，以花之可爱摘而携之归，其为善、为恶不能分别，而刑法则认为窃盗。又况人之为恶成为一种习惯，虽其行为出于为恶，而视为当然，而不觉假以辨别心为责任能力之基础，则刑法无可适用之地矣。近来学者议论一变，凡犯罪，不问本人以为善恶与否，只于社会或国家有妨碍，即受一定之处分。例如，国有奸臣为人暗杀至本人牺牲性命，为国除害似无罪，而刺杀大臣则有乱国家之秩序，仍不能不治罪。又如，中国因国事不振，致人主张革命，革命中有善有恶，然既树革命之帜，即有害国家之治安，虽善者亦当处罚也。

其一、幼者

三八、定幼者之责任年龄，有三主义。（一）第一主义，分二期：一、绝对无责任，二、全负责任。（二）第二主义，分三期：一、绝对无责任，二、相对无责任，三、全负责任。（三）第三主义，分四期：一、绝对无责任，二、相对无责任，三、减轻责任，四、全负责任。

中国《刑法草案》，未满十六岁之行为为无责任，十六岁以上、二十岁未满之犯罪者，唯得减本刑一等（《刑草》一一及四九条）。

（述）凡达一定之年龄而精神又完全无障碍者，其动作有责任，反是则无责任。今试先即未达年龄之幼者言之。夫人之知识由渐而发达，必达一定之年龄，知识方能完满，故各国定幼者之责任年龄，虽时期程度各有不同，而大概可分三主义。

其二、有精神障碍者

三九、当动作有精神之障碍者，不分疯癫、白痴，均为绝对无责任。酗酒及精神病者之间断时犯罪者，不得为无责任（《刑草》一十二条）。

〈（述）〉《刑草》十二条"凡精神病之行为不为罪，酗酒及精神病者之间断时，其行为不得适用前项"之例。《讲义案》当添动作时数字，盖着眼于动作时，精神病者之有间断，仍不能无责任也。精神病，即精神障碍者，在中国谓之犯〈狂〉，但狂只及疯癫一面，不能包括白痴，且疯癫、白痴亦仅精神之一部，不能包括全部。《大清巡〔违〕警律》则易为"心疾"二字（五条："有心疾人，犯本律者不论。"）。夫有精神病者之行为，乃其病之作用,非自我之作用。既非自我作用,而遂科之以刑,不可也。然此仅就精神病之性质言之,若从结果论,则有精神病者,岂遂任其犯罪乎? 是宜设法以治之,治之若何? 必送至医院,投以药石,而不当拘之狱之中。

其三、感化教育及监督

四〇、在绝对无责任时期之幼者,有为罪之动作时,据其情状,应施感化教育。

(述)此条《中国旧律》无明文,《刑草》十一条但书(但因其情节,得命以感化教育)即同此意,但书法有二:一、例外(对于本文而有例外之情节者);二、注意(就本文而宜加注意者)。《刑草》十一条之但书,注意之但书也。因其情节云者,非犯罪情节轻重之谓,乃指无有适当管束者而言(有适当管束者,不必命以感化教育,无则宜急施之)。何谓无适当管束? 即幼者无父兄,或有父兄而无教育监督之能力者(如父兄曾已犯罪是)。夫感化教育以改良恶癖为宗旨之特种教育也,中国官吏之反对《刑草》十六岁无责任之规定,盖亦忘此感化教育一层耳。然欲知施行感化教育之方法,不可不先知感化场之组织。感化场之组织,由各国阅历考究,宜分为三:(一)兵营式。照兵营办法,为监督者须有士官将弁资格监督之。对于幼者,即如士官之对于兵,凡起卧、饮食及一切进、退均用军律。其长处:一、使有纪律,二、使身体强健,而其所短则在威服而不能使心服。其幼者性质各不相同,咸以严厉方法待之,则不能随其性质自由之发达,而有如械之运转,其结果必至使感化场之幼者成为千手一律之人物,此尤兵营式之最短处也。(二)家庭式。照家庭办法,以未满十人为一家(感化场不止一家,然每家均以收客不满十人为限)监督之,对于幼者,即如父母之对于子女。至关于智育、德育、体育之事,则于场内另设有学堂,而又有园圃,以备幼者之运动。其长处一在使儿童随其性质自由之发达,二在使幼者心服。兵营式之所短,即家庭式之所长,亦有短焉。人数多,则难于收容;经费繁,则难于继续。即举一细者论之,如一家必设庖厨一所,数十百家必设数十百所,其较兵营式之数百人而一厨者,其省经费为何如也。(三)学堂式。其组织与寻常学堂无〈异〉,有讲堂、教场,有寄宿舍监督之。对于幼者,即如教师之对于生徒,其长处甚多。然以威严言,则不如兵营式之威严,以恩惠言,则不能如家庭式之恩惠,此其所短也。而究有挽救之方法,在学堂固非兵营，而对于生徒仍当使其守纪律，学堂固非家庭，而对于个人亦何妨假以恩惠。三者之组织，各各殊异，而衡以欧、美、日本多数阅历之语，断以为采长弃短之一助。第一断定，凡大感化场宜用学堂式，小感化场宜用家庭式；第二断定，采用学堂式以办感化场，其监督宜以父兄之心为心，用学堂之组织而采家庭之精神；第三断定，学堂式凡遇体操事类，宜采兵营式之精神，而其外观则不必拘泥。此东、西各国所同认为不可动之原则也。试再论教育之方针。

感化教育既以改良恶癖为宗旨，似宜首德育，次智育，三体育。然特从上之空论，其于实际不能收效果也。夫以德性与强健比较，自是德性重而强健轻，此以首德育为不然者，并非详论二者之价值，乃指感化教育所用手段之先后，有非空用德育可以改良者。故从社会上观，最可令人敬重〈为〉有德而强健之人，次为有德虚弱之人，而强健不德之人不与焉。然不德之人如何后可养其德性，宜先从体育始。西谚云："有健康之身体，即有健康之精神。"感化场不良少年，大半身体虚弱者也。首先讲求体育，以使其身体发达，而道德之性亦随之而增长。此事实上之经验，外国有统计表可以调查，无所用其反对也。至智育、德育之先后，猝难确定。若以感化场论，则智育宜先，德育宜后。凡不良少年，无智识者居十七八，是不可不急为启牖之，而德育一层居最后者，以德育不能作一学科教人耳。中国教育家无不倡言首重德育，其议论诚是，然考其所以，培养德育则不外讲读经书，不知讲读经书仅为文学一科，而非德育，德育原遇〔寓〕于体育、智育之中者也。假使教授体育、智育之人，其于德性则受教者与施教者自然同化于不觉。凡学堂普通教育，莫不如是，固不独感化教育一端为然也，仅于读时间多，加而曰"我注重德育也"，是可以欺愚人，不足以惊智者也。

四一、有精神障碍者，有为罪之动作时，据其情状，应置之于适当之所处。

（述）适当之所处有精神病者，及未满十六岁之行为不为罪，然应有适当之处置。未满十六岁之犯罪，有感化院以施教育。而有精神病者之犯罪，既不宜拘至监狱，而适当之所处又安乎？据其情状云者，如其家中能自监督看护，则听其家之所为，不然则送之于国立、公立之医院。精神病者，虽不可夺其自由，然在家看护，仍有一定限制，恐其再有犯罪之行为也。

其四、不具者

四二、以一定之不具者，就中聋哑者为无责任之刑法不少。

中国刑法之草案采用聋哑犯罪者，得减本刑一等或二等之主义（《刑草》五〇条）。

（述）聋者，无听者之能力者；哑者，无语之能力者也。以聋且哑者为无责任，其理由安在？盖以听能、语能为智识发达最之机关，缺此能力则智识必不如普通人之发达，而犯罪与普通人同，失之平矣。古时聋哑无责任之主义，原不可厚非，近则设有特别教育，即聋哑与以相当之学问（日本设有育哑学堂，而智识可以发达），且聋者、哑者之主义现已不可采用，其犯罪，须由裁判官视其智识之机关与普通人有无差异，而斟酌其刑之得减与否。中国《刑草》采用得减主义，于法理实际上诚相合也。考《周礼》三赦之法，有蠢愚一门，注疏家谓蠢愚即聋哑，冈田先生则以指有精神病者而言。再，不具中有所为盲，盲者之智识必不及普通人，亦不能谓无责任。又，中国古时于侏儒作为无罪，此种主义最不足采，刑法故删去之。

第三项　责任条件：故意及过失

四三、虽系有责任能力者之动作，而其动作以有责任要件为限，成立罪责任要件，即故意及过失是也。

（述）满十六岁而不有精神障碍，是为有责任能力，其犯罪是否可以成立，尤须视有无责任要件为断过失，与中国平常所通用之过失不同也。

其一、故意

四四、故意者，观念□□认识也，即举动及结果之具体的认识也。故犯罪之故意云者，犯罪之物的要件之具体的认识之谓也。

（述）观念在心理学上言，为心象之再现（认识亦云辨识）。心象再现云者，即自己之精神与外物相感触印入脑筋，久而渐忘后，复遇有同一事件，而引起从前所记忆之物之谓也。例如，人在停车场，一见火车即知为交通机关，亦因从前闻之于人，或见之于书，或并亲睹之，知具有此作用，一感触而即记忆。台湾土番以火车为屋者，缘其初未知火车为何物耳。又如手执一物，为己所认识，闭眼若忘，然一瞥眼而复认识，足见外物印入脑筋之速。凡吾人所知事物，全因此心象之再现。举动者，身体之动静也。结果者，身体在外界所发生之变动也。仅举动、结果之认识不为故意，必具体的认识方为故意。具体即临举动时之认识，其非临时之认识，不得以故意加之。例如，放火杀人，人皆知有损害，此抽象的认识，属之普通智识，非具体也。所谓具体智识，必于自己放火之时，而知放火之即烧毁。当自己杀人之时，而知杀人之即死伤。是即知己之举动，可以引起结果而特故犯之也。假如有人骑马蹈毙小孩，裁判官拘而问之曰："骑马可以伤人，汝知之乎？"曰："知。"又问曰："当骑马之时伤人，汝知之乎？"曰："不知。"是不能谓之故意，而为过失矣。试合四五、四六而联络一气言之。

四五、犯罪之物的要件者，一云犯罪事实，三分之为举动、结果及情节（此三者或为构成犯罪的要件，或为加重犯罪之要件。皆认识之，即有犯罪故意，任全部之责）。

（述）举动、结果、情节之称为物的要件，盖对于心的要件而言，以其为精神以外之关系也。心的物件即责任能力，责任要件之谓故意之成立，须认识物的要件与心的要件无关系。例如，犯罪者已十六岁，而己以为十五，犯罪者本康健，而己以为精神不完全，刑法上不得以其未认识心的要件而遂谓之无罪。故犯罪之为故意与否，以能不能认识物的要件为断，而心的要件之认识不认识，不必问也。且夫犯罪必先认识举动，举动不认识，又何从而认识结果？例如，骑马街中，己坠于地致触别人受伤，不知有坠马之举动，即当然不知有坠马伤人之结果也。

四六、举动之具体的认识云，指其命令外部举动之状态，即决意之谓；决意云者，即对举动之能动性之具体的认识之谓也。

（述）前号解释"物的要件"四字，此号则专说明具体的认识，合而简单言之，故意犯罪者认识犯罪事实，而故实之谓也。认识犯罪事实与中国所谓知情相当，但"知情"二字太简，在学文〔问〕上使用不甚确当。无论何种罪，必有故意而后成立，刑法上原则，凡不出于故意之行为不为罪，至有时过失亦为罪，则系例外。以《刑草》及《大清律》比较论之，《大清律》除过失杀伤、失火等外，无有不出于故意为原则，特名例律未揭出，不如《刑草》总则十三条规定（《刑草》十三条："凡不出于故意之行为，不为罪，但应以过失论者，不在此限"）之为显明者。现在各国犯罪之出于故意与出于过失者，其刑不同，盖以情节有轻重之故耳。总之，罪无论大小，要当论其情节之出于故意与否，使不论其情节而第论其结果，则谋杀、故杀、过失杀之结果皆同，何以区别？此东西各国刑法大原则，于今犯罪，未有不论其情节之出于故意与过失者。中国此层见解不甚发达，仅着眼于罪之大小，如对于君父之犯罪，则视为重大，而不问其不出于故意之情节，以减轻其罪，是亦由伦理思想而误解之者也。

甲、错误

四七、错误者，认识与对象不一致之谓，分谓误信、不知二种。误信者以为〔有〕为无或以无为有之认识之谓也；不知者，无有无之认识之谓也。种类虽殊，其于刑法之效果则一。对象者，对立之现象也。例如对象是人，认识亦人，此故意也；对象是人，而认识为兽，对象是兽，而认识为人，此误信也；对象之为人兽均不认识，此不知也。错误则统误信、不知二者在内，对象作为目的事物言亦可，对象与认识不一致，即误信目的事物之真相或不知之者。

四七号图解

```
          对  象
          认  识
      ┌ 故意—人—人
      │      ┌ 人—兽
错误  ┤ 误信 ┤
      │      └ 兽—人
      └ 不知—同—零
```

四八、错误之效力如下：

（述）错误详细分别，有误认事实之有为无之错误，有误认法令之有为无之错误，有误认事实之无为有之错误，有误认法令之无为有之错误。误认事实之有为无，即《讲义》所谓不知事实之存在之错误也。误认法令之有为无，即《讲义》所谓不知法令之存在之错误也。误认事实之无为有及误认法令之无为有，即《讲义》所谓误以犯罪事实或刑法之不存在为存在之错误是也。

（一）不知事实之存在之错误

不知构成犯罪事实之存在时，阻却故意犯罪遂不成立，但因不注意之故，有可以任过失之责者，不在此限；不知加重犯罪事实之存在时，止不任加重之责，不能阻却犯罪之成立（《刑草》一三条第一项及第二项）。

（述）不知事实之存在之错误可分为二。甲、构成事实之错误；乙、加重事实之错误。其于刑法上效力如何，试先构成事实之错误论之。阻却故意云者，认为无故意也。《刑草》十三条："凡不出于故意之行为不为罪。"（"故意"二字与《大清律》"知情"意义相同。不出于故意，即不知情之谓。《刑草》总则有此规定，彼分则各条皆以适用《总则》为原则，除过失犯外，无一不出于故意，可不必逐条分注"故意"字样。《大清名例律》则无规定明文"知情"二字，特散见于各条中，未免繁而失当。）例如，游猎山中，有着用兽皮之人，猎者误认以为兽，而枪毙之，此无故意也，故不能成立杀人罪。又如，误认毒物为无害物，而与人食之，此亦无故意也，故不能成立毒杀罪。二者一为不知构成犯罪之目的物，一为不知构成犯罪所用之手段，而于放枪及进食之举动，则自知之。至并自己之举动而亦不知，则更不能成刑法上罪矣。如熟睡窒息小儿致死，酒醉误认人之邸宅为己邸宅而侵入之，是不知自己之举动者。合上四例而观，放枪、杀人、进食毒人、压毙小儿、侵人邸宅皆构成犯罪之事实也。放枪系误为兽，进食系误为无毒，压毙系由熟睡，侵邸宅系由酒醉，即不知构成犯罪事实之存在也。不知构成犯罪事实存在，无论何种罪，皆不能成立。虽然，岂尽完全为无罪乎？是宜观察其错误时，曾否注意有因时不注意而出于过失，虽不得以谋杀、故杀、毒杀论，而当以过失论。至不知加重犯罪事实之存在，不过罪不加重而罪固已成立也。例如，杀伤尊亲属、窃盗御物罪应加重（关于杀尊亲之罪，《刑草》分则三〇〇、三〇二、三〇五条〔各〕条规定之；关于窃盗御物之罪，《刑草》分则三五〇、三五五各条规定之）。然杀伤人而不知其为尊亲属，则仍同于寻常杀人罪，夺财而不知其为御物，则仍同于寻常盗罪。《大清律》罪本应重，而犯时不知者，不得从重论，即与此同，但意义尚未完定。以只言不从重论为消极规定，而于裁判官判决方法未明示。及《刑草》特为变更，其第十三条第一项"所犯重于犯人所知时，从其所知者，处断判决之方法"，甚了然也。要之，刑法以不知情无责任为普通原则，而有全部、一部之分，不知构成事实全部之不知也，全部不知则免其全部责任，不知加重事实一部之不知也。一部不知，则免其一部责任。

除构成犯罪事实及加重犯罪事实外，其他事实无论知否，皆无影响于犯罪之成立重轻。

（述）此条于刑法上最为重要。知此条原则，则许多疑难都可解决。例如，杀人罪以人为构成犯罪事实之要素。杀人时而不知其为人，不得为罪。如，知其人而杀之，则无论被杀者之年龄、男女、贫富、内外国人之有错误，而影响不能及于犯罪之成立轻重，缘杀人罪之要素在人，而人之资格非其要素,故于犯罪之重轻无关系,而仍当以谋杀、故杀论也。又如,略取者本欲得一美妇,而终得一丑妇,不得以不知其为丑妇,而减轻其略取罪也。又如窃盗者,误以铜元为银元,百元为千元而窃取之,其窃取即为盗罪,而赃物之种类及价额,不为盗罪之要素也(但有例外,如盗御物罪宜加重。现行《大清律》以赃物之多少定盗罪之轻重,《草案》特为删去,其理由俟讲分则时详为言之)。又如侵入邸宅者,误认甲之邸宅为乙之邸宅,邸宅之主人虽异,而侵入邸宅之罪则同也。以上目的物之错误,非属于犯罪成立而论。例如,意图用刀刃斩人,而误以刀背打杀。又如投人于水,本欲溺死,而人或误触石死,其仍成为杀人罪。刑法上只论其死之结果由其举动发生,而不问其死之为何如也。《大清律》于贼盗罪、诱略罪,俱无误盗、误略之明文,而何以关于杀伤一门独有误杀、误伤特别之规定?征诸刑法学理,凡非犯罪成立,或加重所必要之手段与目的物之错误,不得变更罪质、罪名,而其处分,亦不得与未错误者有所区别。此条原则所以当为注意,而于一切罪皆可适用者也。

(二)不知法令之存在之错误

不知刑法之存在云者,不知有以一定行为为罪之法令,或不知其刑之重轻之谓,此与不知犯罪事实不同,故不阻却故意而以成立犯罪为原则(《刑草》十三条)。

(述)有一定行为,刑法上本定有罪,而犯者不知其为有罪,或知其为有罪,而不知于刑法上处分之如何,皆为不知刑法之存在。夫刑法有为人所易知者,有为人所不知者。如杀人窃盗,其受刑法之制裁,此为人所易知者。若如侵入邸宅罪,人多不知。又如堕胎罪,野蛮妇女亦多不知。又如,信书秘密不可侵,立宪国无不视为重要,而人则多以为细事,不知披阅他人信书之为犯罪也。以上属于不知一定行为为罪之例。至不知刑之重轻,凡不以刑法为专门学之人皆然。夫不知而犯,亦为负刑法责任,学者有谓不免失于过苛,而非苛也。其非苛理由之所在,盖以刑法上之犯罪知之者居大多数,不过少数愚人有所不知。国家立法当大多数为标准,而少数人之知与不知,不能一一过问,如之何而以少数人不知之行为批评刑法之全体耶?且现今社会情形非常复杂,各国所定处罚之规则,亦非常繁多,即刑法专家,有时不能尽知,使主张不知认为无罪,则刑法无可适用之地矣。然不知犯罪之行为,揆之情节,究与知法令存在而故犯者有别(《刑草》十三条第二项:"不知律例不得为非故意,但因其情节得减本刑一等或二等。不知律例,即不知法令之存在,不得为非故意,即不阻却故意之意。")。故以原则论,其罪当然成立,而以情节,其刑可酌递减。

刑法以外诸法令之错误(与刑法上事实之错误相当时),阻却故意犯罪不能成立。

(述)于刑法以外诸法令之错误能否成立犯罪,此亦大问题也。试举例以明之,如甲乙二人缔结卖买契约,而未交付物品以前,某甲复将物品卖与第三者,其是否或为冒认他人财物贩卖罪? 据民法解释,卖买功效成立于当事者合意,而卖主之所有权亦于合意时,而即移转于买主,不问其物品之交付、未交付,而甲误以未交付之物品所有权犹属于己,是不知民法法令之错误(刑法以外诸法令之错误),其不能成为冒认贩卖罪者,以冒认必自己确知为他人财物,而甲之不知所有权已转移于人,即不知其目的物既为他人财物之情,盖与刑法上事实之错误相当也。反之,而不与刑法上事实之错误相当。如,《违警律》二十五条所载,违背章程搬运火药及一切能炸裂之物者,夫既搬运火药等物,不得借口于不知搬运事实章程为处规则,则违背处罚规则,则同于不知法令之存在,而犯罪无有不成立之理由。要之,不知刑法以外诸法令之错误,须论其性质如何,不知之性质如与刑法事实之错误相当,则为无罪。不知之性质如与刑法上事实之错误相反,则为有罪。

(三)误以犯罪事实或刑法不存在为存在之错误

犯罪之成立,须有实在之犯罪事实,故虽幻觉其为存在,而犯罪仍不能成立。

(述)所谓幻觉犯罪事实之存在,而不为犯罪者,例如,以自己之物品误认为他人之物品而窃取之,是幻觉窃盗事实之存在也。在盗之者,虽以为他人物品,而不能成立盗罪。又如,夜半以杀意杀人,而所杀或为牛羊之动物,是幻觉杀人事实之存在也。在杀之者,虽以为人,而不能成立杀人罪,凡类此者,皆可相通。

犯罪之成立,须有实在之刑法之正条,故虽幻觉其为存在,而犯罪仍不成立。

(述)所谓幻觉刑法之存在而不为犯罪者,例如,中国于未嫁女子定有私通罪,而中国人在外国,误以为同中国私通有罪而特故犯之,然欧洲各国究无和奸之正条,不得谓为犯罪。由此例类推,无论何罪,皆不能成立。《中国旧律》于私通罪详为规定,而《草案》并不认单纯之私通罪。论者谓其与中国伦理相反,实乃大谬。夫不良行为有宜用刑法制裁者,有不宜用刑法制裁,而宜别用方法以补救之者。私通罪当在于养成道德思想,而不宜用刑法制裁。不然,中国之禁止私通由来久矣,而私通之恶习未为少弥,盖专恃刑法以制裁,究有时穷而反失刑法之效力也。以外,如滥饮酒、好欺诈语、沉睡晏起,就道德论,皆为不良行为,而外国不闻定以犯罪,其补救方法固别有在耳。

乙、故意之体样

乙之一、确定故意、不确定故意

四九、故意含有犯罪事实之认识,而其认识有确实者,有不确实者。前者名之曰"确定之故意",后者名之曰"不确定之故意"。故意虽不确定,然亦得云故意犯罪,亦可成立。

五〇、认识之不确定,分为择一的预见与或然的预见二种。更细分或然的预见为二种,一曰甲事实确定认识与乙事实之不确定认识相合时,二曰事实全部之认识不确定时,然此区别于法律上,无实益也。

(述)《讲义》四九号就刑法历史而观,争论甚多,有难详言,若专就确定、不确定,论断亦极简单,试即四九、五一两号而合论之。认识之确定,意甚明了。至认识之不确定,分为择一的预见、或然的豫见两种。择一的豫见者,如放枪击人,弹丸必中,虽其结果或死或伤不明,而死与伤之间固择一而知也。或然的豫见者,如放枪击人,而弹丸或的中或不的中,均不知之也。或然的豫见又分为二,如向一房屋放枪,知其必中房屋,但屋内之人中与不中,不得而知。知中房屋,此甲事实之确定认识也,不知屋内之人中与不中,此乙事实之不确定认识也。又如远处放枪,欲击中屋内之人,而并于房屋之中与不中,亦不得而知,此事实全部之不确定认识也。认识之不确定种类虽多,而其因故意而起则一,不得谓不确定之故意不能成罪。大凡犯罪事实,其故意多不确定,例如,盗物者能窃取与否,杀人者能杀及与否,其初皆不可必,而竟悍然不顾以盗之、杀之,刑法上断不能以故意不确定而免其罪。又如,以拳击人而试验己之力能否致人于死,是其故意,亦不确定也。然使其人果死,仍以杀人罪论,骤观《讲义案》,故意虽不确定,亦得云"故意"数语,似觉甚奇,而不知由网罗许多实例以成此原则,而为归纳的之断定也。归纳为论理学中语,由根本之论据而一一引用之,谓之演绎。

五一、有重轻之几多事实不确定预见之,而为致罪之动作时,以最重者为责任之标准。

(述)以最重为责任之标准,例如盗窃,同时窃取三物,而其中或有一御物,则照《刑草》分则三五〇条,以盗御物之罪论。又如,向自己所住屋放枪,击死屋内之人,而其父母亦同时击死,则照《刑草》分则三百条,以杀尊亲属之罪论。又如,以杀意打人,其死未死,自己不能清楚,然既以杀意打人,人即未死,不能以殴打致死未遂论,而当以杀意未遂论。又如,以枪击人,或死或伤或弹丸不中,死伤并不生分别而论有许多事实,而于犯罪不能如此分别,当以最重为责任之标准(即以杀人之意为标准)。此杀理由与《大清律》所谓从重论者不同,盖不确定之豫见虽有轻重,不过经过之次序而犯罪则一。如人已至三十一岁,虽由一岁而积至,不得谓为一岁。又如,卵化生为鸡,始而小继而大,不得谓为小鸡也。

五二、有说曰"故意"因确定不确定得成立之犯罪,由犯罪之种类而异。然其说不当,凡一切犯罪,均由确定故意或不确定故意,得以成立也。

(述)说者之意,分犯罪成立有确定、不确定故意。以确定之故意而后成立犯罪者,如谋杀、故杀,夺人之生命,必有确定之犯意是也。以不确定之故意而亦成立犯罪者,如殴打、创伤,确定、不确定均能成立犯罪是也。然确定、不确定之犯罪,不能因种类而区别,即所谓谋杀、故杀,亦有故意不确定之时。例如,于远处放枪击人,其能中与否尚不可知,此不确定而亦成立犯罪者。要之,不确定之故意,无论何罪,皆可成立。说者即犯罪之种类而分别,某种罪由确定故意成立,某种罪由不确定故意成立,实乃大谬,不然之见也。

乙之二、故意之远因

五三、从决意之观念,谓之为动机或远因,亦谓决心之理由。故意除过失犯外,一般之犯罪之成立,所必要远因如何,除有特别之文明外,无关系于犯罪之成立。

一定之远因,特别成一成立要素时,刑法用以何者为目的或意图等文例,对于此种犯罪之故意中,亦含有其远因也。

(述)远因与故意有关系者,以犯罪有时不问远因只问故意,有时必合故意,远因始成为犯罪之要素也。夫人决意犯罪,必有一定之理由,其理即为远因(又远因为催促决意犯罪之观念)。例如,杀人或因报仇,或因恋色,或因谋财。又如,窃盗强盗,或因饥寒,或因负债,或因赠送,种种理由,各有不同,皆为犯罪之远因。刑法原则上无论远因如何,不变更罪名。不变更罪名者,不变动犯罪之性质也。即如所言杀人之理由异,而杀人之罪同;盗物之理由异,而为盗之罪同。然亦有例外,以远因为犯罪之要素者,刑法上若遇远因为犯罪成立要素时,则用"意图……以……为目的,以……为宗旨,为……而……欲……而……"之文法,如《刑草》分则一百条:"凡以颠覆政府、僭窃土地或紊乱国宪为宗旨起暴动者,为内乱罪",此用"以……为宗旨"之文法也。暴动为多数人之暴行强迫,然不出此颠覆政府诸远因,即不成为内罪。罪一百七十九条"凡欲使人受刑事或惩戒处分而为虚伪之告诉、告发或报告者,处二等至四等有期徒刑"。此用"欲……而……"之文法也。若远因不出于此,即不成一七九条之罪。

五四、更就故意与远因之差异论,(一)罪的举动之决意据国法上罪之种类为一定远因,则据犯罪之人各不同;(二)决意于同一罪上不得同时有二样远因,则同时有数种之对象。

(述)此专言故意与远因之区别。所谓决意据国法上罪之种类为一定远因,据犯罪之人各不同者,例如,以人以夺人生命为决意,窃盗以夺人财产为决意,而远因则同一杀人,而杀人之远因不同。同一窃盗,而为窃盗之远因不同是也。所谓决意于同一罪上不得同时有二样远因,于同时有数种对象者,例如,杀人之罪,其决意只在杀人;窃盗之罪,其决意只在为窃。而远因则于杀人,非含有数种远因不能杀人;于窃盗,非含数种远因不能为盗是也。

五五、远因以非犯罪要素为原则,然定罪恶之程度,不可不重视远因,此立法上及裁判上,所宜注意之点也。

(述)远因于刑法上不能为犯罪要素,然于犯罪程度有价值,而为立法上及裁判上所宜注意。故以立法论,远因之种类不同,则情节亦不能一致。立法者于刑法范围当稍为宽广,留有余地,而后得随情节以适用。且夫情节之重轻,有因损害之大小而定,有因远因之如何而定。因损害之大小而定者,如放火烧一繁盛之都会与放火烧一极小屋宇,其情节不同,各有不同是也。因远因之如何而定者,如地方有一恶人而为狭〔侠〕士所杀以除害,有一善人而为恶人所杀以肆虐,杀人同而原因不同,即杀人之情节,因之而有重轻。又如窃盗,有取得财产而转施之贫乏,有取得财产而作为不正当之浪费,窃盗同而远因不同,即窃盗之情节因之而有重轻是也。二者比较,究以因远因而定情节之重轻者为多,所谓立法上不可不注意者也(《大清律》于谋杀者斩,故杀者绞,只定一刑不问情节之轻重,而不知谋杀中有时亦有可原。又,窃盗盗一百二十两以上处死刑,然窃盗亦有盗物虽多而情节尚属末减,一概处以死刑,诚立法之最失平者)。以裁判论,情节既各不同,裁判官宜于刑法范围内斟酌尽善,即情节之重轻以定罪恶之大小,庶用刑不至失当,所谓裁判上不可不注意者也。

乙之三、豫谋之故意、单纯之故意

五六、有深思熟虑而决意者,有须臾之决意者,诸观念之交战,时间有长短,甲谓出于豫谋之决意,乙谓单纯之决意,即缺少豫谋之决意也。除法文特别所揭,如谋杀、谋伤外,决意之有无豫谋,无关系于犯意之成立、不成立。

(述)豫谋、单纯在刑法上有何分别? 由深思熟虑而决意者为豫谋(《唐律》谓谋杀为深思熟虑,其文字相沿已久),由须臾而决意者为单纯。今试即《大清律》《日本旧刑法》与夫西洋各国大多数刑法,以杀伤罪为限而论豫谋较单纯为重,即谋杀、谋伤之罪视故杀、故伤之罪为重也。然豫谋、不豫谋应否分为谋杀、故杀,此一问题,据冈田先生之批评,则甚不赞成。其理由有二:(一)有无豫谋,自法理起见,不能分别,何则? 豫谋、不豫谋视乎思虑之久暂,而其久暂究不能十分分别,不能分别而强分之不当孰甚? 例如,思虑三五日而杀伤人,其为谋杀伤也可知。然如思虑十小时或五小时、三小时或仅十分钟而杀伤人,其是否为谋杀、故杀? 聚百数十裁判官而断定之,意见亦各不同,足以证明豫谋之有无,在法理上有万不能分别之性质也。(二)豫谋不必重,非豫谋者不必轻。夫豫谋有无既难分别,即可以分别而以思虑在十小时以上者为谋杀、谋伤,然谋杀、谋伤之必视故杀、故伤为加重其理由安。例如,杀人者知杀人为恶事,迟回审慎而后出于杀,又或为父兄之仇起见,经许久之筹画而后得乘间以杀,其杀人虽出于豫谋而情节尚有可原,所谓豫谋不必重者,此类是也。又如,平时受恩深重之人,因细事而登时杀之,其杀人虽不出于豫谋,而情节尤为可恶,所谓非豫谋不可轻者,此类是也。得一言以断之曰:谋杀伤不能视故杀伤为重,故杀伤不能视谋杀伤为轻。

其二、过失

五七、过失者，要认识且可以认识之事实，因不注意之故，而不认识之谓。就犯罪之时，要知犯罪之构成又加重之物的条件之存在，且本可知，固不知之，而不知之谓也。

（述）过失意义，中国用最宽泛，凡一切非行、罪恶皆谓之过失。日本亦然，而刑法上则不如此之宽泛也。过失对故意而言，故意谓有心故造，知情故行，过失则由于不注意。夫法律上事实有不要认识，有必要认识，如要认识而又可以认识而不注意者是之谓过失，然此就一般过失而论。再以犯罪详言之，例如，供给人之饮食而已腐败，以致饮食者受害。饮食之腐败与否，供给者本可以知而不知，此不注意于犯罪之构成，而其结果当以过失杀伤论。又如，以故意殴打人而不觉用力过重将人打死，此不注意于加重之条件也。殴打创伤与殴打致死，其罪各有不同，而因过失致死则应加重。

五八、过失于不知犯罪事实之存在处，即欠缺犯罪之物的条件之认识处，与故意有区别；又过失于可知犯罪事实之存在，因不注意而不知处，与不可抗力有区别。

（述）何谓过失与故意之区别？学者有谓，在于希望生犯罪之结果与否。希望生结果者为故意，不希望生结果者为过失。主张此学派之人，盖以即知有犯罪之结果而不出于希望，亦不得谓之为故意。例如，因父母疾病或友朋患难，乘马疾驰大街，明知人众必致有死伤，然所希望在回家并不希望因疾驰而伤人也，则即有死伤之结果当以过失论。然其说不确当。夫故意与过失，不当论其快感不快感，而当论其豫见、不豫见也。豫见、不豫见，即知情、不知情之谓也。豫见而不快感，仍故意而非过失，即如疾驰车马于大街，知步履不轻便之老人必将撞伤，其撞伤之原因虽非出于快感，但既知其可以撞伤即谓故意，而其愿意、不愿意或不得已撞伤之情节，均不必问。又如，猎者远见有兽，兽旁有人，其放枪之时原在中兽，而或有能中人之豫见，卒之不中兽而中人，此为不确定故意而应科以杀人罪。

五九、过失（不注意）之程度将以抽象的定之耶？抑以具体的而定之耶？通常可以抽象的定之，然犯人不能施抽〈象〉注意时者，则可以具体的论之。

（述）过失之程度，即不注意之，程度而其程度以何而定，则有抽象的（由理想推之事实）、具体的（由事实推之实行）之分。以抽象的定过失之程度者，由理想上定一注意之点，如画水平线，然达此注意之点则免过失责任，不达此注意之点，则负过失责任。换言之，即定一普通注意之标准，以合于此者为非不注意者，以不然者为非注意者，而被告人平常之系用意周到或轻率，不问也。以具体的定过失之程度者，视乎本人力所能及为限，如力所能及而仍不注意，即为过失。盖抽象的就理想上定，而具体的则就一定之人而定也。

六〇、过失与错误不可浑。过失因不注意而不知也，错误总谓认识与对象之不一致，不问其因不注意或不可抗力也。

（述）过失由不注意而生，错误由误信及不知而生（详四七号）。夫误信及不知之理由有因于不注意者，有因于不可抗力者。因于不注意者为过失，因于不可抗力者非过失。过失为错误中不注意之一种也。例如，骑马伤人而不知对面或旁面有人，自不得为故杀伤之罪，而是否为过失，尚不能定，必调查其伤人时注意、不注意，或注意出于力所不能及（不可抗力），如系力不能及，则仍不能谓为过失杀伤。此重在调查为事实论，而于法律上无关系。以事实论、法律论比较言，如某甲为犯罪嫌疑者，裁判官拘之于裁判所，以为某乙为某甲所杀，然必调查证据，某日某时某地某甲实杀某乙，此事实论也。调查确实之后，某甲应定何罪，由裁判官宣告，此法律论也。

六一、因犯罪之种类，或为单独成立要件，或与故意合并而变刑。

（述）前为定过失之性质，此各专定过失致罪之情形。所谓单独成立要件者，如杀人伤人、失火失水之类是也。《刑草》分则一百八十六条规定："失火之罪，即因过失而致生火之灾，与〈故〉意放火者不同。"所谓与故意合并而变刑者，如殴打致死之罪是也。《刑草》三百零一条、三百零二条谓之杀伤致死，其改殴打为伤害，因殴打为伤害手段之一，过失狭隘，不如伤害所包稍广。夫以故意杀人为故杀，以过失杀人者为过失杀，而伤害致死，则因故意伤害人而因过失致死，不能谓为故意杀人之罪，亦不能谓为过失杀人之罪，于犯罪上成一种特色，故刑不能不为变也。

六二、过失与故意，俱为责〈任〉条件之一，然不可误解谓缺故意时，因过失常得成同种之罪，因过失而致罪者，不过限于有特别之正条时耳。

（述）过失有特别正条，始成为罪。如杀人、失火、失水之类，是如窃盗、略取、诱拐诸罪则，必由故意成立，未有由过失而成立者。刑法上罪由故意成立者多，由过失成立者少。

第五节　动作之不法　不法行为

第一项　通则

六三、犯罪之成立，须有身体之动作，身体之动作须有责任者，然有责任之动作，未必皆不法行为也。故犯罪于有责任动作上，更须属不法行为。

（述）犯罪之普通要素有五。备具以上四要素而非出于不法行为，仍不为犯罪。例如，官吏之执行死刑，兵丁之临阵杀敌，其不能成为杀人罪者，以非出于不法也。又如，突然于道路捕人，在官役为无罪，在普通人为有罪。殴打孩儿，在父母为无罪，在他人为有罪，其不同之原因，亦在于是否出于不法。今试即《刑草》分则而观其条文之所规定，无论何种罪，皆含有不法要素而后成立，盖未有无不法要素，而犹为犯罪者也。

刑法所揭之行为与刑法之所谓罪不可并视。刑法所揭之行为云者，仅指所为及所为之结果，其他不及也。犯罪之成立，以其行为备不法之要件时为限。

（述）何谓刑法所揭之行为与刑法所谓罪不可并视？行为为专指行为之外形而言，如杀人、殴打、放火行为之外形也。其成为殴打、放火之罪，由行为而有不法之要素也。故杀人与杀人之罪有别，殴打与殴打之罪有别，放火与放火之罪有别。

六四、称不法者，赅非权利之行为及非法之所放任行为二点，凡犯罪不可无刑法所揭之行为，然其行为系行使权利或系法所放任者，罪皆不能成立。

（述）此号意义规定之于《刑草》十四条、十五条、十六条。十四条、十五条为权利行为，十六条为放任行为之一部分。由十条至十六条，皆为犯罪普通要素，有不备时即不为罪，故其章曰"不论罪"。

第二项　权利行为

六五、一定之行为虽其外形与犯罪同，不得致罪：（一）出于执行职务者;(二)出于正当业务者;(三)出于无害惯习者;(四)出于正当防卫者;(五)出于执行其他权利者。

(述)《讲义案》所列举之行为,与《刑草》十四、十五两条字面略有不同。十四条依律例之行为,即《讲义案》第一所谓出于所行职务与第五所谓出于执行其他权利者也。正当义务之行为,即《讲义案》第二所谓出于正当业务者也。不背于公共秩序及善良风俗习惯之行为,即《讲义案》第三所谓出于无害惯习者也。十五条对于现在不正之侵害,出于防卫自己或他人权利之行为,即《讲义案》第四所谓出于正当之防卫者也。

其一、执行职务

六六、执行职务上之行为,不问出于据法令直接执行职务与出于据上官命令执行职务,均不得致罪(《刑草》一四条)。

(述)无论古今东西各国,其于现行犯人,警察官(其性质与警察官同亦然)不必待长官之命令而可逮捕,此据法令直接执行职务者也。若人虽为犯罪而非现行犯,则警察官必奉长官之命令始能逮捕,此则据上官命令执行职务者也。凡出于执行职务,无论其据法令或据上官命令,均不为犯罪,此人所易知者。

其二、正当业务

六七、据法令得为一定之业务者,限于属其业务范围内之行为不得致罪(《刑草》一四条)。

(述)普通人截断人之手足为犯罪,外科医师截断人之手足不为犯罪,以其属于业务范围之内也。又日本有角力之风,如甲乙两人相抱角力,因而致生伤害,不同于普通人之为犯罪。又经官准之公娼亦不同,于普通人之为奸罪,盖据法令所许作为自己业务,即成为一种权利,而不能谓之为犯罪也。

其三、无害惯习

六八、无害惯习者,谓不反于公共秩序及善良风俗之惯习,出于无害惯习之行为者不得致罪(《刑草》一四条)。

(述)惯习之为罪类,规定于《违警律》而属于罪之轻微者也。以事实上论,亦有因惯习而酿成重大之害者,不反于公共秩序之惯习。如因惯习于一定之日期在路间开设商市,不得谓为妨害往来,而以《违警律》二十七条第七款"未经官准于路傍、河岸等处开设店栅"者论。不反于善良风俗之惯习,如祭日、祝日(新年),虽终夜作乐,施放爆竹,不得谓为妨害安眠,而以《违警律》三十六条第五款"深夜无故喧嚷"者论。然亦有多年惯习而有违反善良风俗,如中国人每于厕外便溺,《违警律》三十六条第三款"于厕所外便溺者处五元以下一角以上之罚金"。又,日本每于赛神时,分人为左右两排,而以石相掷为戏,皆为有害惯习,而成为犯罪。

其四、正当防卫

六九、凡对于现在不正之侵害,出于防卫自己或他人权利之行为不为罪(《刑草》一五条),逾防卫程度之行为,行〔得〕减本刑一等至三等。

(述)古今东西各国,于正当防卫均无概括的规定,以列于《刑法总则》之中。《法国刑法》及《日本旧刑法》(《日本旧刑法》系模仿《法兰西刑法》而成)三百十四条定"正当防卫于杀伤特别不论罪"一章内,以附于杀人伤人之后。此种规定一见而知其谬,缘防卫有时不出于杀伤,即仅求束缚人之手足,亦得谓之正当防卫。中国《唐律》"诸夜无故入人家,笞四十,主人登时杀者勿论",亦含有正当防卫之意,而各文极不明了。夫曰:"无故入人家,然非无故而别有意思将奈何?"曰:"杀者勿论,然使不出于杀而别用他种手段将奈何?"曰:"主人登时杀者勿论,然使非主人而登时杀之将奈何?"曰:"夜入人家,杀者勿论,然使非深夜而为白昼又将奈何?"不独《唐律》如是,凡各国旧刑法关于正当防卫,均未规定尽,而衡以现在法理,则宜规定于《总则》,作为全部无罪。此中国《刑草》总则所以用概括的规定而无限制也。

其五、其余之权利

七〇、虽不属于上所揭,若于法令能认定为行使权利之行为,亦一般不能致罪。

(述)其余之权利,指不属于以上之执行职务、正当业务、无害惯习、正当防卫之权利,而由法令认定为行使权利之行为也。如惩戒权(亲权之一种)之行使,为民法亲权所认定,有时教育其子而用责戒,不能成刑法上之殴打罪;有时禁锢其身使勿冶游,不能成刑法上之监禁罪。但惩戒权之范围、程度亦必略有限制,限制须视一国之通例如何及实际之必要,如父母禁锢其子至数年之久,为通例所不常见,于刑法上亦能成罪。中国现在法律主义为亲权万能主义,将来国家思想发达,则亲权必受限制,缘亲权过重,往往于国家有妨碍。夫亲之对于子固能行使其权,而子亦为国家之一分子,断不能因亲权行使而其害波及于国家。重亲权者,重道德也。过重,则有时国家反受其害,使国家思想发达至极点,并不认有亲权,则不惟破家庭之制度,而道德亦因扫地。故修订法律,宜采折衷,主两方面调和而后无流弊。中国则偏重亲权一方面,于修订法律时,不能不加以限制者耳。

第三项 放任行为

七一、有责任动作而为法令及惯习不保护、不处罚者,名曰"放任行为",即基于紧急状态之行为及其余之放任行为是也。

(述)〈放〉任行为虽不为法令所保护,亦不因法令而致罪,与权利行为均为有责任动作,而无责任动作不在此内,其介于不保护、不处罚之间者,曰"放任"。

其一、基于紧急状态之行为

七二、凡为避现在之危难及其他不能抗拒之强制,而出于不得已之行为,不为罪。但加过度之害时,得减本刑一等至三等(《刑草》一六条)。

(述)紧急行为,有时止曰"不得已之行为"。《刑草》十六条观之,其规定亦云"不得已之行为不为罪"。此法理当中国唐虞时代已为萌芽,如《尚书》所谓"眚灾肆赦"是也。其语并含有第三项正当防卫之意,而以第三项之意为多。后之修订刑律者,虽其《总则》未如外国定有不得已之行为为无罪之明文,但裁判官审判案件,如遇有不得已之行为,大概不为致罪。凡属于不得已之一切行为皆为不为罪,《刑草》十六条之规定,盖经无数变而成,而非一朝一夕可得而定也。试再即条文而解释之,第一要件,危难及强制须要现在者。现在云者"焦眉之急"之谓也。其非属于现在,而为过去或未来之危险及强制,不能适用本条(此要件及正当防卫第二要件同)。简单言之,危难及强制须要现在,故对于过去、未来,不得适用本条也。第二要件,须要不可抗力之危难及强制。不可抗力,细别之可分为二:一出于自然力,一出于人力。然无论其出于自然力或出于人力,如系不可抗力,俱可适用本条。但以条文字面而言,危难多出于自然力,强制多出于人力,文字上有区别,而法理上无区别。例如,二人落水同争一木板,此危难之出于自然力者。又如,后有人追而为逃命起见,即触伤前面之人或畜,不能成罪,此危难之出于人力者。要之,危难之出于天灾地变而来,为自然力;由于人类动作而来,为人力。然如有猛兽追袭,介在自然力、人力之间,其究属于自然力之危难乎? 抑属于人力之危难乎? 当以其兽之有无监督之人为断,如在山狩遇野兽,未有监督之人,则为自然力之危难;若有监督之人,而因其故意或过失以致兽杀、伤人者,则为人力之危难。故分别自然力、人力,不能就追袭之物为区别,而当问其原因如何。无监督者,其原因在兽。有监督者,其原因在人。犹之被人射者不能曰"此矢射我也,乃放弹之人之以矢射我也"。第三要件,危难及强制,俱须不系他人实行权利者。例如,人受死刑,可谓危难,属于现在,但执行死刑为他人实行权利,不能以己之有受死刑之危难而对抗执行死刑之人。其与正当防卫不同之点,正当防卫必出于不正之侵害,方可防卫。此则不必要出于不正,凡非他人实施权利外之一切危难及强制,皆为紧急行为。第四要件,紧急行为须出于不得已。不得已云者,指避危难及强制所必要之范围而言也。例如,被人追逐而前阻大河,无论何人之船皆可乘之以达彼岸,而不能将其船内之物件窃去。又如,被人追逐,只能将前面人排斥使开,而不能将其杀死。虽然为避危难及强制起见,而如加过度之害时则奈何?《刑草》十六条规定,"得减本刑一等至三等"。裁判官适用此条有宜注意,即过度、不过度之从何而区别也。以紧急行为与正当防卫比较,正当防卫之情形,即因防卫行为意图保护之利益与因此意图使对手丧失之利益,不必要分其大小轻重。例如,有人欲截我指,只防卫出于必要,虽夺人性命亦可,紧急行为则不许有如此不公平之举动。换言之,即将失之利益与出于不得已而所加损害,须不失其权衡。例如,当水、火灾,自己所爱之狗马有遗失时,不能为救狗马而致杀伤人,缘自己所失利益为狗马,他人所失利益为生命,不能以一己之小利益而使他人受大损害也。独是狗马之于人生命,其大小轻重悬殊;一指之于生命,其大小轻重亦悬殊,而一许杀伤,一许不杀伤者? 正当防卫出于不正之侵害,为有防卫权。有防卫权,故大小、轻重不必求合权衡。紧急行为非出于不正之侵害,乃出于不得已之行为,为无防卫权。无防卫权,故大小、轻重不可失其权衡。又《刑草》十六条第二项于公务上或业务上有特别之义务者,不得适用前项之规定。公务上有特别之义务者何如? 军人临敌,不能畏缩脱逃。业务上有特别之义务者何如? 船长之见船将近覆没,不能先逃于岸。又如,医师之遇人有传染病,不能惧其传染而不为之治疗。总之,于职务上、业务上有特别义务者,不得以违背特别义务之行为而借口于不得已之理由谓为无罪也。

其二、其余之放任行为

七三、法令之解释上及惯习之性质上，不成权利且不成为犯罪行为者，亦为放任行为，不得致罪。

（述）例如，外国法律于私通、野合、小赌博（非以为业者）不认为罪，然亦不成为权利，故为放任行为。其例不能一一列笔，须视其国之法律、惯习为何如耳。

第二编　罪状

第一章　犯罪之类别

第一节　重罪、轻罪、违警罪

一、现今多数刑法，大别一切犯罪为重罪、轻罪、违警罪三种，以主刑为区别之标准，惟中国《刑法草案》不采用此主义。

（述）外国何以采用此种分类？中国何以不采用此种分类？其理由所在，外国之采用此种分类，不过为本于历史上之关系。换言之，即历史上所遗留之一纪念也。迨后，法理亦如此区别为便宜，遂相沿不改。罪之种类不同，诉讼办法之繁简即随之而异。用慎重的办法者为重罪，用简单的办法者为轻罪，用极简单的办法者为违警罪。法国不惟于罪之种类分之为三，且于裁判所亦分为重罪裁判所、轻罪裁判所、违警罪裁判所。夫诉讼之办法固有繁有简，因诉讼办法有繁简之不同而区别何种罪，宜用何种手续，此诚大谬。盖诉讼办法之繁简，当视关系者之如何而定，有罪轻而关系复杂，宜用慎重的办法者（如欺诈、取财、窃盗之类是），有罪重而关系简单，可不用慎重办法者。然则，办法之繁简并不因罪之轻重，乃因罪之关系有复杂、简单之各别也。即不以诉讼论，而专以刑法论，刑法上之于罪之轻重不能于人心之所想像，如破廉耻大者为重罪，小者为轻罪。凡人心中理想莫不如是，然窃盗为破廉耻之大者，而刑〈法〉上固不以此等罪为重罪也。特此以质问采用分类主义之国,恐亦不能说明其理由。中国及荷兰不采用此主义,未见其行之有不便宜之处,故《刑草》仍沿中国之旧。现民政部虽定有《违警律》,名为违警律之罪,而实究不得称之为罪,以违警为违反行政规则,处罚为行政罪,与刑法上之性质悬殊,而另外独立成一法律也(除《违警律》外,凡关于刑法上之犯罪轻重之别)。

第二节 普通犯、特别犯

二、普通犯者,谓干普通刑法(狭义之刑法)而成立之犯罪;特别犯者,谓干普通刑法上外而成立之犯罪。特别犯中有不依普通刑法之例者,此区别之实益也。

(述)犯罪之分为普通犯、特别犯,以特别犯中有不适用刑律之总则,故不能不分为二。《刑草》第九条云"本律《总则》于他项律例之定有刑名者,可使用之,但此项律例有特别规定时,不在此限",亦即此意。他项律例,中国现少无可引证,外国则于刑法之外有种种罚则,或加重或减轻,其有不适用本律之处,均用明文规定。

第三节 即成犯、继续犯

三、即成犯者,谓于仅少之时间内完结行为(所为及结果)之罪也。继续犯者,谓费多时间完结行为之罪也。

(述)知继续犯之性质,而反面之即成犯,不言而明。

四、继续犯有性质上者,有事实上者。

性质上,继续犯有二:曰惯行犯,曰永续犯。(一)惯行犯者,谓非数时反复同一行为,不成立犯罪;(二)永续犯者,谓所为之结果,非持续不成立之犯罪也。

(述)《刑草》分则二百六十五条:"凡赌博财物者,处一千圆以下罚金。"二百六十六条:"凡以赌博为常业者,处四等以下有期徒刑"。同一赌博而处罚各异者,缘以赌博为常业为惯行犯,而不以赌博为常业,偶然一出于此者,非惯行也。夫赌博而至视为业务,其有害于社会风俗者甚大,各种犯罪多由此而发生,故在刑法上为受特别之待遇。然惯行犯又不可与习惯犯人相混,习惯犯人不限于罪之种类,而以犯罪成为天性;惯行犯则限于罪之种类,而非反复同一行为不能成罪。换言之,习惯犯人有累犯罪之性质之人也。惯行犯因反复同一行为可以成立之犯罪也。二者一为人之区别，一为罪之区别。例如，窃盗累窃人之财产而不知改悔，是为习惯犯人，而不能谓之为惯行犯，以窃盗之罪一次行窃即可成立。而惯行犯，未有不经数时反复同一行为而可以成立者。

事实上，继续犯亦有二：曰徐行犯，曰连续犯。（一）徐行犯者，谓对于即时亦得完结性质之一行为，而犯人事实上费多时间；（二）连续犯者，谓一次可以致罪之行为数次反复为之，而仅成一罪之时，其成立上须对于同一之法益，以特定或概括之犯意，付与同一之侵害。

（述）性质上，继续犯非长久继续不能成立；事实上，继续犯不必费许多时间即可成立，而由犯人自费许多时间也。一、徐行罪。例如，有一量重物件，本可一时窃去，而犯人因种种之情形，不能不徐为以取之，或今日移一尺，明日移一尺。又如，用药毒人，恐所用毒药过烈，致人速死生疑，而每日放少许伤生之药于饮食中，使人不知不觉。二、连续犯，其要件有二。所谓同一之法益者，例如，仓有积米而日日行窃，其米以致于尽。同一仓库，故为同一法益。所谓同一之侵害者，例如，用特定之犯意，预定每日窃米若干，经多许日而始窃毕。或用概括之犯意，只期窃毕而不定日期，及每日行窃若干。犯意不同，而达其行窃之目的则同，故为同一侵害。其最常见者，如家中所雇用厨夫之偷窃食物，运送货物舟子之偷窃果品，皆为连续犯。但此有宜注意，即以厨夫论，如今日窃米，明日窃柴，又明日窃煤，所窃之物品不同，而谓同一法益。法益者，非保护财产，乃保护监督（管有）财产之权，而行窃者，即为侵犯监督财产之权也。又如，奸有夫的罪，不问是否出于野合，亦为连续犯。其所谓法益，乃指妇人节操而言，以节操为法律所保护也。要知〔之〕，徐行犯费许多时间而成一犯罪，连续犯经许多行为而成一犯罪。

五、序上之区别。关于（一）一罪、数罪之区别，（二）公诉时之起算点有实益。

（述）何谓一罪、数罪之区别？例如，有继续之性质，以侵犯同一之法益，只为一罪而非数罪，若不认为连续犯而认为数罪俱发，则有加重之条。欲区别是否为连续犯，当先区别其为一罪或数罪。《大清律》二罪以上俱发，以重者论，其轻及等者不论，此为吸收主义。于法理未当，《刑草》则不采用此主义。何谓公诉时效之区别？公诉时效者，于一定之犯罪定有一定之时间，逾此时间即不起诉，但时效之起算各有不同。

例如,有夫奸之罪不以通奸之日起算,而以最后之一日起算,若非连续犯,则不以最后之一日起算,而以有犯罪行为之日起算,二者皆所以保护公诉时效实益也。

第四节　现行犯、非现行犯

六、现行犯者,谓现行或现行已终之际发觉之罪;反此,为非现行犯,许诉讼手续以简便迅速为主,区别实益。

(述)为诉讼办法起见,有此种区别之必要。现在外国于定诉讼手续之宗旨有二:一、须精查有罪、无罪之一切证据;二、不许蹂躏人民之自由。合两宗旨而定一之法,例如,现行犯可不令状而即能逮捕,非现行犯则非带有命令状不得逮捕之,此不过一例。总之,现行犯之搜查在简速,非现行犯之搜查在郑重。

第五节　亲告罪、非亲告罪

七、亲告罪者,谓提起公诉必须有被害者或其亲属告诉之罪也,此外为非亲告罪。

(述)现在各国刑法及法理学,均以犯罪为对于国家成立,故经检查官之起诉审判之,而不分被害者经告诉与否。换言之,即被害者默无一语不愿意起诉,或昌言不与加害者计较,检查官均可提起公诉以实行审判也。但为社会公益起见,有一种犯罪非轻〔经〕被害者或其亲属告诉后,而检查官即不能起诉。例如,妇女犯奸罪、略取诱拐罪,设检查官不待被害者之亲属告诉而径行起诉,一经裁判,丑迹播扬,小之损其终身之名誉,大之酿成轻生自尽之举,其受害反有甚于不起诉者(如有夫奸罪,本夫往往为保护家庭和平或名誉而不愿意告诉,国家亦可以听之而不起诉)。关于此种罪名,须以本人及其亲属是否愿意起诉为断,乃例外而非原则,法文皆一一明定之。其未明定者大概非亲告罪,如杀伤、放火之类是也。

第六节　政治犯

八、政治犯者,例不以刑事之审问处罚,故移交之于外国,国事犯乃政治犯之一耳。

(述)古时政治犯、非政治犯即名为国事犯、非国事犯。其实,国事犯乃关于内乱外患之罪,例不移交。其不移交之理由所在,以各国国体不同也。国体不同,故其利害关系亦因之而异。如法国人不以其国共和为然,欲改为日本国体,抱此目的以谋内乱而逃至日本,即法政府请求移交,而日本以其所主张系赞成日本国体,不忍移交于法。又如,中国有人倡言立宪,因内乱而逃至立宪国,则立宪国亦以其赞成其国体,不忍移交于中国。因赞成其国之政体犯罪而奔其国,即不为罪,此各国所认公为通例。至处罚政治犯之历史,其变动甚大。古时以政治犯为关于本国之存亡,由政界上之理由而从严处罚。迨后政界上之理由减轻,而为刑事政策,以政治犯之有害于生命、身体、财产、商业、交通之分量甚大,其处分亦较他罪为重。近今则从人犯心上着想,以政治犯为多数人安宁幸福起见,扫除一国之不良政治而改良之。虽不无罪心,实可原,而诛心之必要不多。观察之点不同,其处罚之条即异。古重政略,故立有缘坐灭族之刑,其处罚不仅及于政治犯一人之身。中世重刑事政策,故虽免除缘坐灭族,而犯人本身多处以死刑。现在重诛心之律,多主张不处死刑,其说最有力量。凡废止死刑之国不待言,即未废止死刑之国,而其对于政治犯之不处以死刑者甚多。冈田先生以政治犯全处死刑或不全处死刑均不赞成,缘政治犯有为公者,有为私者。为公而专以改良政治为目的,则处罚从轻;其为私而非以改良政治为目的,则处不妨从重。《刑草》即此宗旨而为之规定也(处罚政治犯须斟酌情形,不可过严,中国戊戌年鼓吹立宪之志士多被杀戮。现又豫备立宪,昨非今是,往往而然。日本从前主张立宪之未被杀戮者,今则多为元老院之元老矣)。

第二章　行为之阶级

九、一切之犯罪,其成立上与他之要素同,以有出于故意或过失之身体之动作,即有行为为必要,此第一编第二章第三节及第四节所述,然各条既逐条件之行为视为终局时,其间仍有几多阶级,试分犯意之表示、豫备行为、着手行为、实行之点数说明之。

(述)犯罪行为之顺序,与人之由少而壮而老之顺序同。简言之,犯罪以行为为必要,而其行为之阶级可分为四。

第一节 犯意之表示

一〇、仅表示将犯罪之意思（依口头、书面、举动），其事实或危险不大者，法令以不罚为原则。有时为特种之罪而加刑，自犯人目的观之，尚未达务备之所为，然法律特列为一罪（注意此所谓表示犯意之行为者，其罪之实行也）。

（述）单以口头或书面或举动，表示其欲犯罪之意思，法令以不罚为原则。若一概作为犯罪而处罚，则犯人难免不存五十百步之心，或因此而竟为犯罚之事实，以图处罚与意思表示同，而反以实犯为有利也。然法律上亦有时作为特种之犯罪而处罚者，例如公开演说、刊行书类、倡道犯罪，人心因此摇动，就本人论不过口讲笔述，仅表示犯罪之意思，未达于犯罪之豫备，而就罪之性质论，则已认为独立罪，于倡道犯罪之时即为该罪之实行的行为，以言欣言为属于一人表示犯罪之意思。

一一、对他人表示将共犯罪之意思，他人承诺之时。

（一）系对特定之犯罪时，谓之阴谋，不问加盟者之多少。

（述）"阴谋"二字，简言之为犯罪之合意，许言之，即二人以上协议决定特示犯罪之意思也。《大清律》于谋反、谋逆各条，其所谓谋包有一人在内。改正草案则不然，所谓阴谋者，（一）二人以上之协议，如一方表示其意思，他方须合意承诺，乃为阴谋。若专为一人之意，无他方合意承诺，不为阴谋。（二）关于特定之犯罪，须特定欲犯何罪方为阴谋，否则为凶徒组合，阴谋以不罚为原则，所以奖励其改悔，如未实行而亦处罚，则是逼犯人以实行犯罪也。窃盗无阴谋处罚之条，若关于帝室、国交、内乱外患之罪，则情节重大，虽阴谋亦不能不处罚以示警，《刑草》关于国交、内乱外患之罪，定有阴谋处罚之明文。关于帝室之罪，虽未明揭"阴谋"二字，而亦含有此意，如八十八条将加危害者一语将加字样"凡未遂豫备阴谋"皆包有之。

（二）未特定犯罪而通多数气脉临机将犯罪时，谓之凶徒组合，虽于社会危险毫无疑义，而罚此种之规则不多也。

（述）凶徒组合即无赖子，平日党羽众多，遇有机会即为犯罪。管理此种犯罪之规则，自佛兰西为始，其余各国多不常见，以其难于适用故耳。

第二节　实行、着手、豫备

第一项　标准

一二、实行者，谓于刑法之各分则为各犯罪之特别成立要素之行为也（因法之明文或本旨特罚着手行为或豫备行为之时，不在此限）。

着手行为者，谓近接密着实行之各行为也。

豫备行为者，除阴谋外，谓着手于实行以前活动犯意之动作也。故对实行为间接离隔者而渐进于实行者。

（述）实行为犯罪行为最高之阶级，若实际上犯罪，《刑草》则用实施阶级分实行的行为、着手的行为、豫备的行为，而不列阴谋，以阴谋非犯〈罪〉必经之阶级也。特别要素有时关于客体者，有时关于主体者，有时关于手段者。以《刑草》总则论，无论何种犯罪均有行为而后其罪成立。以分则论，凡出于杀伤、强取、窃取于火之行为，皆特别要素之实在行为也。杀伤之行为，其被害物体为人；强窃取之行为，其被害物体为财物；放火之行为，其被害物体为房屋。刑法上于杀伤等语，不过为抽象的规定，而犯人所用种种之手段，则为具体的行为。如杀人或用斩杀，或用绞杀，或用溺杀，或用烧杀，或用毒杀，此杀人所用之手段不同也。伤人或用打伤，或用烧伤，此伤人所用之手段不同也。然杀人罪只问其杀人，不问其杀人手段如何，而即为杀人罪之实行。伤人罪只问其问〔伤〕人，不问其伤人手段如何，而即为伤人罪之实行。实行、着手、豫备三者行为之区别，以程度之有高下为区别。例如，杀人，斩，实行也；振刀未斩，着手也；或买刀或借刀，豫备也。又如，伤人，打，实行也；举手未下，着手也；将赴目的地，豫备也。故杀人而未刀未斩，伤而举手未下，强窃盗入门而未上堂，皆为着手行为，而不得为实行行为。欲杀人而或买刀借刀，欲伤人与为盗而将赴目的地，皆为豫备行为，而不得为着手行为。

第二项　犯状（豫备罪、未遂罪、既遂罪）

犯状云者，由豫备、着手、实行各行为所发生之状态也。

一三、豫备行为以不致罪为原则，然有特以实害或危险大者为限而处罪者，豫备罪是也。

（述）豫备行为，刑法上以不处罚为原则，亦有作为例外而处罚者，即称之曰"豫备罪"。豫备罪者，由豫备行为发生之状态所致之罪也。兹先说明原则上不处罚豫备行为之理由，而以例外处罚豫备罪之条文附言之。夫豫备行为,本人先有犯罪之意思,所为豫备犯罪之一切行为,直诛其心,未始不可,惟实害尚未发生,一概加以处罚,则犯人以处罚之终不可逃,与豫备而受处罚,宁实行而受处罚之为得,是反逼其犯罪之实行。刑法在防其实行犯罪之意思,冀其犯罪意思之自止,所以有不处罚之原则,而为促其自止之政策也。然豫备行为之危害甚大者,又不可不有处罚之例外。《大清刑草》第八八条及第八九条即处罚对于帝室危害之豫备罪,第一〇二条及一〇三条即处罚内乱之豫备罪,第一一九条即处罚对于国交危害之豫备罪,第一二七条即处罚对于外患之豫备罪以外,杀人、放火亦有处罚之豫备罪,皆刑法上例外之规定也。惟例外故,《刑草》所订之条文亦少。

　　一四、凡谋犯罪已着手,因意外之障碍不遂者,为未遂犯(《刑草》一七条)。细别有二,即未行之未遂犯及既行之未遂犯是也。着手实行有意外之障害不能达于实行时,为未行之未遂犯;达于实行有意外之障害,不生既遂犯所要之结果时,为既行之未遂犯。

　　(述)此号即未遂罪论,说明未遂犯之定义及未遂犯之种类也。欲知未遂犯之定义,必知成立未遂犯之数要件:第一要件,须犯人有犯罪之故意;第二要件,须在着手行为以上之行为,未达着手行为之程度,亦无所谓未遂罪也;第三要件,须固有意外之障碍而未遂者;若出于本人意思之中止,则成为第三节之中止犯而非未遂犯。所谓意外之障碍者,基于人为之障碍及不基于人为之障碍,皆包括于其中也。基于人为之障碍,有时为第三者之救护,有时为被害者之拒,拒而第三者又兼普通人与官吏而言。例如,某甲杀某乙时,某乙乘机脱逃或某乙之力强,强某甲为所拘缚,是其障碍基于被害者之所为。又如,某乙之亲朋或警察适至,某甲为所拘缚,是其障碍基于第三者(亲朋属普通人,警察属官吏)之所为。至不基于人为之障碍,如某甲因乙之疾病或天灾地变(如海地震)之故,不能往杀某乙是也。要之,未遂犯之成立,不区别其障碍之基于人,基之于人为与非人为。凡本人意思以外之一切障碍,使本人不能遂其犯罪之行为者,即成立为未遂犯。未遂犯于各种罪上均有之,法理上并不以某种为罪限,《大清刑草》故定之于《总则》之内,非如《大清律》只定有未遂之命盗罪也。以上就一般未遂犯说明未遂犯之定义,而未遂犯之种类细分之,有未行之未遂犯、既行之未遂犯,二者亦与《大清律》之区别,同《大清律》所谓下手而未成伤,即未行之未遂犯,《大清律》所谓成伤而未致死,即既行之未遂犯。惟《大清律》限于一端,不知各种罪上皆有未遂犯,可以细分为未行未遂犯及既行未遂犯耳。例如杀人罪,举刀而未下手,放火罪执火而犹未放,侵入邸宅罪至门而尚未入,俱为未行未遂,简言之,而未实行也。又如杀人罪已伤而未死,放火罪已放火而未烧失,决水罪已决堤而未成灾,俱为既行未遂。简言之,即实行而未生既遂犯所必要之结果也。

一五、法律合二个以上之行为为一罪时,着手其一行为即着手于全犯罪也。

(述)所谓合二个以上之行为为一罪者,如强盗罪有暴行胁迫之行为,有夺财之行为;强奸罪有暴行胁迫之行为,有奸淫之行为;内乱罪有杀伤、放火、决水及破坏种种行为是也。强盗只用暴行胁迫而尚未夺财即为强盗未遂,不能谓为夺财未遂;强奸只用暴行胁迫而尚未奸淫即为强奸未遂,不能谓为强淫未遂;内乱罪亦复如是。故曰"着手其一行为即着手于全犯罪也"。再以强盗罪之例言之,强盗合杀人、夺财两行为为一罪,杀人未死而强盗就缚,以杀人未遂论乎? 抑以杀人夺财未遂论乎? 此宜以杀人夺财未遂论,换言之,即以强盗未遂论。

一六、完结实行,生既遂犯所要之结果时,为既遂罪。

一七、有据犯人目的之达否区别未遂、既遂者,谬见也。犯人达其目的而成立要素不完备,则罪未遂;犯人不达其目的而要素完备,则既遂矣。

(述)既遂、未遂只问其成立要素完备与否,不问其已达目的与否也。若以目的之达否为既遂、未遂之定义,则误之甚矣。例如,复仇者杀伤其仇,于心甚快,以为达其目的也。然犯人虽达其目的,而不得谓之既遂,盖被害者虽伤而不至死,则于杀人罪之成立要素不完备,仍为未遂犯。又如,某甲与某乙有深仇,欲尽杀某乙之家属,仅杀一人于心未快,以为未能达其目的也。然犯人虽未达其目的,不得谓之未遂,因被害之一人已生死亡之结果,则于杀人罪之成立要素完备,故仍为既遂犯也。

一八、罚未遂犯有二主义,曰概括主义,曰特定主义,中国《刑法草案》采用特定主义(《刑草》第一七条)。

(述)未遂犯有概行处罚者,谓之概括主义;有分别处罚者,谓之特定主义。日本《旧刑法》一一三条"凡未遂犯减既遂一等"(不以何等罪为限)为概括主义。《刑草》一七条第二项以分则各条定有明文者为限,无明文者不罚,为特定主义。采用特定主义有重大之理由:第一,轻微罪之未遂犯不必处罚,中国现已实行,如违警罪即不罚。未遂犯,因《违警律》所规定皆轻微罪故也。又如,《刑草》三六章毁弃物品罪三分五条,关于某条之未遂罪罚之,其余各条之未遂罪皆不处罚,因甚轻微故也。第二,有一种罪之未遂犯不能豫断其有害,亦不处罚。如《刑草》三四〇条"侮辱人罪未遂者不罚",因侮辱人,不外言语与举动,当未遂时,既无言语又无举动(虽有侮辱人之意思,而未经发表),害之有无不能推定,则罚无从加(此章内有应罚之未遂罪,与侮辱罪无关)。第三,凡未遂犯之应罚者,《刑草》分则各本条已经载明,则《总则》上无庸更立专条,此等未遂罪情形,观《刑草》第一三章放火、决水罪之规定,可明其理。如第一三章一九六条,将各条应罚之未犯一一列举(第一九六条云第一八二条、第一八三条第三项、第一八四条第一项、第一八八条、第一八九条第一项、第一九三条及第一九四条第一项第二项之未遂律罚之)。其余未经揭明者,亦以可此类推,例如第一八三条第一项为一九六条所揭明,一八三条第二项与第一项未遂罪相同亦当处,不必列举自能赅括之。

　　一九、未遂罪之刑,得减既遂罪之刑一等或二等,但褫夺公权及没收不在减等之限(《刑草》一七条)。

　　(述)既遂、未遂之处罚,是否应分差等,亦一问题也。各国立法例,关于未遂罪之处罚有三种主义:(一)同等主义,即不减主义(既遂、未遂同一处罚,不以未遂而减等),外国谓之主观主义。处罚法中,文可称为诛心主义(因其人居心可恶,罪虽未遂亦以既遂之法科之)。(二)必减主义(处罚未遂必较既遂减等),外国谓之客观主义。处罚法中,文无恰当之译语,可暂名曰"诛害主义"(既遂害大,未遂害小,故当减等)。(三)得减主义,得减有全罚、全免、减等三种主义,外国谓之折衷主义。欧洲古时《罗马法》采用主观主义,中国古代法亦采用之,现在法国刑法亦可谓之主观主义,因条文上并无未遂减等之明文故也。欧洲北部习惯法大概为客观主义(即必减主义,以害之大小、重轻而分罪之差等),而意大利刑法则采用极端客观主义,既行未遂犯减既遂一等,未行未遂犯减既遂二等。日本《旧刑法》凡未遂犯减既遂一等或二等,细译文义,虽不减二等,必减一等也,亦为客观主义。《大清律》无《总则》,采用何种主义不能断定,但就《大清律》分则各条观之,未遂者必减等,亦客观主义也。主观主义失之过严,客观主义又失之过宽,故有得减主义折衷于二者之间,遇未遂犯须由裁判官调查其情形有无诛心之必要,当减则减,既不失之严,不当减则不减,又不失之宽,最为持平之办法也。例如,习惯窃盗因临时有意外之障碍(被事主或巡警当场捉获)未能得财为未遂犯,然屡犯不悛,其心可恶,即料以既遂之犯亦不为过。若非因意外之障碍而不能遂,乃临时自有悔心而不敢遂,其心尚有可原,当然减等,此得减主义之有利而无弊也。故《刑草》采用之,日本《新刑法》亦然,得减者可减可不减也,"得"字最宜注意。

第三节　中止犯(即犯罪之中止)

二〇、未遂犯犯人因意外之障害不能遂罪时成立,若以己意中止时,刑法上非未遂犯也,名曰中止犯。中止犯有二种:

(一)一旦着手实行,犯人以自己之意思不进及其实行时,为未行之中止犯。

(二)既进及实〈行〉,而犯人以自己之意思妨止结果之发生时,为既行之中止犯。

(述)中止犯不可误解为中止之犯人(日本学生即有如此误解者),中止之犯人,其犯罪之行为因意外之障碍而中止,乃未遂犯,非中止犯也。中止犯乃以自己之意思中止,故中止犯与未遂犯不可混同。未遂犯有既行、未行两种,中止犯亦有既行、未行两种。兹就未遂犯与中止犯之关系说明之,犯罪既成,犯人不能自由消减,即犯罪未成而已达未遂之程度,亦无中止之理,为刑法上之原则。例如,举刀杀人而其人远避,杀人者亦因意外之障碍阻止其犯罪,不得为谓中止犯也。必未有意外之障碍以前,以自己之意思中止其犯罪之行为,乃谓中止犯。若既遂犯不能中止,不待言矣。

二一、外国立法例中,有以中止犯为无罪,中国《刑法草案》采用得免除本刑或减二等或三等之主义(《刑草》一八条)。

(述)外国中止犯不加处罚,所以奖励犯罪之中止,使犯罪者皆知中止之得免刑罪,而有悔心,庶其害不波及于社会为立法上之政策,未可厚非。但中止犯有于中止者有因机会未至,暂时中止以图再举者,若概行免罪,殊失其平。中国《刑草》采用得减主义,其范围甚广,含有全罚、全免、减轻三种主义,因中止之情形极为复杂,不得不如此规定,以待裁判官之临时酌定也。

第四节　不能犯

二二、凡法定以一定目的物或一定手段为某罪成立要素时,如其目的物或手段不存在,则虽误认为存在,试诸实行而不能生结果,此曰名不能犯。

(述)关于不能犯之学说有种种不同,故不能犯之定义,亦不能一致。《讲义》所述之定义,乃各种定义中之较为妥当者。

二三、不能犯可以为罪否? 学说判决例未能一致,中国《刑法草案》采用为罪之主义(《刑草》一七条),惟全然无危险之行为不得为罪。

(述)不能犯,非不能犯罪之谓,其犯人之犯罪既实行而无结果也。此等不能犯是否应加以处罪? 学者见解不同,故其学说亦异。然学说虽多,大要不出乎二派:第一派学说谓不能犯可大别为二,细分为四:(一)绝对不能犯:(1)关于目的物者;(2)关于手段者。(二)相对不能犯:(1)关于目的物者;(2)关于手段者,而罪之有无,亦以四者为区别。第二派学说则以此种区别为不当,而认不能犯为有罪,试分说于左。第一派学说又分三种:(甲)有学者谓绝对不能犯不受处罚,相对不能犯应受处罚,此种学说行之最久最远,其所主张之理由,谓犯人所豫期之目的物及手段全不存在时,为绝对不能犯。例如,犯人心中所欲杀之人已经死亡,即豫期之目的物不存在,刑法所处分者,以有实害或危险之虞者为限,目的物及手段全在,不存无从发生实害与危险,故不在刑法处分范围之中。若相对不能犯,其目的物及手段当然存在,特与犯人所豫期者有少差耳。例如,犯人欲杀某甲,探知某甲寻常有一定之住所,因向住所放枪,而适值甲往邻舍,为目的物之少差。又如,以枪击人,虽有铅丸,而丸小不足以杀人;以药毒人,而药少不能致死,为手段之少差。所谓少差者,即刑法条文所称意外之障碍是也。此等情形虽尚无实害,而有危险之虞,与未遂犯异名同物,不能无罪。(乙)有学者谓关于目的物不存在时,无论绝对、相对,皆不生结果,皆得无罪。若手段不存在时,即可生危险之虞,亦无论绝对、相对,皆为有罪。(丙)有学者谓关于目的物不存在之绝对不能犯无罪,其余皆有罪。第二派学说谓绝对、相对之区别,表面上似乎明显,而实际上悉为空论。以罪之有无视可生危险与否而定,无危险无罪,有危险有罪,不能犯可生危险故当认为有罪也。自吾辈言之,则以第二派学说为正当。

第三章　累犯罪

二四、累犯者,谓一次犯罪受确定裁判后,更犯他罪也。

(述)累犯与再犯微有不同。再犯者,第二次犯罪之谓,累犯则不以第二次为限,即三次、四次,皆谓之累犯。累犯非指一人犯数罪,乃指犯罪受裁判后,更犯他罪也。若一人犯二罪以上,俱在确定裁判以前,不得谓之累犯,乃二罪俱发(《刑草》谓之俱发罪)。此累犯罪与二罪俱发之区别、确定、裁判,分三种:(1)不准行上诉者(属大理院权限,即第一审且终审之权限,如国事犯、皇族犯之类);(2)上诉期限既经过者(除不准行上诉外,其余案件皆准上诉,但上诉有一定期限,如逾限而不上诉,亦为确定裁判);(3)既经一切上诉办法者(法律上所许上诉之办法皆已用尽,此外可无用者,亦曰确定裁判)。若裁判中又发见其他罪状,仍为二罪俱发,合并裁明。

二五、累犯者,于初犯之行罔知惩戒而复犯罪也。故须加重刑或加别种制裁,中国《刑法草案》采用加重主义(《刑草》一九条)。

(述)法国刑法对于累犯者,治以应得之罪外,复流之荒岛,即加以别种制裁,为刑事移民之政策。此法之当否,各视其国之情形而异。在法国以为善者,行之日本未善;在日本以为善者,行之中国未必善。故外国之法不可盲从,须视本国之情形为立法之标准。《刑草》采加重主义,即以中国之情形只宜加重故也。《刑草》一九条于累犯加重有种种条件:第一,已受徒刑之执行者,日本《旧刑法》累犯者只须初犯受刑之宣告(不须执行),即照加重,但宣告之刑及于犯人有无效力,尚不可知,故当以执行为是。若受过徒刑之执行,尚不知悔然后加重;第二,再犯为应宣告之有期徒刑,盖初犯为死刑及无期徒刑则无从再犯,若为拘留、罚金,亦无从达加重之目的,故以有期徒刑为限。

第四章　俱发罪

(述)俱发罪,即二罪俱发(《大清名例律》二罪以上俱发以重者论,等者从一)。不曰"二罪俱发",而曰"俱发罪"者何? 居因所采之主义不同,故名称各异。关于此等犯罪有两种主义:(一)客观主义(即《大清律》所采之主义），着眼在所犯之罪。如一人犯数罪同时发觉，而数罪皆独立不相联络，故曰"二罪俱发"；（二）主观主义（即《刑草》所采之主义），着眼在犯罪之人。例如一杀人罪，一伤人罪，一放火罪，一强盗罪，若系四人分犯四罪，自照寻常办法并不生何等问题；若一人犯四罪，则此人在社会上造无数危险，另有一种特别罪情，应加其人以特别罪名，故曰"俱发罪"。从罪言，合数罪为一罪，与数罪皆独立不同；从处分言，另科以特别处分，与从重、从一不同。此《刑草》所采之主义，较优于现行律之主义也。

第一节　通则

二六、俱发者罪，谓同一之犯人发觉未受确定判决二个以上之罪也。于同一犯人之点，与共犯罪异；于有未受确定判决二个以上犯罪之点，与累犯罪异。

（述）俱发罪与各种犯罪不同。第一，一人犯二个以上之罪与犯一罪不同；第二，一人犯数罪与数人共犯罪不同；第三，一人犯数罪皆未受确定判决，与受确定判决后之累犯罪不同，故罪名与处分均有特别之处。

二七、俱发罪之要素，不可无二个以上之罪，犯罪以行为为其成立要件，而有因数行为成立一罪时，更有为因一行为成立数罪之数，故先从数罪与一罪区别立论。

（述）兹先就罪名言之，一罪与数罪之区别，在未有法律智识者以为易知，其实区别甚难；因数行为成立一罪，学说上与实际上皆有之；因一行为成立数罪，则学说上有之，而实际上无之，故予不采此说。

第二节　数罪与一罪之区别

二八、犯罪以有行为为其一要素，行为因所为及结果而成立（第一编第三章），有可以成数个罪之行为（即数个罪之所为及结果）时恒得为有数罪乎。

第一项　数行为一罪

二九、虽数个之行为（即二个以上之所为与结果存在之时），其行为非有法律上独立之性质，不成立数罪行为，失其独立性质，如左记区别。

（述）〈一〉切犯罪由所为而成立，有二个以上之所为，即为二个以上之犯罪，为一般之原则。兹论所为在二个以上，而罪只一个者，何言之？犯罪有三种阶级，即豫备、着手、实行是也。豫备或着手之所为，虽系可以独立处罚之犯罪，及至进于实行之所为时，已失其独立之性质，刑法只论为一罪而不得论为数罪也。行为失其独立性质者，分为四项说明。

（一）先之行为为后之行为所吸收时，即关于或一罪低度之行为合并于高度之行为是也。

（述）先之行为、后之行为，日本谓为先行行为、续行行为。先之行为为后之行为所吸收，何则？例如，内乱之罪，行为有豫备行为、着〈手〉之行为，皆先之行为也，实行行为则后之行为也。立法者但治其实行内乱之罪，其以前之豫备、着手皆统于其中，而无庸别论其罪也。此何以故？因同一系统之罪，先所为之程度低，后所为之程度高，低者为高者所合并，其理易明。

（二）后之行为为先之行为所吸收时，法律方规定或一罪。豫想其后之行为，有是处分。

（述）例如，窃盗赃物认为己有，刑法只问窃盗罪（先之行为），不问冒认罪（后之行为），盖为窃盗者必有冒认之情形，出于立法者之豫想也。此等情形与《刑草》二十六条之规定小有不同，而精神则一。二十六条之规定，非吸罪之说，乃处分从其一重之说也。

（三）法律之明文上及精神上，合数个之罪成一罪时。

（述）例如，暴行胁迫为一罪，强取财物为一罪。《刑草》第三百五十一条"凡用暴行胁迫强取他人财物者为强盗罪"，是法律明文上合数罪为一罪也。又如，内乱罪，并不指明内乱之事实，但云有战斗行为者，为内乱罪。战斗行为包含杀人、放火、夺财种种行为，故内乱之规定，乃法律、精神上合数罪为一罪。

（四）关于继续犯罪中惯行犯及连续犯，除前所述外，尚有当注意之点。凡被害法益不同，即虽豫期继续其侵害时，而不得以为继续的一犯罪，是故（一）如侵害个人的法益每异，被害者一罪成立；（二）侵害财物之监督每异，监督一罪成立也。

（述）前讲犯罪之种类时，已说明继续犯之大要（参看第二编第三节），继续犯分二种：一、性质上之继续犯；二、事实上之继续犯。性质上之继续犯,又分为惯行犯与永续犯;事实上之继续犯,又分为徐行犯与连续犯。永续犯何例?不如法监禁罪,虽时期颇长而只有监禁他人之一行为,故称为永续犯。徐行犯何例?如窃取他人笨重之物,渐移位置数日后移归,于己虽盗取以渐,而只有盗夺他人占有物之一行为,故称为徐行犯。永续犯与徐行犯只有一个行为,成一个罪,不至生数行为为一罪之问题。惟惯行犯、连续犯有合数行为为一罪之时,然必被害者为同一之法益。若有二个以上之法益,则不能认为一罪,此一般之原则也。但法益之同一与否,须视《分则》各条之性质而定,兹专就命盗各案言之。一、侵害个人的法益。个人法益,即不得与人分离之法律利益(如生命、身体、自由、名誉、节操等)。如杀人者同时杀死甲、乙二人,被害之法益虽同为生命,然甲、乙各有其生命,即各有其法益,当治杀人者以二个杀人罪,不得谓为继续犯,而仅治以一个杀人罪也。又如,伤人者既伤甲又伤乙,复伤丙,被害之法益虽同为身体,然甲、乙、丙各有其身体,即各有其法益,当治伤人者以三个伤人罪,不得谓为继续犯,而仅治以一个伤人罪也。二、侵害财物之监督。监督权即占有权,占有与所有不同。所有者,其物为我之所有物也。占有,则无论其物为我之所有或为他人之所有,而其物现为我所持有,谓之占有。侵害财产之占有,不以所有权(不问为一人所有或为数人所有)为分别一罪、数罪之标准,而以监督权为标准。有一个监督权只成为一个罪,有二个以上之监督权,即成为二个以上之罪。刑法上关于财〔侵〕害财产罪分为二种:一、强盗窃、诈欺、取财,皆盗夺他人占有物之罪;二、横领罪(日本《刑法》法〔横〕领罪,《刑草》改为侵占罪,三百六十九条以下)即侵害自己占有之他人之物之罪也。前者之例如,三人衣物共贮一箧,被人盗夺为侵害一个监督权,只成为一罪是也。后者之例如,一人之物分寄三家同时被盗,乃侵害三个监督权,即成为三罪是(《唐律》受寄财物而辄费用者生赃论减一等,《刑草》则在侵占罪中)。

第二项　一行为可以为数罪耶

三〇、一个之行为是否成立数个之罪,此问题无一定学说,分左之二点说明之。

第一、因一所为生数结果时;

第二、一行为干数法之时。

其一、一所为数结果

三一、此类有二细别：（一）自一所为生数结果，其种类同时；（一）其种类异时是也，此成为数罪否耶？

（述）一所为生数结果种类相同，例如，一发弹丸而杀数人是；一所为生数结果种类不同，例如，一发弹丸而杀一人，伤一人，又破坏物品，是一行为成立一罪，固已一行为是否成立数罪？关于此问题有两种学说。

第一说：行为并犯罪之数与所为及结果之因果关系其数同，故有二个以上结果时，不分其种类之同异，为实体上数罪成立。

（述）第一说主张犯罪之数以结果之数而定，一行为生数结果即成为实体上数罪。如，一发弹丸杀一人，伤一人，破坏物品，亦各成一罪是也。欧美学者多采用之。但此种学说有三缺点：第一，与事实不合。刑法上之议论，必以事实为根据，一行为而科以三罪，与三行为无异。第二，无诛心之必要。一发弹丸杀数人，只有一个杀人之心，科以一罪足矣，若科以数罪，是不啻谓犯人有数个杀人之心也。第三，与常识相反。一行为为数罪，则杀人而并毁其人之衣者，当科以杀人及毁衣二罪，如此则只有杀裸体人为一罪，凡杀着衣人者，皆为二罪也。东西各国均无可笑之裁判，故第一说不足采也。

第二说：有数个之结果亦有出于一个之所为时，不得谓有数个之行为，故不得谓有数罪。然对于各结果之关系，不妨分别评价，数结果同种类时，为同种之想像上数罪。异种类时，为异种之想像上数罪。

（述）第二说主张一行为生数结果不得为实体上数罪，乃想像上数罪，想像者非理想之谓，乃似是而非之谓也。

三二、从第二说，自一所为生同种或异种之数结果，对于各结果之关系分别评价宜定最重者，则成立者，其最重之罪一个也，不得适用刑法数俱发之条（《刑草》二六条）。

（述）一行为有数结果，以结果之最大者为一罪，其余结果并非不成罪，乃并合于最大之结果而成为最重之一罪也（如一弹丸杀数人，只科一个杀人罪，不过情节较重耳）。但有宜注意者，《讲义》所谓成立其最重之一罪与现行律（《大清律》）数罪俱发以一重论之意义不同。《讲义案》之意义谓由一所为侵害二以上法益时，只成一最重罪，现行律之意义谓二以上罪成立时，科以一最重罪。一为成立犯罪之问题，一为处分之问题。

其二、一行为干数法

　　三三、一行为干数法时(谓干数个罪名),亦非数个之犯罪也,宜依左之标准定可适用之法条(《刑草》二六条)。

　　(一)狭义规则优于广义规则

　　(述)广义规则即概括规则,狭义规则即具体规则。如《刑法总则》上有杀人罪之规定,为概括的规则,而《分则》中则因所杀之人之身分而分,为尊亲属,为皇族,为婴儿(《刑草》有杀尊亲属之规定,无杀皇族及婴儿之规定,惟法国刑法有之);又分杀人之手段,为毒杀、诈杀、虐杀(现行律有之)。此等规定对于《总则》为具体规则,如有杀其尊亲属者,既犯《总则》上(某条杀人罪)之罪,《分则》上(某条杀尊亲属罪)之罪,是一行为干数法也,当适用《分则》上之处分,不适用《总则》上之处分,因具体规则优于概括规则故也。

　　(二)全部法优于部分法

　　(述)部分法为定一部分处分之法,全部法为定全部分处分之法。如犯行为有阴谋、豫备、着手、实行等阶级,阴谋、豫备、着手、实行各为一部分处分;阴谋、豫备、着手之法为全部法,而实行一部分能吸收其余三部分,故处分实行犯罪之法为全部法,当实行犯罪时,予以实行犯罪之处分,阴谋、豫备、着手可以不问。此全部法优于部分法之谓,与二九号第一意义相似而不同,因彼从行为程度上考究,此从法律效力上考究故也。

　　(三)实害法优于危险法

　　(述)危险法即违警律,实害法即刑法。既犯危险法,又进而犯实害法,为违警罪所常见。

第三节　　处分

　　三四、关于俱发罪之处分有三种提案:(一)并科各罪相当之刑,即并科主义;(二)科数罪中之一重者,即吸收主义;(三)合数罪而施特别处分,即并合罪主义是也。

　　并科主义者:(一)有事实不能时;(二)有越于必要之程度时。

　　(述)立法必适期用,此古今中外之所同,若适用于此而不适用于彼,非良法也。并科主义即有适用于此,不适用彼之弊。就科刑之事实言之,犯二个监禁三月罪应监禁六月,谓之并科,但有期徒〈刑〉以下可以并科,至死刑及无期徒刑则无从并科,所谓事实不能是也。难之者曰:"中国现行律犯罪分斩、绞,又分缓决、立决,若犯二个绞杀罪,可并为斩；犯二个缓决，可并为立决，是死刑亦能并科。"不知此系就一方言之耳。若从他方言之，犯二个斩罪又皆为立决，应如何并科？恐难者亦无以应也。况罪已至死，无可再加，中国于死刑又分等差，为中国刑法幼稚之明证（斩死刑，绞，亦死刑，等死耳，并无轻重之分。中国谓斩重于绞刑，一种迷信，为法理所不容，外国刑法无分斩、绞）。就立法之宗旨言之，有必要之程度，深恶其人，不使复入社会，则科以无期徒刑。其人虽有罪，犹有向善之机，可使复入社会，则科以有期徒刑。此徒刑之有期、无期之所由分也。如白来齐、乌鲁魁等国，最长刑期定三十年，若采并科主义，有一人犯五个有期徒刑时，应延长至一百五十年，是越于必要之程度，而且为事实上所必无。

吸收主义者：（一）对于犯一罪者，更奖励其犯同等罪或轻罪；（二）对于犯一罪者与以便宜，使引受他人之同等罪或轻罪，故原则上以并合罪主义为最适当之法（《刑草》二三条）。

（述）采用吸收主义有两种流弊：第一弊多见于习惯犯人，第二弊多见之犯罪团体。犯罪团体何？就日本情形言之，可分二种：（一）以赌博为常业者；（二）在门市中为掏摸小窃者。此二种人党与最多，其爱护同党之心最盛，常引受同党之罪为己罪，此二弊者，不啻为吸收主义所奖成，故此主义亦不可用也。并科主义、吸收主义皆不足采用，其最为正当而适用者，惟并合罪主义乎。《刑草》二三条以下，即采用并合罪主义。此主义在并科、吸收之间，实兼取各种主义之长而无其短。观二三条以下各款，可晓然矣。第一项为限制加重主义。就俱发各罪中以最重之刑为本刑，参以他罪之刑而加重之曰"加重主义"，但漫无限制，即成并科主义，有时为事实所不能，有时越必要之程度，故法律上豫定加重之限制，在制限以内皆可加重，谓之限制加重主义。但有宜注意者，《刑草》所采加重主义乃得加主义，非必加主义，得加主义者，可加可不加之谓也。或如各罪中一最刑重之上再行加重，或只并科以一最重刑，不再加重，由裁判官按其情节而定。惟关于俱发罪之刑，裁判官应为二次之宣告而并为一次之执行，何言之？如一人犯数罪，当先宣告各罪之刑（例如，某罪应处徒刑五年，某罪应处徒刑七年之宣告），后宣告加重之刑（如上例一罪五年，一罪七年，以七年为最重，于最重刑之上加重应为九年徒刑之宣告），其执行刑期即照第二次所宣告之刑期是也。然使其最重之刑为死刑或无期徒刑，无从再为加重，故本条有不执行他刑之规定。然学者于此不无疑问：第一，使俱发罪皆为死刑，自无从加重，若一为死刑，一为有期徒刑，即分别执行未始不可（先执徒刑，俟徒刑既满再执行死刑），此关于宣告死刑不执行他刑之疑问也。但从事实上言之，既夺其人之生命，则其他刑罚无执行之必要，故罪至于死，仍以不执行他刑为是。然他刑虽不执行，必须宣告（即一为死刑，一为有期徒刑之宣告），其理由有二：一、仅宣告死刑不宣告徒刑，几疑所犯之徒刑认为无罪；二、因上诉而恩赦致所犯死刑经审判有所变更，或竟归消灭，则所犯徒刑日后势不得不再事查定，故轻刑虽不执行，亦必须宣告也。第二，犯二以上无期徒刑，未尝不可加入于死〈刑〉，此关于宣告无期徒刑不执行他刑之疑问也。然死刑为最后之处分，况无期徒刑与死刑性质上之差别，非第加一等而已。故无期徒刑不得加入于死〈刑〉，第二项至第四项为折衷主义。兹就第二项之条文解释之，第二项云："如宣告俱系有期徒刑者，于合并各刑之长期以下，其中最长刑期以上定应执行之刑期。"例如，一人犯甲、乙、丙三种徒期，甲刑五年，乙刑六年，丙刑八年，三刑合并为十九年，而其中最长刑期为丙刑之八年。于此若定刑期为八年，则吸收主义也；若定为十九年，则并科主义也；折衷主义则重于其最重之刑，而轻于其应并科之刑，当于八年以上十九年以下之范围内，定刑期为十二年或十三年。

第五章　共犯罪

（即《大清律》所谓数人共犯，共犯必是数人，故"数人"字可删，且《大清律》数人共犯，以共犯为一种行为，其实为一种罪名，故《刑草》改为共犯罪。）

第一节　通则

三五、共犯罪者，二人以上共同成立一罪之谓，与一人犯一罪之时同，关于行为并精神之要素及处分之问题生焉。

三六、犯罪之主体以人为限，共犯之主体亦同，故（一）利用天然力时；（二）利用动物时；（三）使用刀剑棍棒等械时，不生共犯之关系。

（述）利用天然力，如因风纵火，惟纵火者任其责，不得谓人与风共犯；利用动物，如嗾犬咬人，惟嗾犬者任其责，不得谓人与犬共犯；使用器械,如持刀杀人,惟杀人者任其责,不得谓人与刀共犯。此等犯罪不过以物为犯罪之介绍,仍不失为直接犯为一般原则(此等原则本无须列举,因使与三七号相比较,故列举之)。

三七、利用他人之无责任动作而犯罪者,惟利用者任其责,并无共犯之性质,名间接犯。

(述)直接犯利用物,间接犯利用人,人为犯罪之主体,利用者、被利人者皆人也。似间接犯可谓之共犯,而抑知不然。共犯者,利用他人之有责动作而犯罪之谓;间接犯者,则利用他人之无责动作而犯罪之谓也。无责分四种:(1)未满十六岁者;(2)精神病者;(3)无故意者;(4)无过失者。

三八、犯罪有一人可以犯之者而借数人之共同成立,此种一个之罪名"任意之共犯"。反是,非二人以上共同于事实上、法律上不能成立者,名"必然之共犯",其应用之原则同一。

(述)三八号言任意共犯、必然共犯之区别,何谓任意共犯? 如杀人伤人罪、强窃盗罪、放火决水罪、其他多数犯罪,就性质论,一人即可犯罪,不须数人,而犯人为自己方便起见,联合数人共犯,曰"任意共犯"(任意共犯并非特别罪名,即寻常之罪,而联合数人共犯者)。必然共犯与任意共犯不同,如内乱罪、暴动罪、赌博罪,非二人以上不能成立犯罪者,曰"必然共犯"。此等犯罪实居少数,但有宜注意者,内乱罪有属于必共犯者,有不属于必然共犯者。外国内乱罪分二种:一、武事的内乱罪(必然共犯);一、文事的内乱罪(即不用暴力者)。文事的内乱罪,如伪造敕书、混乱秩序之类。此等犯罪一人即可犯罪,无须数人(非必然共犯)。惟多数国法律大抵专以用暴力者为内乱罪,吾辈从多数之例,故以内乱罪属之必然共犯也。

三九、共犯罪因数人之共同成立一罪之谓,若犯罪既成立后为之助力,名实后之加担其实,非共犯也。

(述)犯罪成立后为之助力,《刑草》分为四种:(1)藏匿脱逃犯人(一七四条);(2)湮灭犯人不利之证据(一七五条有利于犯人者,有不利于犯人者,取其不利者而湮灭之,是犯罪成立后为之助力也);(3)图犯人利益因行伪证之罪;(4)寄藏或故买赃物之罪(三七五条以下)。但(2)与(3)不同,湮灭证据为无证人之资格者,伪证则有证人之资格者也。此外,如裁判官为犯人谋利益,故下不正之裁判,监狱官故意疏防致犯人脱逃,皆事后为之助力。外国有作为事后共犯者,然事已过而共犯,事实上无此情节,法律上亦无此规定。例如,亲友移居之时,理宜亲往帮助,若至移居之后始往,不能谓帮助移居,故曰:"本刑法不视为共犯罪,而视为一种独立罪,不能适用《总则》共犯之规定。"《刑草》亦然。

第二节　共犯之行为

四〇、共犯因所采之行为,生正犯、造意犯、从犯之区别。

(述)三种犯非性质之区别,乃行为上之区别。

第一项　正犯

四一、凡二人以上共同实施犯罪之行为者皆为正犯(《刑草》二九条),其情形有二种:(一)分担犯罪成立要素之行为一以上者;(二)加功于实施犯罪之行为中者(详见从犯第三项)。

(述)(一)分担犯罪成立要素之行为一以上者,刑法规定犯罪必将犯罪行为一一揭出。例如,杀人罪,杀人行为、伤人行为;放火决水罪,放与决皆为行为;公财取物或窃取财物罪,强取、窃取皆为行为。分担亦分为二:(一)分担犯罪行为之一,例如,杀人罪,甲杀一刀,乙杀一刀是也;(二)分担犯罪一以上者,例如,强盗罪包含两种行为:一、暴行胁迫,二、夺物取财,既分担暴行行为,复分担夺财行为是也。无论分担若干行为,均为犯罪成立要素之行为。

(述)(二)加功于实施犯罪之行为中者,与第一项情形不同。例如,甲欲窃财,乙以梯进,是否为窃盗罪之要素行为? 甲放火,乙给以引火物,是否为放火罪之要素行为? 甲决水,乙给以破坏堤防之器具,是否为决水罪之要素行为? 自法理上论之,此等行为非要素行为,乃加功行为也。

第二项　造意犯

四二、教唆他人实施犯罪之行为者,为造意犯(又名"教唆犯"),被教唆者犯系教唆之罪时为罪。

(述)法国刑法凡以利诱人以害迫人或用其他方法使人犯罪者,为造意犯。中国《刑草》则不问所用之手段如何,但对于无犯意之人使生犯罪之意思者,即为造意犯(与《大清律》之所谓造意不同)。但有宜注意者,教唆者若用暴行胁迫使人犯罪时(犯罪之人丧其意思之自由),无共犯之关系。例如，甲拔刀胁乙殴丙，乙本无殴丙之意思，为保全自己性命起见，不得已而殴丙，以顺甲之意思，是丙虽被乙殴，乙不过为甲之器械，而殴丙之罪，应以甲一人当之，而认乙为无罪。惟乙之无罪非以本《讲义》三七号之理由为原则（三七号利用他人之无责动作而犯者，惟利用者任其责与此处情形不同，盖乙之动作并非无责动作也），乃以《总则》第一编七二号之理由为原则（七二号凡为避现在之危难及其他不能抗拒之强，而出于不得已之行为不为罪，乙之殴丙，乃因甲之强制而出于不得已之行为），非《刑草》第一三条之无罪（无故意之行为），乃第一六条之无罪也（不得已行为）。

第三项　从犯

四三、于实施犯罪之行为以前帮助正犯者为从犯，其造意者及帮助者亦同（《刑草》三一条）。

（述）四三号为从犯之定义，与《刑草》第三一条全同。从犯之定义因各国刑法之规定而异，而日本《旧刑法》帮助正犯者为从犯。照此定义，则实施犯罪以前帮助正犯者为从犯，即实施犯罪之中帮助正犯者亦为从犯。此定义之当否？四五号已言之，因与中国情形不便，故《刑草》不采。《刑草》所用之主义，专以实施犯罪以前帮助者为从犯，实施犯罪之中帮助者即为正犯（二九条第二项加功于实施犯罪之行为中者，准正犯）。

四四、无为主之犯罪时，固无为从之犯罪，故（一）帮助非罪之行为而致罪者非从犯，实为一独立罪；（二）正犯中止时，从犯亦受利益。

（述）从犯之罪由帮助正犯而发生，无从〔正〕犯即无从犯为刑法之原则。但适用此原则时有宜注意者二：第一，注意正犯无罪而帮助者有罪。例如，《刑草》三〇八条，帮助自杀之罪是也。古昔之时自杀未遂固有处分，即既遂亦有处分（加处分如死体）；近世则自杀者无罚，已成通则，惟帮助自杀者情殊可恶，不能无罪也。故自杀为非罪之行为，而帮助自杀者，即帮非罪之行为而致罪者也。但自杀者无罪，是无正犯，帮助自杀者即不能作为助犯，故刑法上认为一种独立罪，教唆自杀者得罪亦同。第二，注意正犯无罪而帮助者亦无罪。例如，甲欲杀乙，丙假之刀后甲中止，得以无罪，而丙之假刀亦得无罪是也。此两种情形之不同，而罪之有无之所以异也。

四五、关于正犯、从犯之区别有二说。

（一）主观主义：区别之标准在各自己之意思如何，出于自己欲犯罪之意时即正犯，出于助成他人犯罪之意时即从犯也。

（述）例如，甲、乙、丙三人共犯窃盗罪，甲先起意，乙、丙助成之，则甲为正犯，乙、丙皆为从犯是也。刑法重在诛心，不能谓其不当，然有三不便焉。远因不变罪质（罪之性质）为原则（亦有例外），甲先起意是谓远因，以远因而分罪之轻重与刑法原则不合。推而言之，窃盗者有时得财以供己用，有时得财以施困穷，其远因有为己、为人之分，而其为窃盗则一。若因其为己而科重罪，因其为人而科轻罪，是远因得变罪质矣，其不便一也。况以犯意分正从，较诸单独犯罪者之处分失刑之权衡，何则？单独犯罪者为正犯，固无疑义；共犯之中则以一人为正犯，其余为从犯。如杀人论抵触犯者，必以处死刑，共犯例得减等，同一犯罪何待共犯之宽，而待独犯之刻乎？其不便二也。意思者，无形者也。以意思为区别正从之标准，犯罪者果出于自己之意思，抑助成他人之意思，实际上甚难考究，其不便三也。

（二）客观主义：区别之标准在助力之行之轻重如何，系重要之助力可作正犯，系轻少之助力可作从犯。

（述）以害之轻重为区别，亦未可厚非。然助力之重轻，乃程度上之问题，欲判定助力之程度甚非易易。如前杀人者，以刀为实行犯罪之助力，所假之刀长一尺（系重要之助力），则为正犯，长仅一寸（系轻少之助力），则为从犯，必为人情所不许也。客观主义之不便，各国早见及之而解释。日本刑法者，往往采此主义，即不佞从前解释，日本《旧刑法》亦系采此主义也。

此二说实际上均有不便，故中国《刑法草案》别设规定曰："加功于实施中者为正犯，实施以前，帮助正犯者为从犯。"即因加功帮〈助〉之时期，区别正犯与从犯。

（述）《刑草》以加功帮助之时期为区别正从之标准，非不佞之创见，从前学者已有此说。即日本《旧刑法》亦有一二处采用，于理法最合，实际上亦较为便利。例如，共犯窃盗，甲进屋，丙窃物，乙在门外把风（日本曰"立番"，即意立瞭望之），把风者认为正犯乎？从犯乎？从客观主义甚难剖断，有谓系重要之助力宜作正犯者，有谓系轻少之助力宜作从犯者，各人之意见不同，故持论各异。《刑草》则以把风者为加功于实施中者，认为正犯。又如，甲杀乙，而丙阻乙逃走之路；甲男欲强奸乙妇，而丙男从旁帮助缚乙妇之手足。此等助力是轻是重，亦各人之见解不同。《刑草》则对于此等助力者，皆认为正犯，以其为实施中帮助故也。若实施前帮助，其情节无论如何重大，皆为从犯。

第三节　共犯罪之意思

四六、应生共犯责任，故意之内容如何？是否有出于过失？

第一项　共犯之故意

四七、共犯之故意者，共同犯罪之观念、决意、认识，系现在或将来他人之犯罪事实及决意共同犯行也。

（述）故意、过失均为犯罪之条件（故意者，有心故造之谓），但故意须有认识，认识须有决意。若共同犯罪，则须有共同之认识，须有共同之决意。认识有在现在者，例如，甲欲杀乙，乙由窗逃出，丙不知其事而闭其窗，是甲有犯罪之意思，而丙无共同之认识，不得谓之共犯也（应治甲一人以杀人罪）。认识有在将来者，如教唆犯罪，不必现在就犯也。决意有熟思、审处之决意，有须臾之决意，须有共同之决意，始负共犯之责任。

四八、共同犯罪之观念、决意，必要共犯者均有之耶？抑仅一方有之即得，仅以一方作共犯论耶？学说未能一致，是故中国《刑法草案》三四条明定一方的共犯之罪。

（述）一方共犯之有无，为刑法最有力之问题。例如，甲谋侵入乙室以杀乙，丙虽未与甲通谋，而心颇赞成之，乃自户外锁扉防乙逃走，甲并不知丙之为助，然竟以杀乙，丙应属共犯与否？各国学说及判决例皆无定论。以情理论，丙应加以处罚，故《刑草》三四条"凡知情共同者，本犯虽或不知共同情事，仍以共犯论。"有此规定之明文，可免一切疑，外国刑法无此明文，实为缺点。

第二项　共犯之过失

四九、因过失是否生共犯之责任，学说亦不一致，中国《刑法草案》三五条即认其存在。

（述）共犯是否有因过失而成立，学者持议不同。有谓其犯无因过失成立者，有谓共犯有因过失者，特为一种独立罪，不得谓之共犯。此二主义，中国《刑草》皆不采用。《刑草》第三五条："凡关于过失犯有共同过失者，以共犯论。"例如，两人舁重器登楼，失手堕地杀伤人，应照过失杀伤之共犯处分。又如，二人看守房屋，因不注意而失火，又或守护堤防，因不注意而溢水，应照过失失火、过失失水之共犯处分是也。以上共犯者,皆为正犯。

第四节　共犯之处分

第一项　通则

五〇、正犯各自科刑之全部,盖以数人合犯一罪,虽似数人分担一刑,然犯人增加之时,实害或危险亦随之实害或危险既加增,而刑科分轻,不能采此愚策也。

(述)正犯科全部之刑,古今东西各国皆同。例如,十八共犯窃盗百元,十人皆为正犯,各科百元之罪是也。若十人共犯,每人科十九圆之罪,百人共犯,将每人科一圆之罪,此等刑法实为环球所无。

五一、关于造意犯之处分有二说:(一)造意者之刑,以自下手之时为标准;(二)造意者之刑,以被造意者之刑为标准。盖造意者成于被造意者手之犯罪,与本人制出同,是故以第二说为正当。

(述)此二说与五四条因身分减轻加重无甚关系,如教唆再犯,再犯加重,而教唆者不能因之加重也,故曰"无甚关系"也。此二说与五五条因身分构成之犯罪则有分别之必要,犯罪中有以身分为构成之要件者,无此种身分之人教唆身分之人时,教唆者据第一说则无罪,据第二说则有罪也,故曰"有分别之必要"也。例如,《刑草》第一百零七条第二项:"中国臣民在外国对其国之君主、皇族或大统领或对留滞其国之第三国君主、皇族或大统领加危害或将加者,亦照第八十八条至第九十一条之例处断。"此等规定,专为有身分国民之身分者而设,若中国人在日本害日本君主,当照《刑草》第一百零七条处罚,固无疑义。在日本之日本人害日本君主,又与中国刑法不相干涉,惟日本人教唆中国人在日本者害日本君主(即无中国臣民身分者教唆有身分者),教唆者应否照中国刑法处罚。

五二、从犯之刑,得减于正犯一等或二等(《刑草》三一条)。

(述)从犯之减轻,有二主义:一必减主义,即必须减轻之主义也;一得减主义,得减者,可减、可不减也。采必减主义之国,谓从犯之害既较正犯为轻,则从犯之刑必照正犯减等。然仅以害之轻重为标准,尚非持平之办法也。盖从犯中有情可有源〔原〕者,亦确有情节可恶者,遇情节之轻者,则照正犯减等,遇情节之重者,则并不减等,此得减主义之较为正当也。《刑草》不独从犯之处分采得减主义,即未遂犯之处分,亦采得减主义,因未遂犯之为害虽轻,而确有情节可恶者,故亦须量其情节,以为处分之标准也。

第二项　身分之关系

五三、身分或主观的事情,有专为刑之加重、减轻者,或为免除之理由,有特为一罪之成立要素者,视关于共犯处分之影响如何。

甲、有专为刑之加重、减轻及除免之理由者

(述)(一)加重。例如,累犯加重非因其犯罪性质之不同,乃因其身分之不同也,然此就一切累犯言之。若就一罪言,亦有加重之例,如杀伤尊亲属者加重。杀伤为寻常之事,其犯罪之性质与寻常同,被杀伤者为尊亲属,其身分与寻常不同,故应加重。又如,业务上要使其格外注意之故,凡不注意者,较他人加重。如《刑草》三一二条"凡因怠忽业务上必应注意,致人死伤者处某刑"是也。(二)减轻。例如,宥恕减轻(《刑草》第四九条:"十六岁以上犯罪者减一等。"第五〇条:"聋哑者及满八十岁之犯罪者减一等或二等。")、自首减轻、酌量减轻是也。(三)免除。例如,自首免除、亲族相犯之免除是也(如亲族相盗及湮灭罪证,藏匿犯人等)。

乙、有特为一罪之成立要素者

(述)例如,一四六条"征收租税之罪,因吏员之身分而构成(无吏员之身分,不成一四六条之罪)"。又如,有夫奸罪,因其为有夫之妇而特成一罪。此外如海陆军刑律,因军人之身分而特成一罪者,往往而有如兵弁不服长官之命令罪,惟军人有之;又于敌前或合围地逃走之罪,亦惟军人有之。关乎身分之共犯如何处分,下详。

五四、因身分或主观的事情之加重、减轻及免除,以不及于他之共犯为原则(《刑草》三三条)。

甲、因身分或主观的事情加重

〈(述)〉例如,甲乙共犯,甲为初犯,乙为再犯(再犯为主观的事情),乙应加重(其影响不及于甲),甲只受普通处分(再犯得加重一等,《总则》上有明文,即无明文而两人罪情不同,或身分不同,亦当分别加重)。

乙、因身分或主观的事情减轻。

(述)例如,甲乙共犯,甲满八十岁,甲得减轻(《刑草》第五十条宥恕减轻)(其影响不及于乙),乙不能减轻。又如,甲因自首减轻(自首为主观的事情,《刑草》第五十一条自首减轻),乙未自首,亦不得减轻。

丙、因身分或主观的事情免除。

自首亦有免罪者,然只于之自首之人,共犯者无主观的事情,不能一律免罪也。总之加重、减轻及免除须看有无身分、有无主观的事情,分别办理。

五五、因身分可构成之犯罪,无身分者共犯时当如何处分。

(述)因身分构成之犯罪种类甚多,如军人抗命罪、证人为〔伪〕证罪(普通人到审判厅伪证,不成伪证罪,必有证人资格者,始成伪证罪),皆因身分构成者也。

(一)无身分者教唆有身分者或帮助时,有教唆或从犯之责任(《刑草》三三条)。

(述)例如,非军人教唆军人抗命,应治以教唆抗命罪(军人脱营[即逃走],亦因身分构成之犯罪。非军人教唆军人脱营,亦治以教唆脱营罪);非证人教唆证人伪证,应治以教唆伪证罪。又如,帮助军人抗命及脱营,在实施以前者,则治以帮助之罪。

(二)反是,有身分者教唆无身分者或帮助时,犯罪不成立。

(述)身分为构成犯罪之要素,无身分者,无构成之要素。例如,军人教唆非军人抗命,不成抗命罪。证人教唆非证人伪证,不成伪证罪。正犯不成立,从犯亦不成立。

(三)无身分者与有身分者为共犯实施时,后者据《刑草》第二十九条第二项,为正犯。

(述)《刑草》第二十九条第二项"实施中帮助者为正犯"。例如,军人正在抗命时或正在脱营时,有非军人为之帮助,应照正犯处治。《讲义》五四号、五五号之罪情,见《刑草》第三十三条。

第三项 龃龉

五六、共同者中之一人所务期者,与他人之一所实施者龃龉时,以至如何点为率有共同之责任,其原则曰:(一)就无认识之点为无责任;(二)就不实行之点为无罪(《刑草》一三条)。

(述)通常两事不相伴,谓之龃龉。刑法上之龃龉,则指共犯者彼此豫期,与实施不同而言也。刑法上应如何处分,关于共犯之条文并无规定,惟关于故意之条文有二原则(《刑草》第十三条第三项"犯罪之事实与犯人所知有异时"),不独单独犯罪时可适用,即共犯时亦可适用。

(一)就无认识之点为无责任

〈(述)〉例如,甲与乙共为窃盗,甲入室,乙把风,甲入室后为强盗,乙不知情,只从窃盗之坐,不科强盗之罪(罪有轻重之差)。又如,甲乙共访某丙,并无犯罪之意思,甲入门,乙在门外,甲见丙家无人,窃取财物,乙不知情,甲有罪,乙无罪(有有罪、无罪之别)。以上就实施中帮助言,若实施前帮助,亦可适用。例如,甲借乙刀,意在伤丙,乙以刀与甲,亦不知其意在伤丙也。不料甲竟伤丙,甲之杀丙,乙不知情,应治乙以帮助伤人之罪,不能治以帮助杀人之罪(《刑草》第一三条第三项"第一所犯重于犯人所知或相等时,从其所知者处断")。

(二)就不实行之点为无罪

〈(述)〉例如,甲乙共为强盗,甲入室,乙把风,甲入室后不实施强盗,实施窃盗,应作为窃盗共犯,不能作为强盗共犯(《刑草》同项第二"所犯轻于犯人所知时从其所犯者处断")。

五七、前段原则所谓共同者之认识云者(云豫期同),不必要确定的,其为概括的抽象的时,亦并为共同者之责任。

(述)五六号就一般之情形而言,若故意不确定时,亦有共犯之处分。如乙为甲把风,无论甲为强盗或为窃盗,均愿帮助,是乙于甲之犯罪有共同之认识,但认识不能确定耳。至共犯之处分,亦必至实施后始能定之。如甲实施强盗,则乙为强盗从犯;甲实施窃盗,则乙为窃盗从犯是也。又如,某甲给与某乙凶器,对于某丙加一切暴行,或杀或伤,不能预定,其处分亦必至实施后始能定之。如乙杀丙,则甲为杀人从犯,乙伤丙,则甲为伤人从犯是也。总之,有共同认识之点须负责任,即认识不确定,亦负责任也。

第三编　　刑罚

第一章　　总论

第一节　　刑之概念

一、刑罚者,为国家犯罪之制裁而剥夺私人利益之谓也。

刑法上之刑罚,以国家与私人之关系而成立,国与国之间,及私人与私人之间,无所谓刑罚关系。

(述)(甲)国家与国家之关系,如甲国故意侵害乙国利益,乙国与之开战,加以莫大之损害,不能谓为刑罚,古今东西各国无不如此主张。

(述)(乙)私人与私人之关系,今昔不同,须分别观之。古时族长(一族之长)、家长(一家之长)对于家属有两种权:(一)惩戒权;(二)由国家予以执行刑罚之权。现在各国刑罚,操之国家,无委任私人之理,惟美国私人对于私人所用私刑,国家认为有效。然此系美国之特别,为东西各国之所无,《大清刑律草案》即采刑罚国有主义,一私人不得有刑罚权也。

国家剥夺私人之利益有为刑罚之时,有不为刑罚之时,其非为裁制犯罪,而剥夺利益者,无刑罚之性质也。

(述)例如,征兵制度为剥夺民人之自由(中国有力役之征,亦是剥夺人民之自由),公用征收为剥夺民人之财产(征收租税亦然),并非为制裁犯罪起见,不得谓之刑罚。

古来刑罚,剥夺利益有五种之大别,即生命、身体、自由、名誉、财产是也。

(述)利益非专指财产、生命、身体、自由,名誉亦可谓之利益。私人之利益可剥夺者,以五种为限,此外不能剥夺也。有学者谓刑罚者,国家为制裁犯罪所加于私人之苦痛也。此等定义既与现行刑法之宗旨不合,又与现行刑法之结果相反,何则? 古时刑法宗旨在惩戒犯人,现在刑法宗旨在感化犯人。欲惩戒之,非予以苦痛不可;欲感化之,则不忍以与苦痛也。故学者之说合于古时刑法之宗旨,而不可用于之今日也。况苦痛为犯人心里之感觉,处财产刑或自由刑者,有无苦痛之感觉,未可知也。就财产刑言之,如犯人有巨万之富,虽罚金百元,不过如九牛之亡一毛,不以为苦痛也。就自由刑言之,现在监狱改良,贫人之犯罪者,饮食起居享受有过于平日,亦不以为苦痛也。然现在刑法学者尚有用此定义者,自吾辈言之,则以为陈腐之定义耳。

今世文明诸国,身体刑殆已绝迹,名誉刑变其形,为丧失资格之刑,即能力刑也(此编第二章第四节)。

(述)身体刑不过于肉体上直接加以苦痛,非夺其生命也。中国五刑除大辟外,如墨、劓、剕、宫等,皆身体刑也。外国古时亦有断手足之刑,近来刑法主于感化,宗旨一变,无复用身体刑者,必不得已乃有死刑。名誉所以示辱,如西国古时妇人犯罪者,截其发之半,悬之通衢,中国枷号示众皆是。近来以耻辱犯人,于感化无益,因变为丧失资格之刑,详《能力》条。

第二章　刑之种类

第一节　生命刑

三、①生命刑即死刑,国家为制裁犯罪,剥夺私人生命之谓也。

(述)刑之定义为剥夺私人利益,生命亦利益之一种。

四、死刑存废论,迄今未能一定,以吾辈之意见,似未可全废也。

(述)有谓死刑宜废者,两种学说各有理由,以何说为合于法理,为法律哲学所研究,兹不具论。但就世界大势言之,全废死刑之国,殆居多数(详《刑草总则》第七章)。其无废死刑之明文者,亦务使其适用之处逐渐减少。至关于国事犯之处分,有绝对主张废止死刑者。就中国现在情形而论,则死刑未可全废。故《刑草》仍有死刑之规定。至一般人之议论,谓全废死刑不能使犯罪消灭。此语亦殊不然,曰:"执行死刑能使人不犯罪乎?"故犯罪之消灭与否,不在乎刑罚之重轻。与其犯罪而重加以刑,不如使其不犯罪之为得也。防止犯罪之方法分为二种:

(一)普通方法。亦分为二种:一理财,一教育。整理一国之财政,使经济发达,家给人足,则犯罪者自鲜。教育普及则同心向善,不愿为恶,而犯罪者亦鲜。《管子》云:"仓廪实而知礼节,衣食足而知荣辱。"可谓知言矣。

(二)特别方法。警察、检察、审判、行刑、感化、放免、囚之保护,诸方面能精于讲求,亦可使犯罪减少。此特别方法所以为刑事政策所最要也。

第二节　自由刑

五、自由刑者,国家为制裁犯罪,剥夺私人自由之谓也。中国《刑法草案》之徒刑及拘留是。

---

① 此处章节排序有疑,原文没有二。——编者注

六、自期间言之，主刑有无期、有期之分。

（述）外国学者谓人死则无知觉，犯人既死，刑自此终。无期徒刑则有生之日，皆行刑之日，较诸死刑尤为苦痛，不惟死刑宜废，即无期徒刑亦宜废也。现在主张此说者，居其多数，但死刑系对于不良之人，不欲其生存于社会为绝对的淘汰犯人之法，无期徒刑亦淘汰犯人之法也。故《刑草》存之。

七、自定役言之，多数刑法定有有定役、无定役之别，而中国《刑法草案》之徒刑，惟采用有定役者。

（述）定役者，为执行自由刑而法律所强制之劳动也（定役即《刑草》上之徒刑，拘留拟改为拘役，应附入定役中，现尚未定）。外国刑法有有定役、有无定役（如日本惩役为有定役，禁锢为无定役）。但无定役之制度不足采用，故《刑草》上之徒刑皆有定役，其理由当分别言之。第一，就消极的言，不负定役为不当，何则？外国刑法不用定役者，不外两种理由：（甲）谓劳动乃下贱之事，尊贵人不应为之，此谬见也。就个人言，一身劳动则身体强，而经济亦裕；就国家言，全国人民能人人劳动，则富强不难立致。故劳动非下贱之事，乃神圣之事也。（乙）有不破廉耻之犯罪（如政治犯、国事犯等），应不负定役，以全其体面，不知无所事事，则度日如年。故不负定役，反较负定役为苦。第二，就积极的言，负定役有三善：（一）补助监狱经费；（二）使狱囚身体强健；（三）可藉此减少监狱之苦痛。但所负定役，当分别犯人之材力及体力之强弱，妇人之定役不能与男子同，老人之定役不能与壮者同，文人（报馆主笔）之定役不能与车夫同。

八、多数外国刑法所采用徒刑之监视，实验上有害无益也。中国《刑法草案》不采之。

（述）外国刑法分自由刑为二种，曰"主刑"，即徒刑、拘留；曰"从刑"（日本谓之附加刑），即监视也。监视之制仿于法国，凡受较重之自由刑，放免之后若干年之间，由警察监视其品行，使负积极之义务及消极之义务，此等监督方法谓之警察之监督。积极义务何？（一）犯人须亲到警察署一月四次（一礼拜一次）或二次；（二）由警察署给与犯人监视票，每到警署一次，即呈验一次，由警察认明无过，捺印其上，谓之认印；（三）犯人迁居及旅行须得警察之许可。消极义务何？（一）不许宴会；（二）不许集会；（三）不得警察之许可不能迁居或旅行。此外义务尚多，兹特略举其例耳。谓此等制度有害无益何？盖每月必到警署，使世人知为刑余之人，则求为雇工而不可得，必致无以谋衣食而再行犯罪。夫监视之本意，本欲防其再犯，适得相反之结果。凡犯人放免，警察应秘密监督，不宜作为一种刑罚。日本《旧刑法》本有监视一条，数十年来深知其弊，改正刑法，已废去不用，中国《刑草》亦然。

第三节　财产刑

九、财产刑者，国家为制裁犯罪，剥夺私人资产之谓也。罚金及没收是。

第一项　罚金

一○、罚金为银一钱以上，仍依《分则》各条定其多寡。

（述）罚金为一种刑罚，刑法上有之，《违警律》亦有之。惟刑法上金额宜较《违警律》稍多，今定银一钱以上，则与违警无异，拟改为银一元以上，尚未决定。刑法上罚金，只有最少额之规定（银一钱以上云者，至少亦须一钱，所谓最少额也），无最多之规定何？《分则》云"所得额一倍以下"，所得额几何，不得预知，故最多额不能预定。《分则》各条金额有三千元以下者（此等条文不过数条），拟改为二千元以下，因犯罪之情形不同，而贫富亦复悬绝，故所定金额之范围不可太宽。罚金分三种：

一、易科罚金

《分则》各条有"处徒刑、拘留或罚金若干"或之云者，即易科之谓也。论其罪情，应科徒刑或易科罚金，由裁判官择一宣告，不能以两刑全科也。

二、并科罚金

处自由刑之外，尤可以处罚金，谓之并科，定《刑草》时本拟用"及"字（处徒刑拘留及罚金），"及"字有并科意义，然不甚明显，故改用"并科"字（处徒刑、拘留并科罚金）。

三、换科罚金

《刑草》四三条"凡受五等有期徒刑或拘留之宣告者，其执行上实有窒碍时，得以一日折算一元易以罚金。"执行上实有窒碍，其情形可分二种：（一）外国船舶之水手于碇舶地犯罪，应处罚金，即处罚金，并无何等之问题。惟应处徒刑、拘留，该船势难久候，一旦启碇归航，在国内多一无业之外国游民，在该船又失一必需之水手，则易以罚金为宜。易之云者,即换科之谓也。(二)犯人偶患重病,若照律处治或瘦毙狱中(犯人有传染病时亦然),则易以罚金较为便利。

一一、罚金,亦刑罚也。故二人以上共同应科罚金之罪时,当以各共犯者收金额,不许分担。

一二、没收,有一般没收、特定没收二种。今世文明诸国,不认一般没收,以累及犯人以外为重大也。《刑法草案》四八条特定应没收之物件有三类,即违禁私造或私有之物、供犯罪所有豫备之物、因犯罪所得之物是也。

(述)中国历代刑法及日本旧制刑法,皆用一般没收(一般没收,中国谓之藉没,日本谓之关所)。凡犯重大之罪者,不惟没收其财产全部,其妻女亦没入官为奴。使犯人妻女为奴,固为文明国所禁止,没收财产全部亦为文明国所不许。故《刑草》第四十八条"没收之物只此三种",而对于此种物件没收时尚有限制,同条第二项"没收概以犯人以外无有权利者之物为限",不言以犯人所有物为限,而为此消极规定者,因犯人之物不必定有完全之所有权也。有其物为犯人所持有,而为第三者之所有(如假刀杀人,犯人有持有权,而刀之所有权则属第三者),有其物虽为犯人所有,而第三者有质权、抵当权者,或第三者与犯人共有其物之所有权者,若以供犯罪之物为理由而没收之,则害第三者之利益,与现在之刑法宗旨不合。故只能为消极的规定,不能为积极的规定。此外有无特定之犯罪而以其物入官者,乃一种行政处分,非没收物也。例如,巡警拾得之遗失物,阅若干时,无人认领,即以其物入官是也(如市上发见危险物,由巡警送官亦是)。又有似行政处分而实非者,如无主之物由官先占,为民法上之先占行为是也。

第四节　能力刑

(述)今日之能力刑,为古之名誉刑所变化。以前犯罪者刺字于面,女子则截其发之半,使之游街刑,所以示侮辱也。中国枷号示众,亦可谓为名誉刑之一种(欧洲古时亦有枷号之刑,专以施之好斗之妇女,如两妇相斗,以一长枷对面枷之,使之游街。西洋古时有种种可笑之刑,此其一也)。

一三、能力刑者,《刑草》所谓剥夺公权,是丧失左列资格:

剥夺公权,即剥夺某种资格。

（一）为吏员之资格。

（二）膺封锡勋章职衔出身之资格。

（三）入军籍之资格。

（四）为学堂监督提调教员之资格。

（五）为律师之资格。

（述）律师既非官吏又非公吏，其职务在保护法律之正当适用（在刑事为辩护人，在民事为代理人）。若律师犯罪，则丧去为律师之资格，丧去以上五种资格。

褫夺公权有终身或有期，及全部或一部之区别，以《分则》各条有明文时为限，应宣告徒刑以上之刑者之从刑也。

（述）褫夺公权为一种从刑，但关于适用上有两种主义：第一主义，凡科主刑较重者，即附加以褫夺公权之从刑，日本《旧刑法》即采此主义。第一主义但问犯人是否为破廉耻之犯罪，若破廉耻，虽轻罪亦褫公权。不破廉耻，虽重罪亦不褫夺公权。《大清刑律草案》即采此主义，《刑草》以褫夺公权之适用，委之裁判官之考察，视人格之高下（破廉耻者其人格最〔下〕，不破廉耻者其人较高）以为适用之标准，此最新主义也。

第三章　刑之适用

第一节　通则

一四、刑之适用云者，谓以法令之规定或裁判之宣告，示定犯罪相当之刑也。

（述）以法令之规定，示定犯罪相当之刑为刑之概括的适用。例如，刑法上规定，杀人应处某刑，强盗应处某刑是也。以裁判之宣告，示定犯罪相当之刑为刑之具体的适用。例如，某甲犯某罪，由裁判所判决宣告以某刑是也。但有时不能如此，分别观一五号可知。

一五、以裁判之宣告随意定各罪之刑，法律并不予以制限，此名关于刑之适用之放任主义。反是，豫以法律定各罪之刑，不许裁判上取舍伸缩，此名关于刑之适用之法定主义。各有得失，故今世刑法，大抵采折衷主义，非豫以法律示定者，不得科刑，即使明定，而裁判官于范围内仍有多少伸缩之余地也。

　　（述）放任主义（擅断主义）有裁判上之适用，无法令上之适用；有法令上之适用，无裁判上之适用，二者皆为极端的主义。当昔时社会事情极其简单，裁判官人数亦多〔甚〕少，而为裁判官者，学力甚富，经验甚多，事事出以公平，未尝不可用擅断主义。若今日社会事情复杂，案件甚繁，因之裁判官人数众多，有学力有经验者固不乏人，而学力经验有限者亦在所不免。若一任裁判官之意见以为判决，则裁判难期公平，又刑之适用不能统一。故擅断主义在今日必不可用，法定主义可以救擅断主义之偏，而不得谓其绝无流弊也，何则？犯罪之刑皆以法文明定，无论用何人为裁判官，但能墨守成法，即能胜任，是以法律适用裁判官，非能用以裁判官适用法律也，弊一。徒据客观情节（杀人者即治以杀人之罪，为客观的情节），不问主观的情节（杀人或由义愤或挟私仇，为主观的情节），罪情与刑罚往往不能调和，裁判虽号公平，为不真确之公平，弊二。案情万有不齐，法律则一成不变，执死法以驭生人，刑之适用虽能统一，为无生气之统一，弊三。何谓客观的情节？凡以赃额、身分、手段定刑之轻重者是也。就《大清律》言之，即据客观的情节以定刑，兹分别评骘于后：（一）以赃额定刑为不当。例如，窃盗赃满一百二十两以上者处死刑，赃虽满贯而有时亦情有可原，如以盗赃为善举之类是也。夫无家赀则不为善举可已，而确有因此而为盗者，虽不能无罪，然不可与其他之窃盗同科。况满一百二十两之盗赃，社会上并无一定之价额，贫者以一百二十两为命，盗之则不啻绝其生机；富者以一百二十金为太仓之一粟，即使被盗，亦无大损，而盗之者竟因之处死，揆之情理，岂可谓平？（二）以身分定刑为不当。例如，尊长杀伤卑幼则减轻，卑幼杀伤尊长则加重是也。不知尊长不尽可恕，卑幼亦有可原，不论执一以论也。以日本之近事观之，当日俄战争时，日本军人有畏死逃归者，其妻忠义激发，手刃其夫，卒自杀未殊，即时被逮。此妇手刃亲夫是为卑幼杀尊长，法应加重，然出于爱国之心，即情有可原。又如，尊长为外国奸细，谋害本国，其卑幼杀之，亦情有可原。忠孝皆为美德，然有时忠孝不能两全者，此类是也。现在刑法虽无此实例，而见之古时甚多。（三）以手段定刑为不当。例如，毒杀、虐杀加重是也。夫殴杀、斗杀、烧杀与毒杀、虐杀皆杀人之手段，杀人者为社会所不容，如以其杀人而诛之，无不可也。因其手段而加重则不可也。今世刑法大概采折衷主义，既以法律豫定其范围，又许裁判官在其范围内得以自由伸缩，《刑草》亦然。

《刑草》条文中皆言,处某刑几等以下,以下即以法律定其范围,由裁判官察其当否。例如,《刑草》第二百九十九条,规定"杀人者处死刑或无期徒刑或一等有期徒刑"云云,为法律所豫定。至究竟适用何刑(死刑或徒刑),则由裁判官斟酌是也。采折衷之义可决,其有利无弊,何则?以裁判官为适用法律之人,非有学识、富经验者不能为裁判官,利一。据主观情节则罪刑得以调和,裁判之公平为能真确之公平,利二。裁判官于法定范围内有伸缩之余地,刑法之统一为有生气之统一,利三。

第二节 加重、减轻

一六、法定之刑更有加重或减轻之时,其类有三:曰法律上之加重,曰法律上之减轻,曰裁判上之减轻。

(述)加重、减轻亦为刑之适用之问题,法律上有加重时,有减轻时(法定之刑为原则,然遇一种情节应照原则加重或应减则出于例外也)。裁判上只有减轻,不能加重。

第一项 法律上之加重

一七、法律上之加重,有累犯加重、特别加重二种。累犯加重者通用于《刑草》一九条所定范围之犯罪,特别加重只以分别各条所揭为限。

(述)累犯加重(可谓一般加重)定在《总则》中,但有一定限制语,详第二编,特别加重则散见《分则》各条。

一八、累犯加重基于累犯身分而加重。特别加重有基于身分者,有基于事实者,基于身分之加重不变无身分者之刑。

(述)因身分加重,学者谓之主观的加重。例如,《刑草》二九九条"凡杀人者处死刑、无期徒刑或一等有期徒刑"为杀人罪之原则,若有主观的事情,则加重,如第三〇〇条"凡杀尊亲属者处死刑"是也。伤人罪亦然,观三百〇一条之原则(凡伤害人之身体因而致死或笃病者,无期徒刑或二等以上有期徒刑)及三百〇二条之例(凡伤害尊亲属之身体因而致死或笃疾者,死刑、无期徒刑或一等有期徒刑)可知。

第二项 法律上之减轻

一九、法律上之减轻,有宥恕减轻、特别减轻、自首减轻(附全免)、未遂犯减轻、从犯减轻五种。未遂罪减轻,宜参观第二编第二章第二项一九号,从犯减轻,宜参观第二编第五章第四节第一项五二号。

其一、宥恕减轻

二〇、宥恕减轻有三种，曰"十六岁以上二十岁未满之犯罪之减轻"，曰"聋哑者之减轻"，曰"满八十岁之犯罪者之减轻"，是非必减，皆得减也(《刑草》四九及五〇条)。

(述)《刑草》第四九条"凡十六岁以上二十岁未满之犯罪者，得减本刑一等"，各国刑法，对于此等未成年者，皆有减轻处分之明文，因此等人能力薄弱，不可与已成年者同论故也。不佞起草刑法时，沿多数国之例，特设此条，继因中国风俗十六岁以上，即视为成人。四九条之规定似与中国情形不合。况《刑草》科刑之范围甚宽，此等未成年者，知识未果充足或情有可原，裁判官可临时斟酌减轻其刑，亦不必特设专条也。故现在主张删去《刑草》第五〇条"凡聋哑者及满八十岁之犯罪者，得减本刑一等或二等"，聋哑者视听不全，知识不备，不可与普通同论，故应减轻，然必聋而兼哑者乃得减轻，若但聋不哑、但哑不聋均不能适用此条规定。

其二、法律上之特别减轻

二一、法律上特别减轻者，于《分则》各条限一定之犯罪而减轻其刑是也。

(述)《刑草》第二三四条"凡伪造公文书或图样者，处二等至四等有期徒刑"，是伪造公文书皆以本条所定之刑为标准，而第二三六条之规定，则为特别减轻(第二三六条"凡以虚伪之事实申告于吏员而使交付文凭、捐照或护照及使为不实之记载，处五等有期徒刑、拘留或一百元以下罚金"，因其为情轻之公文书，故得从轻减也)。关于特别减轻之例甚多，刑法上关于某种罪先设标准之刑而以后各条因情节而减轻者皆是也。

其三、自首减免

二二、自首减免者，以犯人自向相当官署或吏员或被害者告知未发觉之犯罪为理由，法律免其刑之全部或一部之制度也(《刑草》五一至五三条)。

(述)本段系说明自首减免之性质，减者减轻其罚，刑免者免除其刑，至何者当减，何者当免，各国刑法定有种种限制。兹专就《刑草》言之，《刑草》五一条关于自首减免有三种要件：

第一、须为未发觉之犯罪；

第二、须犯人自向相当官署或吏员或被害者告知；

　　第三、须就受官之审判（此要件各国刑法所无，惟《刑草》所有），盖自首减免之制度，乃求达得真正犯人而审判之、处罚之之目的，故予自首者以减免之利益，若予以利益而不得真正犯人，与设此制度之宗旨不合。

第三项　裁判上之减轻

　　二三、裁判上之减轻，所谓酌量减轻是也。凡犯罪有情节可原者，裁判官有减一等或二等之职权（《刑草》五四及五五条）。

　　（述）法文上曰"酌量减轻"，学说上曰"裁判上之减轻"，因酌量减轻为裁判官之职权故也。本项之要件即情节可原，情节分两种：曰主观的情节（即犯人之心术），曰客观的情节（即犯罪之事实），见《刑草》第五条。犯罪之情节，百变不穷，非立法者所能豫定，故予以裁判官以酌量之权，情节之可恕与否，概由裁判官主之。

第三节　加减例

　　二四、以法律之规定或裁判之宣告，欲与一等或一等以上之加重、减轻时，应以若干之刑期、金额为一等；具二种以上之加减原因时，从何立顺序？之后先有此二问，故多数刑法设立减例之规（《刑草》五六至六二条）。

　　（述）加减例有二种，一狭义加减例。例如，加一等或减一等或加减在一等以上，竟欲如何谓之一等是也。一广义加减例。例如，一事有两个加减原因，孰先孰后，有一定顺序是也。《刑草》总则第十一章有加减例之规定，即定加重、减轻之秩序及其分量；第五六条第一项"凡死刑、徒刑、拘留，从第三十七条所揭次序加重、减轻"，为加减原则第三项，不得加入死刑及无期徒刑。但一等有期徒刑应加一等者为二十年以下、十年以上，应加二等者为二十年以下、十五年以上，不得减徒刑或拘留入罚金为加减现制。以上为《刑草》原案，现在法律馆改正案分五六条第二项、第三项，第二项徒刑不得加入死刑，第三项拘役不得减入罚金及免除之（原案拘留改正案改为拘役）。徒刑为剥夺自由，死刑为剥夺生命，两种程度不同，性质亦异，不得因加一等，遂变自由刑为生命刑，此等规定与中国现行律吻合。中国现行律加者不加至死，即此意也（以上说明改正案第二项）。拘役与罚金在刑法上有两种主义，有认为性质相同（惟程度不同）之主义，有认为性质不同之主义，《刑草》采第二主义。故拘役不得减入罚金,第云减轻,则不能无罪,故拘役亦不得免除(免除则全无罪,以上说明改正案第三项)。五七条亦经法律馆改正,原案第一项"凡《分则》定有二种以上有期徒刑应加减者,俱按等加减之。徒刑或拘留、并科罚金,应加减时亦同"。

第四章　刑之执行

(承第三章《刑之适用》而言,刑之执行即如何适用之意也)

第一节　通则

二五、刑非裁判确定后,不得执行。确定之后,除死刑及犹豫行刑,皆应自即日执行。

(述)上诉期间已经逾限,上诉方法已经用尽,谓之裁判确定。惟死刑及犹豫行刑,虽裁判确定亦不能即日执行。详后。

二六、司指挥执行者,检事之职;充执行之职者,司狱官或警察官及执达吏也。

(述)刑由裁判官宣告,不由裁判官执行,由检事指挥而实施执行者,则有特设之官吏,须分刑别之种类而定执行之职务。如徒刑,由司狱官执行;罚金、没收,由执达吏(《中国编制法草案》谓之承发吏)执行;拘役,由警察执行之类是也。

二七、能力刑宣告确定后,其效力自然发生,于执行无别问题,故不必论能力刑,即褫夺公权一经宣告,即生效力,无庸执行。

二八、听以财产易死刑、自由刑及其他刑之制度,曰"赎罪制度"。若滥用之,背于刑之本旨,中国《刑法草案》四三条所定如左:

"凡受五等有期徒刑或拘留之宣告者,其执行上实有窒碍时,得照日折算一圆,易以罚金"。

(述)赎罪范围不可太宽。依《刑草》四三条所定,以五等有期徒或拘留之罪为限,许其折赎。又非一切犯五等有期徒刑或拘留者,皆许其折赎也。须有一定之要件,即执行上实有窒碍是也。例如,外国船舶水手在本国停泊处犯五等有期徒刑或拘留,而外国船舶又赶期归国,不能久待,若实行〔刑〕执行,则海船上少一得力之人,暨刑期既满,在本国又多一游手无业之人,有此种窒碍,故许折赎。

第二节 死刑之执行

二九、执行死刑以迅速、确实之方法一种为足(《刑草》三八条)。

(述)执行死刑之方法,若详悉言之,将连篇累牍不能尽,兹专就概括的言之。古今各国执行死刑,凡可以杀人,如水火金石土木等种种方法,皆已用尽。其最奇者则有宗教之观念,罗马法以犯人投之豺虎,或饲野牛,或以犯人同鸡、猿、蛇等纳入皮囊,沉之水底,印度令象践踏犯人至死。又有一种磔刑,即支解人,有用车者,有用船者(缚犯人于两船之间,上下分驶,则犯人身体分裂)。中国人译外国书,有将磔刑译为车裂者,殊不知与中国古时之车裂不同(外国用车轮碾犯人分别罪之轻重,罪轻者先碾头,一碾即死。罪死〔重〕者先碾足,卒不得死)。外国死刑或斩或绞或电杀(美国用之),只有一种无分死刑为斩、绞,而兼用二种者有之,唯中国及南美小国而已。

三〇、死刑非经法部覆奏回报,不得执行(《刑草》第三九条)。

(述)《刑草》三九条之理由,乃因君主有恩赦之权,故须由法部覆奏始得执行(犯人或被恩赦,则无庸执行),有误会为裁判确定必须法部覆核者,则失司法独立之义矣。

受宣告死刑之妇女,当怀胎时,非分娩后经一百日,更受法部之命令,不得执行(《刑草》三九及四〇条)。

(述)刑罚只加犯人之一身,为各国刑法之原则,中国现行律亦同。

第三节 自由刑之执行

三一、关于执行自由刑方法之问题,刑事政策上为最重要,其论点大略如左:

(述)刑事政策重在感化犯人,故自由刑适用之据,居其多数,各国莫不皆然。但欲适用自由刑,而不讲求自由刑执行之方法,是医病而不知用药也。自由刑之执行,当参考《监狱学讲义》,兹特述其大略。

第一项　移囚制度

三二、移囚制度者,移囚人于岛地或边地,于终身或一定之期间,执行自由刑之谓,利害、得失视其国及时代,有无适当之刑事移民地为断。

(述)移囚即中国流刑。移囚于岛地之办法,英法两国用之最久;移囚于边地之办法,中俄两国用之最久,其利害得失今昔不同。从前英国、法国有极远之荒岛,为两国之殖民地,移囚开垦,不得谓为无益;现在交通最广,贸易已遍山陬海澨,无不辟之地,故移囚制度于今日大不相宜。

第二项　拘禁方法

三三、拘禁囚徒之方法,可大别为杂居式(附分类杂居)、独居式、折衷式三种。应注意者属折衷制之一种阶级制,但地采制之长亦应兼采。

(述)杂居式者,不分昼夜,将多数犯人拘禁一室之谓。杂居式分二种:(一)不分类杂居式;(二)分类杂居式。古时不分男女老幼使之杂居,后来觉其不便,乃将男女老幼分别杂居(男女不能同居一室,老幼不能同居一室)。但多数犯人齐集一处,镇日接谈,互相熏染,犯罪之法愈出愈奇,故论者谓古时杂居式为研究犯罪之学堂。因杂居式之有流弊,而独居式以起。独居式亦分二种:一离隔式,亦称极端独居式,为美国所采用(美洲一二小国至今尚用此式),一室拘禁一人,不许犯人与一切人交通。

第三项　定役(工钱)

三四、定役者,法令执行自由刑之一方法,强制囚徒使之劳动之谓也。关于作业有受负业、混同业、官司业三种,互有长短,然不戾经济本旨,不妨民业而达刑之目的,以官司业为宜。

(述)几处自由〈刑〉者,是否皆宜有定役,亦一问题也。各国多分两种,有有定役之自由刑,有无定役之自由刑,如此分类,不得谓非立法上之谬误。故《刑草》自由刑皆有定役,但定役亦有分别,男与女不同,老与幼不同,各有相当之劳动,说详《监狱学》中。作业分三种:(一)受负业。受负为日本名词,有包办、承办意。例如,商业公司与监狱订约,令囚徒包办一种事业。又如,建筑房屋与监狱约定,每日派百人作工皆是。但此种从前办法,现在微有不同。如皮靴公司欲制皮靴若干,由公司自置材料送至监狱,令犯人包做是也。(二)混同业。亦系由公司出材料,交犯人包办,由官监督之。故混同业之性质,介受负业、官司业之间。(三)官司业。官出材料,交犯人包办,由官监督制成物品,由官出卖。现在知受负业不免流弊,只用混同业、官司业两种办理得法,多著成效。又,定役向分内役、外役,在监内作业谓之内役,在监外作业(如平治道路之类)谓之外役,二者总以内役为宜。又,定役有三种要件:一、不〔戾〕经济本旨(纵不能有赢利,亦不可有亏折);二、不妨民业(即不能夺民间之利权);三、达刑之目的。具此要件者,惟官司业,日本近年各衙门椅棹、木器及用纸皆取之监狱,其法甚善。故定役于监狱最关紧要,其详见《监狱学讲义》。

第四项　衣食住

三五、与囚徒衣、食、住之品质及数量以达规律及卫生之要求为度,仅采仅少费用之原则,如以其国及时代之下等民为标准,乃立论之最谬者。

(述)人生不可一日无者,曰衣、食、住。囚徒之衣、食、住,亦不可一日无,尽人皆知。

第五项　狱内赏罚

三六、日本制度,赏者与以赏表;罚者对于十六岁以上者,处以屏禁、减食或暗室;对于十六岁未满者,处以慎独及减食。狱内之赏罚得宜,必有大效于规律之保持及悛改之奖励。

(述)以小布块缝左臂上,谓之赏表。赏表多者,不仅可为将来假出狱地步,且在监狱规则范围之内,有种种优待之方法。

第六项　假出狱

三七、假出狱者,无期或有期囚谨守狱则,改过迁善,刑期内假许出狱之制度也。

(述)假出狱之制度发源于法国,法文译为条件附放免,日本改为假出狱。中国《刑草》因之,现法律馆拟改为暂释。

三八、得假出狱者,出狱中更犯罪及品行不良,直停止,其假出狱中之日数,不算入刑期。反是,若不更犯罪及品行美良时,出狱中之日数算入刑期,刑期既终,本刑亦消灭。

(述)假出狱制度为现在文明各国所采用,其办法大致相同,无庸详述,兹专就中国《刑草》言之。《刑草》第六六条有假出狱之规定,其不适用假出狱之制度者凡四种:一、死刑;二、拘留;三、罚金;四、有期徒刑之执行未满三年者。此何以故? 因死刑乃剥夺生命之刑,无准其出狱之理(死刑既减为徒刑,有悛悔实据时,仍许出狱)。《刑草》拘留一月未满,法律馆现拟加改拘留为拘役,一月为两月,两月拘役为时甚暂,能否悛改,无从察知,故不能适用假出狱。罚金乃不在狱内执行之刑,本不入狱,无庸出狱。有期徒刑未满三年者不许出狱,日本刑法无此规定。当日本改正刑法时,不佞曾主张此说,盖假出狱之制度若不附以期限,难免犯人不假意悔过,希图即时出狱之弊。惟限以三年,则为时既久,审察必真,使作伪者不能售其技,惜当时未见采用。中国《刑草》有明文规定,是《刑草》与日本刑法不同之处,亦即《刑草》之长处。

第四节　财产刑之执行

三九、罚金、科料、没收因检事之指挥执行之,与他刑同,但日本征收金圆或物品之任务在执达吏。

四〇、若于定限内不完纳罚金或科料者,易拘禁。

(述)有资力不肯完纳,无资力者不能完纳,遇此等情形应如何处分,详《刑草》第四十五条原案第二款"以一日折算半圆",现改为一圆。

第五章　刑之消灭

第一节　通则

四一、刑之消灭者,(一)执行既终时;(二)犯人死亡时;(三)非常上诉成立时;(四)有恩典时;(五)得时效时;(六)犹豫行刑全其终时。

(述)以上六项为刑之消灭之原因,犹豫行刑改正案改为缓刑第六项,犹豫行刑全其终时,应改为因缓刑免除行刑时。

四二、称刑之消灭者,其实刑之执行权消灭也。

(述)刑之消灭,不可误解为实际上未受刑罚。即为刑之消灭,乃一种法律关系,谓国家对于犯人之执行刑罚权消灭。例如,犯人脱逃,虽实际上未受刑罚,然不能谓为刑之消灭,国家对于该犯人仍有执行刑罚之权,必国家之执行权消灭乃为刑之消灭。

刑因执行既终而消灭,如债务因清债而消灭,此为最适切之消灭,但前四章已述,兹不复赘。

第二节　犯人之死亡

(刑之消灭之原因有六,如四一号所云,执行既终一层详四二号,第二节以下专就此五项言之)

四三、受有罪之确定判决者死亡时,适用刑之物体消灭,刑罚亦自应消灭,不得如古来之罚及遗骸也。

(述)戮尸之刑可分为二种:(一)施之重大之罪,如大逆不道之类;(二)对于宗教之犯罪(无论大小)。古时耶稣教国自杀者,死后仍有处分,耶稣教以人命由于天赋,自杀与杀人厥罪维均,但自杀者虽有处分,其处分甚轻,不过殡殓时,不准用耶稣教仪式,不准用教士送葬,并破坏死者之门以示惩戒而已。

四四、法国现行法及日本旧刑法草案以罚金、科料为限,其判决确定后如普通债权,许索取遗产。然谓判决未确定则无执行力,确定则变为债权时,则其结果与无财产刑。故日本现行刑法附则明定罚金、科料亦因犯人之死亡而消灭,没收虽无明文,亦可准此同解。

(述)罚金、科料为刑法上之性质,债权为民法上之性质,以罚金、科料变为债权,索及遗产,于刑法理不合,故日本现刑法不复采用(新刑法草案亦然)。没收分二种:(一)属于刑法上之处分;(二)属于行政上之处分。刑法上没收因犯人之死亡而消灭,如没收犯人之所有物,死后则不没收,因犯人死后之所有财产为相续人之财产故也。行政没收则不然,如禁止私有物(如伪造货币、炸裂物),犯人□死其物仍□没人〔收〕,不得归属于相续人。

第三节　非常上诉之成立

四五、非常上诉有非常上〈告〉及再审二种:(甲)以法律为理由(《刑诉》二九二条),(乙)以事实点为理由(《刑诉》三〇一条至三〇二条),于法律所命之限制内,使破既确定判决之非常手续也。刑之宣告及确定,即刑之执行权发生后,有破此确定判决之效力,故非常上告及再审成立时,前刑亦随之而消灭。

(述)非常上诉对于通常上诉而言,通常上诉为裁判未确定时之上诉(原则),非常上诉乃裁判确定后之上诉。日本现行刑诉法所采之非常上诉办法与德法同,改正案则于非常上诉之外另有所为,谓再诉,乃判决确定后于原裁判所为之,并无上诉之性质。

第四节　恩赦

四六、恩赦即日本《宪法》第六十条所谓大赦、特赦、减刑及复权四种,无论何种,皆基于公益之大权命令,一私人不得拒绝之。

四七、大赦者,全灭裁判之效力。

(述)大赦与从前日本、现在中国所谓大赦不同。从前大赦"大"字有尊敬意,乃形容君主之恩命,如是则特赦、减刑、复权,亦出于君主之恩命,应含包于大赦之中,又有多数意,乃对于多数犯罪者赦免之谓。本项所谓大赦,即对于特赦、减刑、复权效力之区别而言,非恭敬君主恩命之谓,亦非对于多数犯罪者赦免之谓也。金〔今〕全灭裁判之效力云者,乃裁判确定执行权发生,一经大赦,不惟消灭执行权,并消灭其裁判,直等于未尝犯罪,即赦后又犯,亦不能援引前案作为再犯之谓也。

四八、特赦者,免除刑之执行全部。

四九、减刑者,免除刑之执行一部。

(述)免除全部谓之特赦,免除一部谓之减刑,减刑与减轻易混,其实不同(日本"减刑"二字与"减轻"二字同音,不以中国"刑"字与"轻"字字音不同,故尤易含混)。减轻与加重并立,在未经裁判之前,因法律之规定或因裁判官之酌量从轻适用刑罚,谓之减轻;减刑则在裁判确定以后减免其刑,此其所以不同也。

五〇、复权者,与以享有已剥夺公权之能力。

五一、恩典之运用得宜,其利益有三:(一)可奖励犯人悛改;(二)可补法之未备;(三)可正裁判之误。

(述)恩典在从前东西各国,皆于国家或皇室有吉凶福祸之事则用之,与刑事政策无关。例如,皇太子结婚则举行恩赦(中国俗语谓之皇恩大赦),问何以恩赦? 则谓皇室有吉庆之事。问皇室吉庆何以恩赦? 则不能言其理由。故从前遇国家吉凶等事为用恩典之机会,并无所谓用恩典之目的。自后国家进步,往往借此机会以用恩典,亦可达刑事政策之目的。刑事政策分三种:(一)可奖犯人悛改,中国《刑草》虽有假出狱之制度,然无期徒刑有必过十年之限制,若有十年未满,查有改过之实据,即可用恩赦办法,故能奖励改过。(二)可补法之未备,例如日本《旧刑法》,窃盗三犯,处终身惩役(即无期徒刑),有某甲因亲亡家贫,三犯窃盗,若照律科断,未免情轻法重,此时亦可用恩赦办法,以救法律之穷。(三)可正裁判之误,裁判错误原许上诉,但上诉有一定手续,若不合法,不能上诉,有恩赦办法尤为简便。

第五节　时效

五二、权利及义务长不确定者,不利于国家社会,故经过若干时者,或取得权利(取得时效)或免除义务(消灭时效),而于刑事法仅有可比消灭时效之公诉之时效及刑之期满免除而已。

(述)时效制度古来各国亦有,与时效相仿之制度特不详备。至设时效制度之理由及其性质,学说不一,权利及义务长不确定,不利于国家社会云云,乃不佞一人之见解,自信为正确者也。例如,甲有一古玩,系数百年前之物,亦不知其所来,乙见以为系其祖父之遗物,要求返还。究竟此物是乙祖父所遗之物与否,无从证明。若许其索还,则各人所有之财产不能保其安全,社会上自此多事,故设时效制度,经过若干年即取得权利或免除义务。时效制度民法、商法、行政法、民刑诉讼法皆有之,大概分为取得时效及消灭时效。惟刑法、刑诉法上仅有消灭时效,无取得时效。刑事法上消灭时效分二种:一、公诉时效;二、刑之时效(日本《旧刑法》从西文译出,为刑之期满免除,现行法改为刑之时效)。公诉时效及刑之时效以规定于何种法律中为正当,五三号详言之。

五三、刑事法上有规定时效,全部于刑法者(《德刑法》六七条以下有规定诉讼法者[《法刑诉》六三五条以下],日本公诉之时效规定于《刑事诉讼法》第八条、第十条,刑之期满免除规定于《刑法》第五八条)。

(述)以上三种规定各有理由:第一,德国以公诉时效、刑之时效全规定于刑法之理由,刑法所定之刑必先于有公诉,乃见刑之适用。既因时效而不能提起公诉,则科刑权自然不能存在。故公诉之时效为对于刑法之限制,应规定于刑法中,刑之时效宜规定于刑法中,自不待言。第二,法国以公诉时效、刑之时效全规定于刑诉法之理由,公诉为诉讼法所规定,公诉时效亦应规定于诉讼法中,刑之执行(即裁判之执行)为诉讼法所规定,刑之时效亦应规定于诉讼法中。第三,日本以公诉时效规定于刑诉法,刑之时效规定于刑法之理由,公诉时效系诉讼法上之关系,刑之时效系刑法上之关系,故分别规定。三者比较,以第一理由为长,中国《刑草》即采第一主义。

第六节　犹豫行刑全其终时(《刑草》六三至六五条)

五四、犹豫行刑者对于初犯轻微罪者,据情状犹豫刑之执行若干时间,付诸试验之制度也。

（述）犹豫行刑去年经修律馆会议,改为"缓刑"二字,似较简括,然未必恰当。犹豫行刑,即暂不执行自由刑之谓,本可于刑之执行说明。因犹豫行刑付诸试验有一定期限,期限既满不再犯罪,则其刑消灭,准此理由,故附在刑之消灭中言之。

五五、被犹豫行刑者于试验期内再犯罪及品行之不良时,直执行犹豫之刑。反是,不再犯时,执行之权消灭。

（述）五四号言犹豫行刑之性质,五五号言犹豫行刑之结果及法律上之规定。犹豫行刑,欧、美、日本各国近数十年始采用之,为最新之制度,其采用之理由如何? 据欧美各国犯罪统计表,除犯重罪、刑期甚长者不计外,其犯轻罪、刑期一二年者,刑期既满后再犯罪者,率有十分之三或十分之四或至半数。研究刑法学者及监狱学者甚以为怪,谓刑法改良、监狱改良皆以感化犯人、改良罪质（犯罪性质）为目的,何以出狱之后再行犯罪? 研究所得有二原因:(一)在监狱内与其他罪囚同居,沾染恶习,又彼此研究犯罪之方法,出狱后易致再犯;(二)一入监狱便为人所不齿,出狱后因之自暴自弃（业已受刑,虽期满出狱,终为刑余之人,不能恢复完全之名誉）,益敢于为恶。有此二种原因（二者系重大之原因,以外尚有种种原因）,故再犯者层见叠出。其挽救之法亦有二种:(一)裁判而不行刑,谓之犹豫行刑;(二)直不为有罪之裁判,谓之附条件裁判。附条件裁判为英美主义,犹豫行刑为德比主义。两种主义以犹豫行刑最善,故瑞士、意大利、奥地利、诺尔威诸国皆采用之,日本亦然。当日本明治初年改良法制,不佞即主张采用犹豫行刑制度,著书演说,持之甚坚,一时学者反对甚多,即小河亦与我反对。其后,不佞之说终为政府所采用,当时订有犹豫刑行法,为单行法,现已并入刑法中。欧洲有滥用此制者,百人中尚有三十人再犯,若用之得法,则百人中再犯者不过十人（虽不能全无,而其数甚少）。日本采用最迟,成效亦著,较之从前百人中有五十人再犯,其利害得失,判然可知。中国《刑草》采用犹豫行刑,亦有反对说,以为犹豫行刑,外国可行,中国未必可行,殊不知外国行之有效,中国行之亦必有效,如银行、铁道等是其例也。

刑法分则

[日]冈田朝太郎　述

绪论

一、刑法分则云者,刑法中犯罪之特别要素及应科之刑罚之规定之谓也。

(述)先总则而后分则,为编纂之顺序,亦讲述之顺序,实则分则与总则并重,有总则无分则,有分则无总则,其刑法皆不能适用。犯罪有普通要素,有特别要素。刑法总则所规定者,为犯罪者普通要素,刑法分则所规定者,则犯罚之特别要素也。

二、古代刑法大概有分则无总则,因当时社会关系简单,犯罪种类甚少之故。近代刑法则不然,必冠分则以总则,两者相俟,而始全其效用。

(述)古有分则无总则,继虽有总则而不如分则之详,近代刑法则总则与分则之分量相等。因古时事物简单,遇一事设一法,不必有通之法则,后来社会进步,人事日益复杂(如轮船、火车、电灯、电话及选举等皆古代所无),若遇一事设一法,则不胜其烦,势不能无通共之规则(即概括的规定)为各种事物所通用,此所以古时不必有总则,而近代必不可无总则也。

三、现今各国刑法,大别犯罪为对于公共之罪、对于个人之罪者不鲜。然此分类本系历史之遗物,理论上及实际上无有墨守之必要,是故中国《改正刑法草案》不复采用。

四、《分则讲义》以中国《改正刑法草案》为经,以日本《新刑法》为纬,随时论及于他之立法例,以无经纬之别则难解易惑故也。

第一章　关于帝室之罪

(第八十八条至第九十九条)

关于帝室之罪分为三种:危害罪、不敬罪及危害不敬合一罪是。

其一、关于帝室之危害罪

具有二种特别要件:一曰须对于帝室,一曰须有加危害之行为或将加害之行为。

（述）要件即犯罪之特别要素，必《分则》上特别要素与《总则》上普通要素相合，而罪始成立。

甲、所谓帝室者，指乘舆车驾及帝室缌麻以上亲而言。乘舆车驾者，在位皇帝之外，太皇太后、皇后皆是（第八一条）。帝室缌麻以上亲，固不分男女老幼也。

（述）帝室虽包乘舆车驾及帝室缌麻以上亲，而处分则有轻重之分，非加危害于缌麻亲与乘舆车驾同一处分也。中国之帝室即日本皇族，日本国法上所谓皇族，皆明定于《皇室典范》中，中国亦须以明文规定，必缌麻以上亲，方得谓之帝室，若范围太宽反有不便之处。

乙、危害者，侵犯生命、肉体、自由或节操之一切行为皆是。其出于故意者，应以第八十八条、第九十条、第九十七条或第九十八条之罪论。出于过失者，应以第八十九条、第九十一条之罪论。

（述）危害不仅指生命、肉体，即侵害自由、节操亦为危害（例如，无故拘禁皇族之类）。但出于故意或出于过失，其治罪有轻重之不同。危害罪有加及将加之分（见八十九条），或言加或言将加，皆为故意。若有之特别规定，则为过失（见八十九条）。

危害罪之成立，不问其所用手段之如何，故用凶器及其他机械与仅用徒手皆是。

（述）关于手段之问题，法律上与裁判上不同。法律上关于手段无特别规定时，无论用何种手段，而犯罪之成立无异；裁判上则须分别手段，若手段不甚利害，可于《分则》条文范围之内酌量减轻。惟第八八条只有死刑一种，无可为伸缩之余地。若第九十条有三种刑，则可酌减。

关于过失危害，第八九条及第九一条所拟用之处分，有以为过轻者，然其危害仅出于不注意，《草案》拟用之处分，系为中国之历史起见，为他国所无之严刑，不得尚谓其过轻，他国立法例其出于过失者，概科以通常之刑。

（述）过失危害出于不注意，并无侵害帝室之心（不注意之结果害及何人，非犯人所能预知）。《刑草》第八十九条所定之刑已较外国为重，若再加重，便为一部新刑律之疵病，无论其他部分如何文明，即此一条已足招野蛮之讥议，与改良刑法宗旨不合。京外各衙门签注《刑草》，辄谓过失危害罪处分过轻，将来必有故意危害帝室而借口过失者。为此论者,乃以事实论与法律混合之故,犯罪之为故意、为过失,自有诉讼法上检查证据之办法,乃事实上之问题,并非法律上之问题,况审判罪案不可专凭犯人之自白,若仅以自白为根据,则故意犯罪者,非持自白为过失,且有不承认犯罪者矣。审判官将认为无罪乎? 否乎? 故是说之谬不待智者而知。

丙、出于故意之危害罪,其未遂之情形、豫备之情形并阴谋之情形,概为犯罪第八八条。所用"将加"字样,即包含三种情形,第九十条危害之未遂,据九十七条罚之,其豫备或阴谋,据第九八条罚之。

(述)故意危害罪除既遂外,尚有未遂、豫备、阴谋三种。第八八条其处分与既遂同,第九十条则分别科刑,因缌麻以上亲较之乘舆车驾为有问也。第八八条未遂、豫备、阴谋皆处死刑,学者或不免疑议。阴谋危害,犯罪之程度最低危害,既遂犯罪之程度最高。程度最低者既处死刑,则程度最高者应行加重,不知罪已至死,无可再加,故是说亦不足采。

过失危害罪,于法理上不得发生未遂、豫备及阴谋之情形。

(述)过失者,不注意之谓。因不注意而仓卒犯罪,并无着手之行为,无着手之行为,自无未遂、豫备、阴谋等情形之发生,详见《总则》罪状。

其二、关于帝室之不敬罪

(1)为侵犯乘舆车驾、太庙、皇陵、帝室缌麻以上亲之尊严之行为(第九二条及第九三条);

(2)为侵入太庙、皇陵、宫殿、离宫及行在所之行为(第九四条);

(3)为受命令而不退出于此之行为(第九四条);

(4)为犯跸者(第九六条)。

(述)《大清律》不敬罪,专于对乘舆车驾而言。《刑草》则推广其范围,不独侵犯乘舆车驾之尊严为不敬,即侵犯帝室缌麻以上亲亦为不敬。太庙即皇室祖宗之庙,皇陵即皇家历代坟墓,宫殿即皇上住居之地,不问是否为御在所,离宫为皇上暂居之地,行在所为皇上旅行所至之地。侵入宫殿,《大清律》分别入某门者,应处某刑,未免失之琐碎,且门有变更,即当变更法律,况离宫之门未必有同一之名目,名目不同,则此法不能适用。不便之处甚多,故《刑草》不复治用。

所谓不敬者,包含骂詈、嘲笑、诽毁、侮辱及其他可以损伤帝室之尊严之一切言语、文书及举动,但其不出于故意者,据第十条及第十三条之适用,不得为罪。

(述)演说有不敬之语言,著书用不敬之文字,又或不刑〔形〕之言语文字,而形于举动者(如梨园子弟,其举动有损伤帝室之尊严),亦为不敬。然此仍系概括的规定,至何等言语、何等文书、何等举动为不敬,须视其国之风俗习惯如何,且视其现在之风俗习惯如何。盖一国有一国之习惯,一时有一时之习惯,故有同一行为在内国以为不敬者,在外国并不以为不敬。同一国家在旧日以为不敬者,至今日并不以为不敬。例如,西洋君主出行,人民或临窗俯视,或以蔷薇花掷入君主车中,或图绘御容,不为不敬,若中国、日本则为大不敬矣。

侵入者,指不法进行于境域以内而言。其非不法者,据第十四条至第十六条不为罪。

(述)侵入见九十四条,称之曰侵,自含有不法之意,若有进入该地域之权利,或有不得已之情形时,应适用第十四条及第一六条之规定(《总则》第十四条"出于正当业务之行为不为罪",第一六条"不得已之行为不为罪")。

进行于太庙、皇陵、宫殿、离宫或行在所,虽当初非不法者,而受命令不退出则与不法侵入同论。

侵入宫殿、离宫、行在所等处,如意在图犯他罪,据第二六条从最重之一罪论。

(述)学部签注谓侵入宫殿乃谋大逆,应处死刑,九四条所定之处分失之太轻,不知《刑草》仅就侵入言,侵入不必定谋大逆。例如,外国人游观误入宫殿,并无他意,岂可科以谋大逆之罪?但侵入之人亦未必皆出于偶然之错误,故侵入者是否为谋大逆,当就事实论研究之,不在法律论范围之内也。如,侵入者有谋大逆之嫌疑时,应适用《总则》第二六条二罪从重之规定。

其三、关于帝室之危害不敬合一罪

在太庙、皇陵、宫殿、离宫或行在所射箭、放弹、投砖石者,及在其距离能到之地,自外向内有此等行为者皆是(第九四条)。本罪规定与现行律相同,而查其性质,分危害之有无,有时为不敬罪,有时为危害罪,但危害之程度较大,则应以一般危害罪论。

(述)射箭、放弹、投砖石等行为目为危害可,目为不敬亦可,故称为危害不敬合一罪。危害、不敬有一，于此厥罪甚重（第八八条危害罪死刑，第九二条不敬罪二等或三等徒刑），而执五条之规定，科刑较轻也，何居？盖本条所定情形系就无敬之故意及无危害之故意，出于偶然者而言，若本于不敬危害之故意而射箭、放弹、投砖石者，自应照不敬危害之本条断，不在九五条范围之内。例如，洋人至颐和园游观，偶然以石投雀，不成为不敬罪；若见御笔书画而故意毁坏者，则成为不敬罪是也。

第二章　关于内乱之罪

（第一百条至第一百○六条）

一、凡国家之存在有内外二部之条件，均系主权所自断，不准个人不法，非更内乱罪，则为紊乱国家内部存在条件之罪。后二章所定国交罪及外患罪，则为紊乱或破毁国家外部存在条件之罪。

（述）内乱罪、国交罪、外患罪，《大清律》统谓之谋叛，其实"谋叛"二字不足以表明三者共同之性质，故《刑草》分别规定关于内乱罪。有二注意之点：（一）或谓内乱罪为亡国罪（内乱乃欲亡其国），非也。外患或以亡国为宗旨，内乱则无之，中国自古以来内乱甚多，虽朝代屡有变更，而国家故依然存在也。如张姓家主死亡，张家仍在，必合并于李姓，始得谓之亡家，唯国亦然；（二）或谓内乱罪为不忠罪，亦非也。内外国人皆有犯内乱罪之时，内国人犯内乱罪，固可谓之不忠，若外国人本无忠于内国之义务，外国人犯内乱罪，即不能谓其不忠，故谓内乱为不忠，不足以概括内乱罪之性质。国家存在之条件何（条件有方法意）？就国法学言，一国之国体、政体为国家存在之根本，即为国家存在之条件，国家政事虽许人民参与，而决不许其紊乱，紊乱国体、政体即成为内乱罪，故内乱罪为紊乱内部存在条件之罪，非夺内部存在条件之罪，如波兰灭亡，并非由于内乱（其灭亡之故，乃由外部而来），其明验也。

二、基于《草案》之条文而下定义时，则指以紊乱宪法为宗旨之暴动而云。内乱罪，其成立上有左列二特别要件：

第一要件，即暴动是也。是故不用暴〈动〉之紊宪行为，不得以内乱罪论。

（述）内乱重在暴动，若伪造敕书，虽以紊宪为宗旨，初无暴动之行为，不能认为内乱罪（只能认为伪造敕书罪），外国刑法有以伪造敕书认为平和手段之内乱罪者,本草案不采此说。

暴动云者,多数协同之不法的腕力或胁迫之谓也。

(述)腕力有适法的、不法的之分,暴动者即用不法之腕力也。

多数人员协同,而或挟腕力、或加胁迫之例不为鲜,其不法者,则曰暴动。

(述)多数人协同用腕力而非暴动,例如,学生开运动会,陆军操练是也。多数人协同加胁迫而非暴动,例如,选举时有势力之政党结队过市,为示威之举动(欲使少数政党不敢反对)是也。故内乱须有暴动,须为不法(暴动不仅可成内乱罪,余罪亦有以暴动成之者)。

协同者之员数,法文不限定之。是故,按个个情形而始能决为内乱相当之员数与否。

(述)《大清律例》谋叛条:"聚众至二十人以上或四十人以上,分别治罪。"《草案》则不复采用,因限定人数实际上多有不便,例如,限定百人暴动为内乱罪,若暴动者只九十余人,不足百数将如何办法? 故协同人数不宜以法文预定,当察看临时情形,有人少而能作乱者,如海陆军人有暴动时,虽十余人,亦能肇乱是也。有人多而不能作乱者,如徒手饥民志在求食,虽聚至数百人,不难以警察之力制之是也。

暴动者之抗敌状态,果能达于国际公法所谓内国战争之程度与否,非刑法之所问也。

(述)不法之暴动,在本国视为内乱罪为当然之事,而在外国视之,则有区别。当叛军初起,外国不能不指为暴动,迨其后势力日盛,且有纪律,与国际惯例相合(如得一域,有保护人民之政策并警察之制度是),则不认为暴动,而认为内国战争(交战团体),为国际公法所规定。当斯时也,外国既认为内国战争,严守中立,而本国能否仍以内乱罪看待,亦一问题也。《刑草》总则第二条即包内乱罪在内,而第八条之规定有等语,即指内乱罪已达内国战争之程度时,当变通办理也。

第二要件,即暴动出于紊宪之宗旨是也。盖暴动之种类不止一二,其为内乱罪与否,〈在于有〉无紊宪之宗旨者。

(述)无紊宪之宗旨者,虽有暴动不成为内乱罪。例如,学生因饭菜不洁聚殴厨役,虽属暴动而非紊宪。又如,东三省马贼杀人掠财,虽属暴动,亦非紊宪,皆不成为内乱罪。于此又生一疑问,即马贼以颠覆政府为宗旨,而又杀人掠财为内乱罪乎? 抑为强盗罪乎? 关于此问题,为数罪俱发,当适用《刑草》一百零四条之规定,《讲义》第六号即与此有关系。

条文所谓宗旨者,远因也,决意之理由也,起暴动之心的动机也。

所谓紊宪者,指背反成文或不成文之宪法而言;所谓不法者,指变国体,更政体,破坏统治机关,阻止统治作用之类而言。

(述)官吏、公吏之作用皆为统治作用,如巡警指挥行人,亦统治作用之一种,但《讲义》之所谓统治作用,指统治作用之大纲而言,若有与巡警冲突者,不得谓为阻止统治作用也。

条文所谓颠覆政府,即破坏中枢行政机关,僭窃土地,即无权原统治一定国境内之谓也。中枢行政机关之任免,领域之统治,皆属于皇帝之权原,无其委任而实施之,悉为紊乱国宪之行为,条文特揭此二种,不过示紊宪行为之例而已。

(述)就日本言,内阁为中枢行政机关,破坏内阁即是颠覆政府。僭窃土地指僭窃统治权而言,如在一定土地上发布命令、征收租税之数(与民法上占领不动产之所有权不同)。原案第一〇〇条,凡以颠覆政府,僭窃土地或紊乱国宪为宗旨起暴动者云云,似紊乱国宪另为一事,其实颠覆政府,僭窃土地,即为紊乱国宪。不过,紊乱国宪并不止此二事,特举此二为例耳。去年因修律馆会议之结果,改为"凡意图颠覆政府,僭窃土地及其余紊乱国宪者"较为明显。

三、内乱罪有首魁重要者、附和随行者之分,故处分有重轻之别。重者处死刑,轻者科四等有期徒刑,盖倡乱之人招致社会上重大损害,处分自当从严。其不破廉耻、随声附和者,不妨从轻处断。判者须审察此情节下,以中正公平之断案。

(述)古时对于内乱罪,概处死刑,并有缘坐之法。其实内乱罪危害虽大,然多为改革政治起见,并非图一己之私利,不可一律从严。故《刑草》分别轻重,以治其罪(以上就中国言,以下就外国言)。

四、内乱未遂罪云者,因紊宪之目的,着手暴动而有意外的障害不至为暴动之罪也。因犯人达其目的与否,分别本罪既遂、未遂之说,全然谬见(第一百〇一条)。其豫备及阴谋为内乱者,亦罚者(第一百〇二条及第一百〇三条)。

(述)或谓内乱无既遂罪,内乱以颠覆政府,僭窃土地为目的,内乱既遂,则窃国者侯,内乱者即为执政者,谁治其罪?故刑法上所谓内乱者,皆未遂罪也。不知犯罪之既遂、未遂,不能以目的之达到与否为区别,但问其犯罪要件是否完备,要件完备为既遂,否则为未遂。暴动者为内乱罪成立之要件也,已着手暴动为既遂,否为未遂,且既遂、未遂之分,亦视条文之规定如何耳。

五、未为暴动时,自首者全免其刑,是防止巨害于未发之政策也。

(述)第一百零六条:"未至暴动前自首者,免除其刑",为《总则》自首减刑之例外(减刑为原则,免罪为例外)。夫妨害于未遂发,故奖励自首,使之改变方针,但自首须备具三要件:一、未发觉前(若发觉以后或在搜查中,兹自首亦无效);二、于官自首就受审判(以上二要件见《总则》第五一条);三、未暴动前(《分则》第一百零六条)。三者备具,始能免除其刑,不言"得免",而言"免除"者,乃不得不免之谓。

六、草案第一百零四条曰:"凡暴动者,违背战斗上国际成例,犯杀伤、放火、溢水(改正案改为"决水")、掠夺及其他罪者,援用该项条例,照第二十三条至第二十五条之例处断"。(改正案改为"援用所犯各条,依第△△△△之例处断")。因按照本条,分别在暴动中所犯命盗各案之入于内乱范围与否而定其处分,于国际成例上,战斗中可以实施之行为,即入于内乱范围内,以一罪论。不然者,则于其范围外,与内乱俱发之罪论也。

(述)第一百零四条所以决定暴动之范围,盖因暴动所犯之罪有应入内乱范围者,有不应入内乱范围者。例如,内乱者与官军对抗,杀死官军,其杀人罪应入内乱范围无疑。若强奸妇女,妄肆劫掠,则不应入内乱,此为极端之例,尽人皆知。有学者谓区别是否内乱,当以合于内乱之罪名与否为标准,如杀伤、放火、决水为内乱罪,略取、诱拐、强奸非内乱罪是也。然以罪名为标准,亦不能适合,谓略取、诱拐、强奸非内乱罪,固已谓杀伤、放火、决水必系内乱罪,则殊不然,何则? 例如,战争时杀伤妇孺或杀伤仇人,杀人为内乱罪,而妇孺、仇人均与战事无关,则杀妇孺之罪与杀仇人之罪另为一罪,不在内乱范围之内。

七、本罪之主体不分内、外人,皆可以为之。古法以本罪为违背忠诚之义务,故仅自国人得为其主体。近来之法理,以之为害国家存在条件之罪,故内、外人俱得为其主体也。

(述)中国内乱罪谓之谋叛,叛者,即不忠之谓也。此等规定只能适用于内国人,不能适用于外国人,以外国人无忠于内国之义务也。《刑

草》则不认为谋叛罪,而认为害国家存在条件之罪,故内外国人皆可
适用。

第三章　关于国交之罪

凡列国之关系可以分为三期,曰敌视时代,曰猜疑时代,曰亲善时
代。而今则无一国不入于亲善时代者,在用亲善主义之国家刑律须罚
一切害国交之行为,此本章之所以设也。

(述)古时国家互相侵伐,凡属外国皆以敌国视之,不视为友国也。
故古时刑法无国交罪。近代各国彼此亲善,慎重国交,故刑法上不可无
国交罪之规定。西洋中古时,亦有与国交罪类似之罪名,但其关系不甚
明显。现在西洋各国刑法,除一二国外,余皆系百年前之主义,于国交
罪之规定极其疏略。德国新定刑法于一九〇九年(即宣统元年)告成,
关于国交罪亦不甚完备。中国《刑草》将国交罪列为一章,有详细之规
定,实为世界最文明之刑法也。

其一、对于外国君主、皇族或大统领之危害罪

危害之意义,与第八十八条及第九十条同,外国君主、皇族或大统
领留滞中国,有人加危害者或将加者,不分其系内人与系外人,均以第
一百零七条第二项之罪论。

中国臣民在外国对其国之君主、皇族或大统领,或对留滞其国之第
三国君主、皇族或大统领加危害或将加者,以该条第二项之罪论。

留滞者,指身在其地而言,故仅通过中国境内,亦包含之于"留滞"
字样中。

本罪照第八十八条至第九十一条之例处断。所谓照例处断者,乃
谓应科以与该条同等之刑,非谓与该条之罪同等也。

(述)对于外国君〈主〉危害罪及不敬罪,与本国君主之处罚同。外
省签注谓"外国君主不可与本国君主同论",此等规定拟于不伦,不知照
例处断非罪名同等之谓,乃刑罚同等之谓也。然究有此种嫌疑,去年法
律馆会议,将对于外国君主犯罪之刑一一列举,条文虽有变更,而处罚
则与前无异。

其二、对于外国之君主、皇族或大统领之不敬罪

对于外国君主不敬罪,为《刑草》第一百零八条所规定。该条所用

"不敬"字样,抽象的意义与第九十二条及第九十三条同,包有可以损伤此等人之尊严之一切言语、文书及举动。至其具体的形式,则未必同。于中国习惯风俗上涉于不敬者,照外国习惯风俗未必涉于不敬,在彼不敬者,在我未必不敬,此执法家所宜注意。

本罪待外国政府之请求或同意论之(第一百十八条),如不待其请求或同意而论本罪,则有时国交上生窒碍,故此限制为不可少。

(述)例如,中国以拜跪为敬,外国以脱帽立正为敬,礼节不同,则罪之有无亦异。故不敬之种类,不能为具体的规定,只能为抽象的规定,私人侮辱罪必待告而后理,关于国交之不敬罪亦然。

其三、杀伤外国代表者或加以暴行胁迫或侮辱之罪

本罪系第一百零九条所规定,外国代表者不分驻在中国与临时派至之人,但除大使、公使等直接代表本国者之外,普通官吏则本条不包含之。

(述)外国领事官,即非代表者,杀伤、暴行胁迫、侮辱以凡论,不得适用一百零九条之规定。

杀者,指故意夺命之行为而言。其基于豫谋与否并所用手段如何,《刑草》不分别之。伤者,伤害之谓,对于被害者之身体故意加以物质的损害者,仅加精神的损害者不在其内。

(述)第二十六章伤害罪,即《大清律》殴打创伤之变形,"殴打"二字不可用有二理由:第一,伤人以殴打为限,则以汤大伤人者,皆得无罪;第二,殴打,其手段也,伤人,其结果也,刑法只问结果,不问手段之如何,若必问其手段,则当列举种种之手段,未免烦琐。"创伤"二字不可用亦有理由。创伤者,指内伤、外伤而言。若使人得精神病,即不得谓之创伤。总之"殴打"、"创伤"字义狭隘,故《刑草》改为伤害罪。

因行决斗或经合意杀伤外国代表者,似应不据本条之例,而据第三百零六条、第三百〇八条之例。

(述)决斗杀伤、合意杀伤或照本条处断,或以凡论,事实上尚宜考究,据吾辈之意见,即不应照本条。

暴行有广、狭二义。广义者,包含一切不法的腕力,而不分其对于身体与〈对〉于物品。狭义者,仅包含其对于身体者而已。本条属狭义而不属广义,但侵犯物品因致侵犯身体者,亦含于本条内。

(述)例如,倾覆外国代表所乘之车,使之颠坠,则侵害物品为侵犯

身体之手段,应照本条处断。

"胁迫"字样亦有广、狭二义。广义者,可以发生危惧之念之一切行为是;狭义者,仅包含精神的压迫之,可以与暴行相较者而已。本条制定之意,盖在于罚,使外国代表者抱不安之念,故该字样不可不解之为广义。

(述)狭义之胁迫与暴行相并,亦分二种。如甲以刃加乙,不予以财则杀之,其危害迫在目前(精神压迫的),是为强盗行为(第三百五十三条);如甲谓乙不予以财,则某日当杀之,其危害不在目前,是为恐喝取财(第三百六十二条)。若因胁迫成国交上之罪,为广义之胁迫,仅使外国代表者之心不安,致国交上不能圆满,即成胁迫罪。

侮辱意义者,指侵害名誉而言。名誉者,各人所有社会的位置。是故若有人于此实施一定言语、文书及举动之,可以侵损外国代表者所有社会的位置者,则作为第一百零九条之罪。而不分指摘恶事、丑行与漫然骂詈、嘲笑,谈实事与非实事于面前与非面前,公然、秘密并被侮辱者之抱有羞耻之念与否也。

(述)何谓名誉,学说不一,予意以为各人在社会上位置,谓之名誉。贵者有官职上位置,富者有财产上位置,皆与社会上位置不同。普通称某甲为有名誉者,其反面则必有某乙为无名誉者,其实不然。某甲之名誉为最之名誉,某乙之名誉稍低而已,非无名誉也。故无论何人在社会上皆有相当之名誉,即有相当之位置。小儿在社会上亦有相当之位置,但小儿无感觉,虽受侮辱而不知,然有法定代理人可以提起诉讼,故对小儿亦成侮辱罪,从前学者中有反对者,现在无之。

但侮辱罪,普通以指摘恶事、丑行为断(第三百四十条)。若漫然骂詈、嘲笑,则为《违警律》三十五条第二项之罪。国交上则无此等区别,皆为侮辱。谈实事云者,即指摘外国代表者之恶事、丑行之谓,无论其事之虚实,皆为侮辱。以友谊而论勤善规恶,固无不可,若公然指摘或密告他人皆为侮辱。从前有谓侮辱罪,因被侮辱者之羞愧而成立者,今则不然。例如,以人力车为营业者,因洋人不雇其车而骂詈洋人,洋人不通中语,固无感觉,而警察可对于该车夫加以相当之处罚,以其行为有害秩序故也。

其四、侮辱外国罪

侮辱外国,其行为不一而足,然于其中有应加刑者,有应不加刑者,

《草案》第一百十条则列记应加刑者。

（述）所谓外国者，指外国国家而言，非指外国君主、大统领、公使而言也。侮辱外国罪，以第一百十条所列举者为限。此外虽有侮辱外国情事，当另成一罪，不成为侮辱外国罪。例如，报馆以论说侮辱外国，虽亦与国交有碍，不能照第一百十条之例处罚，以不合于第一百十条所列之各种事项故也。

国旗及其余国章，现时各国所最尊重，故侵犯之即作为本条之罪。国章者，除国旗之外，如中国官衙所揭于前门之黄龙图样等，一国专用之记标皆是。

（述）国旗几有代表其国之资格，然此乃习惯上之观念，非法律之观念。国章与国旗并重，如日本公使馆前有太阳国旗，另有菊花国章。是国旗、国章不独官署有之，私人亦有之。如东交民巷，日本商人每逢星期，无不悬挂国旗，以表示尊敬本国之意。损坏使馆国旗，应照第一百十条处断，固无疑义，若损坏私人国旗，则因情节之不同而处分亦异。例如，中国人与日本商人口角，毁其国旗，不成第一百十条之罪。若因对于日本国家之恶感而波及私人，凡日本商人之国旗无不撕毁，即应第一百十条处断。总之，侮辱外国罪之成立，必含有外国国家之性质，若仅侮辱外国私人，又当别论。

损坏者犯物质之谓，消灭者包含于损坏，除去者变更现场之谓，不分距离之远近；污秽者用不洁之物变更现在外观，因致较形丑恶之谓，若涂抹颜色之类，有时属损坏，有时属污秽。

（述）一切物质有因损坏而无用者，如满盘肴馔，入秽水一滴则不能食是。有虽受损坏而仍有用者，如证明债权、债务之文书、字据，剪其空白处，仍为有用是也。无论有用与否，但有侵犯物质之行为，即为损坏。例如，日本菊花国章，有人将花瓣剪去一二，即为损坏国章。消灭为损害之最重者，除去字面，似有将物质移至远处，使人不见之意，实则移其位置即为除去。

实施本条之行为者，如不抱有侮辱外国之宗旨，则以第三百八十二条之罪论。可知本罪亦属以远因，为特别要件之一罪。

（述）损坏外国私人国旗，只成第三百八十二条，损害他人之物之罪，不成第一百十条之罪，以侮辱外国之意故也。

其五、关于滥用红十字之罪（第一百十一条）

红十字社者,系瑞西人所创,以减杀在战地有疾、负伤者之苦痛为宗旨。现今文明各国无不加入,用以一定记章即红十字是,附此记章之房屋、船舰及各项物品与以各项特种之待遇,故余人不得滥用之。如滥用之,不可不加以一定之裁判。此所以有本条之罚则也。《刑律》中有其明文,盖自中国始矣。

其六、僭窃外国领域罪(第一百十二条)

僭窃之意义,与第一百条之例同,指不法实施统治作用而言,非谓侵犯土地之私权也。其与外国公力相战斗者,比照次条以其情重者论。

其七、与外国行私战之罪(第一百十三条)

本条明言私与外国开战,故仅与外国私力相斗争者,不在其内。虽本条未明言如其宗旨,不有政治的意义不应入于本条。

(述)应注意者,必抱有政治的意义与外国军队开战,方成第一百十三条之罪。若与外国私人开战者,非即与外国军队开战,而无政治的意义者,亦非也。例如,东三省马贼时有与俄国军队开战之事,马贼并无政治的意义,不应照本条处断。

其八、违背局外中立之命令罪(第一百十四条)

局外中立之要旨,在于不与特定利益或特定损害于交战者。其应为、不应为之分,国际上有一定规则,本条即规定违背该规则之罪。

本条第二款末段,如二倍之数未达三百圆时,并称〔科〕三百圆以下所得总额以上罚金。例如,犯本条之罪,因得一百圆者,并科以三百圆以下、二百圆以上范围内所示罚金之类是,他亦仿此。

(述)局外中立,如俄日战争时,中国宣告中立,中国臣民应遵守国际上中立之规则。有违背该规则者,即是违反命令,应照第一百十四条处罚,但此项罪名国际上视为重要,而实际上适用甚少。

第四章 关于外患之罪

本章所定犯罪,有于战时与非战时之分,说明各罪之前,先注意列左列二项:

甲、第一百二十二条至第一百二十五条中所用"敌国"字样,指既对于中国开始战争之外国而言。是故用外交谈判周旋、居中调停、列国协议仲裁、裁判等一切平和手段不能防止国际纷议,而用报复、船舶抑留、报仇、平时封锁等强制的手段,国际上犹不能作为开战时,则非本章所谓敌国也。

(述)"敌国"字样,有广义、狭义之分。就广义言,凡与中国感情不洽之国皆是敌国。就狭义言,必现在与中国开战之国始为敌国。法律上之敌国,系专指狭义者而言。若开外交谈判已失国际感情,然尚是平和手段,不得谓为敌国。至用平和手段,犹不能止国际纷议,至用强制手段,似可称为敌国,然尚未开战仍非敌国。报复与报〈仇〉不同。报复者,用同形之行为相对抗之谓。如甲国禁乙国人登岸,乙国亦禁甲国人登岸是也。报仇者,用不同形之行为相对抗之谓。如甲国禁乙国人登岸,乙国即禁甲国人旅行是也。

开战之时期,以开战之通告与实战之开始而〔二〕者中先发者为标准而决定之。

(述)开战之通告,即宣告,从前有主张宣战说者,不足采也。

乙、外患罪之性质,或认为臣民背反忠诚义务之罪,或认为紊乱,或破坏一国外部存在条件之罪。法律如采用第一见解时,则限定本罪之主体为自国臣民,例如日本《旧刑法》是也;如采用第二见解时,则不区别犯人之为自国〈臣〉民与为外国臣民,例如中国《刑律草案》是也。

(述)外患罪之性质有变更,则犯罪之主体亦有变更。日本《旧刑法》采第一主义,条文有"对于本国为某某等行为"字样是,犯罪之主体以本国人为限。如日本与外国战争,外国人之居留日本者,多为其本国侦探日本军事,遇此情形往往对于该外国人不能加以处罚。日本有鉴于此,另订一种《军机保护法》(为一种单行法)。凡关于泄露军机之犯罪,内、外国人皆可适用。中国《刑草》则采第二主义,犯罪之主体,内、外国人皆可为之。

《改正案》第二条第一项及第三条第三项之明文上,外国臣民犯第一百二十二条至第一百二十五条之罪时,不分其犯地为中国内与中国外,均用中国刑律罚之,但以同时要据第八条适用战时惯例之故。敌国臣民于中国外,为祖国而实施此种行为者,不得罚之也。

(述)敌国臣民于中国外,为祖国而实施此种行为者,不得罚之。若在中国内,实施行为能否处罚,仍当以战时惯例为断。如其人系衣军衣,则以捕虏看待,不能使之作工,亦不能处以死刑;若其人系改着中国衣服,暗为军事上之斥候,则可作为犯罪。日俄战争时,日本人有改扮俄人衣服,至俄领之地侦探军情后,被俄人捕获,即作为犯罪处以死刑。此条适用甚少,故简单说明。

其一、平和的(即不用暴力之)外患罪(第一百二十条及第一百二十一条);

属此种者有二:一则第一百二十条之罪,一则第一百二十一条之罪是。俱系不用暴力者,但其犯之于平时与战时,律文无所分别也。

甲、第一百二十条所用命令、委任之分,即系本人带有职务与否之别,不宜以之为内人、外人之分别。

(述)有本国吏员之资格,受上官之指挥,谓之命令。无吏员资格之内外臣民,受本国之嘱托,谓之委任(对外国人为委任不待言,本国人亦不尽由命令,亦有委任者)。

律文不分商议系何等事宜,是故大自修好、通商、媾和、改缔条约等项,小至监督侨民及选定居留地等项,皆包有一切商议。国际条约成立于议定时,抑成立于批准时,学说未能一致,然本条之罪,以议定条约之时为既遂。

(述)国际条约之成立时期有二说,如《讲义》所云,主张第一说者,谓缔结条约之人,乃受主权者之委任,代表主权者,故只须议定,即为成立。主张第二说者,谓缔结条约之人虽系主权者所委任,而主权者之意思,不能受委任者意思之束缚,故须批准始为成立。本条之罪以议定条约时为既遂,与国际条约成立时期之争议,须分别观之。本条以议定为既遂罪者,以条约既经议定,则恐有害于中国故也。

本罪以远因为一成立要件,故无图自己或他人或外国之利益之意思者,不在应罚之列也。但律文所谓"利益",包有一切中国利害之关系,而不以财产上之利益为限。

乙、第一百二十一条之行为,系实施国家之命令者不为罪。不基于国家之命令者,无割让领域之效力,似无何等之危害,然若督抚藩镇及其他政治上有力者,开始此种商议,则中国之对外政策上不免有纷扰矣,故本条之规定为不可少也。

(述)《原案》第一二一条"藩地及其余领域",《改正案》易为"中国领域",删"藩地及其余"五字,本罪之成立不必在议定时,只须开始商议,即为本罪之成立。但出于中国政府之命令而为此种行为者,则不为罪。中国藩镇,如西藏等处,若达赖喇嘛无中国政府之命令,擅与英国立约,将西藏割让于英,其行为虽无效,亦足为中国政府棘手之交涉。日本领域甚小,断无此事,故日本《新刑法》无此种规定,他国刑法亦有与此类似之规定。

其二、抗敌罪(第一百二十二条)(战时外患罪之一);

杭〔抗〕敌罪有二种:间接抗敌罪及直接抗敌罪是也。于前者,犯人不加入战斗;于后者,犯人加于战斗之点为两者之差遣。如一人续犯两者时,唯以一直接抗敌罪论。

甲、间接抗敌罪云者,暂付于第一百二十二条前半之罪之名称也。有特别要件二,一二二条前半,即凡通谋于外国,使对中国开战端之罪。外患罪,在法律上甚要,而实际上并不多见,故解说从略。

第一要件,通谋于外国之行为是也。(1)通谋云者,协议决定之谓也。协议方法不分用言语与用文书及其他手段,但意思之单纯的合制(例如,有人以开战为利,外国政府亦偶然主战),不包含之;(2)发议者存于犯人,与存于外国条文不分别之;(3)一方法〔发〕议他方,不应于此,则无通谋;(4)一方须为外国(即外国政府),如唯通谋于外国臣民,政府不与知时,非本罪。

第二要件,使外国开战于中国之事实是也。故如通谋既成,而外国与中国不至开战时,唯为本罪之未遂犯、豫备犯或阴谋犯而已。

乙、直接抗敌罪云者,暂付于第一百二十二条后半之罪之名称也。其要件如左:

第一要件,参与敌国之行为是也。其仅与外国臣民共同,而外国政府不与知者,本条不包括之。

第二要件,抗敌于中国之行为是也。抗敌,指为敌军执务之一切行为而言。是故加入战列,而为攻守战斗与执各种后方勤务者皆是。医师、看护人等加于非战斗员之列,且不经特别办法者,亦同。

(述)军队中有战斗员与非战斗员,后方勤务(如在军队之后运送弹药、粮草等),亦为战斗员,医生、看护人则非战斗员。无论为战斗员、为非战斗员,皆谓之抗敌,故抗敌罪,不以身当前敌者为限。

丙、抗敌罪,不问间接、直接,皆须犯人与外国政府共同。如唯与外国臣民共同对于中国,而惹起兵乱时,是为内乱罪。

(述)犯人与外国政府共同,为外患罪;犯人与外国私人共同,而外国政府不与知,则为内乱罪。此二者区别之点也。内乱罪之成立,不问犯地为内国、为外国，亦不问犯人为内国人、为外国人。例如，中国人与俄人、朝鲜人共同在东三省起暴动时，应照内乱罪处罚是也。

其三、军事上利敌国或害中国之罪（第一百二十三条至第一百二十五条）（战时外患罪之二）。

甲、第一百二十三条第一号之犯罪，即交付要塞、军港、军队于敌国之罪，普通人（即非军人之谓）犯之者鲜，但用诈伪之手段得犯此种之罪时，即应照本条处罚。

（述）一二三条第一号，以兵器、弹药、钱粮交付敌国，普通人皆能为之；若要塞、军港、船舰等皆有军人守护，以之交付敌国似非普通人所能为，然普通人用诈伪之手段亦得为之。例如，军港有守护之军士，有造谣促往他处接战，而潜引敌国军队占领军港。又如，敌国多数军舰停泊在海口以外，有诈称口外无敌国军舰，致本国军舰驶往口外，被敌国捕获之类，即成本条之罪。

乙、本条第二号"伪计"字样，与《分则》第三十三章（诈欺死财）之诈欺及三百六十二条之欺罔意义不同。诈欺包含欺罔及恐喝，欺罔仅含惹起错误于他人心中，而伪计之意义为最广，凡欺罔、恐喝及其他诱惑他人之行为，概包括之。

第二号有"及设方法"字样，指伪计以外一切手段而言，即不属诱惑之部类，正正堂堂喝道战斗之为宗教上罪恶之类是。

不和者，同僚相斗也。反乱者，多众抵抗上官也。逃脱者，出于所属长官监督地域之外也。

丙、第三号之行为较第一百三十二条至第一百三十五条，其内容无大差，但此系战时，彼系平时耳。

丁、第四号乃关于战时实施间谍及帮助间谍之概括的规定，前号所揭本属间谍范围内，本号则网罗其余一切探索军机及泄露之行为也。

凡实施间谍，先行探索军机，次以泄露敌国。本罪既遂，成立于既知军机之时，抑成立于通报敌国之时。按律文泛言为间谍，而不分其程度，故不可不解为于既知军机之时，既遂罪成立。

戊、第五号之诱导，诱致、教导并包有之。诱致者，即自动的指南也。教导者，即他动的指南也。不必要与军队船舰同行，即指示道路之难易；山川之所在，因致敌军之侵入或接近者皆是。舰者，各国军舰之谓；船者，总称军舰以外一切官船而言，不包有纯然之私船。

第一百二十四条:"本条所定系于军事上负担供给义务者之行为。军事上供给义务,有时基于强制命令(即军用征收),有时基于自由契约。"本条仅包有后者,而不及前者,为前者以有特别罚则为通例故也。

"伪计"之解释载在前条,包含赠贿。赠贿之行为,第一百四十一条及第一百四十二条内有其罚则,然该两条不限制远因,范围甚广,本条则举某某行为有一定之范围,故此行为宜据本条处断也。

从本旨履行义务,指不分契约言内及言外,遵守政府之意思,实施所定之给付而言。例如,缔结契约供给役夫者,混加虚弱无能之徒,以仅充其数之类,即本条所谓不从本旨履行义务者也。

犯本罪者,大概系利欲无餍之辈,故律文自由刑以外,并科全罚。

第五章　　关于漏泄机务罪

(第一百三十一条至第一百三十八条)

本章大别机务为二:曰非军事上者,曰军事上者是。前者于第一百三十一条规定之,后者于第一百三十二条至第一百三十七条规定之,第一百三十六条以下则为附属规定。

其一、关于漏泄非军事上机务之罪(第一百三十一条)

本罪之规定,泛言内治或外交,包含一切政务而解之为非军事上者,因关于军事者定有特别规定于次条以下之故也。

政务之应秘与否,宜按其国其时之情节,由审判官断定。古今东西各国,无绝对的应秘之事宜。

(述)政务之应秘与否,当以事之成否为断。事如未成,当守秘密;如其已成,即当颁布,无庸秘密。例如,某种事件为战时应秘密者,战事一过则不必秘密。又如,条约未定之前,则须秘密,至已定之后则不必秘密。

漏泄者,指使当事以外者知其秘事而言。漏泄之手段、闻知者之亲疏及多寡并远因之如何,法律不分别之。

(述)闻知者不分亲疏,故外国有将机务告知其妇者,亦治漏泄之罪。

本罪应重罚之情形有二:(一)暗通外国时。盖与外国暗通者,有时对于中国可以生巨害也。(二)因漏泄机务与外国生纷议或战争时。国际间纷议或战争,非犯本罪之人直接生之者,然因有本罪生此结果时,犯人应受重罚。

其二、关于漏泄军事上机务罪

凡军事上事项,于平时及战时均有应秘者。而第一百三十二条至第一百三十五条之规定,并不分平时与战时。故战时漏泄军机,不入于前章范围,而入本章范围(例如,于战时向第三国通报军机而无他意之类)。

(述)漏泄行为分三种:(1)为刺〈探〉搜集军事上秘密之行为;(2)因刺探搜集之结果报告于外国之行为,漏泄罪以搜集时成立,抑以报告时成立,各国立法例不同,中国《刑草》规定搜集时即已成立,不待其报告也。此等规定较为适当。

于第一百三十三条至第一百三十四条所谓秘密之事项,或图书、物件内包含军事上应秘之一切事物。用例言之,攻守作战之计画、军需、金品之状态并人员之种类及多少等项,属应秘事项;军用地图、船舰之图、报告书、计画书、讨议录、决议录之类属应秘图书;堡垒、炮台、船舰之模型、专用军事炸烈药及其他秘密军需品,属应秘物件。

第一百三十二条所罚刺探应秘事项或收集应秘物件之行为,是刺探或收集既终,其全部或一部不待漏泄于他人,即为本罪之既遂。

本罪成立上,须有漏泄于他人之意思乎?抑不须有此意思乎?法文不分别之,故无此意思者,仍以本条之罪论。

第一百三十三条及第一百三十四条:"分别漏泄军机者之因职务知悉与否,以重轻其刑。"

去年因法律馆会议之结果,将《原案》一三四条改为一三八条之第一项,凡知悉收领军事上秘密之事项、图书、物件,漏泄于他人或公表者,处二等或三等有期徒刑。将《原案》之一三三条改为第二项,其系因职务而得知悉收领者,处一等或二等有期徒刑,文字虽改而意义未变。

第一百三十五条之行为,为保护军机之秘密所不可少之规定。其本人仅出于好奇心者,仍不可不言有暴露军机之危险也。

第六章 关于渎职之罪

凡犯罪之污渎官职或公职,未必以本章所定者为限。但本章所定者,概有渎职之性质,故题曰"关于渎职之罪"。大别之为二:曰关于贿赂之罪,曰关于越权之罪。

(述)凡吏员之行为,有害于其职务之尊严及信用者,谓之渎职罪。

其一、关于贿赂之罪(第一百三十九条至第一百四十二条)

本罪细别为四:曰事前收贿之罪,曰事后收贿之罪,曰事前赠贿之罪,曰事后赠贿之罪,其成立要件如左。

第一要件,受赠者须系吏员或公断人

吏员之范围,见《总则》第八十三条。公断人者,基于当事者之选任,将现在或将来之特定民诉事件不依审判厅之审判,而依其人之判断及终结之谓。故公断人非有官吏、公吏之资格,而其权限类似乎?审判官关于本罪则置之吏员之列也。

(述)受人财物非吏员或公断人,不成受贿之罪,当别成一罪。"吏员"二字,照《总则》之文例言,范围甚宽,以官吏办官事为吏员,即雇人而办官事亦为吏员。公断人,日本谓之仲裁人,关于民事当事者,有处分权,即当事者可以选任公断人之谓。民诉提起前可以选任,即提起后亦可选任。

第二要件,须有关于授受利益之行为

所谓利益者,包含一切财物不待言,可以金钱换算之行为之在其范围内,亦不容疑。但不可以金钱换算之行为而足以诱惑人心者,之在于其内与否,则为学说所未一致者。

(述)可以金钱换算之行为,如役使匠人建筑之类。不可以金钱换算之行为,如赠人姬妾之类。前之行为固在利益范围之内,后之行为刑法学者以为在利益范围之外,不佞之意见则不以为然。

第三要件,授受利益须因有具体的关系

于职务上(官职或公职)、事务上者,其不涉职务或事务者不为罪。而职务上或事务上有具体的关系者,为特定不正行为或不为特定正当行为之谓。

(述)吏员系书画名家,求其书画予以润笔;或有吉凶之事,有人馈送礼物而收受者,不为受贿,以其与职务上、事务上无关系故也。职务上、事务上具体的关系分为二:(一)为特定不正行为,如裁判官故意将理直之诉讼人断受败诉之类。(二)不为特定正当行为,如行政官对于人民之请愿不肯收受之类。具体的关系事实上有应注意者,事前之贿赂为嘱托,事后之贿赂为酬谢,无论事前事后,不必见之文墨或言语,但确有其事,即为具体的关系。日本实际上有看似寻常交际,而实为贿赂者。如以金铸名片公然呈递,或以金镶礼匣装极寻常之礼物以相馈遗者,不得不谓之受贿也。

除以上所述三种共通要件外,各贿赂罪各有特别要件。

甲、收贿罪

收贿者,指要求、预约或收受贿赂之三种行为而言。要求者,由吏员或公断人劝他人贿己,而他人未诺之情形是;预约者,接受贿赂之合意成立之情形是;收受者,贿赂既归于吏员或公断人手中之情形是。不分经预约与否,要求、预约与收受贿赂与以同等之刑,是因诛心之必要同等之故。但既收之利不可以富吏员及公断人,故第一百三十九条定以没收及追征之法,贿赂之既收与未收处分相同。然职务上或事务上有不正行为之与否,处分不相同,其无不正行为而不能免处罚者,盖由于刑律之力,求廉洁之故也。

(述)不必贿赂已经收受,即要求贿赂、预约贿赂即成为受贿罪。要求、预约似较收受情节稍轻,而与收受同罪,何也?盖受贿罪之成立,非财产上之关系,乃品行上之关系,质言之,非以其得不法利益而罚之,乃因有害于其职务之尊严及信用而罚之也。故但有要求、预约,即与收受同科(若受贿又有不正行为,则处罚加重)。此等规定重在诛心,所以维持官吏之体面,即所以养成官吏之廉洁。

乙、赠贿罪

赠贿者,指认允、预约或交付贿赂之三种行为而言。认允者,与《原案》提供字样同义;预约者,与前段所述同,不分发议者为何人;交付者,既赠贿赂之谓也。

(述)赠贿罪与受贿罪相对,待以常识言,受贿者既有罪矣,赠贿者恶得无罪也。而日本《旧刑法》只有受贿罪之规定,并无赠贿罪之规定,致学者解释上有议论,立法上尤有议论。解释《旧刑法》之学者有二说:第一说主张无罪,谓律无正条者无罪,刑法上既无赠贿者作何治罪之明文,则赠贿者不应处罚。第二说主张有罪,但须分别发议者为何人,若由受贿者发议,则为受贿罪之教唆犯;若由赠贿者发议,则为受贿罪之帮助从犯。不佞当时亦主有罪说,而大审院为众论所摇,对于赠贿罪之判决有三次变迁,初解释为无罪,继解释为有罪,最后又解释为无罪。

前后办法两歧,皆法律无明文之结果。至改正《新刑法》时,赠贿罪处罚一条仍有主张不宜增入者,其理由以为赠贿罪不罚,则赠贿者不必严讳其事。如此,则官吏受贿罪容易发觉,容易证明。若赠贿者亦罚,则与者、受者皆严守秘密,不惟不易发觉,亦且不易证明,其结果不惟赠贿者不能处罚,即受贿者亦不能处罚矣。此说为吾辈所不采,盖发觉犯罪、搜查证据为检事之专责,并不专恃犯人之自首也。故改正《新刑法》,即有赠贿罪处罚之明文。

丙、事前与事后之分

事前与事后之分,为贿赂之在于实施职务或事务以前与在其后。其要求提供或预约之在于事前者,虽授受之在于事后,而仍以事前之罪论。

(述)日本新旧刑法,皆无事后受贿作何治罪之明文,然刑法虽无明文,若谓事后无受贿罪,则流弊甚多,故实际上仍治其罪。《大清律》即有事后受财若何治罪之规定,《刑草》仍之。

苞苴盛行而政纲不紊,此古今必无之事,杜绝之法须兼四要件:曰加意养成人才,曰吏员俸禄须厚,曰贪官斥之不惜,曰污吏罚之不缓。

(述)谓杜绝苞苴必须养成人才何?盖人才缺乏之国,其官吏之稍能任事者,虽明知其操守难信,因一时无接替之人,往往为国惜才而不加以处罚;若人才众多,何至有如此之顾忌?故欲罢斥贪官,处罚污吏,仍当以培养人才为前提。

其二、关于越权之罪

关于本罪,《刑律草案》设以特定的规定(第一百四十三条至第一百四十六条)及概括的规定(第一百四十七条)。

甲、虐待被告等人之罪(第一百四十三条)

第一百四十三条所谓裁判不分司法裁判与行政裁判,并其形式用判决与用决定及命令,审判、特许或拿捕等,不用"裁判"字样者亦同。行检察之职务者,检官以外船长、林务官等一切有行检察事务之权限者,皆包含之。警察及监狱以实质为断,不论用如何名称。

(述)如条文上有"司法裁判"字样,则解释亦以司法为限。第一百四十三条仅言裁判,则无司法、行政之分,日本特许局及逮捕局均用"审判"字样,亦与裁判同,各文只言检察,不言检察官,则凡有检察职务者皆是。

其余行政字样内,本条所列以外包有一切统治作用言,补助者指其身无专责,为专责者之手足而言,书记不行裁判及检察之事,而为其补助之类是。

(述)如条文有"警察行政"或"检查卫生行政"字样,则"行政"二字即专指某项行政而言。否则包含一切行政,书记亦是官吏,但裁判之事属审判长及审判官,书记不过为其补助而已。

被告人包有民事及刑事嫌疑人,专就刑事而言,或关系人包有民事原告、民刑证人、鉴定人、通译人、辩护人、辅佐人、代理诉讼人、请求审判人、诉愿者、请愿者及一切有关之人而言。

凌虐之行为,一切违背人道之行为,可以较暴行者是,屏去衣服、减杀饮食、妨止安眠、过度役使之类概属于此。

乙、不保护现在被害人之罪(第一百四十四条)

本条之规定专适用检察及警察人员,而其因未经人告不赴救者,属于惩戒处分范围内。

丙、不正受理及不受理之罪(第一百四十五条)

应受理而不正、不受理者,例如,由被害者告诉或由第三百〔者〕告发而斥之勒令私和是。不应受理而不正受理者,例如,仅经第三者之告发而实施亲告罪之搜查处分是。或不为必要之处分者,例如,不拘留刑事被告人是。检察、警察及审判人员如犯本条之罪,则千百律例皆成空文,故本条之处分为必不可少。

丁、限外征疑之罪(第一百四十六条)

吏员图自己利益征收限外金品者,据本条第二项处分。如系图国库之利益者,似可勿庸加刑,而其实不然。限外不法征收金品,于一方即破坏财政法,于他方即唤起人民嗟怨,其有害公益实非浅鲜,故本条第一项特规定其处分。

(述)一四六条之规定并非以不当利得为理由,因限外征收紊乱财政之秩序,虽财不入己亦当处罚。日本《刑法》亦有此规定,条文上虽仅言为国库之利益,即为地方之利益亦同,日本从前有于地方税限外征收者,亦予以应得之处分。

戊、概括的越权之罪(第一百四十七条)

越权之行为,除第一百四十三条至前条所定外,如不在妨害住居、往来、递信、集会、结社、言论等自由,概可以本条处断。但其基于权限之误者,入于惩戒范围内,不入于本条范围内。

(述)使人行无义务之事,如无正当之理由,强令人民迁居是;妨害权利之施行,如对有告发权者,不许告发是;若告发之事本其管辖,而误认为非其管辖,是为权限之误,应受惩戒处分。

第七章　关于妨害公务之罪

本章所定之犯罪大别为三:曰妨害公务(狭义)之罪,曰侵害封印等罪,曰侮辱吏员之罪。刑律处罚此等行为在保障公务之安全、确实及威信,非以吏员之身体、感情及上下之别,为处罚之标准者也。

其一、妨害公务(狭义)之罪(第一百五十二条)

本罪系一百五十二条所定,但第一项与第二项之罪,其成立要件并不相同。

第一项之罪,当吏员施行职务时,因加以暴行或胁迫而成立。然加暴行或胁迫之宗旨(远因),不分属于妨害职务与属于报复私怨,盖对于执务中吏员加以暴行或胁迫,无论其宗旨如何,均生妨害公务之结果焉。

(述)第一项有二要件:(一)在执行职务中;(二)加以暴行或胁迫。但合此要件,不问其远因如何,皆成本罪。去年法律馆会议于本条第一项"加暴行或胁迫"以下加入"伪计"二字,余俱同。

第二项之罪,非犯于吏员执务之务,加以暴行、胁迫或伪计,则可以成立他项犯罪,而与妨害公务无涉。故第二项之行为基于使吏员为一定处分或不为一定处分,并使辞职之意者,即成立其罪(宜比较第三百四十三条)。

(述)第二项之要件与第一项微有不同,而其情形皆为强迫,其结果皆为妨害公务。

其二、侵害封印等罪(第一百五十三条)

于实施法令上,必须保全之有体物为数不少。保全物件有时用直接管有之方法,有时用封印之方法,故本条以保护封印,保障其效力。

(述)欲保全物件,以直接管有最为得当。但有时物件甚多,不能一一管有,故自古以条文所谓损坏者,指加害物体而言,非必其程度达于全灭其效用也。查封之标示者,封印外,指定其为查封中物之一切记章是。

（述）封印有一定方式，日本与中国同。如以纸或布表明年月日，封加印是。然须急速之时，亦有仅用条纸指定为查封之物，而不盖印者，即查封之标示之谓也。

违背封印或查封效力之行为者，指不害查封之印文及记章，而实施查封中不应为之一切行为而言。日本《旧刑法》并无明文规定，故不免有议论。《草案》特于此种欠点明示之。

（述）例如，房屋已经查封，毁印封而入，是谓损坏。若前门有印封，由后门入，私运其查封之物，是谓违背封印之效力。日本实际上如此之例甚多，日本禁私酿，查系私酿即加封印，往往有凿孔出酒者，即违背封印之效力。

其三、侮辱吏员之罪（第一百五十四条）

本罪细分为三：曰当场之侮辱，曰非当场之侮辱，曰对于公署之侮辱是。

当场之侮辱罪：（1）值吏员施行职务时；（2）有侮辱之言语或举动，即能成立，其内容不必涉及公务。

（述）如裁判官或检察官当施行职务时，有詈之者，不必涉及公务，已于其职务有碍，即成此罪。

非当场侮辱罪：（1）侮辱之内容涉及公务；（2）且须公然实施，始能成立。其私密与不涉公务者，不在本条之内。

（述）如私居时，指摘某推事品行不端、学问浅，不成侮辱罪，以未涉及公务也。即虽公然实施，仍未涉及公务，亦不成侮辱罪，乃三百四十条之罪。公然云者，实际上对于多数人表明其言语、举动之谓，多数人之资格虽有限制，亦不失其为公然，如学生或家族，此有一定资格之人也。但在学堂或家庭（从前有一事实，谓在家中演说不得为公然者，冈田不以为然）中演说侮辱官吏，即为公然实施，又不必当时有人众见闻，即将来可使多数人见闻亦是。如当衢演说，其时虽止一二人见闻，而将来可使多数人见闻亦为公然，凡条文中有"公然"字，皆可作如此解释。

对公署之侮辱罪，其成立要件与非当场之侮辱罪同。

（述）对于公署之侮辱罪，非指摘公署中之一人。

此三种犯罪，刑律上不问其所摘示事实之有无，故列举事实而行侮辱者，仍不得免本条之处罚。

（述）有学者谓指摘果实不当治罪，此殊不然。国家既设官吏，即设有监督机关（如各部司官受堂官之监督，御史职司纠察，尤为中国官吏之特别监督机关），既有监督机关，则官吏应由机关监督，如使人民亦得监督之，则紊乱国家之秩序（其有许报馆监督官吏之特别规定者，要属例外）。

第八章　关于选举之罪

（第一五七条至一六二条）

夫选举议员，乃决利害于公论，定出纳于众望，苟不能确实、廉洁、安全，而欲完全之结果，焉可得哉？故《刑律》草案于第一百五十七条则图保障选举之确实，于第一百五十八条及一百六十一条则图保障选举之廉洁，于第一百五十九条及一百六十条则图保障选举之安全焉。

本章所谓选举者，即依据律例，设立中央及地方参政议会议员之选举是也。其不涉于政务及不依据律例而设者，则在本章范围之外，参照第八十四条。

（述）选举之范围甚广，如学生选举代表，公司选举办事人，皆得谓之选举。本章所谓选举，则有一定限界，见十七章文例第八十四条。至商业公司之选举，如有舞弊情事，亦非无罪，特不能照本章处罚。

第一百五十七条："伪计云者，指欺罔又其他一切诱惑人心之行为言。"

第一百五十八条："本条乃分别处罚，用中场〔伤〕或诱惑等，以紊乱廉洁选举之行为者。"

第一百六十一条："刺探犹窥知也。"

第一百六十二条："本例第二项为一部剥夺公权之特别。"

第九章　关于骚扰之罪

本罪之第一特别要件在多众聚合。所谓多众之员数，须据情形认定之，不能以理预定者也。即现行律中所设四五十人以上限制，《草案》亦舍之不用。聚合不分出于同谋与出于偶然，故因祭祀或运动而有多众会合之举，临时为暴行或胁迫者，仍以本罪论也。第二特别要件，则意图或实施暴行、胁迫是，其说见前。

（述）骚扰罪，日本《旧刑法》谓之凶徒啸聚之罪，中国《刑草》改为骚扰。盖凡犯刑律上之罪之人，皆可目为凶徒，无独立为凶徒之罪，故本章不设犯人之名称，特表明犯罪之行为，曰"骚扰"较为妥当。一六三条"聚众云云"，法律馆改为"伙众"，因聚众字义似预有宗旨而后聚众，伙众则不问有无宗旨，但多数人聚合而为暴行者，即为骚扰。昔日本有因祭祀聚众而为暴行者，律师主张无罪，谓此多数之人并非因暴动而集合，即不能治以骚扰之罪，旋经大审院判决以为既有暴行，即不问其聚众是否出于预谋，皆为骚扰罪。意图为暴行、胁迫，经官吏解散者仍为无罪，所以奖励犯罪之中止也。若已受官吏解散之命令而不解散，则科以一三六条之罪，已施暴行胁迫，则成一六四条之罪。

远因不能变更罪质，故本罪中，非仅赅有妨害信教、阻止营业、威服个人等行为，基于不正之宗旨者，即对于公署提出诉愿，请求相当处分，其宗旨虽合于法，苟以聚众、暴行、胁迫致扰乱地方安定者，亦皆含于其中，故较之现行律中刁民强行出头等例范围颇广。但如内乱、强盗等别罪之情形，则应在本条范围之外，自不待言。

（述）此段说明骚扰罪之性质，信教本各人之自由，营业为法律所保护，若加以妨害阻止，则其远因已自不正，自当科以骚扰之罪。即宗旨甚正，而扰乱地方者，亦为骚扰罪。骚扰罪与内乱罪表面上无甚区别，要视其宗旨如何，以紊乱朝宪为宗旨者为内乱罪，不然，则为骚扰罪。

第一百六十三条之罪，乃已受当该吏员解散之命而仍不解散者，若受命令因而解散者无罪，是亦防止巨害于未发之政策耳。

第一百六十四条之刑，人多以为过轻，然既有第一百六十六条之规定，则实际上亦不至有过轻之患矣。

（述）一六四条之刑，各省签注多以为过轻，是不知有一六六条之办法也。据一六六条规定，凡犯杀伤、决水、放火等罪，其首魁可加重至死刑，此可知一六四条之罪，乃仅指暴行、胁迫而言，并非犯杀伤人及放火、决水之罪，然首魁犹处无期徒刑。鄙意尚嫌过重，今中国各省时有土匪滋事，大率兼有杀人、放火等行为，自当照一六六条科断并无轻纵之患，一六六条"损坏"二字范围甚广，与《刑草》第三十六章"损坏"字义不同，即损坏堤防、桥梁、船舶等皆包括在内。

第十章　关于逮捕监禁者脱逃罪

本章之罪大别为二：一曰逮捕监禁者脱逃罪，二曰使逮捕监禁者脱逃罪是也。第一百六十七条及一百六十八条规定第一种之犯罪，第一百六十九条至第一百七十一条规定第二种之犯罪。

（述）原案系关于监禁者脱逃罪，今年法律馆会议加入"逮捕"二字。就逮之后尚未入监，若有脱逃，与逃监者同罪。

其一、逮捕监禁者脱逃罪

本罪特别要件有二：（一）须系逮捕监禁者；（二）须有脱逃行为。

（述）第一要件关于犯罪之身分，第二要件关于犯罪之行为。

甲、逮捕者，指按照法律，被夺其自由而未收容于法定处所（监狱、警察署内、留置场、劳役场、收容俘虏场、感化场、病院等）者而言。监禁者，指按照法律被夺其自由于法定处所之人而言。凡既决之囚人、未决之囚人及其余按律监禁之人，皆属监禁者。（1）既决之囚人者，非仅指被科自由刑之人而言，其死刑尚未执行以前之囚人及因不完纳罚金而被监禁之人（换刑之监禁）皆包括在内；（2）未决之囚人者，包括一切基于有罪嫌疑、按律监禁之人而言，其公诉之既行、提起与否，本案之有罪与无罪皆所不问；（3）既决、未决囚人以外之按律监禁者，即劳役场之监禁人、战时之俘虏、强制监禁之幼者及狂者之类是也。劳役场之监禁人并非刑事上囚人，然其为法文中所谓按律监禁者自不待言。战时之俘虏在国际法上有特别待遇之例，然亦不得谓为非按律监禁者。至幼者及狂者，其自行脱逃之行为虽不处罚，而他人使之脱逃者，仍分别科以第一百六十九条以下之刑也。

（述）无被逮捕、被监禁之身分，则无所谓脱逃罪，故脱逃罪乃因身分成立之罪。不明脱逃罪之性质者，往往有误解之处，谓未决囚脱逃，其后决定无罪，则不当治其脱逃之罪，此误解也。嫌疑人之必须拘禁者，非因其有罪而拘禁之，乃因其有犯罪嫌疑而保全之（保全有维持意），至审明无罪，自当释放。若私行脱逃，则被坏适法之监禁，故不能无罪。或又谓监禁者脱逃是该犯人既有本罪又有脱逃罪，究应如何处罚？《刑草》并无明文自属缺点，不知此系二罪俱发，本无须明文规定也。

乙、脱逃云者,指按律监禁者不法回复自由之行为而言,即逸出于监督之外也。其实施亦不问其在场内或在场外者。

(述)甲项就身分言,乙项就行为言,脱逃者,即犯罪之行为也。就性质言,为不法回复自由之行为。就结果言,为逸出于监督之外,实施脱逃行为,在法定处所以内或在法定处所以外可以不问。例如,越狱而出,固为脱逃,即由甲监移至乙监中途脱逃,亦成脱逃罪。

不法回复自由者(即逸出于监督之外者),是为脱逃既遂,故如意图脱逃而潜伏狱舍者,虽既在监督吏员耳目之外,则为脱逃未遂,又虽逸出于狱舍之外,而仍在吏员进追蹑中者亦同。

(述)脱逃罪有既遂、未遂之分,逸出于狱舍之外,又为监督吏员耳目所不及,是为既遂;若为吏员耳目所不及而未逸出狱舍或逸出狱舍,而为吏员耳目所及,皆为未遂。日本即有其实例,犯人越狱脱逃,吏员追蹑至数十里外始及之,仍判为脱逃未遂罪,以离狱地虽远,而距吏员之监督则近也。然犯人脱逃虽有为吏员耳目所能及,而认为既遂有两种情形:一、如移送囚人之吏员中途被囚人捆缚,衣以囚衣,而囚人衣吏员之衣以逃,吏员虽眼见其逃,而无追捕之实力,故当其捆缚吏员时,即成为脱逃既遂罪。二、人或追蹑至河,囚人已掉船离岸,虽吏员耳目所能及而无可如何,故当其掉船离岸时,即成为脱逃既遂罪。

丙、监督者脱逃之罪为实施方法起见,可分为二:曰单纯脱逃罪,曰加重脱逃罪是。单纯脱逃有不罚之刑法,中国《刑草》则罚之。

(述)脱逃之方法不同,即治罪有轻重之别。单纯有轻微意,犹言无加重情形也(西文译作单纯)。德国刑法对于单纯脱逃罪不加处罚,其理由有二:(1)爱自由乃人之天性,被监禁者何尝不欲恢复其自由,但无加重情形,即不必加以处罚,以其事为常情所当原也;(2)因人人有爱自由之心,故国家对于处自由刑者,建坚固之监狱以拘禁之,予吏员以重禄以监督之,所以防止脱逃者至为周密,使无特别情节必不致于脱逃,否则为吏员之过,不得以罪脱逃者。但现在各国除德国外,单纯脱逃无不科罚者,盖虽有监狱及吏员,尚恐有防备不周之处,故不得不以刑法补助之。因监狱之建筑、吏员之智识,各国程度不能尽同故也。中国监狱尚在萌芽,单纯脱逃,焉可不治其罪乎?

加重脱逃罪,可分为左列三种:

(1)损坏监禁处所械具脱逃者;

（2）以暴行、胁迫脱逃者；

（3）伙众用暴行、胁迫脱逃者；

中国《刑律新订草案》内关于伙众用暴行、胁迫脱逃者，科以最重刑罚。

其二、使逮捕监禁者脱逃之罪。本罪分为左列四种：

甲、盗取按律监禁者之罪，即第一百六十九条所规定者。盗取云者，出监禁者于当该吏员监督之外，且入诸犯人监督内之行为也。

乙、欲使监禁者脱逃，而为易使脱逃各种行为之罪，即第一百七十条第一项所规定者，如意图监禁者之脱逃，暗送破坏狱舍或破坏械具之器物等皆属焉。因而致脱逃者，则加重其刑。

丙、欲使监禁者脱逃而加暴行胁迫之罪，即第一百七十条第二项所规定者是，因而致脱逃者，则加重其刑。

丁、看守及其他有监督之职务者，使监禁者脱逃，即第一百七十一条所规定者，该条仅包抱故意之行为，其因过失致脱逃者，属惩戒处分范围内。若由于不可抗力者，则无何等制裁。

（述）使逮捕监禁者脱逃有两种情形：（一）监督者使之脱逃；（二）非监督者（即普通人）使之脱逃。《刑草》总则第三十三条："凡因身分成立之罪，其教唆及帮助者虽无身分者，仍以共犯论。"则使逮捕监禁者脱逃，亦可适用《总则》第三十三条之规定，而《分则》复有特别规定者，何居？盖逮捕者、监禁者皆有监督者，若有人使之脱逃或监督者使之脱逃，则甚为危险，刑法上遇此等特别情形，皆应有特别规定。监督者出于过失应受惩戒处分，有疑其处分太轻者，误也。过失本处罚金，若用自由刑未免太重，故属之惩戒处分，实为轻重得宜（惩戒处分轻则罚俸，重则革职）。

本章所谓监禁人，皆系按律监禁之人。若系不法之监禁，则当然有回复自由之权利，其所用方法如何，可以不问。

第十一章　关于藏匿犯罪人及湮灭证据之罪

其一、藏匿犯罪人及脱逃人之罪，第一百七十四条之所谓犯罪人者，指因犯罪嫌疑当该吏员搜索中之人而言，《草案》文法似嫌稍狭。

（述）《改正案》第一百八十条（原案一百七十四条）改"犯罪人"为

"追蹑人",大有理由,固嫌疑人不尽有罪也。但本条所谓藏匿追蹑人(即诉追人),与上文追蹑中之"追蹑"意义微有不同,盖本条所谓追蹑人,指有犯罪嫌疑而被追蹑者而言。

脱逃之逮捕监禁人者,指不法回复自由之按律逮捕监禁人而言。

以上所述犯罪人及脱逃人,其因嫌疑之事实及脱逃之行为在后日受有罪之判决与否,该条皆包括之。

藏匿云者,致难于发见之行为是,非必至不能发见,亦非必隐秘其身体也。

(述)如男扮女装、女扮男装,使搜查者难于发见,即为藏匿。

判决本罪之性质,有以为事后之从犯者,有以为侵害搜查权之独立罪者,采第一说者曰:"宜基于被藏匿者情节之重轻,加减藏匿者之处分。"采第二说者曰:"宜定划一之处分,所犯情节由审判官查定之。"《草案》则采用第二说。

(述)藏匿追蹑人及脱逃人之罪,若认为事后之从犯,则其处分以本犯处分之轻重为轻重,本犯无罪则藏匿者亦无罪;若认为侵害搜查权之独立罪,则虽本犯无罪,藏匿者仍有罪,此二者之大别也。

其二、湮灭刑案证据之罪。第一百七十五条之所谓湮灭者,犹言藏匿,即指难于发见之行为而言,故实质上并无分别,兹异其文字者,亦为修辞故耳。

湮灭证据之罪,仅包括关于刑事被告事件,其关于民事者不在其内。按民事案件之证据,有毁弃文书等规定,且被告者可以要求赔偿,故不设刑事处分之专条。

"伪造"及"行使"字样之解释,见第十七章及第十九章。

第十二章 关于伪证及诬告之罪

本章之罪分为四:曰伪证罪、曰准伪证罪、曰诬告罪、曰准诬告罪是。

其一、伪证罪

凡因律例于公署为证人者,在原则上负四种义务:曰赴场之义务,曰宣誓之义务,曰陈述之义务,曰陈述真实之义务是也。违背义务而不赴场者、不宣誓者及不陈述者,于刑事诉讼律规定其制裁,此章所规定者,专属证人陈述不实之罪也。

（述）中国人于伪证罪之性质不甚明白,以向来重供不重证也。外国诉讼首重证据,故人民有到裁判所为证人之义务,与当兵、纳税之义务同,为根本的义务。盖国家搜查机关、审判机关无论如何完备,而社会之情形万变,终不能烛照而无遗,故欲得案情之真实,不得不借助于私人,此人民所以有为证人之义务之必要也。现在中国人民请开国会,国会所开权利加多（参政权）,则义务亦必加重,为证人之义务其一端也。违背义务,惟供述不实者,予以刑法上之制裁。不赴场（即到案,日本谓为出头）、不宣誓、不陈述者则认为不遵官厅命令,予以特别之制裁,各国办法皆同,中国仿之。

判断本罪之性质,或以为利害关于民事原告或被告及刑事被告之罪,或以为违背命令而不履行臣民之义务之罪,其采第一说者在刑事伪证,谓宜科以事后从犯,或反坐之处分;采第二说谓宜科以独立且划一之刑。比较两说,以法理言,第一说不当之处有三:（一）犯罪既遂后不可以帮助之,何得加以从犯之处分?（二）审判官有自由取舍证书及其他证据之权限,故判决者基于审判官之心证,并不基于证人之陈述,何得科反坐之刑?（三）在重罪伪证,而有时情节可恕,在微罪伪证,而有时情节不可恕,如科以反坐之刑,不过为不合情理之处分耳。故近年新订刑律大抵取第二主义,中国《草案》亦仿效之。

（述）第一说谓伪证罪,直接害及个人之利益,故伪证者受刑之轻重,当以被害者所受之害为标准。第二说以伪证罪为对于国家之罪,非对于个人之罪。细别之又有二说,一谓为违背对于国家所负之义务之罪,一谓为违背宣誓之罪,此二说观察点不同,而结果则一。外国有采第一说者,有采第二说者,日本《刑法》采第一说。伪证罪可分二种:（一）曲庇被告之伪证罪;（二）陷害被告之伪证罪。伪证罪之处分亦分二种:（一）从犯主义;（二）反坐主义。外国有采从犯主义者,以伪证罪认为事后从犯而处罚。日本则采反坐主义,被陷害者应得何罪,即以其罪罪之,此二主义非正当:（一）从犯者帮助犯也,事后无所谓帮助,故虽曲庇被告,亦不宜科以从犯之坐;（二）有判决之权限,乃审判官而非证人,法律点之误或事实点之误,审判官应负其责任,若以事实之误反坐证人,是不啻以证人代审判官负责也;（三）被告虽犯重罪,而证人与之有旧,而曲庇之,其情有可恕,遽处以重罪可乎?又或被告为正人君子,而证人挟嫌陷害之,被陷之罪虽微,而其情形可恶,仅处以微罪可乎?若谓陷害伪证罪从重、曲庇伪证罪从轻为采反坐主义之原则,然曲庇被告,则原告必受其害,又何尝不可从重? 至民事原被利害相反,证人曲庇〔或〕陷害,利甲则害乙,利乙则害甲,用反坐主义,则民事证人无可以处罚之法,因第一说之不当,各国新订刑法,皆采第二说,认伪证罪为对于国家违背义务之罪。中国《刑草》亦然。

《刑法》第一百七十八条,伪证罪规定宜注意左列各项:

第一、本条之犯人须系按律有证人资格之人,如无证人资格,纵对于吏员陈述不实证言者(例如,事实参考人供述不实之类),不可问以本条之罪。其有证人资格之人陈述不实者,则不问公署之种类及讯问之场所如何,均不得不问以本条之罪。

(述)伪证罪为三三条,所谓因身分成立之罪之一种,证人资格仍有限制。如未成年者、精神衰弱者,即无为证人之资格。审判官对于此等人之陈述,只能作为事实之参考,不能作为证言,即陈述不实,亦不能治以伪证之罪。讯问证人不止司法裁判所,即行政裁判所、检察厅(如预审属检察厅是),亦有时讯问证人。讯问场所不必定在官署,如郊外临检,即在郊外讯问,亦事所常有,故公署之种类、讯问之场所皆可不问。

第二、本罪之成立,须属于肯陈述而问答不实者(不论用言语与形容)。如不肯陈述及所答非所问者,不列于本罪。

(述)如问而不答,或所答非所问,其罪止于罚锾,为刑诉法所规定。

第三、在本罪成立上,民事证言之利于原告与害及原告,刑事证言之利于被告或害及被告,并因伪证致审判不得其实与否,皆所不问,惟观察一切情节,应由审判官加减其刑耳。

其二、准伪证罪

准伪证罪,系为伪鉴定及伪通译之罪。

鉴定人者,指据公署命令审察判别特定之事宜之人而言。例如,据审判厅命令审查被告人精神状态,或被害者死伤原因是,故命为鉴定人通常须有专门智识者。

(述)审判官不能尽通世界学问,故不得不用鉴定人审察精神状态及死伤原因,非有专门医学之智识不可。

通译人者,通常指翻译外国语之人而言,然法律上因言语不通而行发表思想之媒介者,亦均为通译人。

（述）审判官不能尽通外国语言，故不得不用通译人，然通译人有普通、特别之分。普通通译人，即翻译外国语言者。特别通译人，为喑哑传达意思者（喑哑不能言，而能文，则无须通译人，惟不能言又不能文，则以举动为表意，须其亲友及有专门学问者，始能领会而传达之，此等传达之人亦为通译人）。

鉴定人及通译人，负有赴场宣誓及为确实鉴定及通译之义务，如有虚伪之鉴定及通译者，其刑与伪证相同。

（述）鉴定人、通译人不赴场、不宣誓，受刑诉法之制裁，鉴定及通译不确实，受刑法之制裁。

其三、诬告罪（第一百七十九条）

诬告罪有二种：（一）以使人受刑事处分为目的者，对于当该官署或吏员为不实之告诉、告发或报告时，其罪成立，惟须有特定之人。如无特定之人，则列于后条，不应列入本条；（二）以使人受惩戒处分为目的者，亦须有特定之吏员。

（述）《刑草》采用新学说，与《大清律》诬告罪之观念不同。告诉乃告言人罪之原因，自居于被害者之地位；告发，乃居于第三者之地位，非被害者；报告，乃受官厅命令调查事件，还报其调查所得之情形之谓。使人受惩戒处分与使人受刑事处分，其目的不同，而《刑草》为同一之规定，何居？因使人受惩戒处分者，有害官吏之体面，有时与使人受刑事处分为目的者无从区别也。如中国御史弹劾官吏，往往查无实据，果系风闻之误，自可无庸置议，若有意构害使人受惩戒处分，则亦当科以诬告罪。

本罪于为告诉、告发或报告时为既遂，而对于指定人之处分如何，可以不问，故值将为告诉、告发或报告之际，因障碍不遂者为本罪之未遂，法律不处罚之。

（述）本罪既遂，不问指定人之处分如何，即被诬人虽未受处分，亦成为诬告罪之谓，此何以故？因诬告者违背秩序，扰乱官纪，虽尚未达其目的，而其罪已不可逭。

其四、准诬告罪（第一百八十条）（一五四条比较，五十改四十）

准诬告罪者，未指定犯人而诬告有犯罪事实之罪者也。例如，佣工遗失财物，恐主人之谴责，伪诉途遇盗贼夺去之类是。按，此种行为，情节颇轻，然徒以费搜索吏员之劳力，亦不能附诸不问。而其性质除不指定犯人外,究类于诬告罪,故《草案》编入本章之中。

(述)佣工捏报被盗,为事实上所常有。日本昔有不良妇人赴私约,晚归被人力车绊跌受伤,归语其夫,谓途遇强暴,夫鸣之官,派警察搜查犯人,卒不可得。后知实无其事,乃此妇捏造是语,以诳其夫,此妇应得准诬告罪。

注意:第一百七十八条第三项及第一百七十九条第二项之所谓自白者,不得与自首混淆,自首系未发觉以前之行为,自白系表示自己罪恶,并不分其发觉之前后也。该两项自白得免之规定,乃基于预防个人损害之意耳。

第十三章　关于放火、决水及水利之罪

其一、放火罪与失火罪(一八二条、一八六条)

本罪成立特别要件有三:曰放火之行为,曰法定之目的物,曰烧毁之结果是也。

一、放火之行为

何谓放火？是人所熟知,不必赘言。但须注意者,刑法上所谓放火,不必要为积极行为,即消极行为(为《总则》所论情形)亦能为放火行为。例如,露积石灰于户外者,明知有因雨发火之情形,意图烧毁他人房屋,不移入内,遂招火灾之类,不可不以放火论。

刑法所谓放火者,指基于故意之行为而言,其基于过失者曰失火。参照《总则》故意、过失之分及第一百八十六条。

二、法定之目的物

放火罪之目的物,就其种类言之,有营造物及矿坑与其他物,就其情节言之,有属第一百八十二条者与属其他条文者。

(述)因物体不同,故治罪亦异。法定目的物,即法律所列举之目的物也。以下分析言之。

营造物者,犹言建造物、建筑物,即施以可蔽风雨之计画,定着于土地之工作物是。其限定存在期限者亦同。

(述)刑法上之营造物与行政法之所谓营造物不同。行政法之所谓营造物(如公署、公所等),为公法上权利、义务之主体;刑法上之营造物,即建筑物,但须其二种要件:(一)可蔽风雨;(二)定着于土地。若碑

碣虽定着于土地,而不能蔽风雨,火车轮船可蔽风雨,而不定着于土地,皆不得为营造物。

矿坑者,不论其矿物属如何种类,一切包括之。

营造物及矿坑,在日本《刑法》分有无现住之人,以定处分之轻重。然放火、决水等犯罪者,其危害及公共则重,不然者则轻,安可仅因人之有无分情节之轻重?《大清刑律》有鉴于此,依第一百八十二条特重罚害及公共之最大者。

(述)放火罪处分之轻重,《刑草》与日本《刑法》所用之标准不同。日本《刑法》以有无现住之人为标准,中国刑律则以危害及于公共与否为标准。依日本法例,有于深山独屋,现有人住者放火,则其刑重;若于都会现无人住之屋放火,其刑反轻。依中国法律,现有人住与否可以不问,若害及公共,则其刑重,不然者则否。两相比较,自以中国法例为正当,以放火等罪之成立,不以害及人之生命身体为要素也。但公共危害情形如何,不能预定。如有人在北京前门大街放火,则种种方面皆受其害(如阻碍商业、遮断行人之类),《刑草》一八二条有六种情形可以参看。

在日本等国刑法,汽车、电车、船舰关于放火罪处罚与房屋同,《大清刑律》则处罚与房屋异,应援用第一百八十四条及第二百零八条,依第二十六条处断。

放火之为罪,在危害及于公共,故目的物虽属自己所有,尚且不免处罚(第一百八十五条)。

(述)通常谓所有权无限制,凡系自己所有物,可以随意处分,其实不然。虽系所有物,若因处分而害及公共,则为法律所不许。

三、烧毁之结果

烧毁者,指因火丧失物件之效用而言。故放火于前段所揭物件,而其结果达于丧失该物件之效用时,则为本罪既遂;其未丧失效用时,为未遂。

(述)分别放火罪之既遂、未遂,当视刑法条文如何规定。法国刑法关于放火罪无"烧毁"字样,故法国学者之解释,以火(然)〔燃〕目的物,即为放火罪之既遂,他国学者亦有赞成其说者。若日本与中国刑法皆有"烧毁"字样,则放火罪之既遂,自以目的物失其效用之时为限。

其二、准放火、失火罪(第一百九十二条)

凡依火药、煤气、电气、蒸气之作用或此外方法,致营造物、矿坑及其余之物件炸裂者,分别其损害或危险,依放火、失火之例处断。

其三、决水罪与过失水害罪

决水者,指故意生起水害之行为而言。以害及第一百八十二条所揭物件或他人利用之地者为最重之罪(参照第一百八十八条至第一百九十条)。

(述)决水之危害甚大,与放火同,故《刑草》以决水与放火同一处分。去年法律馆会议,有主张决水之处分宜较放火稍轻者,鄙见不以为然。

不基于故意,而基于过失者,以第一百九十一条之罪论。

其四、妨害镇火、防水之罪(第一百九十三条)

凡于火灾、水灾之际,藏匿、损坏防御所需之器械或阻遏从事防御之人,或依此外方法以妨害镇火、防水者,处三等至五等有期徒刑或千圆以下、百圆以上罚金。其关于第一百八十七条灾害,妨害防御者亦同。

(述)妨害之行为,虽非助火之燃、激水使决,而因此行为实足以增水火之灾害(非直接辅助,乃间接辅助),如刑法无明文,设遇此等情形,无所依据以为处罚,故《刑草》特以明文规定。(问)决水杀人应科决水罪?(答)一行为触数罪,见《刑草》二十六条可以择科相当之列。

其五、妨害水利之罪(第一百九十四条)

本罪因妨害他人灌溉田亩之水利而成立,其基于荒废他人田亩之故意者,法律特重罚之。

其六、准他人所有之物件(第一百九十五条)

关于放火、决水及水利之罪者,因其目的物之属于自己所有与他人所有,而处分有轻重之分,惟自己所有物若既受查封或负担物权或租贷于人者,关于本罪则仍以他人所有物论,盖以保护他人之权利也。

(述)民法上所有权本属自己物件,而往往于其上有他人之权利。刑法上受差押之物件,虽未尝移其所有权于他人,而差押时,即视为他人之物件,不能有完全所有权(见《刑草》一九五条)。本条于负担物权以外,尚有租贷权之规定何?各国民法或以租贷作为物权或作为债权。作为物权,则可包括在负担物权之内,中国民法尚未修定,未知是否以租贷为物权,故本条于负担物权之外更举租贷权,免生异议。

第十四章　关于危险物之罪

本章所谓危险物者,包括爆裂物、枪炮、煤气及蒸气而言。至罚本罪之理由,则有不能一概论者。漏逸或间隔煤气、电气、蒸气之罪,盖为保护他人身体、财产而科以一定之刑(第二百零三条);若关于爆裂物及枪炮之罪,则于保护他人身体、财产之外,且因为减少暴动事变时所生之危险而设,故特科以较重之刑也。

其一、关于爆裂物及枪炮之罪

第一百九十九条至第二百零二条所揭:(一)制造云者,不分别其方法及分量如何;(二)持有云者,则包括一切存置自己监督内之行为而言,不问其由来及名义;(三)自外国贩运者,指移入于中国领域内之行为言,故不必待其登岸也。

(述)以中国事实论之,如各省土匪起事,无枪炮则易于平定,有枪炮则危害甚大,故《刑草》于制造、持有、贩运者,皆科以重罚也。

其二、关于煤气、电气、蒸气之罪(第二百零三条)

漏逸或间隔煤、电等气之行为,有时无何等危险,有时则生无限之危害,故法律仅以生起危险于他人身体、财产者为罪也。

(述)漏逸煤、电等气固生危险,即间隔其通气之管亦易爆裂。然亦有时不生危害者,如以电气治病,虽漏逸而无伤;以蒸汽取暖,虽间隔而无害,故刑法上治罪,以损害及于人之身体、财产者为限。

第十五章　关于往来通信之罪

往来通信在社会上必不可少者,而科学进步则其设备亦日见复杂,必须加以保护,此所以有《刑草》第二百零六条至第二百十五条之规定也。

(述)人之智识发达,在意思之交换;国家之发达,在信息之灵通。其事虽殊,其理则一也。中国铁路、电线等因有政治上种种窒碍,不能发达,致往来通信之机关不甚灵通,而陆海军、教育、工商业等皆受其影响而莫由进步。现在欲各种事业之发达,非整顿交通机关不可。应注意者,充交通机关之职员有犯本罪者,其处分较他人为重,见第二百十条之规定。

第十六章　关于秩序之罪

其一、煽惑罪(第二百十六条)

本罪因用公然之方法,劝诱他人犯罪而成立,而他人生起犯意、实施犯行与否不问也。若有人劝诱实施犯行,则不可不援用《总则》第二十六条处罚之。

第二百十六条第一项第一号所谓最重之本刑为死刑或无期徒刑者,指由煽惑者所指犯罪之本刑而言,非被煽惑者所施犯罪之本刑之谓也。

其二、妨害正当集会罪

第二百十七条所谓集会者,不分其宗旨及机会,故妨害学堂之集会教育者,亦可包括本条之中。

其三、妨害商农工业罪

第二百十八条之处分仅可以援用该条限定之行为,而不得处分其余之妨害行为。

其四、同盟罢工罪(第二百十九条)

宜对照第二百九十条。

其五、侵入营造物或船舰罪(第二百二十条)

本罪之规定,乃为保障营造物及船舰内之安全而设者,并非罚别罪之豫备者。

(述)侵入家屋,其罪名在历史上有种种变迁。西洋古时以侵入家屋为宗教上之犯罪,因家屋皆供有神灵,侵入家屋即侵害神明;后又以侵入家屋为暴行罪;近来始知非宗教罪,亦非暴行罪,乃破毁房屋之平和之罪。《刑草》二百二十条有此规定,但条文有"无故"字样,不可不为说明。《刑法总则》不法行为,无故即不法也,故犯刑法上之罪者,必系无故,不必一一揭出。然本条若不揭出"无故"字样,则条文语句未免可笑。盖入人住居为往来交际之常,苟非无故,不能作为犯罪,故法理上不必有"无故"字样,而修辞上不得不然。

其六、诈示资格罪(第二百二十一条)

该行为如不基于欺罔他人之故意者,不为罪。

第十七章　关于伪造货币之罪

（第二百二十四条至第二百三十二条）

本罪之特质，往时大概以其为害君主特权或国家主权，科以与大逆谋叛略同之严刑。现时亦有两说：一则以为侵害国家及个人之财产，一则以为侵害政府独有之造币权。按，伪造货币罪之特质，宜赅后说解之。其纯然之行使罪及关于外国货币之罪，宜以其为侵害币政之信用者。

（述）本章之所谓伪造，据伪造文书及度量衡而言。日本从前处伪造货币者以死刑，即视为害君主特权或国家主权之罪。独有造币权与专卖权略同，而与主权迥异，何则？主权者，乃治者与被治者间所生之权利关系，独有造币权其性质本非政府独有之权利，人民亦非绝对不能铸造，不过政府为维持财政计，强制人民不得为之，故称为国家独占权。正如食盐、烟草，本系人民所能贩卖之物，政府为维持财政计，不许人民私贩，遂为国家专卖权，故伪造货币乃侵害国家财政权之罪，非侵害主权之罪也。有谓货币为国家财产，伪造货币即侵害国家财产权者，亦属非是。盖货币者，非财产上之目的物，乃财政上之目的物也。中国货币现在尚非政府独占权，不过豫备将来归政府铸造，故《刑草》有此规定。

本罪之特别要件有二：第一，其物体须系货币、纸币、银行券；第二，其行为须系伪造、减损、贩运、收受、行使或交付。

货币当详经济学、财政学，兹述其大略。

其一、货币、纸币与银行券

货币者，指带有价格并为价格之准绳而言。上古无货币，皆将实物互相交换。后世货币制度兴，始有岩石，有兽角，有鱼骨，有矿块，物质不一。现在多用贵重之金属，且以有法定之形状、大小、文字、纹章为通例。

货币有正货及补助货之分。正货者，系一国之本位货币（即标准货币），除法定差额之外，名价与实价须为同额。至补助货，即为代用正货之物品，为民间利便起见，由政府发行，故补助货者，因准备正货之信用为维持名价之货币也，通例亦以金属为之。

（述）本位货币有金银之分，以金为本位、以银为本位，须视本国之情形而定。货币上面载明值钱若干为名价，实际值钱若干为实价。外国货币皆有正货、补助货之分,如以金币为正货,即以银币、铜币为补助货。正货须名价与实价相符,补助货为维持名价之货币,且图实际上之便利,其价额皆有一定。中国向无正货、补助货之分,故货币价额时有涨落。如中国现在以银圆为正货,以小银圆为补助货。政府有正货之准备,无论何时有持小银圆、铜圆求兑换者,立时兑发正货,且严禁私铸,则货币之价额不至时有变动。现在就中国货币上发见一种情形,与财政、刑法皆有关系,如银圆、铜圆由各省自行铸造,中央政府无监督之权,且于货币上面特设标识,如"湖北省造"字样,致此省货币不能行之彼省,全国财政不能统一,故此等办法可决其有害无利。

在《刑律草案》,货币之作用,有通用与流通之分。通用云者,法律强制其为交换手段之谓(补助货之强制授受,通例上有法定额数以示限制)。流通者,指人民任意为交换手段而言。

伪造等罪若关于货币,则无正货与补助货之分,并科以同等之刑。但伪造内国通货罪之刑,较重于伪造任意流通外国货币罪之刑(第二百二十四条、第二百二十五条)。

纸币有政府所发与银行所发之分,《刑草》第二百二十四五等条所用"通用货币"字样,可以包括政府所发纸币。其系银行所发者,则不可不经政府许可,此东西各国之通例。

(述)《刑草》所谓通用货币,兼金属货币及纸币而言。外国以由政府发行者谓之纸币,其由银行所发未经政府许可者,只能谓为有价证券(《刑草》二三七条有此规定)。中国大清银行之银票或可作为纸币,以大清银行与度支部之关系,他人不得而知也。其余银行之银钱票不能作为纸币。

其二、伪造、灭损、贩运、收受、行使与交付

伪造之本质,即为摹造,用真物为物质上或构想上之摹形,新作酷似物品之谓。刑法所谓伪造,指不法之摹造而言,无权利之人意图为真物而行使之,摹造货币之行为即为伪造货币。

(述)物质上之摹形,如先为模范,以便印铸是;构想上之摹形,如以自己之思想雕刻种种纹章之类是。

甲、关于摹造之标准有两说:一说不要摹拟该国通用货币之外形,但要制造使人信为该国通用货币之外形;一说必要摹拟该国通用货币之外形。按,刑律处罚本罪之理由,其意在保障政府独有之造币权,并

维持通用货币之信用,非顾个人之损害,故不可不以第二种之学说为法理上之正当者(即关于通用及交换期限既满之货币,不成立伪造罪)。

(述)例如,中国通用银圆,以七钱二分为一圆,无倍其重量而称为一圆者。通用小银圆只有一角、二角,无三角、四角者,若有人伪造倍其重量之银圆及三角、四角之小圆,其花样与七钱二分、一角、二角者无异,使人信为通货,依第一说应治以伪造货币罪,依第二说当作为诈欺取财罪,而不得谓为伪造货币罪,以其制造相似,而非摹拟原形也。

乙、采用第二说,即所造之货币,须有通货之物质、形状、大小、成色、文字、纹章等,方谓之伪造货币罪。如制造方形之银币,圆形之纸币,不得以为伪造货币罪。

(述)须有通货之物质云者,谓其物质与通货相似,如伪造银圆,表面似银,并非真银之类是。

丙、摹拟通货之程度,以足以欺罔普通人为准,不要足以欺罔专门熟知货币者。

(述)专门熟知货币者,如银行掌柜、朝倮等是。日本从前有伪造壹圆纸币者,其大小、花纹悉与通货无异,惟“壹圆”写“壶圆”,日本裁判官判为制造玩弄纸币罪。据不佞之意见,仍当治以伪造纸币罪,以“壶圆”与“壹圆”字画虽小有差异,普通人不易察知,能欺普通人,即为伪造货币。如所造银货虽为圆形,而其大如月或大小与通货相同,而中凿方孔,无论何人一见即知其伪,不能欺普通人,不成伪造罪。

丁、摹造品之实价,大概劣于真货,但其优劣无影响于本罪之成立。

(述)摹造金货者,类以金裹银,摹造银货者,类以银裹铜,其实价或高于真货或与真货等,是否成为伪造罪? 据不佞之意见,伪造罪之成立,因其侵害国家之独有造币权,不问其价额之高下也。假有以金货伪为银货,本值四十圆,作一圆行使,亦成伪造罪。

减损者,指削少硬货之分量而言。削少之程度达于丧失通货之外形,即为破坏货币罪。又如,破坏真货用为摹造通货之材料,即为伪造货币罪。

(述)破坏真货用为摹造通货之材料,此等情形见之金货者多。如剖金圆而削少其内面之金,另以他质挽合之类是。日本有以金币装入布袋尽力摩擦,使金屑沾滞布孔,再火袋而取其灰中之金者,应治以减损货币罪,因日本《刑法》无“减损”字样,乃治以变造货币罪。

贩运之解,见前。

(述)贩运伪货罪,其成立上有二说:一入于领海时,一登岸时。不佞则主张前说,然此专就隔海贩运言之。若陆路贩运,如俄人出俄境入中国领土,其入中国领土之时,即贩运罪成立之时。

收受者,指获得、持有而言,不论有偿与无偿,并适法与不法,一切获得、持有之行为即为收受。

(述)有偿如交换(以他币易伪币),无偿如赠与,适法如买卖(知为伪币而买之),不法为盗窃(知为伪币而窃之)。四者有一,皆为收受伪币罪。

行使者,指物充其用而言。货币之用,通常在于流通,即在于因交换而交付于他人,故将伪造货币为交换而交付于他人,是为既遂行使。然有时仅使他人检阅之,而即充货币之用,于此情形,即以他人检阅之时,为既遂行使。

(述)物各有用,充其本来之用,谓之行使。如货币之本来作用在于流通,必流通而后为行使。若以伪货为陈设品,则非充本来之用,不成为行使既遂(例如,伪造文书,其本来之用在供人检阅,若用以糊壁,则失其本来之用是)。仅使他人检阅即为既遂者,如日本银行由大藏省监督,常出各银行之不意,派员检阅豫备金是否如额,若以伪造货币供检阅,即为伪造罪成立。

交付者,指分离自己持有为他人持有而言。法文所谓交付于人,除行使之外,一切交付他人之谓是。

(述)交付分二种:一为行使而交付,如不告以伪造之情,而充货币之用是;一为不行使之交付,如告以伪造之情,卖与伪货是。为交换并非行使,然亦须交付,《刑草》定伪造货币之刑至无期徒刑止,或疑过轻,不知伪造货币非严刑所能禁止,当用其他方法以豫防之。日本纸币之纹章,雕刻极其精细,即色极其鲜明,以及制造货币之器械工作,皆非寻常人所能购造。

第十八章　关于伪造文书及印文之罪

本章所定犯罪之物体,即文书及印文是,其行为即伪造行使及交付是,试分别说明之。

其一、文书之概念

泛言文书者,盖指定着文字于有体物上而表明思想者是。刑律所谓文书,则仅指可供证据之用者而言。

(一)文字乃言语之符号,其中有代表思想者与代表发音者,又有各种书体不同者,但刑律之所谓文书,则无此分别。

(述)如中国文字一字一义,皆代表思想,西洋文字则多代表发音,各种书体不同。就中国言,有真草篆隶之别,又有象形文字,埃及文字亦多象形。

(二)文字有以符号代之者。例如,电信所用之符号及盲人所用之符号等皆是。此等符号如有一定法则,以为多数代表思想之用者,在刑律中须以文字论。

(述)如电信,中国用数目字,外国用长短线点(如—·——·),皆有一定之法则,虽是符号而有文字之用。

(三)纯然之绘画不以文字论,故用之代表思想者,不得谓为文书,但其效用有与文书相同者,故刑律中加以"图样"两字。

(述)如卖买房屋,照式给图粘贴契尾是。图画与契约同有效力,则为文书;若离契约,不为文书。《刑草》二三四条认图样为文书,即指与契约同有效力者而言。

(四)定着文字,不论其物质及方法如何,故如纸绢上以笔墨写成者,或布帛上以染织为之者,以及金石竹木雕刻铸造者,皆为文书;刻冰书、水书则不然。

(述)冰书、水书不能定着于有体物之上,虽有字迹,旋即消灭,故不为文书。

(五)表明思想者,指叙述一定权利、义务事实之存否以及其范围而言。故仅表示姓名之名片、记载诗歌之书幅、指示号数之木牌等,皆非表明思想者,不得谓为文书。

(述)名片仅表示姓名,并非证明权、义之用,在刑法上不为文书。若伪造古今名人书画出售,谓为诈欺取财可,谓为伪造文书则不可,因书画亦非证明权、义之用故也。

(六)可以供证据之用者,指其文书所有体裁足以证明权利、义务或事实而言,不问其作成之时,有无供证据之意思与否。

(述)如甲与乙书中多关系权、义之语,甲作书时并无供证据之意思,不过偶然叙及。若有人伪造此信,即为伪造文书。习惯上文书各有体裁,如信札,有信札体裁;契约,有契约之体裁,并非法律上有一定体裁也。

其二、文书之种类

《刑草》分文书为六种:制书、公文书(公图样亦同,以下仿此)、特定公文书(文凭、执照、护照,第二百三十六条)、有价证券、私文书、特定公私文书(诊断书、检案书、死亡证书,第二百四十条)是。

(一)关于制书字样,宜对照第八十一条之规定,其不关于政务者,亦包括之。

(述)制书之范围甚广,不仅皇上之书谓之制书,即太皇太后、皇太后之书亦为制书,《刑草》第八十一条第二项有此规定。至伪造制书罪是否以关于政务之制书为限,若仅关系皇室私事,与国家政务无关,应科罪与否亦一问题也。就制书之性质言,无论关系国家政务或关系皇室私事,皆不可伪造。

(二)公文书者,指吏员及公署应制成之文书而言。宜对照第八十三条,故公署所持而未有公文、公印之私文书,仍为私文书。

(述)日本从前有一故事,本为私人作成之私文书,后为裁判所掌管,有伪造此文书者或照私文书办理,抑照公文书办理,因刑法上无明文规定,故不易解决。《刑草》第八十三条规定,有公文、公印者为公文书,无公文、公印虽为公署所持,仍为私文书(如有公印,虽为私文书亦以公文书论)。

(三)文凭、执照、护照均属公文书,但欺罔吏员或用诱惑而伪造此等文书者,不至有重大危险,此所以有第二百三十六条之规定也。

(述)刑法既有公文书之规定,似不必将文凭、执照、护照列于公文书范围之外而另为规定,但文凭、执照、护照虽为公文书,而伪造此等文书者,其危害较小,则科刑较轻,故不得不另为规定。

(四)有价证券者,依作成文书及依其保存、交付、消灭可以发生债权及使其存续、转移、消灭者是。例如,汇票、期票、支票之类,其便于流通,殆与纸币相近,其伪造行使之处分,应较寻常私文书加重,故特设专条规定之。

(述)权义之发生、消灭随文书为转移,此种文书谓之有价证券。如中国钱庄所发行之票据,一经烧毁则权利消灭,亦为有价证券。至寻常债权之证书、票据，与有价证券不同，虽经毁失，只须向债务者证明，仍可取偿，其债权并不随票据而消灭。

（五）私文书，即一私人所作成之文书是。第二百三十八条，仅包括可以证明他人权利、义务或事实者。

（述）私文书除有价证券外，凡系一私人作成之文书，可证明权、义或事实者皆是。

自己之文书可以由自己伪造与否，其说有二，然其对于他人可以证明权利、义务或事实者，自不得由自己伪造（第二百三十九条）。例如，商人伪造自己商业账簿等，亦当以本罪论也。

（述）德国学者谓伪造文书乃虚构作成人之资格。据此说，则自己文书自己有作成之资格，并非虚构，即不成为伪造。又有一说，谓凡可使人误解其权、义之所属者，皆为伪造文书，不问其有无资格，故自己亦能伪造，《刑草》采后说。

第二百四十条所揭书类，不分别公文与私文。

（述）第二百四十条诊断书，即脉案检案书，即检查死人之报告书。死亡证书，即证明人死之年月日。此种文书有时以官吏之资格作成，有时不必官吏亦能作成，故不分公私，均照本条处断。

其三、印文

印者，指由本人辨识当该事实之符号而言。质言之，关于文书及其他物件证明，由本人认真作成、所持或阅看等事实之符号是，分之为印文与狭义之印。印文者，用狭义之印所现之符号是，在刑律上应与文书同。狭义之印，又名曰印颗，用以现出符号之器物是。伪造印颗之刑，较轻于伪造印文之刑（第二百三十一条至第二四九条），以关于证据之危险不同故也。

（述）用印颗谓之印，签字亦谓之印。如吾人作成文书不盖图章，图章者，以证明文书由吾人作成者也。证明权、义乃印文，非印颗。然伪造印颗不能不罚者，恐将来作印文之用也。但伪造印颗之罪，较轻于伪造印文之罪。宜注意者，印文必用印颗，然亦有不用印颗者，如以笔描成印文之类，亦为伪造印文罪。

其四、伪造文书之概念

伪造，指不法摹造而言，与别种伪造相同，惟伪造文书有两种问题不可不解决者。第一问题，凡伪造文书是否指文书所示权利、义务或事实并属虚构者而言,抑指伪造文书系不法摹造者,而不论所示权利、义务或事实之真伪。按,伪造文书原则上指不法摹造之行为,而不分别所示权、义及事实之真伪也。第二问题,伪造文书所揭事实,虽不系该文书应证明者,是否为伪造文书之罪,除全然无害者外,不可不以本罪论。

(述)关于第一问题,有三种学说:第一学说,谓刑法上伪造文书罪,所以保障文书所示之权、义或事实,故本罪以虚构事实而成立。如甲对于乙本无债权,甲伪造债权证书系虚构事实,应治以伪造文书罪。如甲对于乙本有债权但无证书,而甲伪造证书,其事实虽真而证书则假,然非虚构事实,则伪造文书亦无罪,此种学说为法国学者所主张。第二学说,谓伪造文书罪乃因虚构作成人之资格而成立,如上例甲对于乙本有债权但无证书,有作成证书之资格者,乃债务之乙非债权之甲也。若要作成证书必须由乙作成,甲不待乙作成而自作成之,其事实虽真,而虚构资格,即应科以伪造之罪,此种学说为德国学者所主张,与第一说适相反对。第三学说,谓伪造文书罪,所以保障文书之效力(在诉讼内或诉讼外所有证明力),故本罪以不法摹造而成立(不法摹造,即侵害文书之效力),不问其事实之真伪(第一说不足采),亦不问其资格之有无(如德国学者之说,则自己伪造自己文书者,其资格并非虚构,即不成罪也。故第二说亦不足采),但系不法摹造即当科罪。关于第二问题,专就文书所揭事实言之,文书内有应证明之事实,如债权证书,须写明债权者、债务者姓名及借债之年月日,其他事实无须证明,即不必记入,若添记不应记之事,或更改之,除全然无害者不必治罪外,仍应以本罪论。全然无害何例?如债权证券不必记载债权者、债务者之年龄,若已经记入,而债权者私自更改或于债务者姓名下添注子嗣几人,皆与债权、债务全无关系,可置不理。但有时年龄亦有关系,如债务者本系未成年者,而改为成年者,则大有关系,仍以伪造罪论。

日本新旧刑律,伪造以外均有变造文书罪名。按,该律之所谓变造文书者,指不法增减、变换真正文书而言,此种行为固属一种伪造之行为,不必别立罪名,故中国《刑律草案》不载"变造"字样。

(述)"伪造"二字若从宽解释,则变造自然包括在内,知此理由,不至误解《刑草》为不罚变造也。

其五、伪造文书之方法

在刑法学,分伪造文书之方法为两种,即有形之伪造与无形之伪造是也。有形伪造文书者,指虚构作文之人而言,即用他人之姓名,不法创作虚伪文书,或不法增减、变换他人所作真正文书是也。其伪造事实存在字句上,故名有形之伪造。无形伪造文书者,指用自己名义亲制伪事之文书,或使他人用他人名义制作伪事之文书而言,《草案》内左列各罪即是。

(述)有形伪造,伪在字面;无形伪造,伪在内容。无形伪造又分二种:(一)用自己名义;(二)用他人名义。左列各例第一至第三属于前者,第四至第六属于后者。

(一)吏员明知虚伪之事实,而据以制作所掌文书图样者(第二百三十五条第一项),第二三五条第一项用自己名义伪造,照前条科断,即照第二三四条用他人名义伪造罪科断之谓。例如,未与法官考试之人,伪造主试官所给之及格文凭是。用他人名义伪造,应照二三四条科罪,若主试官伪造及格文凭,给予未曾与试之人是。用自己名义伪造,则照第二三五条第一项科罪,用自己名义伪造见之文凭者少,而见之主管账簿者为多,如监守官私用官款,捏账报销之类。

(二)对于他人可以证明权利、义务、事实之自己文书图样为虚构之记载者(第二百三十九条)。

(述)本项指商人之伪造账目者而言,伪造账目见之小商人为少,而见之大公司司账者为多。

(三)医师、检验吏于提示他人之诊断书、检案书、死亡证书为虚伪之记载者(第二百四十条第一项)。

(述)检验吏,皆有吏员之资格,医师则不必有吏员之资格。本项伪造罪不问有无吏员资格,同一科断。

(四)申告虚伪之事实,而使吏员制作所掌之文书者(第二百三十五条第二项)。

(述)本项与第一项不同,第一项系自动者,本项乃被动者。例如,户籍吏所掌文书,大抵记载生产、死亡、婚姻之事,如某甲诈称某乙生儿,使户籍吏为之登记,即成二三五条之罪。

(五)以虚伪之事实申告于吏员,而使交付文凭、执照、护照及使为不实记载者(第二百三十六条)。

(六)嘱托医师、检验吏制作不实之诊断书、检案书或死亡证书者(第二百四十条第二项)。

以上六项制作人名义无伪,而文书之内容有伪,故名无形之伪造。

其六、伪造印文与其盗用及滥用

伪造印文者,指不法摹造印文而言。不必摹造真正印文,即用架空文字、纹章而他人足以误认为真者,其罪仍成立,此为本罪与伪造货币罪不同之处。

(述)伪造货币非现在通行者,其罪不能成立。如中国现在通行只有一圆银币,有造二圆银币者,不成伪造货币罪。因货币有一定之标准,不依此标准者,一见即知其伪也。至伪造印文则不然,不必真有此种印文,即架空伪构印文,虽与本人原有之印文绝不相类,亦当科以伪造罪,因印文各有不同,并无一定之标准,本人所用印文系何字样,系何形式,他人不得而知,若伪构印文指为本人之印文,他人易信为真也。日本印文分二种:(一)实印,私人所用之图章,曾经报官立案者(后有更改,亦须呈明);(二)认印,私人所用之图章未经报官立案者。故实印之效力较强于认印,有学者谓伪造实印须与原印相似,方成伪造罪。不佞不以为然,伪造印文并不与真印相似,但使人误认为真,其罪即成立。中国印文无实印、伪印之分,更不必问其所造之印是否系摹造仿真印,当一概以伪造论。

盗用者,不法使用真正印文之谓。滥用者,吏员在权限外使用真印之谓,《草案》与伪造同论。

(述)普通之所谓盗,指夺人之所持而言。盗用者乃不法使用之谓,即无使用之权利而使用之之谓也。不法使用有两种情形:(一)未得本人承诺,私用印文(其印文仍送还原处);(二)已得本人承诺,但指定作某项之用,而私于本人指定范围之外更作他用。日本商业上有白纸委任状,委任者约定买物时,则用自己图章,而受委任者于本人指定之外使用之。第一情形近于盗用,第二情形近于滥用,而滥用以吏员犯者为多。

其七、行使文书或印文

行使文书者,指充文书之用而言。文书之用在于证明文书所揭权利、义务或事实,如以伪造文书供其证明之用者,均为行使之既遂,惟不可不留意左列各项。

(述)行使字义,伪造货币条已详。文书之种类极多,行使之方法亦异,如何行使为既遂,如何为未遂,为至复杂之问题。

（一）须由公署保存之文书，如依定例，既经缀钉等行为者，即为既遂行使。

（述）本项并无行使之情形，然从文书之性质言，已成既遂罪。如户籍中之身分证书由公署保存（身分证书将来可作裁判上证明之用，然为临时行使，其实在于保存），但使伪造此种证书装订成册，可以交公署保存，即为行使既遂。又如，裁判所开公判时有公判记录，若书记或裁判官于犯人口供之外增加一段，杂入公判记录之内，亦为行使既遂。

（二）以伪造文书供证明权利、义务或事实之用者，则不分犯人既遂终局之目的与否，并为既遂行使。

（述）例如，甲欲诈取乙钱，伪造借券，向乙索偿。以甲持伪券，使乙阅视时为既遂乎？抑以诈得乙钱时为既遂乎？据不佞意见，当以甲持伪券使乙阅视时，为既遂行使，以所造伪券至阅视时已生效力故也。裁判所判此案时，应科甲以行使伪造文书既遂罪，并科以诈欺取财未遂罪，作为二罪俱发；若已诈得乙钱，则应科以诈欺取财既遂罪。

（三）以伪造文书供证明权利、义务或事实之用者，仅有提示第三者之情形，亦为既遂行使。

（述）如上例，甲造伪券，并不向乙索偿，但以与第三者丙供担保之用，亦为既遂行使。以上三项，第一项系公文书，犯者较少；第二、第三两项其文书之种类较多，用处较多，故犯者亦多；此外尚有他项行使情形，亦可以第二、第三两项之法理为标准。

行使印文者，指供认真之用而言。行使印颗者，指现出印文而言。

其八、伪造与行使之关系

伪造与行使，有时由一人实施该行为，依《总则》第二十六条处断，其系两人不共同之行为，即依本章各条处断。

（述）就犯罪者之意思言，无论伪造文书或货币，其宗旨总在行使，故伪造为行使之手段，行使为伪造之结果，是伪造与行使有不可分离之关系。若就社会上利害言，则伪造有伪造之害，行使有行使之害，何则？伪造者虽未行使，然必有行使之一日，此伪造之害也。行使之人不必系伪造之人，一经行使，遂使伪造之害波及一般之社会，此行使之害也。故各国立法例皆分别二者，各为独立之罪，中国《刑草》亦然。刑法上既系分别规定,故专系伪造或专系行使者,皆当处罚。若伪造与行使始终出自一人,外国刑法定有专条(另有独立罪名),中国《刑草》无之,当适用《总则》第二十六条二罪俱发从重之一罪论。或疑伪造与行使似不易分轻重,其实不然,只须就事实上观察之,即可知其孰轻孰重也。例如,伪造纸币一万圆,而已经行使者只一二圆,则伪造罪重,行使罪轻。又如,行使伪造文书,讹诈他人赌〔财〕产至数万圆之多,则行使罪重,伪造罪轻。

第十九章　关于伪造度量衡之罪

关于本章所揭之犯罪,《草案》所谓违背定规者,即指度量衡之数目与法定数目有异者而言(第二百四十五条、第二百四十七条)。而第二百四十六条之所谓不平者,即总称其数目与法定数目有异者,而不分该狂差基于伪造与不基于伪造也。

第二十章　关于祀典及坟墓之罪

其一、关于祀典之罪

关于祀典之罪,即第二百五十条所定者是。该条规定不论宗教种类如何,盖立宪国人民有信教之自由,或奉道教或信佛教或皈依耶稣教,人人可以自由去就,如该条之规定,乃罚紊乱信教上秩序风纪之行为,非保护某某宗教也。

(述)信教自由为立宪国之通例,故《刑草》第二百五十条不分别宗教之种类,概加保护,惟淫祠邪教本所严禁,不得援以为例。

其二、关于坟墓之罪

第二百五十一条至第二百五十三条所用“死体”字样,指人类之死尸,关节未分离者而言;既经分离者,可以称为遗骨,不可称为死体;其化为石灰或泥土者,其不可称为死体,更不待言。

(述)中国于发掘坟墓治罪最重,在理论上固不能言其非,然科刑过重未免于刑事政策有碍,《草案》折衷定刑,然已较各国刑法为重。

中国从来习惯,不重视婴儿及童稚之死体,然第二百五十一条“损坏、遗弃、盗窃死体”字样,包括此种死体不待言也。

第二十一章　关于鸦片烟之罪

（第二五六条至第二六四条）

吸食鸦片烟，损伤身体，消磨志气，其害极大。此风一经传播，即令社会陷于疾病、痴呆之状态。所以《草案》立法分别此风传播社会之危险大小，而加减刑罚，现行《禁烟章程》亦同。

（述）本章规定与现行《禁烟条例》大概相同，但吸烟者不独官吏，《禁烟条例》专重官吏未免可笑。

第二十二章　关于赌博、彩票之罪

赌博者，依偶然输赢、得失财物之赌事及博戏是。偶然者，过去、现在或未来之事实由当事者不能确知者是也。而在赌事可以决定胜败之事实，存于当事者行为以外；在博戏可以决定胜败之事实，存于当事者亲身所施行为。不得失财物者，赌事与博戏并不罚之；以财物为赌，而该财物系供人人暂时娱乐之物，亦不为罪。

（述）凡以赌博为业者，其害甚大，窃盗等罪皆由此发生，故科刑较重（处三等或四等徒刑），偶犯者只科财产刑。

近来在各项竞技或运动等会，用财悬赏之风渐经增加。该悬赏如不害秩序风俗者，依第十四条不为罪，但不得以系多年惯行之故，认为无罪。

彩票者，以抽签及其余方法，数百千万当事者同时决定胜败之赌博是。

彩票有采禁止主义之国，有采放任主义之国，有采特许主义之国，当以特许主义为最良之法。

〈（述）〉处罚赌博及彩票，并不论其以此为常业与否。而《草案》第二百二十六条对于以赌博为常业者，别科重刑，其理由安在？因有此等恶习之人，大概渐进别项罪恶，故不可不特别处分。

第二十三章　关于奸非及重婚之罪

（述）奸非罪包括下述四层，中国元《刑法志》即有奸非罪名。

其一、猥亵罪(第二七二条及第二七三条)

猥亵之行为者,指除奸淫之外,有关人类生殖情欲之行为违背善良风俗者而言。在异性间能有此种犯罪固不待言,若在同性间之行为以及单独之行为,尚且能成本罪,惟《草案》不采处罚单独行为之规定而已。

其二、奸淫罪(第二七四条)

《草案》之所谓奸淫者,仅指异性交接而言,故同性间以及单独行为不包括之。

本罪与猥亵罪非程度上有别,而性质上有别。盖本罪之特质,在于异性之交接,猥亵罪则不以异性为限。故前者非指后者之既遂状态而言,后者非指前者之未遂状态而言也,不可不注意。

(述)法律馆《初订刑律草案》注释谓猥亵行为,指违背风纪未成奸以前之行为而言,以猥亵为奸淫之未遂罪。其实猥亵另为一罪,并非奸淫之未遂。

《草案》现定在奸淫行为中,仅罚强奸及有夫奸,而无处罚其余纯然私通、野合之条文。盖此种非行亦违背善良风俗,紊乱社会秩序。然违背风俗、紊乱秩序之行为,未必应科刑罚。其中应依家庭教育、学堂教育及舆论之制裁以防止者不鲜,纯然之私通、野合其一端也。

(述)论者谓《刑律》不罚和奸,与中国礼教相反,宜将和奸处女、寡妇等罪名加入,不佞始终反对。和奸处女、寡妇有害于道德,有害于伦常,有害于社会(于家庭之名誉有关系,故有害于社会)。外国学者谓和奸为道德上之害,与社会无害,其说亦不尽然。但此种行为,各文明国刑法皆无科罪之明文,为刑事政策上一大问题。欲解决此问题,不能从一面观察,当就社会上各方面观察之。第一,凡有害于道德伦常、社会之行为,有时不尽为刑法上犯罪行为。盖刑法之适用,以刑法效力所能及者为限。如某种行为为刑法所能矫正,则刑法上有科罪之明文;若其行为虽不善,而为刑法效力所不及,则不必科罪。例如,幼者、精神病者,其犯罪之外形与常人同,刑法不处罚者,以其行为为刑法效力所不及也,如奸罪亦犹是耳。幼者、精神病者犯罪当以感化教育及医药矫正之。和奸罪当以家庭教育及舆论矫正之,皆非刑罚所能矫正也。

其三、强行猥亵罪与强奸罪

强行猥亵罪(第二七二条第二项及第二七三条)及强奸罪(第二七四条第一项),并因用暴行、胁迫、药剂催眠术及其余方法,至使不能抗拒而实施之故而成立。暴行者,指对于人之身体加以不法强力而言。以胁迫与暴行并列者,指害在目前,恰似加以暴行者而言。

与强行猥亵或奸淫同论者,《草案》上有二种,一则加害未满十二岁者是。因此种幼者无防止加害之实力及许否非行之智力,故以强论;一则加害精神丧失之人或不能抗拒之人者是。其无智力或实力,与幼者同。惟所谓不能抗拒之人,指由犯人以外至有此状态者而言(第二七二条第二项、第二七四条第二项、第二七五条)。

其四、媒奸营利罪

第二百七十七条仅包括引诱良家妇女者而已。如私营妓楼者,即为别项不法行为。

其五、有夫奸罪

第三百七十八条所揭有夫之妇,指正妻而言,妾及情妇等不在其内。

其六、重婚罪(第二七九条)

重婚罪非猥亵罪,亦非奸淫罪,为违背一夫一妇制度之罪,故本罪以缔结重复婚姻时而成立。

(述)一夫一妇各国垂为定制,若有妻再娶是曰重婚。凡已经履行民法上结婚方式者,即为重婚罪成立,不问其曾否成婚也。

其七、关于猥亵书画物品之罪(第二八〇条)

本罪无奸非及重婚之性质,《草案》列于本章内者,因其能乱风纪故也。

第二十四章　　关于饮料水之罪

(第二八四条至第二九二条)

本章所揭之罪,不专属于有害人之健康,因饮料水之不良而致废弃业务、损害财产且致各项之损害者不鲜,故认为对公共之一种独立犯罪也。

本章所述以有害公共之行为为限,若犯第二百八十四条等系妨害专供特定之一人或数人之用者,不在此例。

水道所以供给多数人净水之具，故害水道之行为，不可不加重罚。

第二十五章　关于卫生之罪

（第二九三条、第二九八条）

本章说明概从省略。

第二十六章　关于杀伤之罪

东西各国刑律，杀人罪与伤害罪大概分为二章，然两种犯罪多有共通之处，故《新订草案》概括于本章之内。

本章所定有杀人罪、伤害罪、决斗罪、加功自杀罪、自伤罪、过失杀伤罪之分，以下逐次说明。

其一、杀人罪

甲、成立要件

本罪特别要件有两种：

（述）他罪只言成立要件，本罪于成立要件外，更说明处分要件，因处分与本罪有重要之关系故也。

第一、本罪之被害者，须系自己以外之自然人，别条无有特别规定者。

第二百九十九条（《新订草案》第三百一十条）所以"人"字，指自己以外之人而言。如系自杀既遂，当然无罪自不待言；即未遂者，亦不得有处罚之规定，宜比较加功自杀罪之说明。

自杀无论既遂、未遂，皆不加刑。若帮助自杀，则帮助者有罪。

法律上称"人"者，有自然人、法人两种。刑事杀人罪，则仅指自然人而言，因自然人在出生后、未死前能为本罪之被害者，故对于胎儿及死体并不能成立本罪。

（述）杀胎儿及死体另成其他之罪，不成本章之罪。因胎儿未出生为母体之一部，法律上不认为人；死体虽为人之死体，亦不得称为人故也。若胎儿出生之后，不问其年龄若干，有杀之者即成杀人罪。惟法兰西刑法，对于杀婴儿者，有从轻处罚之规定。其理由谓婴儿发育未全，杀婴儿者其情节较杀成人为轻。不知杀婴儿者，其情节有时较杀成人为重,此等规定殊于法理不合。

因认畸形婴儿为不属于人类之中,故有不罚杀伤行为之例,然现在各国刑律并不采用如此野蛮之法理。

(述)在宗教盛行之国,有一种迷信,谓畸形婴儿为感妖气而生,乃人与兽之并合体,罗马法即不认畸形婴儿为人类,虽杀之亦无罪。现在生理学、医学发达,凡系人类所生者,虽属畸形,亦为人类,应受法律之保护。日本神户曾有一儿生形似猪,不久即死,现尚在医科大学作为参考品(畸形婴儿大抵不久即死)。

被害人之男女老幼、贵贱贫富,刑律上并不分别之,然其资格有关伦常及国交者,即有特别规定。就《草案》言之:(1)关于帝室者(《分则》第一章);(2)关于国交者(第三章);(3)杀尊亲属者(第三百条,《新订案》第三百十一条)是也。

(述)攻击《刑草》者,谓蔑视伦常,于中国礼教大有妨碍,实则《刑草》于伦常未尝不注意也。如杀尊亲属者,关于帝室者皆有特别规定,不列入本章之内,即是尊重伦常,维持礼教论者殆未深究耳。

现行《刑律》除杀亲外,多有于尊长、卑幼、良贱之间分别处分之法,然犯罪之情节千变万化,不能一概论断,故《草案》扩张刑罚之范围,而原则上不设于被告人资格之特别罪名。

(述)平民杀官长,奴仆杀主人,现行《刑律》处分最重。然犯罪之情节各有不同,未可以身分之关系概视为情节甚重,容有奴仆杀主而出于不得已者。本《草案》不以身分之关系为标准,而以情节之重轻为标准,故身分之规定从略。而科刑之范围甚宽,有死刑、无期徒刑及一等有期徒刑。情节较重者,则处死刑或无期徒刑;情节较轻者,则处一等有期徒刑,由裁判官量其情节而适用之(至杀尊亲属者,特别加重,则以关系伦常之故)。当日俄战争时,日本有军人私行逃归,其妻谏之不听,因谋杀其夫未果。中国《刑律》谋杀亲夫罪名极重,日本亦然,凡谋杀亲夫者,以火焚死。然妇人果有与人奸通情节以致谋杀其夫,处以极刑宜也。此妇杀夫纯出于爱国之热诚,其罪名虽重而其情节可原。观于此可知平民杀官长,奴仆杀主人不必定要加重;即官长杀平民,主人杀奴仆亦不必定要从轻。又,中国《刑律》,父母杀其子女者科刑甚轻,其理由谓子女为其所生,虽杀之亦无大害。不知父母杀其子女,则父母之恩义已绝,直可视为平人,自复仇主义(从前科杀人者以刑,系为私人复仇)一变而为国家主义(现在科杀人者以刑,为维持国家之秩序)。子女虽为父母所生,究系国民一分子,故父母杀其子女,非对于子女之犯罪,乃对于国家之犯罪也。

第二、本罪之行为即为杀人。杀者,指夺命而言,而不分别所用之手段如何,如斩、绞、焚、溺,其他一切手段皆可成立本罪。

现行律有毒杀、诈杀、虐杀罪名:(1)毒者,指用化学上少量丧失人命之物品而言。用毒杀人,名曰毒杀,然其情节或重或轻,并不能规定特别处分之法;(2)其关于诈杀及虐杀者亦同,不能仅依所用之手段而预断其情节。

特别要件以外,因援用普通要件,本罪有左列应讲之问题:

第一、依《总则》第十三条之规定,本罪须系基于故意之行为,其基于过失者,则有别条规定。

因故意有预谋、非预谋之分,故《刑律》大概分别谋杀与故杀,然不应采用如此分别,其理由见《总则》说明中。

(述)谋杀罪重,故杀罪轻,从前刑法皆如此规定。不知杀人情节各有不同,未可以谋、故为标准而预断其孰轻孰重也。若以情节为标准,则谋杀不必重,故杀不必轻,且各种犯罪皆可分别谋、故。今独于杀人罪有谋、故之分,而他罪则否,殊不足采。

第二、凡现在不正侵害权利,依第十四条人人有正当防卫之权利,但《新定草案附则》内定有左列限制。

《附则》第五条,中国人卑幼对于尊亲属,不得援用正当防卫之例,故卑幼不能援用第十四条,然不正侵害卑幼之尊亲属,亦不免依所犯各条受预定之刑。

卑幼对于尊长如用正当防卫权,则同杀伤尊长之例治罪。但尊长对于卑幼可以任意杀伤,则不足以维持国家之秩序。故尊长杀伤卑幼,非对于卑幼之犯罪,乃对于国家之犯罪,亦当科以预定之刑。

乙、处分

杀人者死,人以为古今东西不易之理,然各国法典并无杀人者必处死刑之规定。即以中律而观,妻之于夫与夫之于妻,其间轻重悬绝,推而至于尊长、卑幼、良贱亦复如此区别。其余情节千变万化,不应以法预定其刑。此《新订草案》在通常杀人罪所料〔科〕,不仅死刑而添以无期徒刑、一等有期徒刑两层之理由也。

（述）杀人者死，乃寻常口头语，非律文也。中国夫杀其妻，父杀其子，并不处以死刑。外国刑法杀人罪有处死刑者，有不处死刑者，故本《草案》定杀人罪之刑为死刑、无期徒刑、一等有期徒刑三种，随情节之轻重而适用之，各种杀人罪皆可包括。现在刑法学者多主张废止死刑，则"杀人者死"一语将来必归消灭。

其二、伤害罪

《新订草案》所谓伤害罪与殴打创伤罪，其性质相同，但创伤以殴打为限，意义失之狭隘，故本《草案》改为伤害罪。

（述）"殴打"二字为东洋习用之名词，欧洲各国亦用之，如法文有"殴打"字样，即其例也。但犯罪之手段不仅殴打一种，如以火烧伤，以开水灌伤，以镪水渍人身上致伤，均无殴打行为，俱能伤人，若刑法以殴打为限，则此等行为不能处罚矣。伤有开口伤、不开口伤之区别，创伤必系显而易见之伤（皮破血出），若脑筋受伤，脏腑受伤，伤而不创，则非"创伤"二字所能赅括，故"创伤"字义，亦嫌狭隘。

本罪除有特别规定外，其不分被害人之身分、年龄等，以及所用手段与所犯原因如何，犹杀人罪，故不必详说之。

甲、伤害致死

伤害罪中最重者，为伤害致死罪。本罪因故意加害，无意致死而成立，盖故意加害之处，即与过失伤害不同；不有杀意之处，即与故杀有别。

（述）有以伤害致死与杀人罪相混同，而据情节以定其轻重者，此谬见也。盖就被害者言，其受害同一（同一致死），而就加害者言，则大有区别。伤害致死者，不过有加害之行为，并非有意致死。而杀人罪，则有意致死也。

乙、致笃疾或废疾罪

因第三百零一条及第三百零二条第三项（《新订草案》第三一二条及第三一三条）均用"轻微（原案单纯）伤害"字样，故笃疾、废疾可谓为重大伤害。

轻微对重大而言，普通伤害为轻罪伤害，则笃疾、废疾为重大伤害。

笃疾谓左列伤害（第八十七条）。

一、毁败视能者；

二、毁败听能者；

三、毁败语能者；

四、毁败一肢以上或终身毁败其机能者；

（述）"能"字对"质"字言，质者，体也。能者，用也。如耳、目为一种物质，目能视、耳能听，则为物质之作用。外国医学家称耳、目等为机质，称视能、听能为机能。"机能"二字为中国所不常见，将来医学发达，则"机能"二字亦必采用。《大清律》称毁败视能者，曰瞎两目；称毁败语能者，曰断舌，乃系专就物质上言。近日医学发明有目不瞎而不能视者，有舌未断而不能语者（脑筋受伤亦不能视，破喉亦不能语），故《刑草》专就机能上言较为赅括。

五、于精神或身体有重大不治之病者；

六、变更容貌且有重大不治之伤害者；

（述）变更容貌与一二三号有关系。例如，割其鼻仍可通呼吸，去其耳仍能听，与机能并无伤害。惟五官为人表面上要紧之部分不可缺一，故变更容貌亦列入笃疾之内。此类以施之妇女为最重，如割其耳鼻，固丑不可言，即以刀划伤面孔，使疤痕满面，则终身为人所弃，故应科以重罚。

七、毁败阴阳者。

称废疾者，谓左列伤害。

一、减衰视能者；

二、减衰听能者；

三、减衰语能者；

四、减衰一肢以上之机能者；

五、于精神或身体有至三十日以上之疾病者；

六、有三十日以上可废业务之疾病者。

笃疾、废疾以外，总称轻微伤害。

（1）视能上毁败与减衰之分，以在三分之一米突儿[①]可否识别指头之数为断。

（述）一米突儿合日本尺三十三寸三分，当中国工部制造尺三尺强。三分之一米突儿，即一尺强，总以一尺为断，如伸掌距离一尺之远，尚能辨别指头者谓之减衰（减衰者现在目力不及从前之谓）；若视线不及一

---

① 即长度单位"米"。——整理者注

尺,则与盲者无异,谓之毁败。此二者区别之标准,而科刑有轻重之不同。

(2)听能上之分别,以在通常之距离能否听取通常之说话为断。

(述)寻常人之听能,有一定之距离(如距离较远,必大声始能闻,距离最近则小声亦能闻)。若对面说话亦须大声,是为减衰。如对面大声说话,亦不能闻,必须凑耳大呼,始能领略一二语,则为毁败。

(3)语能上之分别,以在通常之距离,本人之语音能否达之别人为断。

(述)费力说话,始能达之别人是为减衰。若说话十分费力又不能达之别人,则为毁败。

(4)毁败阴阳者,交接之不能以及生殖之不能,并包括之。

(述)阴阳者,即男女之生殖机关。其别有二:一、毁败其交接能力;二、毁败其生殖能力(如女子怀孕全恃卵巢,若伤害其卵巢,即失其生殖能力)。毁败云者,兼二者而言。

凡人身有机质与机能之分,因前段用"机能"字样,故以失去作用为断。然失去物质,未有不失其作用者。故失去物质,亦包括于失去机能之中。

伤害致死与伤害致笃疾,在《新订草案》刑罚无有轻重。盖笃疾之苦,有时与死亡无别也。

(述)伤害罪之刑罚,以被害者曾否死亡为分别,未死之情节较轻于已死,为普通人所能知。但笃疾之情形,有时较甚于死亡者。其例有三:如有学问者,志在著书问世,若剜去其目,使不能著书,则受害甚巨;如小叫天以唱戏著名,若断其舌则甚于死。又如,伤残美人之容貌,致举世无与结婚者,其困苦情形,良不如死。故《刑草》第二百零一条第一项有致死与笃疾同一科罚之规定。

丙、加功伤害之特别规则

伙众共同伤害身体,大概不能分别人人所行之重轻。夫证据不明者,依诉讼法原则,即须宣告一律无罪,但依此原则,则伙众共同伤害身体之罪,一概不能处罚,此第三百零三条及第三百零四条所以设特别规则也。

(述)证据不明即宣告无罪,为诉讼法上之原则。如伙众行凶,谁为下手最重之人无从辨别,若照此原则办理,则伙众行凶者,皆得无罪,于理不合。《刑草》第三百零四条伙众伤人者,以共同犯罪论。例如,甲、乙共殴丙,瞎其目,甲所为抑乙所为,无从辨别,应科甲、乙二人以伤害致笃疾罪,轻伤不论。又如,甲、乙二人共殴丙、丁二人,丁受伤最重,甲所为抑乙所为无从辨别,甲、乙均应照丁之重伤科罪。同条第二项以最重之伤害为标准有二意:(一)一人有数伤,以最重之伤为标准;(二)受伤者不止一人,则以受最重之伤者为标准也。第三项下手未明者(下手与否无从断定),以从犯论,若有下手之实据,则皆为正犯。

其三、决斗罪(《原案》第三百零六条及第三百零七条,《正案》第三百十七条及第三百十八条)

(述)"决斗"二字在中文为彼此争斗之意,《大清律》所为斗殴是也。《刑草》所谓决斗则与斗殴不同,欧美风俗,凡两人相争,势不两立,约期在某处决斗(欧洲各国须彼此邀聚证人,美国风俗则无庸邀聚证人,常有两人秘密决斗之事)以决胜负,至死无悔,此"决斗"二字所由来。此种恶俗必宜禁止,故各国刑法皆有决斗罪之规定,中国无此风俗,似不必有此规定(中国惟广东有械斗之风,又与决斗不同,伙众械斗可适用骚扰罪之规定)。不知中外交际日繁,此等恶习或至传染,况《刑律》不仅适用于中国人,外国人至中国犯决斗罪,亦势所难免,不可无处罚之法,此刑法规定决斗罪之理由。

行决斗之人,如杀伤相斗人,即系故杀、故伤。故抱有杀意者,不分其确定与不确定,援用杀人各条处罚,其余援用伤害人身各条处断。

(述)《刑草》第三百零六条第一项指仅有决斗之行为,未至死伤者而言。若已死、已伤,照第二项之规定(《大清律》故杀对于谋杀而言。此所谓故杀、故伤,系对于过失杀伤而言,质言之,即故意之杀伤)。

第三百零七条所谓会集于当场者,指照料、莅视等人而言,不包括纯然之旁见人。决斗必邀集多人为证人,此等人如不处罚,亦不足挽回恶习,故《刑草》有第三百零七条之规定。照料人,日本谓之介抱人,有保护意。照料人、莅视人皆与决斗有关系者(非亲即友),纯粹之旁观人不在其内。

其四、加功自杀、自伤罪(第三百零八条,第三百零九条)

欧洲耶稣教最盛时代,有处罚自杀之例,现在各国则否。盖以法理上、实际上并有不便之处也。惟加功者,不可无一定刑罚,此所以有第三百零八条之规则。

　　加功自伤之行为若无明文，不易决其有罪、无罪。然如此行为，风纪上不免有害，故第三百零九条之规定，盖不可少者也。

　　其五、过失杀伤罪

　　本罪以科罚金为原则，但关于帝室、国交、尊亲属者，以及业务上过失者（第三一二条），科以徒刑。

第二十七章　关于堕胎之罪

　　堕胎者，指不正人工的早产而言，不区别其时期（胚胎期与胎儿期）及胎儿之生死（杀胎儿与单纯早产）。苟以人工先于自然之时期而不正分娩者，皆堕胎也。

　　（述）中国人以堕胎为无害于人道之行为，故因堕胎而处罚者，绝无其事。如北京街市遍贴堕胎药广告，警察并不干涉。殊不知此于人道有绝大之关系，且于妇人身体，亦有利害关系。分娩前曰胎，分娩后曰人，胎与人之关系已于《总则》详言之。至堕胎则有二说：一说谓堕胎乃停止生理之作用，即杀胎儿之意；一说谓堕胎乃人工的早产杀者，对于人而言。前说以胎儿虽未成人而有生理之作用，但认为杀胎儿时有两种要件：（一）胎儿在母腹中须系生存；（二）须因堕胎而致胎儿于死。若胎儿先死腹中，或堕胎后胎儿仍生存，则堕胎罪不能成立。后说不问胎儿之生死（即本系死胎而堕之，或既堕而胎儿仍生存，仍成堕胎罪），但系不正人工的早产即成堕胎罪，从前刑法为保护胎儿之生命起见，故从前说。现在刑法为维持风俗起见，其保护之范围较广，故从后说。堕胎之事，西洋最多，其原因有三种：

　　一、私胎；

　　二、妇人怀胎，旅行不便；

　　三、年老人欲早得婴儿，往往用药力使之早产。

　　此等情形，皆以本罪论。

　　堕胎之处分，依左列情形而不同：

　　第一、妊妇自犯时（第三百十七条）；

　　第二、受妇女之嘱托或承诺而普通人堕胎时（第三百十八条）；

　　第三、受妇女之嘱托或承诺而特定业务者堕胎时（第三百二十条）；

第四、不受妇女之嘱托或承诺而他人堕胎时（第三百十九条）。

第二十八章　　关于遗弃之罪

（第三二四条以下）

遗弃罪者，违反法令或契约之义务，而不扶助、养育或保护老幼、残废、疾病者之罪也。《中国改正案》设左列条件。

第一、遗弃者，须于法令上或契约上负担扶助、养育或保护之义务。例如，亲子或夫妇间有法令上扶养义务，为运送业者对旅客有契约上保护之义务。

（述）乳母对于小儿，亦负养育及保护之义务，但非法令上义务，乃契约上义务。运送不仅指货物运送，即旅客运送亦包在内。如旅客有病，船主及管车人有保护之义务。轮船、火车中固常有此问题，即如骡车行远，亦常有此事。遗弃者，指委之道旁无人照管而言。若以病人委托他人，则非遗弃。

第二、被遗弃者，须系不能自活之老幼、残废、疾病者。不能自活云者，非无资产之谓，乃无为生存上必要事宜之体力之谓也。

（述）事实上，有生存体力而被遗弃者甚少。即被人遗弃，亦可设其他方法以保护自己之生存。故遗弃罪之成立，以无生存体力为要件。

第三、遗弃者，指不扶助、养育或保护而言。本罪之成立，有三种情形：（一）移被害〈者〉于荒僻无人之地；（二）留被害者于从来之住居，而犯人自赴他处者；（三）不离被害者之身旁，而不为必要之扶养及保护者，均是遗弃犯罪之人也。

（述）第一种情形，以运送人对旅客之时为多。第二种情形，系家有病人故意远行。第三种情形，系老亲在堂，寒暖、饮食、医药皆不照料，虽日在亲侧，亦成遗弃罪。

本罪之成立，因不履行扶养及保护之义务，如遗弃婴儿于巡警厅内，虽被害者并无直接危险时，而其罪成立。

（述）处罚本罪之目的有两种学说：一说谓预防被害者之危险起见，若被害者并无危险情形，则不必处罚；一说谓因义务者不履行义务，即被害者无危险情形，亦当处罚。就两说引伸之，如弃小儿于山野无人之地，被害者之危险情形不堪设想，加害者之不履行义务亦不问而知。照第一说固当处罚,即照第二说亦当处罚,不生何种问题。惟遗弃小儿者,系将小儿委之警署,则小儿能受巡警之保护,加害者虽不履行义务而被害者并无危险情形,照第一说不必处罚,照第二说仍当处罚,吾辈系赞成后说也。

第二十九章　关于逮捕及监禁之罪

（《改正案》第三二八条以下）

第三百二十八条所定为私擅逮捕、监禁罪,须与滥权逮捕、监禁罪（第三二九条所定）区别之。

本条所定私擅者,指无权利及非不得已者而言。有权利之逮捕者,例如,制缚现行犯人及防卫不正的侵害而制缚他人是。不得已之逮捕,例如,制缚狂者是。

逮捕与监禁,俱指剥夺自由而言,不分手段如何。其两者之区别,惟在于剥夺自由时间之长短而已。

第三十章　关于略诱及和诱之罪

本罪成立特别要件有二:一关于被诱人之要件,一关于行为之要件。

被诱人,须系女子、未满二十岁之男子。如略诱成年男子者,应以逮捕或监禁论,不应以略取论。如诱成年男子,刑法无处罚之明文。

（述）被诱人,须系女子或未满二十岁之男子。原文系未满二十岁之男女,后经法律馆会议,谓中国女学尚未发达,女子向无能力,虽成年之女子,亦有被诱之时,故女子不复限以年岁。

略诱者,指用暴行或胁迫、掠夺被害人而言。和诱者,指用伪计者而言。伪计非徒欺罔,凡暴行胁迫以外,一切不正手段均包在内。

略诱、和诱他人之目的,如在于营利或移送于国外,法律特重其刑（《改正案》第三三三条至第三三五条）。

收受藏匿被诱者,如出于事前之通谋,可以共犯论。如系诱取后之行为,不可以共犯论,故《刑法》设有专条（《改正案》第三三六条）。

对于本罪所科之刑,较之他国为重,此亦出于不得已之势耳。

第三十一章 关于安全、信用、名誉及秘密之罪

其一、胁迫罪与强制罪

解释本罪之性质有两说：一说谓为使被害人抱畏怖之观念者，一说谓为实施不稳之举动者。两说相异之处，结论亦不能相同。依前说者，如被害人不抱畏怖之观念，本罪即不能成立；依后说者，则不用此分别，在实施胁迫之言语举动时，本罪即行成立。吾辈以第二说为是。《草案》谓关于安全罪者，亦基于此。

前段所述系独立胁迫罪。若以胁迫为别罪之手段者，须分左列两种情形。

甲、犯人以胁迫为手段掠夺男女，即为略诱罪。掠夺财物，即为强盗罪。各援专条，科以其刑，其能为别罪者，宜类推之。

乙、除依专条为别罪外，凡犯人用胁迫或暴行，使他人行无义务之事或妨害他人实施权利者，曰强制罪，为《草案》第三百四十三条所定（《新订案》三五八条）。使他人行无义务之事，例如，令公司行其解散，使他人辞其职业或解除婚姻等是；妨害他人实施权利，例如，使人中止诉讼，禁止旅行等行为是。此类行为，如系吏员滥用职权者，即系第一百四十七条之罪，而不属强制罪之范围。

夺取财物之罪，用胁迫者为强盗罪或恐吓取财罪。惟强制罪包括重轻，一切胁迫而不用如此分别。

其二、损害信用罪（《原案》第三四一条，《新订案》第三五九条）

信用实为无形之品位、财产。流布虚伪之风说，或用其余伪计而损他人之信用或其业务之信用者，即以第三百四十一条之罪论。

其三、侮辱罪（《原案》第三四〇条，《新定〔订〕案》第三六〇条，比较《违警律》）

侮辱罪者，损害他人名誉之犯罪也。名誉者，指人在社会上地位而言。本罪因危害于人之社会上地位而成立，被害人知有危害行为与否，因此为毁损其名誉心与否，俱不须分别。

本罪由行为之体起见，分为二：一则摘示事实，公然毁损名誉者是。摘示事实云者，具体的声明恶事丑行之谓也。如对于生存者，其事实不分实在与否，俱为罪；如对于死者，唯诬罔时为罪。一则不摘示事实而

骂詈嘲笑者是,《违警律》第三十五条罚之。

摘示及不摘示事实之诽毁,均以其行为公然时为限者,罚之。公然者,指使特定多数人见闻之时,及多数人可以见闻之时而云(关于他种犯罪有"公然"字样时,其意亦同),本罪属于亲告罪中(《草案》第三四七条)。

其四、侵害秘密罪

本罪分为两种,即侵害信函之秘密与漏泄职业上应秘之事宜是。以下分别说明之。

甲、侵害信函之秘密罪,附公表秘密文书罪

本罪系第三百四十四条所定(《新订〈案〉》第三六一条),盖信函之秘密在东西各国由宪法保障之,中国施行宪政,即不可少此种保障,但不经封固之信函,不在本条范围内。

中国《刑律草案》不仅保障信函之秘密,而他人所有文书、图画之秘密尚且一律保护之(本条第二项)。故如公表他人所秘著书之原稿、发明之图画、其余一切本人不愿公表之书类者,可受本条之刑。关于如此保护为中国《刑律草案》之特色。

乙、漏泄职业上应秘之事宜罪

凡为僧道、医师、药剂师、药材商、产婆、律师、公证人,因其职业得知他人之秘密,有应代他人守秘密之义务,若无故泄露,即成违背职业上秘密义务之罪(第三百四十五条)。此种非行,若不加以一定之刑,世人于此特种之职业,必失其依赖之便益,而有此种职业之人于此间亦坠其信用,其为害社会非浅鲜也。

第三十二章　关于窃盗及强盗之罪

其一、盗罪通则

盗罪者,夺取他人财物之罪是也。各国犯罪统计,盗罪恒过半数,故其成立要件不可不详细研究。

甲、夺取者,指离脱他人之所持,移置于自己之所持而言。具此原则发生左列结果。

(述)普通解释"夺"字有强取意,其实"窃取"亦谓之夺,"所持"即占有之谓。

第一、如欲使他人丧失财物，而自己并无持有该物之意思者，即不属盗罪范围内。其系意图自己所持，而因意外障害不能取得该物品之所持者，为未遂窃盗罪。

（述）如开笼放鸟、破网纵鱼，仅有使他人丧失占有之意思，并无自己取得占有之意思，不成立盗罪，另成第三百八十二条之罪（第三百八十二条第三项"纵逸他人所有之动物，致令丧失者"，《改正案》第四百零四条）。若有自己取得占有之意思，则开笼破网之时，即为盗罪。着手之时，使鸟已一去不返，鱼则攸然而逝，他人虽丧失占有，自己并不能取得占有，则为盗罪未遂。

第二、所持之离脱以及移置，要系有形或实现之行为。其系无形及想象者，并不属于盗罪。如在自己所持内之他人财物拒不返还，或负担债务而欺为无债务之类，可以成立别种罪，而不成立盗罪。

（述）离脱他人之所持并移置为自己之所持，俱要有形迹可据，又为现在事实。若借人之物隐匿不还，或受寄之物竟不承诺，只成侵占罪而非盗罪。盖其物本为自己所持，并无离脱移置之形迹也。若有债务而诈称无债务，只成诈欺取财罪，不成盗罪，因债务为无形故也（债权、债务之目的物为有形〈金钱〉，而就债权、债务之关系言，则为无形）。

乙、夺取云者，指有形的离脱及移置财物之所持而言，故可以为盗罪，客体之财物，须备左列要件。

第一、须系有体物，但其为固形体、流动体、瓦斯体不须区别。电气非有体物，属于无体之力，故其侵夺，有专条准盗论。

（述）有形可见有容积、面积者，谓之有体物。有体物分三种：曰固形体，如书帽之类。曰流动体，如油酒之类。曰瓦斯体，即气体。电气是否瓦斯体，是否有体物，日本《旧刑法》无明文规定，致启学者之争议（有认为有体物者，亦有认为无体物者）。遇有盗电之案，裁判官亦各执一说。后经大审院判决，认电气为有体物，科盗电者以盗罪。以吾辈之意见，普通称电曰电气。其实电者，光也，力也，非气也（煤气可以收贮，而电光不然）。故电气并非瓦斯体，不能称为有体物。《刑草》特设专条（《原案》三五八条，《正案》三七七条），凡窃取电气者，准盗论（中国用电风气尚未大开，故无窃电之事）。日本窃电，有两种情形：（一）他人出钱，自己利用。如在邻家电球根际，另安电线，引至己宅之类；（二）所费不多，利益甚大。如用电之家将电球拆卸，另用电球，其中磷线较多，原定十灯者,可扩充至五十灯)。

第二、须系可以移动所持之物,故土块可以盗取,而土地不可以盗取。瓦、石、竹、木可以盗取,而家屋不可盗取。

(述)有体物有可以移动者(动产),有不可移动者(不动产)。盗取动产者,为盗罪;盗取不动产者(土地房屋),只成侵占罪,不成盗罪。

第三、须在他人之所持内,故对于无主物、遗弃物、遗失物并不能成立盗罪。

(述)取得无主物、遗弃物、遗失物,有移置之行为,无离脱之行为,故不成盗罪。无论何人皆未持有者,谓之无主物,如山中鸟兽、河中鳞介之类。依法律之规定(狩猎法、渔业法)而先占者,即取得所有权。遗弃物与遗失物似无区别,其实不然。遗弃者,指权利者有抛弃权利之意思而言。如北京电灯公司外倾倒未烬之煤。遗失者,指权利者并无抛弃其权利之意思,而偶然脱离本人之所持而言。先占遗弃物者,即取得所有权。先占遗失物,须报知警厅,出示招领,如本人来取则归还本人。若逾期无人来取(招领遗失物,皆有一定之期限),则归先占者。使捡得遗失物,不报知警厅而占有之,即成侵占罪。

第四、财物须系他人之财物,而为其所持者,不必以有价物为限。

(述)必有价值者,始谓之财物,则不以有价为限,即不值一文之物有窃取者,亦成盗罪。如爱情最深之夫妇(如将死时,或远离时)以齿发为纪念(拔齿为纪念者有之,而以剪发者为多),齿发皆无价值,有窃取者,不能不以盗论。或疑窃物者,以得利益为目的,如齿发等无价值之物,必不肯盗,而抑知不然。第一,有由于误认者,人情于纪念物必谨藏之,盗者见其盛贮紧密,误认为宝贵之物而窃取之;第二,有出于忌妒者;第三,有出于善意者(窃去纪念物,使其感伤之情渐至消灭),故无价物被窃,亦常有之事。

第五、财物不须分别他人所有物与自己所有物,但关于自己所有物之盗罪,大概定有专条,中国《改正刑法草案》所定如左。

第三百五十七条:"凡基于共有权、质权及其余物权或官署之命令,他人以善意所管有之自己共有物或所有物,若窃取之者,处该物价额二倍以下、价额以上罚金(下略);若强取之者,处四等以下有期徒刑或拘留(中略),并科罚金。"

(述)本条指对于自己之所有物,亦得成立盗罪之情形而言。

　　此条云基于其余物权(中略),他人以善意所管有之自己之共有物或所有物,故他人因债权或以恶意管有财物时,所有者自己虽侵夺之而不为盗罪,惟分别情形,有赔偿损害而已。

　　(述)管有,即占有之意,窃取及侵害、占有。例如,甲、乙共有一物,物存乙处,甲不告乙而窃取之,即为侵害乙之管有权,即成为盗罪。以物质于人而窃回,亦为盗罪,依官署命令保存其物旋又偷回,亦为盗罪,他人以善意管有而窃取之,亦为盗罪。此种盗罪,皆有侵害他人占有权而成立,并非侵害所有权。若乙以恶意占有甲物不认为甲有,而甲硬行取回则不成为盗罪,因债权而管有。例如,民法上有使用、贷借,乙借用甲之物,其物仍应还甲,甲不告乙而收还其物,不成为盗罪,因甲对乙有债权故也。以恶意管有财物,例如,乙窃甲之衣服,甲往索取,乙适他出,甲见其衣径行取回,不成为盗罪,因乙之占有为恶意故也。就民法物权中之占有权言,现时持有其物者,皆有占有权,不问其善意、恶意,皆予以保护。而刑法上则止保护善意占有,不然,则不足以保护所有者。

　　以上甲、乙两端为《分则》所定盗罪之特别要件,其适用《总则》上应注意之点如左。

　　甲、故意为普通犯罪要件,过失为罪者不可无专条,而无过失盗罪之专条,故盗罪必须基于故意。盗罪之故意,各国刑法或明定之,或不明定之。中国《刑法草案》则明定之,曰"以自己或第三者之所有为目的而窃取(或强取)他人所有之财物者"。爰分晰此规定,则盗之故意,包有二要件:一则夺取财物之决意是也。夺取财物之决意,谓离脱他人之所持,移置之于自己所持之意思。一则为自己或第三者之所有之目的是也。是故如基于暂时使用而后返还于本主之目的,虽暂移所持而未得以为盗罪也。

　　(述)故意有两要件:(一)夺取财物之决意;(二)要有为自己所有之意思或有为第三者所有之意思。若系出于妒忌,欲破坏其物,并非欲据为己有,则成为破坏器物罪,非窃盗罪;若移置其物意在破坏,尚未破坏,仍为破坏器物之未遂罪;若初意欲破坏,后见其物可爱遂改变意思,欲留为己有,则成为盗罪;若系暗地借用后仍返还,并无据为己有之意,则仍不成为盗罪。德国判决例,有使女偷用主人衣服出游,意在暂时借用,事后送还旋被巡查发觉,因刑法有明文规定不科以窃盗罪,故是盗非盗,以有无为自己或第三者所有之意思为断,此为第一要件。

乙、夺取非不法时,亦不得以盗罪论。例如,战时实施适法捕获,或濒死时盗取饮食以免死亡之类,并不为罪。

(述)濒死,系就极端言。夺饮食以求免死,为紧急行为(见《总则》十六条)。若贫困无聊,不得谓之濒死。

其二、窃盗与强盗之区别

值夺取财物之时,夺取之手段,非法律上作为别种犯罪之手段者,方是窃盗。但"窃"字非指秘密或被害人不知之情形而言,惟指单纯夺取而言耳。如用暴行或胁迫手段者,则为强盗。其于屋内与于屋外,以及一人行之与数人行之,不须分别之。

(述)法律上若认其夺取手段有胁迫情形,则为强盗罪。若有诈欺情形,则为诈欺取财罪。必系法律上不认为他种犯罪之手段,方成为窃盗。"窃"字有秘密或公然两种意义,凡不得物主之许可,即谓之窃。如乘船主登岸,撑船离岸以窃其物,船主人虽明见之,因隔水不能阻止。又如,骑自行车者,停车置店门外,入内置物,门外有人骑其车而去,皆为窃盗。因其非用胁迫手段,故非强盗。因其非用诈欺手段,故非诈欺取财,恰成为窃盗。

其三、加重之盗罪

甲、窃盗之刑,应加重之情形,中国《刑法草案》第三百五十条规定之如左:

(一)侵入现有人居住或现看守之邸宅、营造物、矿坑或船舰内者;

(二)结伙三人以上者;

(三)窃御物者。

乙、强盗之刑,应加重之情形,中国《改正刑法草案》有左列二样:

第三百五十四条:"凡犯强盗之罪,该当左列各款之一以上者,处无期徒刑或二等以上有期徒刑(五年以上十五年以下)。"

(一)侵入现有人居住或看守之邸宅、营造物、矿坑、船舰内者;

(二)结伙三人以上者;

(三)伤害人而致死及笃疾者。

第三百五十五条:"凡犯强盗之罪,该当左列各号之一以上者,处死刑、无期徒刑或一等有期徒刑(十年以上十五年以下)。"

(一)结伙三人以上,在途行劫者;

（二）在洋海行劫者；

（三）因而致人死、笃疾，或伤害至二人以上者；

（四）于盗所强奸妇女者；

（五）强取御物者。

其四、亲属相盗

一定亲属犯窃盗者，从左列分别处断（《中改刑草》第三六一条）。

（一）于本支亲属配偶者、同居亲属之间犯窃盗（第三百四十九条、第三百五十条及三百五十二条）者，免除其刑；

（亲属相盗）中国旧律，亲属间之窃盗可以免刑，《草案》亦然，盗罪虽成立而不科以罪，所谓法律不外乎人情。

（二）于其余亲属间犯之者，待告诉而论其罪；

（三）非亲属而与亲属共同之犯，不用前二项之例；

（四）强盗虽亲属间，而不免除其刑，且不待告诉而论之。

第三十三章　关于诈欺取财之罪

本章所规定者，为广义诈欺取财罪，其中包有欺罔取财、恐吓取财以及取得不法利益。便宜上分为欺罔取财、恐吓取财、欺罔或恐吓取得利益及违信加害财产四种情形说明之。

其一、欺罔取财之罪

本罪因用欺罔手段骗取财物，故能成立。欺罔者，指用伪计使人陷于错误之一切情形而言，其用言语与举动不须区别之。骗取者，乘人错误而取得他人之财物及使他人交付财物之谓也。"财物"字样包有一切有体财产，不区别土地、家屋或其余之物也。

（述）以事实上最多之例而言。其骗取多数之财物者，大概系伪造文书以施其骗取之手段。如假造房契出卖房屋，得财潜逃者皆是。然骗术百变不穷，亦有用其他举动、言语骗取者。言语之欺罔不待言，举动之欺罔，如冒充栈伙在车站接客，骗取行李即是举动欺罔。但欺罔手段须要使人陷于错误，错误为取得财物或使他人交付财物之原因。若虽用欺罔手段而其人并不受欺，明知其欺罔，本人本无错误之观念，则不成为欺罔取财罪，或另成为民法上赔偿损害之行为。应注意者，受欺之人与被害之人不必为同一之人。如甲欺乙，使乙交出丙之物，乙为被欺者,丙为被害者,被欺、被害虽非一人,而甲之欺罔取财罪,则照常成立。例如,甲诳乙,使以公司股票交己对簿存根(乙为公司理事),乙一人被欺,而受其害者,为公司股票上载明之无数人,甲之罪仍能成立。又如,甲因旅行使丙看守房屋,乙诡称奉甲差遣回家取物,丙为被欺者,甲为被害者,乙为犯欺罔之罪者。

其二、恐吓取财罪

恐吓取财与欺罔取财,依所用之手段而分别之,即在前者用恐吓,在后者用欺罔。恐吓取财与胁迫取财(即强盗之一情形)因胁迫之程度及客体之范围,可以分别为取财手段。而加以目前巨害之胁迫者,即为强盗。以其余胁迫者,即为恐吓取财(例如,加以毁损名誉之胁迫或将害其生命、身体或财产之胁迫是也)。强盗之客体以动产物为限,恐吓取财之客体,不区别动产物与不动产物。

(述)第一,恐吓取财与欺罔取财之区别,可分为二种:(1)欺罔者,系用伪计使人陷于错误;恐吓者,系用威吓手段使人生畏怖之心;(2)欺罔用言语或用举动,恐吓则形之言语、文字者为多。第二,恐吓取财与胁迫取财之区别,亦可分为二种:(1)因胁迫之程度不同。强盗取财必出于胁迫,恐吓取财虽亦用胁迫,而不可与强盗并论者,以一则危害在于目前(强盗),一则危害在于将来也。如甲胁乙,不输财即时害其生命,此为目前危害,谓之强盗;若甲胁乙,三日内不予我以财,则加何种危害,此系将来危害,谓之恐吓;(2)因客体之范围不同。强盗不能夺取不动物(如盗入人家,只能夺取财物,田地、房屋皆不能夺取),恐吓则能取不动产。如甲告乙,须款某处房屋或田地见让,否则加以何等危害,即恐吓取得不动产之例。

其三、欺罔、恐吓取得利益之罪

前二款所述者,均为取得有体财物之产,惟有一用欺罔、一用恐吓之分耳,本以所述者,其手段相同,即或用欺罔或用恐吓者,但其客体不相同也(日本《改正刑法》第二四六条第二项及二四九条第二项,中国《改正刑草》第三六二条第二项)。取得利益者,除取得有体财物外,包有财产上取得不法之利益,一切情形依欺罔或恐吓使人让渡权利、免除义务之类皆是。

(述)手段同而客体不同何? 一为取得有体财产,一为取得无形之权利,本项之客体,即无形之权利是也。其情形略分二种:(一)让渡权利。如甲谓乙:"汝对于丙之权利,苟不让渡于我,则揭示汝之密秘。"此为依恐吓使人让渡权利。又如,甲因乙有债权不能取偿,谓乙:"苟将债权让渡于我,可以代为取债。"此为依欺罔使人让渡权利。(二)免除义务。如甲对乙有债务,甲谓乙:"苟不免除我之债务,则杀汝。"此为依恐吓使人免除义务。又如,乙谓甲:"苟免我之义务,我可以使他人履行义务。"此为依欺罔使人免除义务。恐吓,大概动之以不利益之事。欺罔,大概歆之以有利益之事。社会上此种情形甚多,不能列举。

其四、背信加害财产之罪

是为他人处理事务者,背反其信义,加以财产上损害之罪也。担任处理事务之原因,出于法令之规定、出于当事者之契约与出于本人一己之好意,不须区别。事务之种类,或有专关于财产者(例如,破产管财人或财产事务上代理人),或有关于财产与其余事宜者(例如,幼者之后见人),但因本罪之成立,唯以加害财产者为限。故破产管财人意图加害破产之人而不行使其债权,又或谋利第三者而不求债务之履行,后见人谋利,故旧擅卖幼者之土地、家屋之类,皆属本罪范围内。

(述)出于法定,如法定代理人、后见人是;出于契约,如雇佣之类是;出于好意,如民法上事务管理是(如友人旅行,见其房屋将圮而修理之,谓之事务管理,非由法定,非由契约,亦非由所有者之委托,乃出于本人自己之好意)。无论为法定、为契约、为好意,既为他人处理事务,即有应尽之义务。违背义务致害他人财产,即成本罪。至所管事务有不仅属财产者,本罪以加害财产为限,则财产外之加害,不成本罪。例如,后见人对于幼者有管理财产、使受教育之义务,若不使受教育,亦为违背义务,然不得以本罪论;若幼者有债权,应及早索偿,而后见人置之不理,则为财产上之加害,当然成为本罪。《刑草》三六二条、三六五条第二项(《改正案》三八二条、三八四条第二项),为普通人背信加害之规定,有罚金刑。官吏管理国家财产,如背信加害,则照三六五条第二项处断,官吏之罚较重于普通人。

本罪与侵占罪须分别之,侵占罪仅对于自己所管他人财物而可以成立。

本罪不管他人财物,惟为他人而处理其事务时,可以成立者也。

(述)侵占罪,必管理他人财产而后成立。背信罪,不必管有财产,但不忠于本人,使财产受害,即可成立。

第三十四章　关于侵占罪

（《刑草》第三六九条）

（述）论者谓《刑律草案》所定罪名，皆系外国新名词，为中国旧刑律所未有。其实不然，即如本章之侵占罪，包括旧律消费受寄物、监守自盗、冒认他人财物、转卖抵当物等种种罪名，并非新创名目。论者云云，是不曾研究新律内容，并不能会通旧律也。

狭义侵占罪，有三种成立要件：曰对于他人之财物，曰其财物因一定权原在于自己持有内，曰有侵占之行为。

（述）广义侵占罪，有侵占及拾取遗失物二种。狭义之侵占罪，即除去拾得遗失物而言。持有即管有，均自日本民法上"占有"二字译出，因中国民法上或用持有或用管有，尚未确定，故本书两名并用。

第一要件，侵占罪在原则上对于他人财物成立，此点与盗罪及诈欺取财之罪无异，惟因官署之命令持有自己财物之时，侵占者仍以本罪论，则出于例外也（第二五二条、第九条第二项、《改草》第三六条）。例如，自己财物既为诉讼之证据品，且因官署之命令持有时，侵占者即成本罪是。

（述）虽系自己之物，经官厅作为证据品，应保存于官厅，另有受命令持有其物之人，若自己擅行取回，则成为侵占罪。

第二要件，本罪客体，系他人财物，因一定权原移在自己持有内者。

（述）权原者，为一定权利发生之原因之谓。

甲、他人财物移入自己持有内之权原，或因律例之规定（例如，官吏职务上之占有及法定代理人之占有是），或因当事者之契约（例如，质贷、寄托等契约之占有），或因管理事务（谓不据契约，而因好意照料他人事务），凡因此一定权原持有他人财物而侵占之者，即以侵占罪论。

（述）本项所举例，与背信加害之例同。寄托物之成立侵占罪，指随意处分而言，非寄托物不可使用也（如友人出京寄托车马，将此车马保存不用或偶然一用，均不成为侵占罪；若将车马卖与他人，则侵占罪成立）。《刑草》三六九条"凡因律例或契约，因照料他人事务"云云，一切财物均包括之。中国《旧律例》举受寄之财物、借用物、典物、受委托之物四种,意义太狭,不能包括事务管理一层,且受委托之财物亦不能包括官吏职务上之占有(委托乃专就私人间之委托而言,官吏职务上之占有乃当然之义务,并非委托)。

不因一定权原而因犯罪行为持有他人财物者,虽侵占之,而不为独立侵占罪,大概本犯罪吸收之。

乙、侵占罪仅对于自己所持他人财物而成立,依此关系可以知本罪与盗罪、诈欺取财罪、拾得遗失物罪之分别。盗罪、诈欺取财罪,乃对于他人所持之财物而成立。拾得遗失物罪,乃对于不为他人并不为自己所持之财物而成立。

第三要件,侵占行为是为本罪第三要件。侵占行为者,指自己本无此权利而实施有权利者之行为,而其中包有左列各例。

甲、实施处分财物之行为。如将受寄之财物、借用物或质物卖渡、赠与或交换之是。

乙、变持有之意思为所有之意思,无不返还之理由而不返还之。如将受寄之财物、借用物或质物,诈为既烧失、遗失、被盗或消灭是。

(述)甲项无处分财物之权而处分之,乙项应返还而不返还。专就甲项言,似侵占之行为,不外乎消费(卖渡、赠与、交换皆消费)。而乙项则不能以“消费”二字赅括之,以诈言遗失,其物仍在也。

以上三要件具备,即侵占罪成立。如犯人横领公务上或业务上所持公私财物,刑法特严其处分(日本《改正刑法》第二五三条,中国《改正草案》第三七○条)。公务上所持财物之侵占者,《大清律》名曰监守自盗,与该律所谓冒认罪,皆包括于《刑草》侵占罪中(侵占罪,即日本之横领罪)。

横领遗失物罪,旧律皆以为独立之一罪,日本《改正刑法》及中国《改正草案》认为一种侵占罪。

遗失物者,指不基于弃权利之意思,而出于本主之持有外之财物而言。当出于持有外时,本主是否辨识之,不须分别。家畜等类,逸出于平常往复区域之外,亦为遗失物。

发见遗失物、拾得之行为未必为侵占遗失物罪。在拾得后,申报该当官署或返还本主者,即全无罪。反此,因为自己所有物之意思拾得,即于拾得时成为横领罪也。律文所谓漂流物者(中国《刑草》第三七一条),指泛水或依水力到岸之遗失物而言。

第三十五章　关于赃物之罪

赃物者,指因犯罪行为取得或持续有之财物而言。前者如盗取、诈取或不正拾得之财物,后者如侵占品是。

知情收受赃物之赠与、运搬、故买或牙保,为关于赃物之罪。牙保周旋者,有偿的处分之谓也。

本罪之检举,周到缜密,则对于财产之犯罪可以减少,为政者深注意可矣。

第三十六章　关于毁弃、损坏之罪

凡加害品物之行为,分为两种,毁弃与损坏是也。毁弃者,指加害物品使其丧失作用而言。损坏者,指加害物质而言。

供公署之用及关于他人权利、义务之文书,如毁弃之,即为毁弃文书之罪。毁弃者,害物使其失用之谓也。故虽切断文书之纸质,而字句不受损害,文书之用仍全不变者,即不为本罪之既遂犯。反此,虽不切断纸质,而抹杀文字,丧失文书之用者,即为本罪之既遂也。

民　　法

绪论

第一章　民法之意义

民法为私法,又普通法也。

一、民法所规定者,非权力之关系(即政治上命令、服从之关系),乃国内法上对等之关系也(即权利、义务之关系),故民法为私法。

二、民法非如商法之定商人及商行为规则,仅属于私法的权利、义务之一部,乃包括私法一般之原则,故民法为普通法。

第二章　民法法典及其编次

古来各国,皆有私法的法律行为(例如赠与、交换、卖买、贷借、婚姻、相续等必有事宜)。既有私法的法律行为,故亦必不可无关于私法之规则。然或委之于习惯,或列于刑事法之一部,非必有民法法典也。今则欧、美、日各国以之规定于一法典中者,实居多数,盖出于社会之情势不得不然也。以民法法典之编次言之:(一)法国于前加编(法国民法中之编名)之外,盖有三编:(1)人事编;(2)财产编;(3)财产取得编。(二)德国盖有五编:(1)总则;(2)债权法;(3)物权法;(4)亲族法;(5)相续法。(三)日本亦有五编:(1)总则;(2)物权;(3)债权;(4)亲族;(5)相续。其编次区别,亦有不同者。

第一编　总则

私权之主体如何? 私权之客体如何? 私权得丧、变更之原因如何? 凡此等问题中,关系于民法全体者不鲜。民法总则所规定者,即属于此等问题也。本编说明之次序如左：

　　上编　私权之主体(第一章　自然人　第二章　法人)

　　中编　私权之客体(第三章　物及其他)

　　下编　私权之得丧、变更(第四章　法律行为　第五章　期间　第六章　时效)

　　夫总则所论者,非私权主体、客体及得丧、变更问题之全部也,惟其中之一部有关系于民法全体者而已。故必以总则与第二编至第五编所论者相合,而后可窥其全体焉。

上编　私权之主体

第一章　自然人

　　(第一节　权力能力　第二节　行为能力　第三节　住所〔址〕第四节　失踪)

第一节　私权之享有(即权利能力)

　　民法上所谓权利能力者,指享有私权之资格而言。然则始于何时?终于何时欤?

　　一、始期之原则

　　私权之享有,以始于出生时为原则(《民法》第一条)(关于出生之意义,宜参照总卷第二编第五章第一节)。

　　始期之例外,亦有出生前享有私权者,如左所列举是:

　　(一)求偿权。胎儿于损害赔偿之请求权,与既生者同(《民法》第七二一条)。

　　(二)相续权。胎儿于家督相续权,以既生者论(《民法》九六八条),遗产相续亦然(《民法》第一〇六五条)。

　　(三)受遗权。受遗云者,获取遗赠之义也。胎儿于受遗,亦与既生者同(《民法》第一〇六五条)。

　　二、终期之原则

　　私权之享有,以终于死亡为原则。

　　终期之例外,生前丧失私权之享有者,昔时往往有之,如贩奴准死之例是。今惟有失踪一项而已(详本章第四节)。

三、外国人

外国人之权利能力(即私权享有之能力)与内国人同乎？否乎？此种问题之主义有四:曰禁止主义、曰条约相互主义、曰法律相互主义、曰平等主义是也。各国所采用之主义各有不同,特为列表如左:

禁止主义	条约相互主义	法律相互主义	平等主义
罗马古法	法兰西	德意志	西班牙
	比利时	奥地利	葡萄牙
	希腊	瑞典	荷兰
	罗克森堡	瑞西	意大利
		塞耳比亚	连马尔
			俄罗斯
			罗马尼亚

日本所采用者,亦一种平等主义,盖私权(公权中之参政权,外国人无之)除法令或条约所禁止者,原则上虽外国人,亦得享有之(《民法》第二条),并举禁止外人享有之私权如左:

一、土地所有权；

二、日本银行及横滨正金银行株主(即股权)权；

三、矿业权及砂矿采取权；

四、为取引所(交易场之意)之会员股东及仲买人之权；

五、日本船舶之所有权；

六、《民事诉讼法》第八八条(参加人之保证)及第九二条(诉讼上之救助)。

由是以观,私权中禁止外人享有者,不过一小部分而已,故外国人之在日本者,仍以享有私权为原则。

第二节　能力(即行为能力)

日本《民法》第一编第二章第三节所谓能力者,即行为能力之谓,盖自为可生法行为之能力也。

原则:凡人皆有行为能力,此原则也。故自己之财产自使用之,自收益之,自处分之,皆可出于自由者也。

例外:前段所揭之原则,亦有一定例外,即无能力者是也。无能力者中,亦对于一般之人而无法律行为能力者,是曰一般无能力者;或仅对于特定之人而无法律行为能力者,是曰特别无能力者。

其一、一般无能力者

一般无能力者有四,即未成年者、禁治产者、准禁治产者及妻是也。民法认未成年者、禁治产者及准禁治产者为无能力者,其宗旨在保护其利益,故此等无能力者所为之法律行为,得由无能力者自行撤销(《民法》第一九条、二〇条有例外),不得自对手者撤销之。其以妻为无能者,则出于尊重夫权,使家庭中足以维持和睦之精神故耳。

一、未成年者

民法上所定成年之年龄,各国不同,兹列如左:

二十五岁　丹麦及智利

二十四岁　荷兰及西班〈牙〉

二十三岁　荷兰及西班〈牙〉

二十二岁　亚尔然丁

二十一岁　法兰西、德意志、俄罗斯、阿美利加、意大利、葡萄牙、瑞典、希腊、比利时、罗马尼亚、墨西哥及罗克森堡

二十岁　瑞西及日本

十六岁　土耳其

十五岁　波斯

未成年者为法律行为时,须得法定代理人之同意(《民法》第四条)。法定代理人,即父若母或其后见人也。但亦有不必得其同意者,列其最著之事项如左:

(一)仅得享有权利或免除义务之行为(《民法》第四条)。

(二)法定代理人所许其处分之财产而自为处分之行为(《民法》第五条)。

(三)法定代理人许其营业时,关于其营业之行为(《民法》第六条)。

二、禁治产者

禁治产者,乃陷于心神丧失之常况,而受禁治产宣告者也(《民法》第七条)。裁判所因本人之配偶者及四等内亲之亲族、户主、后见人、保佐人或检事之请求,判定事实,宣告禁治产焉。

宣告禁治产者,须使后见人(《民法》第八条)看护其身体,管理其财产。至得为后见人之资格,详载于《亲族编》(《民法》第九〇一条至第九

〇九条)。

凡禁治产者之行为,可以撤销(《民法》第九条)。若禁治产之原因既经消灭后,则因请求而撤销其宣告(《民法》第一〇条)。

三、准禁治产者

准禁治产者,乃因精神不能健全,而必须他人补助之者也。民法之心神耗弱者、聋者、哑者及浪费者属焉,其补助人称曰保佐人。

可以请求准禁治产之宣告者,与可以请求禁治产之宣告者同。准禁治产者之行为,如于财产上之重要关系且有危险者,非得保佐人之同意不得为之。其必须保佐人同意之行为,民法中以明文规定之(《民法》第一二条)。准禁治产者之行为,除法文列举必得保佐人之同意者外,自身皆得为之。此与禁治产者之行为,原则上必由后见人、代理者实大不同也。

四、妻

妻之无能力者,非以女子之故列于无能力者之中也。女子之无夫者,其能力与男子无异,有夫者则不然。此因尊重夫权,故民法上于妻之能力,有一定之制限焉。

妻为左列行为时,须受夫之许可:

(一)关于财产上重大事件且有危险之行为,而列举于法文者(《民法》第一二条至一六);

(二)承诺赠与及遗赠或拒绝之;

(三)身体须受羁束之契约(《民法》第一四条)。

可以不必受夫许可者列如左:

(一)为已受许可之营业上之行为时(《民法》第一五条);

(二)夫之生死不明时(此以下《民法》第一七条);

(三)夫遗弃其妻时;

(四)夫系禁治产者或准禁治产者时;

(五)其夫因疯癫故被监置于病院或私宅时,或现被执行一年以上禁锢之刑时;

(六)夫妇之利益相反时。

其二、特别无能力者

对于特定之人受行为能力之制限者,列如左:

一、夫妇

夫妇间之契约,不论何时,其一方得撤销之(《民法》第七九二条),是亦杜绝争端而和睦家庭之一法耳。

二、后见人

后见人若让受被后见人之财产时,或让受被后见人对于第三者所有之权利时,被后见人得撤销之(《民法》第九三〇条)。

第三节　住址

住址者,吾人生活之根据也(《民法》第二一条),即生活之中心点也。若不知住址时,则以其居址为住址(《民法》第二二条)。兹述住址之于法律上之关系如左:

一、住址为决定国际私法上可以适用之法律之根据(《法例》第一二条);

二、住址为定诉讼法上裁判籍之根据(《民事诉讼法》第二〇条),又为定诉讼期间之标准(《民事诉讼法》第一六七条);

三、住址为规定偿还债务地之根据(《民法》第四八四条、《商法》第二七八条)。

第四节　失踪

失踪云者,乃因不在者(谓去家之人而言)数年间生死不明时,由法律上推测为已死者之谓也。凡离其住址或离其居址而生存者,称曰不在者。既受失踪宣告之不在者,则曰失踪者。两者于法律之上关系不同。

一、不在者若不置财产管理人时,裁判所因利害关系人或检事之请求,得命为财产管理上所必要之处分(《民法》第二五条至第二九条)。

二、不在者于数年间(或七年间,或三年间)生死不明时,裁判所可因利害关系人之请求而宣告失踪(《民法》第三〇条)。

三、受失踪宣告之人分别情形,民法上有于七年期满视为已死者,或有于三年期满视为已死者(《民法》第三一条),于家督相续、财产相续及其他法律关系上(例如,婚姻解除等),与死亡者生同一之效力。

宣告失踪后,若其人有生存或死亡之证据时,须撤销失踪之宣告(《民法》第三二条),但其撤销无变更善意法律行为之效力。

第二章　法人(发端[本质、种类])

发端

本质:法人云者,非自然人而有权力、能力即得为权利、义务之主体者之谓也。其本质盖有四说:一曰法人不存在说,即谓组织法人之自然人独为权义之主体,此外无所谓法人之说也;二曰拟制说,即谓法人者乃法律拟其非人者,而目之曰人之说也;三曰法人自然存在说,即谓法人非出于法之拟制,而自然发生存在之说也;四曰法律上实在说,盖谓得为权义主体者,即法律之所谓人。由是以言,法人者,系法律上之人,而存在于实际,非出于拟制亦非自然存在,以其与法律所认之人格相当,故为法律上之人之说也。今之学者,多以第四说为当。

种类:法人有公法的法人与私法的法人之区别,既详载于总卷中。然私法的法人(以下单云私法人)亦得分为二种:曰公益法人与营利法人;曰社团法人与财团法人。

其一、公益法人与营利法人

公益法人者,乃关于祭祀、宗教、慈善、学术、技艺及其他公益,而不以营利为目的之社团法人及财团法人是(《民法》第三四条)。

营利法人者,以营经济的利益为目的之法人是(《民法》第三五条),如商事会社,其尤著者也。

其二、社团法人与财团法人

社团法人,乃营共同事业之多数人之团体,而具有人格者。自其人格之点言之,与私法的组合有别(《民法》第六六七条),盖组合不得有人格也。

第一节　法人之设立

其一、设立之法制

关于法人设立之法制有三,即放任主义(人民可任意对于社团或财团付与人格之主义)、特许主义(因国之元首与主务官厅或法律之特许而设立法人之主义)、准则主义(若具法律所豫定之条件,即得为法人之主义)是也。日本民法盖排斥放任主义,而并用特许主义与准则主义。分述如左:

一、公益法人，经主务官厅特许后得设立之(《民法》第三四条)。例如，关于教育之公益法人，经文部省之特许。关于宗教之公益法人，经内务省之特许而得设立者是。

二、营利私人得从商事会社之条件而为法人(《民法》第三五条)。

三、外国法人以国及国之行政区划(外国之府、县、郡、市、町、村等)并商事会社为限而认其成立，此日本民法上之原则也(《民法》第三六条)。外国及外国之行政区划，民法上认为法人云者，盖得与之为卖买、贷借等之私法关系之谓也。

其二、设立行为

设立法人之行为，其关于社团法人者与关于财团法人者不同。

一、社团法人之设立

社团法人以作成定款设立之，其应载于定款之事项如左(《民法》第三七条)：

(一)目的；

(二)名称；

(三)事务所；

(四)关于资产之规定；

(五)关于理事任免之规定；

(六)关于社员资格得丧之规定。

社团法人之定款有变更时，须得总社员四分之三以上之同意，且受主务官厅之许可。

二、财团法人之设立

财团法人以寄附行为设立之。寄附行为者，因设立财团法人之宗旨，以无偿的而处分一定财产之单独行为也，或以其生前处分或以遗言寄附者为之(《民法》第四一条及第四二条)。但寄附者寄附财产时，须定有前段第一号至第五号所列举之事项(《民法》第三九条及第四〇条)。

其三、社团法人、财团法人之共通规则

一、法人权利、义务之界限

法人之权利、义务其界限如左：

(一)社团法人因定款而定其目的，财团法人因寄附行为而定其目的。于其所定目的之范围内，有权利负义务(《民法》第四三条)。

(二)法人之理事或其他代理人，因其职务上之行为而加损害于他人时,法人须任赔偿损害之责(《民法》第四四条)。

(三)若因法人目的范围外之行为而加损害于他人时,则由议决其行为之社员、理事及履行其议决之理事或其他代理人,连带赔偿之责(《民法》第四四条)。

二、登记

法人设立后,必经登记始能发生对抗他人之效力,其应登记之事项如左(《民法》第四六条至第四九条):

(一)目的;

(二)名称;

(三)事务所;

(四)设立许可之年月日;

(五)若定成立时期者,则记其时期;

(六)资产之总额;

(七)若定募资之方法者,则记其方法;

(八)理事之姓名、住址。

三、财产目录及社员名簿

法人于设立时及每年之初,于三个月内或其事业年度之终,须作财产目录。社团法人则须备置社员名簿(《民法》第五一条)。

第二节　法人之机关及管理

法人之根本目的,于财团法人则因寄附行为而定,社团法人则因定款而定。然其一切决定、实行,皆不得不藉机关之力以运用之。

法人之机关有三,即议决机关、执行机关(亦称理事机关)及监督机关是也。

其一、议决机关

财团法人以寄附行为定其目的,由理事执行之,故无以社员总会为议决机关之事。

社团法人则有社员总会,于法令及定款所定之范围内议决一切,由理事执行之。

总会有通常总会、临时总会之别,其召集及社员之表决权等,皆由法律规定之(《民法》第六〇条至第六六条)。

其二、执行机关

法人不问财团法人与社团法人,皆有理事一人或数人以为其执行机关(《民法》第二五条)。理事于不违背寄附行为之宗旨、定规之规定及总会决议之范围内,有代表法人及置代理人之权(《民法》第五三条至第五六条)。

其三、监督机关

法人得置监事一人或数人,以监督其事务(《民法》第五八条)。

理事为法人不可不设置者,而置监事与否,则任法人之自由也(《民法》第五九条及第六条)。

主务官厅不问有监事与否,有监督法人之业务、检查业务及财产状况之职权(《民法》第六七条)。

第三节　法人之解散

法人解散云者,乃指既成法人之废弃而言,兹略述其原因及清算之关系如下:

其一、法人解散之原因(《民法》第六八条至第七一条)

日本民法所认法人解散之原因,其为财团法人、社团法人所共通者四种(左列一至四是),社团法人所持有者二种(左列五、六两项是)。

一、以定款或寄附行为所定解散事由之发生;

二、为法人目的之事业之成功时或不能成功时;

三、破产;

四、撤销设立之许可;

五、总会之决议;

六、社员之缺亡。

其二、清算

法人解散时须为清算。清算云者,其办法在实行法人存续中所取得之权利及其负担之义务,办结其未了事宜,而以其所遗财产交付于归属者之谓也。试于余财归属者及清算人分别说明之。

一、法人之余财归属者

关于解散之法人,其余财处分方法盖有四说:一曰应依设立者之意思而决定之;一曰当然归属于设立者及其相续人;一曰宜用于相类之公益事业;一曰宜归国库。日本民法定之如左(《民法》第七二条):

(一)法人解散后,其余财归属于定款及寄附行为所指定之人;

（二）若无指定者，则用相类之事业；

（三）若无以上二者时，则归属于国库（《民法》第七二条有详细之规定）。

二、清算人

法人解散时，须从法定之条件置清算人，且为登记破产时，不必置清算人，因破产管财人与清算人之职务相同故也（《民法》第七四条至第七七条）。

清算人所应尽之职务如左：

（一）现务之办结（即办结解散时，所未结了之事务）；

（二）收回债权及偿还债务；

（三）交付残余财产。

于执行职务时，清算人所宜遵守之条件，由法律详细规定之（《民法》第七八条至第八一号）。裁判所于法人之解散及清算，有监督及为必要检查之职权（《民法》第八二条）。

第四节　罚则

法人之理事、监事及清算人于其职务不遵守必要之规则时，处以五圆以上、二百圆以下之过料（《民法》第八四条）。此罚与刑法上罚金、科料之性质不同，故用"过"字而曰过料也。

中编　私权之客体
第三章　物

（此章各节次序悉照日本《民法》，以下仿此）

私权之客体，乃因法令之保护，使满足权利者需要之资料也。物权之种类若异，客体之种类亦不同。兹分为三段详述之。

其一、各种私权之客体

私权大别分为三：曰人身权、亲族权、财产权。其客体如左：

一、人身权之客体，即权利者之生命、身体、名誉、自由及节操是也；

二、亲族权之客体，即他人及他人之行为是也。例如，就亲权言，则以子及子之作为或不作为为其客体者是；

三、财产权或以物为其客体，或以非物者为其客体。物之说明详后，兹先将非物而为财产权之客体者揭如左：

（一）智能之产出物。例如，学问上或技术上之发明为私权之客体者是；

（二）他人之行为。如债权，以他人之作为或不作为为其客体者是；

（三）权利。例如，权利质乃一种担保权，以债务者对于第三者所有之债权为其客体者是；

（四）商号之类。

其二、物

物者，或指一切权利之客体而言，或限于有体物而言。日民法专指有体物言之（日本《民法》第八五条）。

有体云者，除人类外，凡占领一定之面积、有独立存在者皆是。其中得专置于吾人支配之下，以满足需要者则为法律上之物。

一、动产与不动产

此区别之标准、学说及立法例皆不一。日本《民法》仅以土地及其定着于土地之物为不动产，其他之物皆称曰动产（《民法》第八六条）。

"土地"二字中，包含地上、地下及地面三者。土地之定着物云者，谓随其性质及用法永久附着于土地之土地以外之言而言，即树木、矿物、房屋之类是也。如池沼、沟渠等不过为土地之一种形状，非其定着物；如天栅、帐栅等，不过因其用法一时附着于土地者，亦非定着物也。

不动产以外之有体物，动产是也。无体物之权利（即物权、债权）以原则言，不得以动产论。但日本《民法》因便宜故，以无记名债权为动产（《民法》第六八条），故如无记名（即不记载债权者之姓名者）之公债证书、社债券、火车票等皆有动产之效力。

二、主物与从物

物之所有者，有以自己所有之他物附属于一物上以供常用时，则其附属之物曰从物（《民法》第七八条）。例如，篋为主物，其键则从也。

从物以从主物之处分为其原则，故无反对之意思表示时，如键所附属之篋，既经售去，则键亦含于卖买行为之中也。

三、天然果实与法定果实（《民法》第八八条）

天然果实，因物之用法而收取之产出物也。如自树木所采之果物，自乳牛所取之乳汁皆是;若为使用其物之对价,其应受金钱与其他之物皆曰法定果实,如租房、利息、地租之类是。

四、单一物与集合物

单一物云者,一独立之有物体也。如羊一头、书一册是;集合物云者,多数单一物之总体,成一权利客体者之谓也。例如群羊、书库是。

五、可分物与不可分物

可分物云者,虽分割之而不变更其性质者之谓也。如酒与油是;不可分物云者,因分割而变更其性质者之谓也。例如牛、马、房屋是。

六、特定物与不特定物

此区别因物之特定与否而生。例如,卖买之际,曰此酒彼肉则为特定物,但曰酒一斗、肉一斤则为不特定物是也。

七、消费物与非消费物

消费物云者,一次使用后必消尽其形体,始生其效用者是也。如饮食物等是;非然者,则曰非消费物。如衣服、书籍是(《民法》第五八七条)。

八、融通物与不融通物

融通物云者,得为私权之客体,且得为交易之目的物者也。不融通物云者,不能为私权之客体及为私权之客体而不为交易之目的物者也。如公共物(如日光、空气、海水等乃具有不得独占之性质者)、公有物(府、县、市、町等之共有山林之类)、禁治品(不许私造私有之货币、兵器、阿片等类)之类乃不融通物,其他则融通物也。

下编　私权之得丧、变更及其原因

发端

本书总卷第二编《权义论》之第七章至第八章,于权利一般之得丧、变更及其原因之问题既已述及,即私权之关系,亦包含于该章理论中。如私权之取得,有原始取得与传来取得之别;其丧失有绝对丧失与相对丧失之别;变更则分主观的变更与客观的变更;及其得丧、变更之原因,则分法的事实与法的行为(《民法》中特称法律行为),并法的行为有种种之分类等,皆已一一说明。兹专就民法中有重要关系之诸问题,略述如下。

第四章　法律行为

（第一节总则　第二节意思表示　第三节代理　第四节法律行为
之无效及撤销　第五节条件及期限）

法律行为，乃本书卷第二编第七章所谓法律行为之一种。日本《民
法》上凡于行为中有私权得丧、变更之效力者，特称曰法律行为。由本
诸意思之点言之，可与法律事实相区别。法律事实者，不本诸意思，而
出于人力及自然力，亦为私法上权利得丧、变更之原因者也。

第一节　总则

其一、法律行为之要素

法律行为之要素有三：曰必然的要素、通常的要素、偶然的要素。
必然的要素又称法定的要素，为法律行为成立上不可不备之要素也。
可细别为两种：一曰必然的普通要素，一曰必然的特别要素。前者为一
切之法律行为成立上所必需之要素，即本节其二所述及第二节所述意
思表示之关系是也。后者以一定之法律行为为限，为其成立上必需之
要素。例如，契约以当事者意思之合致而必要之类是也。

通常的要素，省文曰常素，虽非法律行为之成立上必不可不备之要
素，然原则上以备之为宜。例如，卖买时，卖主之有担保义务，非必然的
要素而为常素是也。偶然的要素，省文曰偶素，乃当事者特别附加之要
素也。例如，就不特定物之卖买论，交付最优等物品之义务，并非常素
惟以特约之时为限，则成偶素是也。

要之，常素者，以当事者特为除去之时为限，失要素之性质。偶素
者，以特别附加之时为限，生要素之性质。此两者之差异也。

所谓法律行为，全体之要素宜论及之者，即其必然的普通要素也。
有关于目的者，有关于意思表示者。

其二、法律行为之目的

法律行为之目的，即指组织意思表示之内容之事宜而言。例如，所
有权之取得为买入之目的，价值之取得为卖出之目的是也。

法律行为之目的，以确定可能（可能者，谓事实上所能为者而言）且
适法（谓合于法律也）为必要，若缺其一，则一切之法律行为皆无效且不

得成立。

一、目的之确定

目的不确定时，绝不能生拘束力，因之其法律行为即为无效（无效与不成立同，详于后章）。例如，言我往所欲往之处，不能生私法上之效力也。

二、目的之可能

目的之可能，乃实际上所有之事也（即主观的确信有可能之根据）。如曰我将挟泰山而超北海，则非实际上应有之目的也，此为法律上无效之意思表示。

三、目的之适法

法律行为若以反于公共秩序或善良风俗之事项为目的时，则为无效。如约定犯罪或无品行之报酬之类，皆因此原则而无效（《民法》第九〇条）。

第二节　意思表示

法律行为之本质，意思表示是也。意思表示云者，表示意思于外界之谓。盖有意思、有表示，且意思与表示合为一致，而后为完全法律之行为。

凡当事者之意思表示，以不反法令中公共秩序之规定者为限，可生其效力。此民法上之一大原则也（《民法》第九一条及第九二条）。但其意思与表示之间不一致时，则不生特种之问题耳。

若当事者所有之意思与其所表示者不一致时，则以意思为标准而决定其效力欤？抑以表示为标准而决定其效力欤？取意思主义者，则以意思为据而决之；取表示主义者，则以表示为据而决之。其间各有得失，故就原则言，意思与表示必宜一致。就例外言，则采折衷主义，或注重意思，或注重表示，盖此种主义为近来学说中最有力者，日本《民法》亦采用之。

其一、意思与表示之不一致

意思与表示之不一致者有三：曰心里留保，曰虚伪表示，曰错误。

一、心里留保

心里留保云者，故意为非真意之意思表示也。例如，知其日不能履行而仍约于一定之日将物交付之类是，既非真意，因之意思与表示不一致。然以必须保护对手者之故,法律于此时,以其所表示者为决定效力之标准(《民法》第九三条)。但此种规定专出于保护对手者之意,故若对手者知表意者之真意时,或因出于过失而不知之时,其法律行为无效。

二、虚伪表示

虚伪表示者,乃当事者与对手者通谋而为伪饰的意思表示之谓也。例如,冀免查封,故以一定之财产,唯于名义上让诸他人是也。此种意思表示,在原则上无效,但不得以其无效对抗于善意之第三者(《民法》第九四条)。故以前例言,对于不知其仅为名义上之让与(称曰善意)而更由对手者让受,其财产之人不得主张无效。

三、错误

错误之法律行为云者,不期而为之,非真意之意思表示也。如应书五月十五日者,而误书五月五日之类是也。前二节所载之心里留保及虚伪表示,虽同为非真意之意思表示,惟此二者,其表示意思人皆自知其非真意,而错误则谓其不自知者而言也。

法律行为之要素有错误时,其行为无效。但其错误出于表示意思者重大之过失时,则表示意思者不得主张无效(《民法》第九五条)。此全由保护对手者利益之精神而出者也。

其二、有瑕疵之意思表示

因他人之欺诈或强迫,为一定之意思表示时,须视其程度而决效力之如何。若可认其意思绝不存在时,则其意思表示归于无效;若仅有瑕疵时,则不妨撤销之(《民法》第九六条)。

其三、意思表示之效力发生时期

有对手者之法律行为(有对手者之行为与无行为〔对手〕者之行为之差见于总卷)之意思表示,于表示意思时生其效力欤? 抑对手者受其表示时生其效力欤? 决此问题有表白主义、发信主义、受信主义、了知主义等种种见解,日本《民法》则采用左列原则:

第一,隔地者所为之单独行为,其原则取受信主义。于对手者接其意思表示时,甫生效力(《民法》第九二条)。故如法律行为撤销于对手者,受其撤销之通知时,生其效力者是。

第二,隔地者所为之双方行为(即契约),以承诺者发承诺之通知时生其效力。其契约于是成立,因此可认为双方之意思合致故耳。

第三节　代理

其一、代理之本质

代理者,因甲某所为之意思表示而于乙某直接有其效力之法律行为也。指甲某(即意思表示者)曰代理人,指乙某(即受效力者)曰本人或被代理人。代理人必须声明,因本人故而为之。

一、代理人所表示之意思,代理人自身之意思非传达本人之意思也。就此点言之,代理人与单纯之使者不同。

二、代理人之意思表示,直接于本人生其效力,非代理人先受其效力,然后传达于本人也。故以原则言,代理人无就其代理行为致被拘束之事,亦无因此而受利益之事(《民法》第九九条)。

三、代理人不可不声明因本人故而为代理行为之事,以此行为乃于本人生其效力故也。若不声明,则以视作代理人自身之行为为原则(《民法》第一○○条)。

代理人之性质如此,其因以发生之结果,重要者有三:

一、代理人不可不有意思能力,不必定有行为能力,盖以代理人之自身不受其效力故也(《民法》第一○二条)。

二、本人不必有意思能力与行为能力,如为婴儿之法定代理之类,其通例也,此因本人不过受其效力故耳。

三、意思之关系而于法律行为之效力有影响者(前节所揭之心里留保、虚伪表示、错误、瑕疵等),须就代理人之意思断定之,因代理乃由代理人之意思而成立者故也。

其二、不许代理之法律行为

法律行为中,其性质上有不许代理者。如婚姻、离婚、养子、遗言等是。

又有因法律所禁止而不许代理者。例如,就同一之法律行为而为当事双方之代理人,为法律之所禁止者是也(《民法》第一八条)。

其三、代理权之发生

代理权者,乃甲某之自动的(例如契约之申述)或他动的(例如契约之承诺)意思表示,可直接生其效力于乙某之权能也。或由法律之规定而生者,称曰法定代理权。如亲权者、后见人所有代理权之类是;或由本人之法律行为而生者,称曰任意代理权。

　　若据日本《民法》之规定,则任意代理权(与德国《民法》第一六七条异)专由本人之委任契约而生,就此关系言之,本人得称为委任者,代理人得称为受任者。

　　其四、代理权之范围

　　法定代理权之范围(即权限),由法律规定之(《民法》第二八条、第五三条以下、第七八条、第八四条以下、第九二三条以下)。

　　任意代理权之范围,据授权行为之所与者定之。若不定权限时,代理人惟有为保存行为、利用行为及改良行良之权限(《民法》第一三条)。

　　代理人从左列区别有选任复代理人之权:

　　一、法定代理人得以自己之责任,选任复代理人(《民法》第一六条);

　　二、任意代理人以得本人之许诺及出于不得已之事由时为限,得选任复代理人(《民法》第一〇四条)。

　　复代理人对于本人及第三者,有与代理〈人〉相同之权利、义务(《民法》第一七条)。

　　其五、代理权之消灭

　　代理权因(一)本人之死亡(二)代理人之死亡、禁治产、破产及(三)委任之终结而消灭(《民法》第一一一条)。

　　其六、无权的代理

　　无权的代理,乃无代理者,因他人故而为自动的或他动的意思表示之谓。此为本人所不与知者,故仅于本人追认时为限,生其效力(《民法》第一一三条至第一一八条)。而其追认后之效力,则以溯及契约之时为原则。例如,甲某旅行时,友人乙某自为甲某之代理人,为甲赎〔购〕买丙某之物品。甲归后,愿有此举与否出于自由。若既追认此举,则溯及购买之时,而于甲、丙间有卖买成立之效力是也。

第四节　法律行为之无效及撤销

　　法律行为之无效云者,因法律行为不备其成立要素而竟不成立之谓也;撤销云者,乃业已成立之法律行为,因有瑕疵而丧失其最初之效力之谓也。无效力、取消其性质不同,如此因之其结果亦异。

　　其一、无效

因无效(即不成立之故)所生左之结果:

一、无效之法律行为,概以不生效果为原则。但间有公益,故而设之例外,然亦鲜矣(如《民法》第九四条及第九五条是);

二、无效之法律行为,无论何人皆得主张无效,并无如下文所述主张撤销之限制;

三、无效之法律行为,不因追认而生其效力,若当事者知其无效力,追认时视作已为新行为者(《民法》第一一九条);

四、无效之法律行为,不得因时效而生其效力。

其二、撤销

得以撤销之法律行为本已成立,至撤销时始丧其成立后之效力者也。其结果如左(《民法》第一二〇条至第一二六条):

一、法律行为之撤销,惟一定之人得主张之,兹列举得以主张撤销者如左:

(一)无能力者或为有瑕疵之意思表示者;

(二)其继承人(承继权、义者之谓);

(三)其代理人;

(四)夫(以撤销妻所为之行为为限)。

以撤销权与此等人者,即因保护其利益故也。而为取消原因之情形既止后,不可不通知于对手者。但其通知方法,别无法定之形式(或以口述,或以书面皆可)。

二、可以撤销之法律行为,得因追认而生最初之效力。追认有明示、默示二种。明示之追认云者,明示以抛弃撤销权也。例如,未成年时所缔结之契约,于既成年后,以口述或书面承认之类是也。默示之追认云者,撤销原因既消灭后,固有法律(《民法》第一二五条)所列举之行为,而视作抛弃其撤销权者。如以前例言,成年者向对手者请求其履行之时是也。

三、撤销权自可以追认之时期(即撤销原因消灭之时期)(《民法》第一二四条)起算,五年间不行使时,则因时效而消灭(《民法》第一二六条)。

第五节　条件及期限

法律行为之必然的要素(即法定要素),当事者不得任意取舍。至于常素、偶素,其取舍可得而自由者也。当事者所任意附加而变更法律行为之内容,或制限之者,称曰附款。其重要者为条件及期限,已述于总卷第二编第九章。今将条件之种类,及民法上条件与期限之效力,略述如左:

其一、条件

凡条件者,皆属于未来且不确定之事实之附款也。

但其种类若异,效力亦复不同。

一、停止条件与解除条件(《民法》第一二七条)

附以停止条件之法律行为者,乃于当事者所指示之未来且不确定之事实发生时,生其效力之法律行为也。例如,购物者与人约定,若今冬连日降雪时,则必购君之狐裘之类是也。附以解除条件之法律行为者,则于条件之事实发生时,失其效力之法律行为也。例如,赁屋者与屋主订约,如住定后房屋雨漏时,则解除其租屋之契约者是。

二、积极条件与消极条件

积极条件,乃以事实之发生为条件。消极条件,则以事实之不发生为条件也。皆得停止或解除法律行为之效力焉。

三、偶成条件、随意条件及偶成且随意条件

偶成条件云者,乃以自然力或第三者之意思为条件。随意条件云者,乃以一方当事者之意思为条件。例如,言君买我宅,则我赠君以车之类也。若曰君妻吾妹,吾即赠君以车,是为附以偶成且随意之条件之法律行为。盖其妹立于第三者之地位,以其妹之意思言之,则为偶成条件;以对手者之意思言之,随意条件也。

凡条件者,皆须属于未来且不确定之事件。故当事者若不知为已过及现在之既成事实,或确定为不发生之事实,而为条件时,则从民法之区别,或为无效之法律行为,或为无条件之法律行为,皆不得据附以条件之法律行为之规定也(《民法》第一三一条)。

条件乃组织法律行为之内容者,故其条件若系不能的、不法的,或为纯粹之随意的时,则其法律行为归于无效(《民法》第一三一条至第一三三条)。

其二、期限(《民法》第一三五条至第一三七条)

期限,乃属于将来必生之事实之附款。惟确定期限、不确定期限及始期、终期之区别,亦既于总卷述之矣。

以私法之关系言期限,可推定其因债务者之利益而定之者。但如左列情形,债务者不得主张期限之利益。

一、债务者受破产之宣告时;

二、债务者毁损担保,或减少之之时;

三、债务者负有供给担保之义务,而不供给时。

第五章　期间

(《民法》第一三八条至一四三条)

期间云者,自一定之时始至一定之时止,其间限定之期间之谓也。其为权义得丧之原因者甚多,故法律上不可不定其计算之法。日本《民法》所定者略如左:

一、以时定期间时,自即时起算;

二、以日、周(一星期为一周)、月、年计算者,其初日不算入期间内,以期间末日之终为期限之终结;

三、一周一月及一年之日数,据历计算之。

此民法之计算法,除法令及裁判所之命令或法律行为别有规定外,皆适用之。

第六章　时效

(《民法》第一四四条至第一七四条)

时效之性质及认时效之理由,已略述于本书总卷第二编第十章。其关于民法者,有取得时效与消灭时效二种,其中又有双方共通之规则焉。

其一、取得时效

取得时效者,乃因于法定之期间,与法定之状态继续不已,而取得权利之法律事实也。民法所定者,大略如左:

一、二十年间,以所有之意思,平稳且公然占有他人之物者,取得其所有权。

二、十年间,以所有之意思,平稳且公然占有他人之不动产者,取得其所有权。但于占有之初,以善意且无过失者为必要(《民法》第一二六条）。

三、所有权以外之财产权，原则上亦从前二段所揭之区别，而取得之。亲族权及人身权，不得因时效而取得之。例如，自称亲子、夫妇、华族，虽至数十年之久，仍不能取得其资格者也。且财产权，亦间有于其性质上不能因时效而取得者。

其二、消灭时效（《民法》第一六六条至第一七四条）

一、债权之消灭时效，原则上因十年间不行其债权而消灭之；

二、债权及所有权以外之财产权，因二十年间之不行而消灭之；

三、定一年或较一年为短之时期，以给付金钱与其他之物为目的之债权，因五年间之不行而消灭；

四、如左所列之债权，若三年间不行即归消灭：

（一）诊治之报酬；

（二）工事之对价。

五、如左所列之债权，因一年间之不行而消灭：

（一）短期佣人之工资；

（二）运送费；

（三）旅店、饭馆等之账项；

（四）动产之租金。

此外，尚有民法中所列选各种消灭时效之期间。

其三、共通规则

取得时效、消灭时效所共通之规则，可分为三：曰关于效力者，曰关于中断者，曰关于停止者。

一、效力

时效之效力，以溯及其起算日为原则。故从前所揭之要件，十年间占有土地者，自十年之初，即有所有者之效力。

二、时效之中断

时效之中断云者，因一定之事实发生时，而使已往所经过之期间归于无益之谓也。其原因有二：一为性质的原因，一为法定的原因。

性质的时效中断之原因，乃时效状态之丧失也。如占有中之目的物，更被他人所占有者是。

法定的原因，如请求、查封、暂行查封、暂行处分及承认皆是（《民法》第一四七条）。例如，占有之物品，由所有者诉求取还时，则其既经过之时间之利益,于此消灭也。

三、时效之停止

时效之停止云者,乃于一定事实之继续中,不以其时间算入时效期间内之谓也。其原因有自权利者之身分而来者,有自权利之性质而来者,有因不能行使权利之变故而来者。

(一)因身分而来之时效停止。一例如占有禁治产者之所有物者,自禁治产者恢复能力之时起(例如,精神病之痊愈)于六个月间,被停止其时效进行之类是也(《民法》第一五八条至第一五九条)。

(二)因权利性质而来之时效停止。一例如相续财产,自相续人确定之之时起于六个月间,停止其时效进行之类是也(《民法》第一六〇条)。

(三)因变故而来之停止者。盖因天灾及其他不可避之事变,而不能中断时效时,则自其障碍既止之时起,于二周间其时效不能完成者是(《民法》第一六一条)。

凡时效之停止,惟其停止原因之事实,其继续时间不能算入时效期间内,而其前后期间仍得算入之。例如,债权者虽于一年间,因精神病而受禁治产之宣告,若于十一年六个月间不行使其债权时,则债权之消灭时效,因之而完成是也。

第二编　物权

第一章　总则

其一、物权之定义

物权者,于其物上直接享有一定利益之对世权也。

其二、物权之主体与客体

物权之主体为自然人与法人,与其他权利之主体无异。但日本之法律,禁外国人(不分自然人与法人)为土地之所有者,已于总卷之中述之。

　　物权之客体，以有体物为原则（有体物之定义，见本卷第一编第三章其二）。如电气、暖气、音响等之无体物，不得为物权之客体。但权利质（《民法》第三六二条以下）、权利抵当（《民法》第三六九条第二项）及权利之占有等（《民法》第二〇五条），民法特以此准于物权焉。

　　有物体为物权之客体时，不可不具左列三条件：

　　一、须为特定物

　　不特定物虽得为债权之客体，然不得为物权之客体。例如，言彼金钱一枚、此酒一斗，乃特定物也，得为所有权与其他物权之客体。若仅曰金钱一枚、酒一斗，则为不特定物也，惟得为买卖、贷借等债权之客体而已。

　　二、须为单一物

　　如群羊、群籍之集合物，惟得为债权之客体。若所有权与其他物权之成立，则必以羊一头、书一册为限。

　　三、须涉于物之全部

　　盖物权不能因单一有体物之组成分子之一部而成立，故于生羊之一足，并无所谓所有权，就房屋之一柱一壁，亦无所谓占有权也。其既已分离之羊肉及木材，则其所有权、占有权等之存在，固不待言也。

　　其三、物权之效力

　　物权之效力，有驾乎通常之债权者，有驾乎后发之物权者（优先权），且其目的物之所至，有追及之之效力（追及权）。其意如左：

　　一、物权可驾于通常之债权云者，盖同一客体之上，若物权与无特别担保之债权竞立时，则其物应属于有物权者之手。例如，物之买主与金之贷主同时要求交付同一客体，或竞卖时，则其物应属于买主是也。

　　二、物权可驾乎后发之物权云者，盖同一客体之上，不能使前后有两种同一效力之物权成立也。宜与本章其六参照之。

　　三、物权能追及其客体之所在云者，其客体不问移转于何人之手，物权苟不消灭，仍得以收回之谓也。

　　其四、物权之创设

　　创设物权之主义有二：一曰自由主义，乃法律不限物权之种类，一经登记，虽各种债权，亦得为物权之主义也；一曰限定主义（或称法定主义），除民法及其他法律所定者外，不许创设其他物权之主义也。日本

《民法》采用限定主义（《民法》第一七五条），是为近世之通例。

其五、物权之分类表

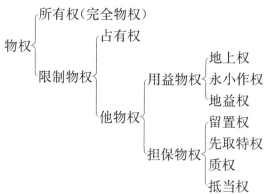

其六、物件之得丧

物权之发生、移转、变更、消灭，或基于法律事实，或基于法律行为，与其他财产权利无异（宜参照总卷第二编第七章及本卷第四编下编）。而法律行为之中，时时行之以为物权生转变〈消〉灭之原因者，厥为契约。

物权之设定、移转、变更、消灭与得以此对抗于第三者之效力，其法律上之关系有不同者。

一、物权之设定及转移，专因当事者之意思表示而生其效力（《民法》第一七六条）。故如买卖行为时，甲曰欲售之，乙曰欲购之，而物之所有权，即时移转于乙。

二、物件之对抗力，必备左列要件而后发生：

（一）关于不动产之物权之得丧、变更，于登记时，发生对抗第三者之效力（《民法》第一七七条）；

（二）船舶之所有权及抵当权之得丧、变更亦同（《商法》第五四〇条、第五四一条、第五五六条、第六八六条等）；

（三）关于让交动产之物权，非交付其动产，不得以此对抗于第三者（《民法》第一七八条）。

兹有甲某以其房屋卖诸乙某，且以车赠于丙某。房屋之所有权，于买卖之契约成立时，即移转于乙。车之所有权，于赠与之契约成立时，即移转于丙。而其后，甲某更以此房屋卖于丁某，丁某即为登记，复以车赠于戊某，戊某即受其交付，则乙某不得由丁某取还房屋，何则？未为登记以前,不能向当事者(甲某)以外之第三者(即丁某)而以既已买受之理由对抗之也。丙某尚未受其车之交付,故亦不得迫戊某而使之返还。但乙及丙之有求偿权,固不待言矣。

其七、物权消灭之原因

物权因移转、客体之消灭、时效、添附、抛弃、混同等,而有相对的之消灭或为绝对的之消灭、添附,详见第三章第二节。混同则于不能两立之二种资格,集合于一人时发生之。例如,质权者取得质权之所有权时,其质权即归消灭是也。

第二章　占有权(本章以下即物权之本论)

发端:占有权之概念及其种类

其一、占有权之概念

占有权者,以为己之意思,因持有其物而后成立之物权也(《民法》第一八〇条)。分其要素为二:一曰占有之心素,一曰占有之体素。

一、占有之心素,乃其为己之意思也。为己之意思云者,指自己享有其利益之意思而言,非必限于其目的物为自己所有之意思也。故以取得地上权之意思,自持有其土地时,亦得为占有地上权之心素。

二、占有之体素,即指持有其物而言。持有者,支配也,管理也,监督也,事实上排斥他人之状态也。手贴花,足着履,牧羊于野,驰马于郊,虽其方法不同,而皆为物之持有。

具心素、体素而成立之占有,为物权软?为债权软?抑仅为单纯之事实软?学说、立法例各有不同。日本《民法》明列于物权中,庶使免于争论焉(《民法》第一八〇条至二〇五条)。

其二、占有之种类

一、正权原之占有与无权原之占有

正权原之占有云者,因适法之原因而取得之占有也。例如,占有购买品是。无权原之占有云者,非因适法之原因而取得之占有也。例如,占有窃取物是。

二、善意之占有与恶意之占有

善意之占有云者,信为有权原而为之之占有也。例如,误信他人之物为自己之物而持有之是也。恶意之占有云者,知无权原而为之之占有也。例如,故意窃取他人之物是。

此外,尚有平稳且公然之占有、强暴或隐秘之占有、以所有意思而为之之占有、不以所有意思而为之之占有、过失之占有与无过失之占有等,其效力皆有一定之差异。

第一节　占有之取得

占有之取得,得分为本人取得、代理取得及略式取得三者。

一、占有之本人取得云者,一己兼备占有之心素与体素而取得占有之谓也。

二、占有之代理取得云者,本人有占有之意思,代理人因本人故而持有其物,本人遂因以取得其占有之谓也(但法定代理人并得代理本人,即被代理人之意思)。

三、占有之略式取得云者,不移转客体之持有,而取得占有之谓也。如左列二事项是。

甲、一称简易交付。因他人故而持有其物者,表示此后为自己故而持有之意思,因以取得其占有之谓也(《民法》第一八二条)。

乙、一称占有改定。因自己故而持有之物,今后改为因他人故而持有之谓也(《民法》第一八三条)。

第二节　占有权之效力

占有权之效力,可于有利推定、取得果实、取得权利及占有诉权等时征之。

其一、有利推定

有占有权者,受左述三种之有利推定。

一、推定占有者,系以所有之意思,善意平稳且公然为占有者(《民法》第一八二条);

二、前后两持,若有占有之证据,则推定其占有系于中间继续者(《民法》第一八六条);

三、占有者行使于占有物上之权利,推定其有此权利,为适于法者(《民法》第一八八条)。

其不认此等推定者,有举出证据之责。

其二、果实之取得

善意之占有者,有取得占有物所生果实之权利(《民法》第一八九条)。而恶意之占有者,则有返还果实之义务。且其已消费者,或因过失而毁损者,或怠于收取之果实者,有偿还其价值之义务(《民法》第一九〇条)。

其三、权利之取得

平稳其〔且〕公然占有动产者,若善意且无过失时,即时取得行使于其动产上之权利,称曰动产之即时时效。但其动产若系盗品或遗失品时,则二年内被害者或遗失主得要求交还(《民法》第一九二条、第一九三条)。

其四、占有诉权

占有诉权有三种:曰保持占有之诉权、保全占有之诉权及收回占有之诉权。

一、保持占有之诉权,乃被妨害其占有时,请求停止妨害与赔偿损害之诉权也。故此诉于妨害之存在时,或其既毕后一年内提起之(《民法》第一九八条、第二〇一条)。

二、保全占有之诉权,于思妨害其占有时,请求预防与赔偿损害之诉权也(《民法》第九九条)。

三、收回占有之诉权,乃占有被夺时,请求交还其物与赔偿损害之诉权也。此诉须于占有侵夺时一年内提之(《民法》第二〇〇条、第二〇一条)。

第三节　占有之消灭

占有权于一般权利之消灭原因外,更因(一)占有意思之抛弃,(二)占有物持有之丧失等而消灭。代理占有,亦因同一性质之关系而消灭。

第四节　准占有

占有权之体素,即有体物之持有也。权利无体物,故权利之行使,非固有之占有权。然以便宜故,民法上特准之于占有(《民法》第二〇五条)。例如,信为有债权而于一定之时受取利息者,则为债权之占有,一切准用关于占有有体物之规定。

第三章　所有权

发端：所有权之概念

所有权者，行于有体物之上之完全支配权也。但法令所定界限，虽所有权亦不能免。其意如左：

一、所有权之本体，支配权也。盖占有权所含有之支配权，以事实为基础；所有权所含有之支配权，以法规为基础；此其异点也。而其本体之为支配权，则两者同一。

二、所有权所含有之支配权，完全无缺。故于其客体有任意使用及收益、处分之作用。

三、使用、收益、处分者，所有权之作用也。其作用之一或二，或其全部移转于他人，或多受限制，苟为其本体之支配权，尚依然存续者，则所有权亦存续焉。例如，此工地为华族之世袭财产，以土地之土上权与他人时，则其使用、收益之二权，属于他人。然华族之世袭财产，例不得让于人。故其处分权虽大受限制，而所有权则依然存续者也。

四、权利在一切法令所定之界限内，所有权亦然。说明于左。

第一节　所有权之界限

所有权之界限，〈有〉由公法而生者，有由民法而生者。

其一、公法上之界限

公法上之界限，或有出于军需者。例如，军用征发是；或有出于警察者。例如，不能私有枪炮、弹药、毒药等是；或有出于刑法者。例如，不准为贿赂或赌等是。其他不暇枚举。

其二、民法上之界限（《民法》第二〇八条至第二三八条）

动产之所有权，其受民法之界限者甚少，而不动产之所有权则否。兹略举其重要者如左：

一、土地之所有者，于其疆界或其近旁筑造墙垣或修理之时，可以使用邻地（《民法》第二〇九条）；

二、围绕地（俗所谓袋地）之所有者，有经过邻地之权（《民法》第二一〇条）；

三、由邻地流入之自然水流不得妨害之（《民法》第二一五条）；

四、有设立疆界标识共同围障等之权，或互有之权；

五、附近界限之树木或工作物等，有一定之制限（《民法》第二三三条）。

第二节　所有权之取得

所有权因时效、占有、相续等各种之法律事实及法律行为外，更因先占无主物、拾得遗失物、发现之埋藏物及添附等原因而取得之。

其一、先占无主物

无主之动产物，因以所有之意思占有之，而取得其所有权（《民法》第二三九条）。如因渔猎，而取得鱼、鳖、禽、兽之所有权是也。先占遗失物者亦同。例如，于路旁先占纸屑，而取得其所有权也。

无主之不动产，属于国库（《民法》第二三九条）。

其二、拾得遗失物

遗失物者，无遗弃之意思（即无抛弃所有权之意思），而丧失其所占有之动产物之谓也。拾得者须从《遗失物法》等所规定，公告其事实，否则为刑法上之犯罪。公告后于一年内，仍无所有者认取时，则取得其所有权。

其三、发现埋藏物

埋藏物者，被埋藏于土中，或他物中，而不知其所有者之动产之谓也。例如，井底之银瓶、壁间之古书等皆是。其埋藏之原因，虽不必区别其出于人为，与出于天然。然如煤炭、矿石等天产物，则不得以埋藏物论。发见埋藏物既经公告后，六个月内，仍不知其所有者时，则发见者取得其所有权。若于他人之物中发见之者，则发见者及物之所有者，各于其半取得其所有权（《民法》第二一四条）。

其四、添附

添附（广义）云者，指附合、混合及加工三者而言。或二者既合而不能分离，或分离而不利益时，遂为法律上取得所有权之原因（《民法》第二四二条至二四八条）。

一、附合

不动产之所有者，取得附合于其不动产而为其从物之所有权。例如，房屋筑成后，始知搀杂他人之木材一二株之类是也。动产与动产混合时，主动产之所有者，取得附合物之所有权。无意中，以他人之漆涂饬箧笥之类是。

二、混和

二物混和，而不能识别时亦同。例如，二人之金属，因火灾而成合金是也。

三、加工

于他人之动产上加工作时，亦生同一之结果。材料价昂，则材料之所有者，得取其加工物之所有权。如工价昂，则加工者取得其材料之所有权。以上不论何时，取得者，皆有赔偿之义务（《民法》第二四八条）。

第三节　共有权及准共有权

共有权云者，二人以上于同一客体之上，共同享有之所有权也。各人所享有之权利之性质，虽系同一，而其分量有平等者，有不平等者，各人所享有权利之分量，称曰持分。

一、各共有者，视其持分，得使用共有物之全部（《民法》第二四九条）。若其持分不分明时，法律上视作平等（《民法》第二五〇条）。

二、共有物之保存行为，各共有者得独断之。其利用行为及改良行为，因共有者过半数之持分而决之。惟变更行为，必须共有者全部之同意（《民法》二五一条、第二五二条、第一〇五条）。例如，土地共有者之独断，为预防崩坏等之保存行为。因过半持分之决议，为赁贷房屋等之利用行为，及平治土地之改良行为。若改宅地为田地之变更行为，则必须全体决议后为之。

三、各共有者不论何时，得请求分配其共有物（《民法》第二五六条）。其不能分配者，或分配后有不利益者，则分配其所卖之价格（《民法》第二五六条）。

所有权以外之财产权，亦得共有，名曰准共有权，得准用共有权之规则（《民法》第二六四条）。例如，共同有地上权，或二人出版共同有同一著作物之出版权是也。

第四章　地上权

（《民法》第二六五条至第六二九条）

民法所认之借地权有四种，即地上权、永小作权、借地权、使用借地权是也。前二者属于物权，后二者属于债权。

地上权者,因有工作物或竹木在他人之土地,而使用其土地之权利也(《民法》第二六五条)。

不必区别、设定此权利之行为之为有偿或无偿也(都会中,于他人之地面建造房屋者,率有此地上权)。不定地上权之存续时间时,若无特别之惯习,则从左例。

一、不付地租之地上权者,不论何时得抛弃其权利;

二、付地租之地上权者,得于一年前预行告知或付一年地租,而抛弃其权利;

三、地上权者,二年以上不付地租时,或受破产之宣时,所有者得请求消灭其地上权(《民法》第二六六条、第二六七条);

四、若不能据以上三例决定之者,裁判所因其请求,于二十年以上、五十年以下之范围内,定其存续期间。

地上权消灭时,土地所有者有以时价购买地上权者之工作物及竹木之权。地上权者,若非有反对之惯习或正当理由,不得拒绝之(《民法》第二六九条)。

第五章　永小作权

永小作权者,乃付给小作费,于长期间耕作他人之土地,或为牧畜之权利也。原则上期间以二十年以上、五十年以下为率(《民法》第二七○条至第二七八条)。农人耕种他人之土地,率因有此权利之故也。

永小作权之义务,若无特别规约及预约时,宜准诸赁、贷、借之规则而定之(《民法》第二七三条)。

第六章　地役权

地役权者,役权之一种也。役权有二,一为人的役权,一为地的役权。人的役权,乃因一定之人之利益故,而使用他人所有土地之权利也,各种之借地权属焉。但日本《民法》不用人的役权之名称。至地的役权,乃因一定之土地之便益故,而使用他人所有土地之权利也,日本《民法》之所谓地役权者属焉。

因一定之土地之利益故,而使用他人所有地之权(即地的役权),有由公益上法律之规定而生者,本编第三章第一节所述土地所有权之界限是也;有因私益上当事者之设定行为而生者,即民法之所谓地役权者是。当事苟不至违反公益,得随意设定各种之地役权。

因地役权而受便益之地,称要役地;供给便益之地,称承役地。地役权之种类列举如左,但其间之效力,颇有不同者。

一、继续的地役与不继续的地役

前者如水流地役,后者如通行地役是(《民法》第二九三条)。

二、表现地役与不表现地役

前者如因契约而设之地上水道,后者如地下水道是(《民法》第二八三条)。

三、积极地役与消极地役

前者如汲水地役,后者如禁止建造物之地役是。

地役权为要役地所为权之从权,以与之同时移转为原则,且不得与要役地相分离而让付焉(《民法》第二八一条)。

第七章　留置权

(《民法》第二九条至第三〇二条)

留置权者,担保权之一种也。担保权有对人担保与物上担保二种。对人担保云者,如债务者不偿还债务,则担保人有代偿债务之责任,所谓保证是也(《民法》四四六条)。

物上担保云者,如债务者不偿还其债务,则以担保物充偿还债务之用。日本《民法》留置权、先取特权、质权及抵当权属于此。

留置权者,乃占有其物之人,有关于其物所生之债权时,于受偿还之债权以前,得留置其物之权利也。例如,允为修理马车,既经履行后,而委托者尚不交修理费时,则留置其马车而不交付之者是。

留置权者之权利、义务,列举如左:

一、受债权全部之偿还以前,有留置其客体之全体之权;

二、收取留置物所生之果实,以充偿还债权之权;

三、受偿还必要费用及有益费用(使增加物之价格等费用)之权;

四、其占有之留置物,应有善良管理者之注意之义务;

五、除保存上所必要者外,有不赁贷留置物及不供作担保之义务。

留置权若丧失其客体之占有,则其权利亦消灭(《民法》第三〇二条)。

第八章　先取特权

第一节　总则

先取特权者,有《民法》及其他法律所特定债权之人,就债务者之一切财产或特定财产,可先于其他债权者,受偿还自己债权之权利也(《民法》第三〇三条)。若先〈取〉特权之客体因买卖、赁贷、灭失、毁损而生代价或代物时,先取特权即于其代价、代物之上成立之(《民法》第三〇四条)。

第二节　先取特权之种类

其一、一般之先取特权(《民法》第三〇六条至第三一〇条)

因共益费用(指保存费、清算费、分配费而言)、葬式费用、佣人工资及日用品之供给而有债权者,于债务者一切财产上,有先取特权。

其二、动产之先取特权

一、由不动产之赁、贷、借所生之债权,于赁借人所有之用品或果实等之特定动产上有先取特权。故租房人若不付给房租,则房主人于租房人所有器具等之上,有先取特权。

二、旅店之宿费及饮食费之债权,于在其旅店内之手携货物上,有先取特权(《民法》第三一七条)。

其他由旅客或输运货物,或由公吏职务上之过失,动产之保存买卖、苗种肥料之供给及农工业之劳役等所生之债权,于法律所指定之动产上,有先取特权(《民法》第三一八条至第三二四条)。

其三、不动产之先取特权

因不动产之保存或工事或买卖所生之债权,于其不动产上有先取特权(《民法》第三二五条至第三二八条)。

第三节　先取特权之顺位

同时有二人以上之先取特权,名曰先取特权之竞合。先取特权之竞合时,所应守之先后次序,名曰顺位。《民法》三二九至三三二条有详细之规定。

第四节　先取特权之效力

先取特权,有因其客体之动产或不动产之价值,先于其他债权者,而受偿还之效力(《民法》第三三三条至第三四〇条)。

第九章　质权

第一节　总则

质权者,于受自债务者或第三者之物(或权利)占有之以为债权之担保,且于其物(或权利)先于其他债权者受偿还自己债权(设定的物上担保)之权利也。略与清国之典当相类(《民法》第三四二条),其一般要件如左:

一、不得让付之物,不得为质物(《民法》第三四三条);

二、非交付质物,不能质权之效力(《民法》第三四四条);

三、质物得使代理人占有之,然不得使质权设定者(即将物质付之人)占有之(《民法》第三四五条)。

第二节　动产质

动产质者,乃以动产物为客体之质权也。若非继续占有质物,则不得以之对抗于第三者(《民法》第三五三条)。

动产质为担保权,故债务者不能偿还债务时,债权者只能依质物之对价而受偿还,原则上不能取得质物之所有权(《民法》第三五四条)。

第三节　不动产质

不动产质者,乃占有不动产而为之物上担保也。除有特约外,债权者得从其用法,使用其不动产或收益之,然不得更要求债权之利息(《民法》第三五六条至三五九条)。大体与清国之典地、典屋相同。

第四节　权利质

权利质者,乃除所有权外,占有他人之财产权所为之担保权也。例如,债权者占有债务者对于第三者所有之债权证书,依其偿还以担保自己之债权是也(《民法》第三六二条至第三六八条)。然人身权及亲族权其不得担保品者,固不待论矣。

第十章　抵当权

(《民法》第三六九条至第三九八条)

抵当权者,乃债务者或第三者不移其占有据供给担保之不动产之对价,先于其他债权者,而受偿还自己债权之权利也(设定的物上担保)。地上权及永小作权,亦得为抵当之目的物(《民法》第三六九条)。

抵当权与质权同为设定的物上担保,然两者之间,其根本上有差异者二:(一)抵当权不移目的物之占有,而质权则移其目的物之占有。(二)抵当权之目的物,常限于不动产。而质权之目的物,或为动产者,或为不动产者。

有以一不动产而担保数债权者,此时抵当权之顺位,不依设定之前后,宜依登记之前后定之(《民法》第三七三条)。若隐其先付诸抵当之事实,而更以同一之不动产,充他人之抵当时,则成刑法上二重抵当之罪(惯习上,二次抵当与二重抵当有如此之区别)。

第三编　债权

第一章　总则

发端　债权、债务之概念及其原因

债权者,对于特定之人,要求特定作为或不作为之财产权也。其被要求之作为,或不作为,称曰债务。

债务发生之原因不一而足,列举之有契约(《民法》第五二一条至第六九六条)、事务管理(《民法》第六九七条至第七〇二条)、不当利得(《民法》第七〇三条至第七〇八条)、不法行为(《民法》第七〇九条至七二四条)、时效遗言及法定原因等。本章乃述定其共通于一切之规定者也。

第一节　债权之目的

债权之目的，一名给付（与言客体同），乃债权所要求者之为与不为，及物之交付与不交付之谓也。

其一、给付之要件

给付之要件有四：

（一）须属于可能的之给付；

（二）不反公共秩序或善良之风俗；

（三）须属于确定的之给付；

（四）须有利益于债权者（宜比较本第一编第四章第一节其二）。

其二、给付之种类

一、不得以金钱计算之给付

债权之目的，必须以金钱计算与否，学说及立法例颇不一致。日本《民法》（第三九九条）则有明文规定，不以此为必要也。

二、特定物之给付

债权以特定物之交付为其目的时，则债务者于交付以前，须以善良管理者之注意，保存其物（《民法》第四〇〇条）。

特定物灭失之危险属于债权者，故交付以前，其目的物若因不可抗力而灭失时，则债务者可免交付之义务。然债务者（可取得其目的物之人）不能因之而免交付其价之义务也（《民法》第五三四条）。

三、不特定物之给付

指示债权之目的物，仅以种类而不能定其品质时，则债务者须给付以中等品质之物（《民法》第四〇一条）。

不特定物如有灭失危险时，应属于债务者。例如，米商负有交付白米一万石之债务，而自己所预定之物品灭失时，则不可不以他之中等米交付之也。

四、金钱之给付

以金钱给付为债权之目的时，债务者有给付内国通货（通用之货币，曰通货）之义务及其权利。但有特约时，不在此限（《民法》第四〇二条）。

通货之通例，有正货与补助货之别。而补助货之强制通用方法，每次皆有制限（日本以金货为正货，其强制通用力并无限制，纸币亦同。银货则以十元为限，白铜货及青铜货，则以一元为限，有强制通用力［《货币法》第七条］）。故关于金钱之给付，若对手者不愿受多额补助货之交付时，则交付金货或纸币。

五、利息之给付

利息云者，为利用原本之对价，从一定利率（例如，每年百分之十二或一日千分之二之类）。

债务者，给付债权者以原本同类之物品也。其行之最广，而为人所熟知者，则金利是。

利息有协定利息与法定利息之别。前者由当事者之合意而定，后者无当事者之合意时，或法之所命时，因法律而定者。日本之法定利率，以每年五厘为率。

六、选择给付

选择给付者，乃就二种以上之给付中，得选择其一而履行之给付也。并未持有选择权之人，则债务者自有选择权（《民法》第二〇六条）。例如，约定给付金钱，或相当之物品以酬其劳。而无特约时，得因债务者之便宜，或给付金钱，或给付物品皆可。

第二节 债权之效力

债权之效力，于要求履行权、要求赔偿损害权及要求保全权利权等见之。

其一、要求履行权

债权者所有之要求履行权：

（一）使债务者不迟滞其履行债务之权；

（二）使债务者不至不能履行债务之权；

（三）使债务履行从其本旨之权。

故债务者或因故意，或过失，迟滞履行债务或致不能履行，或履行而不从其本旨时，则分别情形，债权者有：

（一）求强制履行之诉权；

（二）求间接履行之诉权；

（三）求损害赔偿之权（《民法》第四一二条至第四一五条）。

若非出于故意或过失，而出于天灾及其他不可抗力者，则债务者不能任其责,是固不待言也。

其二、要求赔偿损害之权

民法上之损害云者,指适法的利益之缺陷者而言。赔偿云者,即补足其缺陷之谓也。赔偿之法,有恢复原状、交付偿金及其他种类(例如,谢罪文之广告等)。当事者若未定赔偿方法时,则以交付偿金为原则(《民法》第四一七条)。赔偿有以损害实额为其标准者,有以当事者所预定之额为其标准者(见总卷)。定损害实额之标准及范围,民法上亦有详细之规定(《民法》第四一六条至第四一九条)。

其三、要求保全其权利之权

债权者所有之一切财产,乃一切债权者之共同担保也。债务者若减少其财产,则债权者之担保,亦从而减少,遂生一定之不利益,或有不利益之危险。故因保全债权者之利益,法律上付以二种要求权,即间接诉权及废罢诉权是也。

一、间接诉权,乃债权者因保全自己之权利,故代债务者而行使属于债务者权利之权利也。例如,得代债务者登记其不动产之类是。但专属债者一身之权利,不得行使之。

二、废罢诉权,乃于债务者及第三者,以恶意减少债务者之财产,以害债权者之利益时,得废罢其行为之权利也(《民法》第四二四条)。例如,债务者恐查封其财产,而改属于第三者之名义时,债权者得撤销之是也。此诉权为罗马之法官濮尔氏所创定,故学名称濮尔氏诉权也。

第三节　多数当事者之债权及债务

其一、总则

若债权者或债务者有数人,而不特定其额时,法律上于其权利、义务,皆视为平等(《民法》第四二七条)。

多数当事者之债务有三,即不可分债务、连带债务及保证债务也。

其二、不可分债务

债务有因其目的之性质,而不可分者。有因当事者之意思,而为不可分者。如其债务为交付数人共有之马一匹者,乃性质上不可分之债务;其债务为交付数人之共有之白米百斛者,乃协定上不可分之债务。

债权者皆得对于债务者中之一人，要求履行债务之全部焉。

数人之债权者，有一之不可分偿〔债〕权时，亦准用此规则。债权者中之一人，得为全债权者，要求债务之履行焉（《民法》第四二八条至第四三一条）。

其三、连带债务

连带债务之债权者，对债务者所有之权利，大略如左：

一、或对于债务者中之一人，得要求履行债务之全部；

二、或对于债务者之全体，得要求履行债务之全部；

三、或对于债务者全体，得顺次要求履行债务之一部。

连带债务，有因法律之规定而生者，如共同犯罪人之赔偿义务属之。亦有因当事者之合意而生者，俗所谓连借金之谓也。

其四、保证债务（《民法》第四四六条至第四六三条）

保证人于主债务者，不履行其债务时，代任履行之责（《民法》第四四六条）。

债权者要求保证人履行债务时，原则上保证人得先要求债权者对于主债务者催告之（《民法》第四五二条）。保证人履行债务时，对于主债务者有求偿权。

第四节　债权之让付

凡债权以能让付为原则，若债权之性质上所不许让付时（譬如，使用仆婢之权利等，以人为主眼之债权之类），及当事者表示反对之意思时（《民法》四六六条），则不得让付。

关于债权之让付，其形式有三。列于左：

一、指名债权之让付（如立有普通证书之金钱借贷之类），须籍有确定日期之证书，而通知债务者，或经债务者之承诺焉（《民法》第四六七条）；

二、指图债权之让付，于其交付以前，须为里书（《民法》第四六九条）；

三、无记名债权，因交付而生让付之效力（指图债权及无记名债权之事宜。参照第四卷商法手形之部）。

第五节　续权之消灭

债权因条件之不成，或时效及履行之不能而消灭。此外，亦因办济、相杀、更改、免除、混同等，因而消灭之。

其一、办济（《民法》第四七四条以下）

办济云者，给付结了之谓也，即债务内容中所有事项之为、不为，或物之交付、不交付业已告竣之意也。债务者自为之办济，名普通办济；第三者代债务所为之办济，名代位办济，以取得前债权者之对于债务者所有之地位为原则（《民法》第四三九条）。

其二、相杀（《民法》第五〇五条以下）

二人彼此互有同种目的之债务，而彼此债务均在办济期时，各债务者得消灭其债务之对等额，是谓相杀。例如，商人习惯于六月及十二月末日付给价金。至其期日，彼此将贷借之额互相扣抵者是。

其三、更改

更改云者，当事者以新债务代旧债务之谓也。列举于左（《民法》第五一三条以下）：

一、变更债务之目的时（例如，变更给付牛羊之契约，而为给付牧场之契约是）；

二、债权者交替时；

三、债务者交替时；

四、附有条件之债务变为无条件债务，无条件债务变为附有条件之债务时。

其四、免除

免除云者，抛弃债权之谓也，因债权者一方之意思表示而生其效力，固不必待债务者之承诺者也（《民法》第五一九条）。

其五、混同

混同云者，债权、债务属于一人之谓也。例如，子对于亲负有债务，因遗产相续，而亲之债权归属于子者是（《民法》第五二〇条）。

第二章　契约（债权之原因之一）

债权之原因分为契约、事务管理、不当利得及不法行为四种，契约即其一也。

契约云者,以私生法的效力为目的,而二人以上之意思之合致也(故以生国际公法上之效力为目的,而为两国家以上之意思合致时,不曰契约,而曰条约)。一方当事者先为意思表示,名曰申述;他方当事者应此申述之意思表示,名曰承诺。

契约之目的,须为可能的、适法的、确定的及有益的,与他之法律行为无异。苟具此等要件,则不问其种类如何,皆得因契约自由之原则而生效力。但民法上无一定名称,学术上总称曰无名契约。有一定名称者,曰有名契约,即以下所列记之十三种是也。

其一、赠与(《民法》第五四九条至第五五四条)

赠与者,当事者之一方以自己之财产,无偿的而赠与对手者之契约也。以其为契约故,故对手者不承诺受领其财产时,则其赠与无效。

赠与契约,得使受赠者负担一定之给付。例如,园主以园林赠其友,约定每年须第一枝花相赠之类是也。虽有约定之负担,而其契约之性质,乃为赠与,名曰附以负担之赠与。

其二、卖买(《民法》第五五五条至第五八五条)

以昔时及普通之用例言之,若泛称卖买,则包含一切之有偿契约者而言。然就日本现行民法之规定论,则必于当事者之一方,以某财产权移转于对手者,对手者付给其价值之契约,始称曰卖买。故不约明付给价值,而约明以物品为价值时,则不为卖买,而为交换。

卖主有转移权利、担保、保存及交付目的物之义务,买主有给付价值之义务。

卖买乃古今万国最通行之有偿契约之一,民法亦设各种细密规定,并使准用于其他一般之有偿契约焉(《民法》第五五五条)。

其三、交换(《民法》第五八五条)

交换者,乃当事者互移转其非金钱所有权之财产权,所定之契约是也。

其四、消费贷借(《民法》第五八七条至第五九二条)

消费贷借,乃当事者之一方(借主),自对手者(贷主)受取金钱与其他之物,而还以种类、品质、数量相同之物,所定之契约也。因受取目的物后而成立,其中最通行者,则金钱之消费贷借也。

其五、使用贷借(《民法》第五九三条至第五九九条)

使用贷借,乃当事者之一方,自对手者受取某物,以无偿的使用之、收益之,后乃返还其物之契约也。亦因受取目的物时而成立。

使用贷借之借主,须从目的物之用法而使用、收益之(例如,乘马不得使挽车,马车之马不得使挽货车是也)。且非得贷主之特许,不得转贷于人。其未定期限者,不论何时,贷主得要求返还其目的物。以通例言,乃行于朋友、交好间之善意契约也。

其六、赁贷借(《民法》第六〇一条至第六二二条)

赁贷借者,当事者之一方,使对手者于某物使用收益之,而给付以其赁金之契约也。与清国之所谓租借大体形同,广行于土地、房屋、船舶或各种动产物。

其七、雇佣(《民法》第六二三条至第六三一条)

雇佣者,乃当事者之一方,对于对手者服役劳务,由对手者与以报酬之契约也。

雇主之权利,非雇人之承诺时,不得让与第三者。其无期限之雇佣契约,或逾五年之雇佣契约,于五年后得解除之(但学习商工业者,须十年)。

其八、请负(包工、包办之意)(《民法》第六三二条至第六四二条)

请负者,乃当事者之一方,于某事办竣后,对手者就其事之结果,与以报酬之契约也。就雇佣言,为对于劳务之报酬;就请负言,乃对于事之结果之报酬,此其差异也。如建筑请负、染物缝物请负等,皆吾人所常见者也。

其九、委任(《民法》第六四三条至第六五六条)

委任者,乃当事者之一方,受对手者之委托,而为某法律行为之契约也。代理权中除法定代理权外,皆由此契约而生。

受任者,有从委任之本旨,以善良管理者之注意,处理事务之义务,非有特约时,不得要求报酬。

其十、寄托(《民法》第六五七条至第六六六条)

寄托者,乃当事者之一方,代对手者保管某物之契约也。于受其目的物时成立之。原则上,受寄者不能使用受寄物,亦不得使第三者代为保管之。但因受报酬与否,法律上于保管之注意,有轻重之别焉。

其十一、组合(清国合伙之意)

组合云者,各当事者出其资本,而营共同事业之契约。所出之资,亦得以劳务为其目的(《民法》第六六七条)。

外形上,与组合契约最相近者,社团法人也。然两者之间,其根本有别。盖社团法人有独立之人格,故为法人之社会财产,不属于社员,而属于社会;组合之财产则不属于组合,而属于组合员之共有者(《民法》第六六八条)。

其十二、终身定期金(《民法》第六八九条至第六九四条)

终身定期金契约,乃当事者之一方,于自己或对手者,或第三者之死亡以前,定期以金钱与其他之物,给付对手者或第三者之契约也(《民法》第六八九条)。例如,对于有功之人,与其一时与以报酬,诚不如给以终身生计之费,彼此皆极便利。惟此种契约,日本尚未能大行耳。

其十三、和解(《民法》第六九五条至第六九六条)

和解者,乃当事者彼此退让,以解除争端之契约也。既和解后,不得援用或主张已往之反对证据。

第三章　事务管理(债权之原因之二)

无管理之义务,而为他人管理事务者,名曰事务管理。例如,友人从军时,以好意为利于其土地、房屋之行为者是。

事务管理者之义务、权利,大略如左:

一、管理者不得无故半途中止其管理;

二、管理之方法须合本人之意思。若不知本人之意思时,须以最有利益于本人之方法为据;

三、管理者为本人支出有益之费用时,得对于本人请求偿还。就此以言,事务管理者,亦债权之原因也。

第四章　不当利得(债权原因之三)

不当利得云者,无法律上之原因,因他人之财产或劳务,而受利益之谓也。若以此故,而使损失及于他人时,则善意之受益者,惟负返还现在利得之义务。其恶意之受益者,则须于其所受之利益,附以利息而返还之(《民法》第七〇三条、第七〇七条)。

因不法之原因而为给付者,不得要求返还其所给付之物(《民法》第七○八条）。例如,赠贿者不得要求返还其贿赂之金额与其他物品是也。

第五章　不法行为

（《民法》第七○九条至第七二四条）

不法行为云者,因故意或过失,而侵害他人权利之谓也。若因之而生损害时,须任赔偿之责。

若既有刑法上之犯罪,复侵害私权而生损害时,则于刑法处罚外,于民法又有赔偿损害之责。例如,不法伤人者于伤害罪之刑罚外,对于被伤害者,复有赔偿其损害之义务也。

无辨识力之未成年者及心神丧失者,虽以损害加诸人,亦无赔偿之责任。但对于此种人员有监督之法定义务者,因怠其义务而生损害时,则法定义务者应负担损害赔偿之责。

因某事业故,而使用他人者,于被用者执行事业之际,所加诸第三者之损害,使用者须任赔偿之责。但出于天灾及其他之不可抗力时,不在此限。

动物之占有者怠于注意,致令其动物加损害于他人时,其占有者有赔偿之责任。

数人因共同之不法行为（例如,刑法上共同犯罪之时）,加损害于他人时,须连带任其赔偿之责。

因正当防卫或紧急行为所生之损害,无赔偿之义务。此二种行为及故意、过失之说明,见第五卷《刑法》之部。

第四编　亲族

第一章　总则

亲族者,以广义言,则凡血族、准血族（即继父母及继丁嫡母及庶子、养子父母及养子等)、配偶者、姻族等皆赅括其中。然就日本《民法》言,则惟以左所载者,定为法律上之亲族(《民法》第七二五条):

一、六亲等内之血族;

二、配偶者;

三、三亲等内之婚族。

计算亲等之法有三:

一、服制法主义,中国之制是也;

二、寺院法主义,欧洲中古之制是也;

三、罗马法主义,日本现行《民法》所采用者是也。

列举之如左:

一、直系亲之亲等,计世数以定之(《民法》第七二六条);

二、配偶者以同体论;

三、旁系亲之亲等,由本身或其配偶者,以上溯共同始祖,而计其自始祖至所求者之世数以定之。

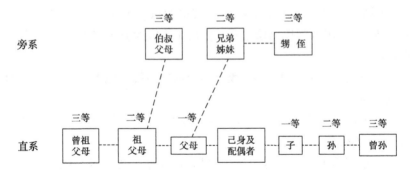

准血族之亲等计算法,血族同。

第二章　户主及家族

欧西各国,以个人为社会单位(即个人制度);东洋诸国,则以一家为社会单位(即家族制度)。故日本《民法》维持家族制度,以保存国粹焉。

一家之长,名曰户主。户主之亲族,而居其家内者,及其配偶者,名曰家族(《民法》第七三二条)。子入父家,不为父所认,则入母家;父母俱不认,则别立为一家(《民法》第七三三条)。家族之庶子及私生子,须得户主之同意,乃得入居其家(《民法》第七三五条)。

户主及家族之权利、义务如左:

一、户主及家族,同一姓氏(或曰家名或仅称曰姓);

二、户主有扶养家族之义务;

三、家族以自己名下所得财产,为其特有财产。其财产之或属户主,或属家族,不能分明者,法律上推定为户主之财产;

四、家族不得反户主之意,而自定其住址。违者,则户主可免扶养之之义务;

五、家族之结婚姻,或为养子缘组,须得户主同意(《民法》第七四六条至第七五一条)。

户主年逾六十(女户主则不拘年岁),且已有完全能力之家督相续人,为相续之单纯承认时(观第五篇相续部),则可以隐居。或因正当事由,而不能操家政者亦同。隐居者,实即任意抛弃户主权之谓也(《民法》第七五三条以下)。

第三章　婚姻

第一节　婚姻之成立

婚姻者,法律上男女之结合也。不具左列要件则无效(即不成立之意):

一、彼此互有结婚之意;

二、确系本人;

三、呈明户籍吏。

虽已从风俗习惯,而举行极盛之仪式,然在未呈明以前,其婚姻仍以未成立论。若合于第一、二要件,且既经呈明后,虽其夫妇皆在异国,互未谋面,而法律上亦以婚姻既成立论。

又,婚姻须具备左列要件,不然者,须撤销其婚姻:

一、男满十七岁,女满十五岁;

二、本无配偶者;

三、非直系血族及非三亲等内之旁系血族或直系姻族;

四、经父母或户主之同意;

五、此外,须具备《民法》第七七一条、第七七六条、第七七七条、第七七八条等之要件。

第二节　婚姻之效力

以婚姻之法律上效力言,其重要者如左:

一、妻入居夫家(即为其家族之谓)。但赘婿,即婿养子,则入居妻家;

二、夫妇有同居之权利及义务;

三、夫妇有扶养之义务。

夫妇间为契约时,在婚姻未解除以前,得由其夫或其妇随时撤销其契约。是无他,亦冀家庭之和睦而已。但不得因是之故,而害及第三者之权利。

第三节　夫妇财产制

夫妇之财产关系,其制度有五:

一、一般共产制

夫妇之财产,不分婚姻前之所得,或为婚姻后之所得,皆为夫妇所共得,而其夫有管理权。此法国之法定制度也。

二、婚姻后所得之共产制

婚姻前之所得,夫妇各以之为其特有财产;婚姻后之所得,则以之为共有,而其夫有管理权。此西班牙之法定制度也。

三、别产制

夫妇各有其财产及其管理权。此英美一部分之法定制度也。

四、奁资制

分妻之财产为二,曰奁资,曰非奁资。夫对于奁资有用益权及管理权,而非奁资者,则为妻所持有。此英美一部分之法定制度也。

五、收入共产制

夫妻各特有其财产,夫于妻之财产,仅有使用及收益管理之权。此意大利、德意〈志〉之法定制度也。

日本《民法》所采用,亦属收入共产制,但稍有差异耳。

法定制度者,谓无协定制度时,所当适用之规则也。故无论何国,若夫妇之间既协定特别之财产制,则皆承认之,使据其协定而处分焉。

第四节　离婚

因死亡，或失踪，或离婚故，则解除其婚姻。离婚者，乃生存者之间之解除婚姻也。

按，各国法制，有禁止离婚者，有许自由离婚者，有仅许夫妇协议上之离婚者，有于法律上列记准许离婚之原因者。以上四端，各有得失，故日本《民法》既许夫妇协议上之离婚，又于有一定之原因者，亦许于裁判上请求离婚。其原因如左：

一、其配偶者之一重婚时；

二、妻失贞操者；

三、夫因犯奸淫罪，而被处刑者；

四、其配偶者，犯法文（《民法》第八一条四项）所列记失廉耻之罪时；

五、其配偶者，予以不能同居之虐待，或加以重大之侮辱时；

六、其配偶者，以恶意相弃时；

七、为配偶者之直系尊属所虐待，或加以重大之侮辱时；

八、配偶者，虐待自己之直系尊属，或加以重大之侮辱时；

九、其配偶者，生死不明，至三年以上时；

十、婿养子缘组者之离缘时，或养子而与其家之女结婚者之离缘时，或撤销其缘组时。

此等原因，乃属于列举限制的者，若不合于以上原因之一者，则裁判官不得徇其离婚之请。

第四章　亲子

亲子者，谓在一亲等之直系血族及准血族而言。子有实子、准子之别。实子有三种：嫡子、庶子、私生子是也。正室所生，曰嫡子；父所认知之私生子，曰庶子；其余实子俱称私生子，法律上均有亲子之关系。

准子者，对继父母而言之；继子，对嫡母而言之；庶子，对养父母而言之，养子是也。

养子者，因协议而获嫡子之身分者也。采用家族制度之国，此举为必不可少者。

关于养子之规定,以日本《民法》为最适于法理(《民法》第八三七条至第八七三条)。

第五章　亲权

父母俱在家,则以父有亲权为原则。父不在时,或不能行使亲权时,则其母行之。继父母、嫡母亦同(《民法》八七七条及八七八条)。亲权之内容略如左:

一、对于未成年之子,有监督及教育之权利、义务;

二、指定其住址之权;

三、于其志愿兵役时,有许可与否之权;

四、于必要之范围内之惩戒权;

五、许其为职业或不许之之权;

六、管理财政及财政上代表其子之权;

七、身分上之代理权(《民法》第八三五条);

八、管理子妇财产之权;

九、代其子行使户主权,或亲权之权。

第六章　后见

有未成年或禁治产而别无行使亲权者,是不可不有以保护之,监督之,于是后见之制度起焉。其保护监督者,曰后见人。受之者,曰被后见人。

后见制度,不得其宜,则不独为被后见人之不幸,且延而为社会之流弊。故《民法》上(第九〇一条至九五三条),就凡应为后见人者、不应为后见人者、与夫准令后见人辞退之事由,及后见人职务之范围等,皆详为规定之。

第七章　亲族会

(《民法》第九四四条至第九五三条)省略

第八章　扶养之义务

（《民法》第九五四条至第九六三条）

扶养者，教育及教诲之谓也。凡亲族互相扶养，乃人道之常经，伦常之大本。非必俟法律之规定，而始知其为切要。然天下之广，黎民之众，保无有不尽此义务者乎，是故为立法律以强制之。日本《民法》上，凡直系血族，及兄弟姊妹，及配偶者之在家直系尊属，皆互有扶养之义务，其程度则视权利者之需要，与义务者之身分、财力而定之。

第五编　相续

相续有二：家督相续与遗产相续是也。罗马古代及日本维新前，有家督相续，而无遗产相续。今之欧、美各国，则有遗产相续，而无家督相续。日本《民法》兼取此二者而用之。盖以东洋之粹，法理之真，合而成此典章者也。

第一章　家督相续

家督相续者，户主欠缺时，则除应专属其一身者外，承继其一切权利、义务之谓也。称其前户主曰被家督相续人，称其承继人曰家督相续人。

所谓户主欠缺者，如户主亡故，或隐居，或失国籍，或去其家等皆是。有此等原因在，则家督相续之举，于是乎始（《民法》第九六四条）。

被相续人之直系卑属，从左列区别而为相续人，是为法定家督相续人：

一、在异亲等者之间，则先其近者；

二、在同亲等者之间，则先男后女；

三、在同亲等之男子或女子之间，则先嫡子；

四、在同亲等之嫡子及庶子、私生子之间，虽其嫡子、庶子为女，亦先于私生子；

五、前四号所揭事项皆同时，则先其年长者。

惟既犯法文（《民法》第九六七条）所列记之罪者，自应失其为家督相续人之资格。故对有一定之非行或事故（《民法》第九七五条）者，得向裁判所请废去其相续。

无法定家督相续人，则被相续人得指定相续人，是谓指定家督相续人。又无被指定者时，得由亲族会选定相续人，是谓选定家督相续人（《民法》第九七九条至第九八五条）。

第二章　遗产相续

遗产相续者，家族亡故后，承继其所遗财产之谓也。被相续人之直系卑属，从左列区别，而为遗产相续人：

一、在异亲等者之间，则先其近者；

二、同亲等者，则依次序同为遗产相续人；

三、前二号所揭者，或亡故或失其相续权时，则由其卑属亲承继其权利；

四、以上所揭者，俱无其人时，则其遗产相续人，第一为配偶者，第二为直系尊族，第三为户主。

若有法文所列记之犯罪，或因非行及事故，则丧失其相续权，大略与家督相续之规定相同。至同等地位之相续人，其相续财产之额，以彼此均分为原则，但庶子及私生子所得之额，视嫡子之半。

第三章　相续之承认及抛弃

相续人自得知己身有续权之日始，限三阅月内为单纯承认，或限定承认，或抛弃（《民法》第一○一条）。

相续之单纯承认者，谓承继被相续人之权利、义务，而毫无限制者也（《民法》第一○二三条）。其限定承认者，则豫为留保而相续之之谓。详言之，以相续所得之财产为限，以偿付被相续人之债务及遗赠是也（《民法》第一○二五条）。盖苟不设此制，则相续人将负巨额之债务，而永阻其子孙之发达,其及于社会之影响颇重大故也。

相续之抛弃,即拒而不为相续之谓。不论其相续人为何人,皆得抛弃其相续权。惟法定家督相续人之于家督相续,不得拒绝之(《民法》第一〇二〇条)。此无他,以重视家世之绝续故也。

第四章　相续财产之分离

被相续人之债权者及受遗赠者,得自始行相续之时起,限三阅月内,请其分离自己所得之财产(《民法》第一〇四一条)。

第五章　相续人之旷缺

其相续人之有无不能分明者,则法律上视其相续财产为法人(《民法》第一〇五一条),选任管理人使之处理其权利、义务。申言之,即使为法人行使其债权,与认偿其债务是也。若于一定期限内,仍无相续人时,则举法人之财产归之国库(《民法》第一〇五一条至第一〇五九条)。

第六章　遗嘱

遗嘱者,欲其死后发生效力,而为之单独的法律行为也。其要件之重大者如左:

一、须满十五岁以上(《民法》第一〇六一条);

二、不可不遵奉法律所定之格式。其格式有二:一曰普通格式,以亲笔证书,或公正证书,或秘密证书为之者是也(《民法》第一〇六七条)。二曰特别格式,如请证人三名以上临场,而使他人之笔记者是也(《民法》第一〇七六条至第一〇八六条)。遗嘱不用此二格式,则于法律上为无效。

认许私生子或选定养子等事,得据遗嘱而为之,且遗嘱特有处分其财产全部或一部之权利。惟于次章所述之遗留分,则不得处分之。

遗嘱自本人亡故时,发生其效力。

第七章 遗留分

遗留分者,谓被相续人应为一定相续人之利益故,而于相续财产中,不得任意为死后处分之分额是也。譬如,被相续人为死后处分时,必为法定家督相续人遗留财产之半额,此半额即谓遗留分是(《民法》第一〇三一条)。若夫生前处分,则其额之无限制,固不待论。即为死后处分,亦除遗留分外,被相续人皆得自由处分之也。